Renminbi Yu Meiyuan Huilu Yanjiu

经／邦／济／世／

励／商／弘／文／

京师经管文库

北京师范大学

贺力平文集

贺力平 / 著

人民币与美元汇率研究

中国财经出版传媒集团

经济科学出版社

Economic Science Press

京师经管文库
编　委　会

总　序

　　北京师范大学是教育部直属重点大学，其前身是 1902 年创立的京师大学堂师范馆，1908 年改称京师优级师范学堂，独立设校，1912 年改名为北京高等师范学校。1923 年学校更名为北京师范大学，成为中国历史上第一所师范大学。1931 年、1952 年北平女子师范大学、辅仁大学先后并入北京师范大学。师大始终同中华民族争取独立、自由、民主、富强的进步事业同呼吸、共命运，经过百余年的发展，秉承"爱国进步、诚信质朴、求真创新、为人师表"的优良传统和"学为人师，行为世范"的校训精神，形成了"治学修身，兼济天下"的育人理念，现正致力于建设成为具有"中国特色、京师风范"的世界一流大学。

　　经济与工商管理学院是北师大这颗百年大树长出的新枝嫩叶，其前身是北京师范大学政治经济学系，始建于 1979 年 9 月，由著名经济学家陶大镛教授担任第一届系主任。1985 年更名为经济系，1996 年 6 月组建为北京师范大学经济学院，2004 年 3 月更名为经济与工商管理学院。作为改革开放的产物，北师大经管学院一直坚守"经邦济世、励商弘文"的使命，见证了中国近四十年来所取得的伟大成就，并为之做出了自己的贡献，在这过程中，自身不断壮大，成为中国经济学和工商管理的重要人才培养和科学研究基地。

北师大经管学院现在涵盖了理论经济学、应用经济学和工商管理三个一级学科，在世界经济、政治经济学、西方经济学、劳动经济、收入分配、教育经济、金融、国际贸易、公司治理、人力资源管理、创新创业、会计、市场营销等领域形成了稳定的研究方向，产生了一批有影响的研究成果。比如世界经济，它是国家重点培育学科，其最早的带头人陶大镛先生是我国世界经济学科的创始人之一。学院在此基础上，还衍生出了国际贸易和国际金融两大研究领域，现在都有很强的实力。还比如教育经济，它是国家重点学科，作为新兴学科和交叉学科，它也是经管学院的特色学科，其带头人王善迈教授是我国教育经济学科的创始人之一，他在 20 世纪 80 年代初参与了"六五"国家社会科学重点项目"教育经费在国民收入中的合理比重"的研究，其研究成果为国家财政性教育经费占 GDP 4% 的目标提供了依据。再比如劳动经济和收入分配，已具有广泛的学术影响和社会影响，其带头人李实教授更被国际同行誉为"收入分配先生"（Mr. Distribution），他所主持的 CHIPs 数据库，被誉为迄今中国居民收入分配与劳动力市场研究领域中最具权威性的数据库之一。近些年来，学院通过队伍建设、国际化、体制机制改革等措施，因应国家重大理论和现实问题的能力进一步提升，学术成果的影响力进一步增强。比如在"十二五"期间，学院共承担国家社科基金重大项目、教育部人文社科重大攻关项目、国家社科基金重点项目、国家自科基金重点项目 15 项；在第七届高等学校科学研究优秀成果奖（人文社会科学）评选中，学院 7 项成果榜上有名，其中一等奖 1 项，二等奖 2 项，三等奖 4 项；此外，学院还有多项成果获北京市哲学社会科学优秀成果奖一等奖、孙冶方经济科学奖、安子介国际贸易研究奖、张培刚发展经济学奖、蒋一苇企业改革与发展学术基金优秀专著奖等，并有

3 项成果入选国家哲学社会科学成果文库。

北师大经管学院一直很重视将教师的学术成果集中呈现给社会。早在 1980 年 5 月，就主办了《经济学集刊》，在中国社会科学出版社出版，其宗旨是"促进我国经济科学的繁荣和发展，积极开展经济理论的研究，提高经济科学的水平，更好地为我国社会主义革命和建设服务"。《经济学集刊》收集有胡寄窗、朱绍文、田光等著名经济学家的大作，但更多的是本院教师的作品，如陶大镛教授的《论现代资本主义的基本特征》、詹君仲教授的《劳动价值学说的由来与发展》、杨国昌教授的《〈资本论〉创作发展阶段问题的探讨》、王同勋教授的《墨子经济思想初探》、程树礼教授的《简论人口规律和生产方式的关系》等，出版后产生了很好的影响。后来又陆续出版了多本。现在我国正处于全面建成小康社会的决胜阶段，未来一个时期，仍是经管学科发展的重要战略机遇期。北京师范大学经济与工商管理学院的愿景是成为具有人文底蕴和国际影响力的一流经管学院，要为"两个一百年"中国梦的实现做出更大的贡献。今天，学院与经济科学出版社合作推出《京师经管文库》，目的是要集中展示学院教师取得的成果，发出师大经管人关于中国社会经济改革和发展的声音，并推动各位学者再接再厉，再攀新高。

《京师经管文库》的汇集出版，得到了北京师范大学"985"工程建设项目和一级学科建设项目的慷慨资助，得到了北京师范大学学科建设与规划处、社会科学处、财经处等的具体指导，得到了经济科学出版社的大力支持。此外，学院学术委员会就文库编辑出版事宜多次开会讨论，许多教职员工为之付出了大量心血。在此一并表示感谢。

《京师经管文库》编委会

2016 年 2 月 14 日

C 目录
ONTENTS

自 序

《人民币与美元汇率研究》是一部个人研究成果文集，主要收录我在过去 20 余年关于人民币与美元汇率及相关问题的已刊文章，其中大部分发表在国内学术期刊和财经论坛杂志上。书中大概有 10 余篇属于严格意义上的学术论文，即提出一个论断并对之进行符合逻辑的抽象论证或利用经验数据进行计量检验；其余 10 多篇则属于综述性或评论性文章，主要围绕某个话题（事件）或概念对有关材料进行梳理。后者不能说是完全"非学术性的"，此类文章常为学术同行和专业人士而写，所缺少的主要是论证形式和正规的论证过程。

本文集将收录文章分为 4 篇。以下概述各组文章的主要观点（研究成果）、研究背景和个人的几点研究体会。

一、各篇文章的主要观点

（一）人民币汇率与汇率体制

本组 8 篇文章的重点是如何看待人民币汇率的变动。其中发表于 2003 年的文章（《现在不是让人民币升值的时候》）看上去与 2013～2017 年发表的 4 篇文章（第 2～5 篇）在观点上刚好相反，需要特别说明一下。2013～2017 年各篇文章的基本观点是：（1）人民币汇率体制改革的基本方向是增加浮动性，转变为有弹性的汇率体制；（2）汇率增加浮动性和实行有弹性的汇率体制不等于放任汇率波动，更不等于说汇率稳定性不再必要或不重要了；（3）增加汇率浮动性并不简单是放弃外汇市场干预的问题，转变为有弹性的汇率体制应以金融机构提高风险防范和应对能力、外贸企业可得到对冲汇率风险的有效服务为基础和支撑；（4）人民币汇率体制调整有利于中国经济发展方式的转变。

《现在不是让人民币升值的时候》的主要观点是，针对当时（2002～2003年）主张人民币升值的看法，此文提出：（1）二战后日本在22年（1950～1971年）高速增长时期坚持固定汇率的经验值得中国借鉴；（2）人民币汇率不应对中国资本账户收支的变动做出反应，而应主要应针对中国经常账户的趋势性变动；（3）指望通过人民币升值来解决中国一些贸易伙伴国的贸易逆差问题是不现实的；（4）人民币升值需要中国金融体制和贸易体制进行必要的改革，加快体制改革有助于人民币升值。这四个观点中，第三个观点已被后来的历史进程基本证明（对此也可参见第三篇中的《美元汇率与美国国际收支平衡：变动的关系及初步解释》和《美元汇率与美国失业率的关系——兼论人民币汇率的作用》）。2005年7月至2014年，人民币对美元保持持续升值趋势（2008～2011年期间略有停顿），同时在中美双边贸易中，中国一直大量顺差，美国一直大量逆差，此种格局与人民币/美元汇率的走势几乎毫无关系。第四个观点与前述2013～2017年各篇文章基本一致，但侧重点有所不同。

《现在不是让人民币升值的时候》中值得再审视的问题是第一个和第二个观点。关于第一个观点，当年提出中国借鉴日本在二战后时期的经验，出发点（借鉴先行国在类似情况中的做法）虽无可争议，但似忽略了一个重要相关事实，即1950～1971年为布雷顿森林体制的"黄金时期"，那时绝大多数工业化国家普遍实行固定汇率，日本不过是其中一员。中国在2003年前后所面对的国际经济环境显然与20世纪50年代或60年代的日本有重要不同。2003年文章对此未给予足够重视。关于第二个观点，此一直是国内外学术界长期探讨的问题，迄今尚无一致看法。我很高兴在文章中提出了该问题，并为一些后续探讨埋下伏笔。

《人民币离岸市场利率波动的新解释》也是探讨一个与人民币汇率有关的

问题，但视角不同于本篇其他文章。该文针对一个"全新"问题，即人民币近年来有两个市场，而且人民币在两个市场上时常有不同的汇率（价格）。"两个市场"是"在岸市场"（中国内地上的人民币外汇市场）和"离岸市场"（包括香港在内的中国内地境外的人民币外汇市场）。按理说，"同币同价"，即人民币在岸市场汇率与离岸市场汇率应当一致；即使出现了汇率差，差别也应是微小的、短暂的，稍纵即逝，仅偶尔出现。道理很简单，如果两地之间出现价差（"汇差"或"利差"），资金就会跨地流动，直至价差消失。这是国际金融教科书中利率平价模型所揭示的情况。但是，利率平价似乎不适用于人民币的在岸和离岸市场。文章检验了 2011 年 6 月至 2017 年 9 月期间人民币兑美元的每日在岸价（CNY）和离岸价（CNH），证明这个价差与香港市场（离岸市场）上的人民币存款数额和利率行情之间存在互动关系，由此推测说利率平价在发挥作用，但跨境资金的流动性不足以时时刻刻消除价差。这个分析虽然仅聚焦于人民币汇率在岸与离岸之间的价差，但仍有利于理解弹性增强后人民币汇率波动过程中的新因素。

（二）外汇与中国国际收支

本篇中 5 篇文章的重点是如何看待 21 世纪初以来中国国际收支的变化及其与人民币汇率的关系。这些文章基于三个突出的事实：（1）中国国际收支平衡表的两大账户（项目）——经常账户和金融账户（资本账户/资本项目）很多年份都为顺差，即出现了"双顺差"；（2）"双顺差"以经常账户顺差为主；（3）中国官方外汇储备保持持续增长趋势，绝对规模一度接近 4 万亿美元（2014 年）。

关于这三个事实的原因，国内外学术界有大量争议。（1）有的说是因为人民币被严重低估，是人民币失衡导致了中国国际收支的失衡；（2）有的说因为中国实行贸易保护主义政策，"奖出限进"，由此导致贸易顺差不断增多（此与（1）接近）；（3）有的说是因为中国实行资本流动管制措施，导致流入资本（组合投资流入）转化为官方外汇储备；（4）有的说是因为中国国内消费不足，储蓄倾向太高，故在经常账户上表现为持续性大规模顺差；

（5）有的认为是因为中国国内投资收益偏低，投资者认为与其在国内投资不如在国外投资；（6）有的认为国内资产质量偏差，因此应将大量投资配置在质量较高的国外资产上（此与（5）接近）。此外还有一些不同见解。

争论产生了大量论著，它们远远超出了几篇文章或一两本书可以覆盖的范围。本篇中的文章并非直接论证了中国国际收支格局的"原因"，而是辨析与之相关的几个概念。首先，从国际经验看，"双顺差"主要是一个汇率体制问题，即实行浮动汇率体制的国家通常不会出现持续性的"双顺差"；离开人民币汇率体制谈论中国国际收支的"双顺差"多少有些离弦走板。其次，仅就中国而言，人民币汇率水平的高低（若干实际有效汇率指数来衡量）与中国国际收支重要项目（一般货物贸易和加工货物贸易）上收支差额的变动在1985~2006年的相关性甚为微弱，简言之，以人民币汇率来解释中国该时期贸易收支差额是不足的。最后，统计上很容易弄清楚21世纪初以来中国外汇储备不断增多的来源，区分经常账户和金融账户顺差的相对重要性。数据检验表明，两个来源都存在，但经常账户顺差无疑是主要贡献者。由此可得出的一个推论是，由于外汇储备本身也产生收益，而且该收益计入经常账户，所以，在中国经常账户与官方外汇储备之间形成了一定的循环关系，前者的顺差额转换为后者的增量，后者的收益则形成前者的一部分。理论上，若无干扰因素，这种循环关系可永久持续下去。现实当然是一个充满各种干扰因素的过程，所以，上升循环不可能永久持续。但是，认识到上述循环关系的存在，有利于认识中国经常账户顺差的长期性。此点已为20世纪第2个10年的经验所证实。

关于数万亿美元中国外汇储备的性质，各种意见不时见诸报端，争论的焦点是它的货币属性与财政属性。本篇收录文章《论中国外汇储备的性质》（2015年发表）对此进行了辨析，明确提出中国外汇储备属于一种特殊类型的"货币市场交换基金"，货币属性十分突出。

（三）美元汇率与美元国际地位

人民币与美元看上去是毫不相干的两件事物，各有各的属性和特点。但是，自改革开放以来，尤其20世纪90年代人民币汇率体制和中国外汇管理体制大调整以来，人民币与美元之间形成了世界上十分罕见的特殊关系。中美双边和国际社会都很关注两国之间的贸易和投资关系以及两国货币之间的关系，但人们的看法千差万别。

在美国，不少人认为，美国的国际收支逆差主要与中国有关，说中国对美国商品"倾销"导致了美国贸易逆差不断增多（此观点的另一种表达是"中国补贴论"，即中国经济中存在着种种有形的和无形的补贴出口的行为，而最大的获益者是美国的消费者）。在中国，不少人认为，美元的"霸权"是美国国际收支和中国国际收支平衡变化的主要原因，但关于美元"霸权"究竟是什么、它与什么因素最相关却总是语焉不详。

本篇收录的文章集中在三个概念的辨析上。（1）美元国际地位的决定因素。此为流行舆论中争议不休的问题，或许人们永远也不可能有一致看法。我与合作者对二战结束以来与美元国际地位有关的几个重要指标的数据进行了整理，并进行计量检验，发现新兴市场经济体在世界总产出中占比的不断升高构成了支持美元储备地位的最直接因素。这个结果看上去令人十分意外，但细究起来，其中的道理其实不难理解，因为新兴市场经济体的外储储备需求和币种选择行为很有特点，它们表现出了强烈的"美元偏好"。如果没有这种偏好，美元的国际货币地位将不会像实际数据所展现的那么大、那么高。20 世纪 70 年代是美元脱离黄金的时期，正是在该时期后，没有了黄金支撑的美元反而在国际货币市场取得了更大、更高的地位，如果没有特别的事情在此时期发生，美元显然就不会有如此表现和"成就"。此时期世界经济中发生的最大事情就是新兴市场经济体的兴起。

（2）关于一国货币的国际地位与本国经济规模的关系。这是一个一般性的问题，既与美元有关，也与人民币有关。《经济规模与货币国际地位的关系——兼论美元国际储备货币地位的决定》一文构建了一个简单的模型，将一国外汇储备数额与该国 GDP 挂钩，外汇储备币种只能是贸易伙伴国的货币，本币不在本国外汇储备之中。推理表明，在三国模型中，A 国与 B 国的哪一种货币成为世界外汇储备的首选货币，很大程度上取决于 C 国的选择（偏好）。简言之，一国经济规模不是决定该国货币是否成为主要储备货币的关键因素。这个观点对理解美元的国际货币地位以及预测人民币在未来世界中的地位都有帮助。

（3）美元汇率与美国经济，包括美国国际收支平衡和失业率，究竟有何种关系，是否如一些新闻评论常说的那样（美元汇率是美国经济问题的主要症结所在）？本篇收录的两篇文章使用宏观数据进行简略检验，结论是不认可流行舆论的看法。当然，以今日目光看，那两篇文章虽然算是"实证研究"（计量检验），但研究工作是相当初步的，未使用分部门、分地区的结构数据，也没有考察更多的相关变量。但是，无论如何，这样的分析至少胜过那些见风是雨、信口开河之言。

（四）人民币国际化及其他

本篇收录9篇文章，重要议题除了人民币国际化，还有估值效应、发展中国家汇率贬值、国际货币基金组织改革、主权债重组以及欧元诞生等。这里着重介绍估值效应和发展中国家汇率贬值的两篇研究成果。

估值效应和货币错配是国际金融研究中经常涉及的两个概念，两个概念的相互关系却很少被清晰梳理。此外，两个概念与国际金融教科书中的外汇风险之间的关系也不时被研究者所忽略。《估值效应和货币错配再定义：兼论汇率风险概念的一个宏观经济新应用》一文将这些概念的关系纳入基于资产负债表的统一框架中，说明它们的各自侧重点和特征。这项工作的意义不限于对概念的机械分类，其实对理解实际问题也有裨益（例如，理解2014～2015年希腊脱欧危机的意义和影响）。

观察1980年以来发展中国家的经济情况，研究者经常碰到的一个问题是，许多发展中国家不时发生通货膨胀和货币贬值，同时，整体而言，发展中国家对外贸易增长快于其国内经济增长（即它们出现经济外向化发展趋势）。这些事情之间是否存在某种关系或者相互关系的程度有多大，正是《论发展中国家的通货膨胀、汇率变动与贸易增长》一文力图回答的问题。该文提出一个基于预期的理论模型，从中得出一个结论：关于国内通货膨胀的持续性预期导致货币贬值的程度高于通货膨胀，进而促使发展中国家货币的实际汇率在长期中趋于下降（长期超贬）；后者是发展中国国家贸易较快增长（经济外向化发展）的一个重要因素。对 24 个重要发展中经济体在 1980 ~ 2015 年的年度数据进行计量检验的结果支持了模型的推论。若从更宽泛的角度看，此项研究的结果可解读为，许多发展中的外向型发展成果（对外贸易的较快增长）很大程度上是国内外相对价格发生变化的结果，即实际汇率持续走低的情况下国内生产要素（尤其劳动要素）的国际价格被"人为地"压低了。正因为如此，这些发展中国家得到劳动密集型产品出口的较快增长。进一步说，发展中国家若要转变经济发展方式，防止出现持续性通货膨胀和实际汇率发生长期贬值倾向是一个前提条件。

二、研究背景

回顾个人过去 20 多年来在国际金融上的研究工作，觉得主要受中国经济发展大势的驱动，同时也有一些个人经历因素，我想将两方面的情况都略述一下。

1984 ~ 1987 年，我在中国社会科学院研究生院世界经济与政治系读硕士学位，当时的学习领域是"世界经济"，一个范围十分辽阔的领域。我有大学同学那时在北京"国字头"金融机构工作，他们参加了国外专家主讲的国际金融讲习班并带回学习材料。我看到材料后很受启发，当时恰遇国际货币市场持续动荡。于是我努力结合书本知识去梳理美元贬值的"前因后果"，不揣冒昧写出一篇时评兼综述文章投寄给《金融研究》，拙文幸运地得到刊发（1986 年第 11 期《略论美元汇率变动及其对策》）。但在后来数年，我因故中断了该领域里的研究和写作。

1997 年，我留学返回中国金融学院工作，继续任教于国际金融系。我那时的主要教学任务是讲授微观经济学和宏观经济学两门课程。我的大学学友唐旭（1955 ~ 2011 年）当时主持中国人民银行研究生部（五道口）的工作，他邀请我在那里兼职授课，仍讲授微观经济学和宏观经济学（前后三学年）。有段时间我一度彷徨和纠结选择什么样的研究题目，两位学长和友人及时给予点拨，从此我得以有机会进行"一长串的"国际金融课题研究。

樊纲先生组建国民经济研究所后，定期举办有关中国宏观经济和国际经济关系的研讨，我有幸受邀参加并开始跟踪国际国内宏观经济走势和国际金融市场动向。余永定先生在出任中国社会科学院世界经济与政治研究所所长之前负责国际金融研究中心，记得他曾直言，认为我应聚焦于宏观和国际金融研究。

1997 年及以后在中国和世界发生的三件大事促使国际金融研究成为一个热潮，里面产生了诸多问题需要研究者给予解答。第一件大事是 1997～1998 年东亚金融危机；第二件大事是 2001 年中国加入世界贸易组织；第三件大事是 2008 年国际金融危机。

1998 年 7 月，麻省理工学院教授多恩布什（Rudiger Dornbusch）来世界经济与政治研究所国际金融研究中心访谈，余永定主持。多恩布什心直口快，就东亚金融危机发表一通言论后就"逼着"在场的中国学者发言提问，看得出来他连半分钟的"冷场"局面都忍受不了。此次交流对我思维促动很大，深感人民币汇率走势不仅仅是一个国内经济问题，它的国际意义已经大大超出了许多人的预料。多恩布什通过电子邮件定期发送他个人撰写的国际金融时评，点评全世界各大板块（重点是美国、欧洲、东亚和拉美）的经济和货币走势，曾在 1998 年 10 月极度担忧人民币贬值（此事实际上没发生）。他不幸因病于 2002 年去世，时年 60 岁，国际金融研究界由此失去一位才华横溢和性格豪爽的资深学者。

2001 年，中国正式进入世界贸易组织后，中国外贸和外资引进都上了一大台阶。人民币汇率再次成为一个热点，不过焦点问题已由过去"会不会贬值"变成了"应不应升值"。此时我刚加入北京师范大学经济学院（经济与工商管理学院前身），新成立的金融系接受中国社会科学院金融研究中心（金融研究所前身）的委托，承担"国际金融发展新趋势"课题研究，中心主任李扬和副主任王国刚多次给予指导。

2008 年国际金融危机爆发前后，时任中国银行副行长朱民高度重视学术研究。中国银行国际金融研究所与中国社会科学院金融研究所和中国人民大学等机构合作，以中国国际金融学会为大平台，推动成立国际金融青年论坛，数次举办大型研讨会，我从中获益匪浅。

正是在这样持续多年的氛围中，我与多位研究生就有关问题深入探讨并形成了研究成果，大多数相关的已刊文章已收入本文集。

简言之，本文集汇集的多篇文章，既出于个人研究兴趣，更受到中国经济发展大势以及世界经济和国际金融多变局势的推动。某种意义上，它们是一个绚丽多彩时代的个人学术见证。

三、几点个人研究体会

以下五条是从过去多年的研究工作中"积攒"起来的经验，形成于与学术同行和诸多研究生们的交流过程。它们纯属个人主观体会。

（1）所有的研究都可分为"外选题"与"自选题"。"外选题"相当于体操比赛中的规定动作，"自选题"则是自选动作。两种类型的选题都有意义，而且在现代社会环境中，学者在其一生仅从事"自选题"研究工作几乎不再可能。所有成熟的研究者都应有能力去从事"外选题"和"自选题"的研究。

（2）学术研究者首先是一位知识追求者，因此，无论承担了多么繁重的"外选题"任务，研究者都应保持自己特有的研究兴趣，不忘初心，不失去认识陌生事物的好奇心。

（3）世界很大，变化也很快，永远不会出现"选题枯竭"的问题。哪怕是在自己已从事多年研究的领域中，新问题总是层出不穷。那些表面上看起来没有问题的领域，里面很可能潜伏着重要的未知问题。

（4）学术上有意义的问题主要指那些在学者们看来应该有答案但却缺少答案的问题。关于"缺少答案"，并不一定指人们对某个事物或某件事情有还是没有看法。前面提到，关于中国国际收支和美国国际收支失衡的原因，国内外众说纷纭，这里的问题显然不在于"缺少答案"，而很可能在于"答案太多"。但是，答案少或多本身不一定是个问题，尤其不一定是"学术上有意义的"问题。某个说法要真正成为学术上有意义的问题，至少要满足三条标准中的任一一条：一是已知被接受的论断存在推论上的缺陷；二是已知被接受的论断与事实证据不吻合；三是出现了一个刚被发现的新事物。

（5）发现问题（找到一个"学术上有意义的问题"）是"自选题"研究

中最重要的一环，很可能需要靠灵感。灵感从哪里来？灵感是大脑里某种随机运动的结果，但它不可能出现在对知识毫无兴趣和毫无意识的头脑中。灵感是思想的闪光，是人们在有意识追求知识增长的长期过程中，意识、知识与创造欲望之间的碰撞和邂逅。没有这些要素，灵感不可能出现。

四、致谢

前面提到的多位学长对我研究工作的支持和帮助十分巨大，而且持续多年，若没有这些支持和帮助我很难能在 20 多年时间中坚持深入探讨有关重要问题。

收入本文集的数篇文章是我与合作者的成果，他们曾在北京师范大学读研读博，我有幸担任指导并愉快地一起交流。按姓名拼音顺序，他们是：蔡兴、范小航、范言慧、林娟、刘骞文、马伟、王佳、修晶、赵雪燕。他们分别任教于湖南师范大学、对外经济贸易大学、厦门大学、广西大学、中国社会科学院美国研究所、国家开放大学、中国社会科学院大学和河北大学等，从事金融和国际金融教学科研工作，业已取得很多成绩。我与所指导的研究生和博士生还有很多学术上的合作成果（包括英文论文和专题著作等），不过因为题目或篇幅缘故而未收入本文集。

2020 年，我作为评委参加普华永道 PwC3535 首届年度最佳论文颁奖仪式，听到一位年轻学者的获奖感言："感谢期刊编辑的'不杀'之恩。"由此不禁联想，我应该特别感谢几家知名期刊的编辑，他们既坚持高质量的选稿审稿标准，又展现宽宏大量的学术同仁胸怀。按照 1997 年以来我的投稿时间顺序，相关期刊分别是《国际经济评论》《金融研究》《国际金融研究》《金融评论》《金融论坛》《学术研究》等。

此部个人文集的出版，作者得到北京师范大学经济与工商管理学院戚聿东院长和蔡宏波副院长的鼓励，并得到经济科学出版社编辑的帮助，谨致感谢。

个人研究文集的出版并不意味着个人研究事业的终结，或许，它仅意味着一个段落，意味着一个新研究阶段的开始。

贺力平

2022 年 11 月 1 日

第一篇
人民币汇率与汇率体制

- 人民币离岸市场利率波动的新解释
- 汇率浮动与稳定
- 人民币汇率体制转向浮动的意义和前景
- 推进人民币汇率体制改革，促进经济发展方式转变
- 人民币汇率改革的基本方向
- 人民币汇率体制的历史演变及其启示
- 探讨人民币升值的长远影响
- 现在不是让人民币升值的时候

人民币离岸市场利率波动的新解释[*]

一、引言

21 世纪第二个 10 年以来，随着人民币国际化的发展，人民币离岸市场出现了若干个过去国际金融市场未见的新现象，包括人民币汇率在岸市场与离岸市场出现显著不同报价，人民币离岸市场利率在一些时候发生剧烈波动等。在国际金融市场上，美元离岸市场、德国马克离岸市场等早在 20 世纪 60 年代或 70 年代就开始了长足的发展，但在那些货币的离岸市场上，很少见到两种汇率同时并存以及离岸市场利率大大超过在岸市场利率的情况。如果说同一货币在岸市场与离岸市场的汇价差别可以简单地归结为在岸市场的汇兑管制，那么，如何理解离岸市场上该种货币利率"异常波动"却是一个有待厘清的问题。

事实上，以人民币在岸市场汇率（以人民币在中国内地外汇市场上兑美元的交易均价为标志）与人民币离岸市场汇率（以人民币在中国香港外汇市场上兑美元的交易均价为标志）为例，两个汇率也不总是差别显著的；一些时候两者之间有大的差别，另一些时候两者十分接近。这也意味着汇兑限制并不必然是固定不变的。

* 本文原载于《金融论坛》2019 年第 10 期。合作者：马伟。基金项目：国家社会科学基金重大项目课题"人民币加入 SDR、'一篮子货币'定值与中国宏观经济的均衡研究"（16ZDA031）子课题的中间阶段成果。

本文第二部分将概要指出近年来人民币离岸市场的几个基本事实，并将之与学术界所熟悉的欧洲美元进行比较；第三部分简略回顾国内学术界一些有代表性的研究成果，梳理其中所涉及的理论依据；第四部分讨论传统利率平价模型及其适用性，并结合本文的讨论提出一个针对人民币离岸市场利率决定模型的假说；第五部分运用可得数据检验人民币汇率差对香港人民币存款变动的影响以及对香港人民币离岸市场利率的影响；第六部分是结论和展望。

二、人民币离岸市场的基本特征及其与传统离岸市场的差别

在现有五大货币（美元、欧元、日元、英镑和人民币）中，人民币离岸市场起步相对较晚，大约始于21世纪第一个10年的中期，并在2008年国际金融危机爆发后出现快速增长势头。如果将美元、欧元、日元和英镑等货币的离岸市场称之为"传统离岸市场"，那么，人民币离岸市场与传统离岸市场间存在诸多不同。

（一）虽然人民币离岸市场在过去10多年中获得了快速增长，但离岸市场规模显著小于在岸市场

香港金融管理局（HKMA）发布了自2004年2月以来本地人民币存款的月度数据。数据显示，从2004年2月到2008年5月，香港金融体系中人民币存款余额从9亿元增加到776.8亿元，年均增长率为185%；2011年10月该数字进一步增加到6185.5亿元，2008年5月以来的年均增长率为84%；到2014年12月，香港人民币存款余额达到10035.6亿元，创下历史新纪录。从2008年5月到2014年12月，香港人民币存款余额年均增长率达到47%。从2015年7月到2017年3月，香港人民币存款余额从1万亿元下降到5000亿元。从2017年3月至2019年4月，该数字波动幅度大大缩小，一直在5000亿~6000亿元之间波动。

香港是人民币离岸市场的主要所在地。中国人民银行发布的《2018年人民币国际化报告》提到，"截至2017年末，主要离岸市场人民币存款余额约为1.1万亿元"；同时，香港金融管理局数据表明，该时点香港人民币存款余额为5588亿元。按此计算，香港占离岸人民币存款总额的50.8%。香港以外的人民币离岸市场所在地有中国台湾、新加坡、伦敦等，就个体而言，所有这些地区的境外人民币存款规模和数额都远不及香港。

看待离岸市场的发展及其影响，可以将离岸市场规模与境内广义货币余额进行对比。表1显示了美元、欧元、日元、英镑和人民币在岸市场与离岸市场货币存量在2010年、2014年和2016年的数额。离岸美元存量与美国国内广义货币存量的比例最高，在这3年分别为95.9%、67.5%和56.3%，离岸欧元存量与欧元区内广义货币存量的比例在这3年分别为52.9%、35.4%和31.0%，离岸英镑存量与英国国内广义货币存量的比例在这3年中也都超过20%，离岸日元存量与日本广义国内货币存量的比例相对较低，在这三年的比例也达到了8.1%、6.8%和6.1%。与上述4种货币相比，离岸人民币存量与中国国内广义货币存量的比例则要低很多，在这3年里分别是0.4%、1.6%和0.7%。

表1 　　　　　　　 2010年、2014年和2016年主要货币在岸存量与离岸存量

年份	美元(亿美元)		欧元(亿欧元)		日元(百亿日元)		英镑(亿英镑)		人民币(亿元)	
	在岸存量	离岸存量	在岸存量	离岸存量	在岸存量	离岸存量	在岸存量	离岸存量	在岸存量	离岸存量
2010	88114	84466	84723	44786	78212	6339	21567	6745	725852	3149
2014	116966	78894	96687	34243	89136	6037	21056	5099	1228375	19867
2016	132201	74446	106863	33155	95601	5800	22484	5393	1550067	11200

　　资料来源：各货币在岸存量为广义货币余额，分别来自各国（地区）中央银行网站。离岸存量数据（除人民币外）来自国际清算银行（BIS），Locational banking statistics，http：//stats. bis. org/statx/srs/table/a1？m＝S，原数据为10亿美元，按时点汇率换算为当地货币单位；2014年和2016年人民币的离岸存量数据来自中国人民银行相应年份发布的《人民币国际化报告》，2010年人民币离岸存量数据为香港人民币存款总额数据，来自香港金融管理局，当时其他离岸市场的人民币存量还很小。

若以香港地区人民币存量余额与内地人民币存款余额相比，两者之间的悬殊情形一目了然。据香港金融管理局统计，2014 年末，香港人民币存款余额达到创纪录的 10035.6 亿元，同时内地金融体系中人民币存款总额（广义货币存量 M_2 减去流通中的现金）为 1168115.3 亿元，后者是前者的 116 倍。2018 年 11 月，香港人民币存款余额减少至 6175.2 亿元，内地人民币存款余额增加到 1742611.8 亿元，后者更是前者的 282.2 倍。

如果数量体积之间的对比就是相互影响力决定的基础，人们可以毫不犹豫地说，内地在岸市场的人民币货币金融变量（包括汇率、利率等指标）是决定香港人民币离岸市场货币金融变量（包括汇率、利率等指标）的基本因素，而不是相反。但是，因为两地的经济金融体制有差别，这种决定或影响关系呈现出一定的复杂性，似乎不能简单地下结论。

（二）与传统离岸市场的典型情形不同，人民币汇率在在岸市场与离岸市场之间存在显著差别

在传统离岸市场中，除了有零售价与批发价之间的差别以及由一些交易成本和佣金制度因素等所带来的差别外，一种货币与另一种货币的兑换比价在各个地方基本相同。例如，美元兑换欧元的比价在纽约（在岸市场）与在伦敦或法兰克福（离岸市场）十分接近，其差别会小到让普通的交易者或投资者在各地之间难以从地区差价间进行套汇获利。

但是，人民币在岸市场汇率与离岸市场汇率却经常出现显著差价。在2010 年以前，香港等地金融市场上存在人民币 "非交割远期报价"[①]，其行情往往与内地在岸人民币兑美元实际交易汇价不同。2010 年以后，香港出现人民币与美元的实物交割外汇市场（DF），即交易者可用人民币或美元参与人民币与美元的即期和远期外汇交易。香港金融机构也同时开展了人民币的存款和贷款业务，并形成了有多个期限的香港人民币拆借利率行情

---

① NDF，即人民币兑美元汇率报价，但结算时交易者无须支付人民币或美元，仅用当地货币即可。

（Hibor-CNH）。自此，人民币在香港离岸市场上被称为 CNH，其与美元汇率有 CNH 即期和 CNH 远期，同时，内地在岸市场上人民币被称为 CNY。内地在岸市场 CNY 有即期汇率报价，但尚未有基于公开市场程序的 CNY 远期报价体系。

　　图 1 显示 2011 年 6 月到 2017 年 9 月期间人民币兑美元的每日 CNY 和 CNH 即期汇价，图 2 显示同一期间 CNH 即期汇率对 CNY 汇率的"偏离"（即两者之差）。观察图 1 和图 2，可得到三个结论。

图 1　2011-6-27～2017-9-1 人民币兑美元汇率 CNY 中间价
与 CNH 定盘价

资料来源：CNY 中间价数据来自中国人民银行，CNH 定盘价数据来自香港财资市场公会。自 2006 年 1 月 4 日起，中国人民银行授权中国外汇交易中心于每个工作日上午 9 时 15 分对外公布当日人民币兑美元、欧元、日元和港币汇率中间价，作为当日银行间即期外汇市场（含 OTC 方式和撮合方式）以及银行柜台交易汇率的中间价。2015 年 8 月 11 日，中国人民银行决定完善人民币兑美元汇率中间价报价，即日起，做市商在每日银行间外汇市场开盘前，参考上日银行间外汇市场收盘汇率，综合考虑外汇供求情况以及国际主要货币汇率变化向中国外汇交易中心提供中间价报价。2011 年 6 月 27 日，香港财资市场公会正式推出美元兑人民币（香港）即期汇率定盘价，即离岸人民币的汇率定盘价。定盘价是从 15 个活跃于离岸人民币市场的报价银行所提供的中间报价中，剔除两个最高及两个最低的报价，再取其平均数而定出。定盘价将成为香港时间上午 11 时离岸人民币市场的汇率基准，并可作为离岸市场的人民币产品定价的参考汇率。

　　首先，CNH 即期汇率对 CNY 汇率的偏离在上下两个方向上都出现过，并在很多时候十分显著。例如，在 2011 年 9 月 30 日，CNH 即期汇率高出 CNY 汇率 1653 基点（即 1 美元在 CNH 市场上可多换人民币 0.1653 元），CNH 即

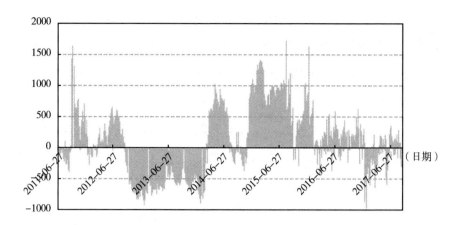

**图2 2011-6-27~2017-9-1 人民币兑美元 CNH 汇率
对 CNY 中间价汇率的偏离**

注：此处的汇率偏离刻度为基点，具体计算方法为：（CNH-CNY 中间价）×10000。
资料来源：CNY 中间价数据来自中国人民银行，CNH 定盘价数据来自香港财资市场公会。

期偏离 CNY 汇率达到 2.6%；2015 年 8 月 12 日，CNH 即期汇率高出 CNY 汇率 1676 基点；2013 年 1 月 11 日，CNH 即期汇率低于 CNY 汇率 933 基点（即 1 美元在 CNH 市场上少换人民币 0.0933 元），CNH 即期汇率偏离 CNY 汇率达到 1.5%；2017 年 6 月 1 日，CNH 即期汇率低于 CNY 汇率 768 基点。

其次，CNH 即期汇率对 CNY 汇率在两个方向上的偏离一旦出现，便会持续一段时间。例如，从 2012 年 2 月到 2014 年 3 月，长达 25 个月属于"CNH 即期汇率对 CNY 汇率的向下偏离"，而在 2014 年 11 月至 2016 年 12 月期间，也有长达 25 个月属于"CNH 即期汇率对 CNY 汇率的向上偏离"。

最后，连续性的 CNH 即期汇率对 CNY 汇率的偏离通常还伴随这样的情形，即在 CNY 汇率处于升值走势时（即图 1 中 CNY 曲线不断走低时），CNH 升值幅度高于 CNY（即图 2 中灰线部分位于零度线下方）；反之，当 CNY 汇率处于贬值走势时（即图 1 中 CNY 曲线不断走高时），CNH 的贬值幅度大于 CNY 中间价（即图 2 中灰线部分位于零度线上方）。

两个相邻的金融市场上出现同对货币的不同汇价，理论上给市场参与者提供了无限套利机会。例如，同一时点或在接近时刻，当 CNY 汇率为 1 美元换 6.5 元而 CNH 汇率为 1 美元换 6.6 元时，交易者便可以 100 万美元在 CNH

市场上换到660万元，并以此在 CNY 市场上换到101.5万美元，毛盈利率可高达1.5%。理论上，人们可反复进行此类交易操作，直至两地的汇价差别缩小或者政策开始禁止这样的跨境资金流动或汇兑交易。

有关在岸市场汇率与离岸市场汇率的差别，例如 CNY 与 CNH 即期之间的差别，一个直观解释是汇率体制的差别，例如中国内地实行"有管理的浮动汇率体制"，而香港外汇市场则是完全自由浮动的。人们甚至会情不自禁地认为，CNH 市场既然是一个不受汇兑限制的市场，那里的汇率报价所反映的就是市场流行看法；而 CNY 市场由于受到来自政策层面的影响，较多地反映了政策层面对人民币汇率走势的看法。因此，在这个意义上，CNY 与 CNH 即期汇率的差别就折射出了市场与政策层面在人民币汇率走势上看法的差别。

但是，人们也对上述见解提出疑问。首先，政策层面有关 CNY 的定价多少也会反映市场的看法；其次，CNH 市场已不同于早先的 NDF 交易机制，需要有人民币资金和美元资金的参与，而这两类资金在内地与香港之间的跨境流动多少也会受到政策层面有关汇兑行为的限制，后者则可能对 CNH 的即期和远期汇率产生影响（参见后面有关利率模型的讨论）。因此，不能简单地将 CNY 与 CNH 即期汇率之间的差别归结为政策层面与市场有关人民币汇率看法的差别。

（三）与传统离岸市场的典型情形不同，人民币离岸市场上的利率发生了"异常波动"

在传统离岸金融市场上，利率行情与境内金融市场的通常关系是：离岸市场的贷款利率和存款利率皆位于在岸市场的贷款利率和存款利率之中，即离岸市场的存贷款利差显著小于在岸市场的存贷款利差（Melvin & Norrbin，2013；皮尔比姆，2015）。导致离岸市场存贷款利差小于在岸市场利差的重要因素包括：离岸市场银行机构不存在准备金要求，主要业务为大宗批发交易，交易成本相对较低下，大量交易发生在大型金融机构和企业之间，违约概率相对低等。概括地说，离岸市场利率与在岸市场利率之间存在由若干结构性、制度性因素所决定的差别，并因而使两者的差别具有相对稳定的对应关系。

使用时间序列数据的研究者也发现，在在岸市场利率与离岸市场利率的走势之间，存在高度的相关性。以美国金融体系中银行存贷款利率与欧洲美元市场上存贷款利率为例，1989~2011年，一年期伦敦银行同业拆借存款利率总是跟随美国国内银行存款利率的变动并总是稍高于后者；同时期内，一年期伦敦银行同业拆借贷款利率总是跟随美国国内银行贷款利率的变动并总是稍低于后者（阿普尔亚德、弗雷德菲尔德，2015）。国际货币基金组织曾在其1997年的一份报告中利用在岸离岸市场利率的趋同性从一个侧面来说明国际金融的一体化（IMF，1997）。

但在中国内地金融市场人民币利率与香港离岸市场人民币利率的走势之间，近年来却出现了迥然不同的情形。图3显示人民币在岸市场利率（以Shibor隔夜拆借利率为代表）和离岸市场利率（以香港市场上人民币隔夜拆借利率Hibor-CNH为代表）在2011年6月至2017年9月期间的走势。从图3可看到三种情形：首先，Hibor-CNH与Shibor之间并不存在固定不变的关系，有时候是前者高于后者，有时候是后者高于前者；其次，在所观察的时期内，Hibor-CNH的波动性大于Shibor：Shibor在观察期的标准差为0.9017，而Hibor-CNH在同期的标准差为3.2815；最后，在一些时候（如2015年3月到2016年1月），Hibor-CNH基本上持续地高于Shibor，而在另一些时候（如2011年6月到2012年5月，2013年7月到2014年5月），Hibor-CNH基本上持续地低于Shibor，而且，前者似与人民币在岸汇率升高在时间上基本吻合，后者则与人民币在岸汇率走低在时间上基本吻合。

显然，近年来人民币离岸市场利率与在岸市场利率之间的关系迥然不同于国际金融界所熟悉的美元在岸市场利率与离岸市场利率之间的关系。如果我们认为人民币在岸市场利率由中国内地内部的基本经济和金融因素所决定，那么，剩下的问题就是理解人民币离岸市场利率的波动受到什么因素的影响。

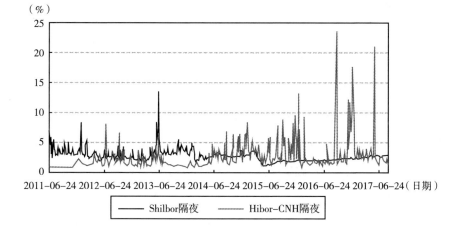

图3 2011-6-27~2017-9-1 内地在岸和香港离岸隔夜拆借利率

资料来源：Shibor 隔夜数据来自全国银行间同业拆借中心，Hibor-CNH 隔夜数据来自 Wind 资讯。由于 Hibor-CNH 隔夜数据在个别日期存在极端值情况，为了便于比较 Hibor-CNH 和 Shibor，此处去掉了 2016 - 01 - 12（66.82%）、2017 - 01 - 05（38.34%）、2017 - 01 - 06（61.33%）、2017 - 06 - 01（42.82%）四个日期，括号内为相应日期 Hibor-CNH 隔夜数据。

三、现有文献中的焦点问题及理论基础

国内研究者大约从 21 世纪第一个 10 年的中期前后开始关注人民币离岸市场的发展及其与在岸市场行情（人民币汇率和国内利率走势）之间的关系。在这方面至少有两本专著出版，一是张光平（2006），二是韩立岩和王允贵（2009）。前者概述了国际上主要的离岸金融市场和衍生品交易体制及其对人民币汇率体制变化可能的影响，后者则利用境外人民币非交割远期数据探讨了离岸市场与在岸市场之间的信息传递关系。

21 世纪第二个 10 年以来，尤其在人民币香港离岸市场已有 DF 交易体制而且交易十分活跃的背景下，许多研究者将人民币在岸与离岸汇率关系的研究"提升"到"定价权"归属的层面上。"定价权"的含义通常有两种：一是关于价格发现，例如人民币与美元的汇率究竟在哪个市场中最早形成；二是关于信息传递或信息溢出，即哪个市场的汇率行情较多地影响到另一个市

场中的同种汇率行情。后者是多数研究的重心。它们主要利用不同市场的相关数据来检测不同市场之间信息（收益/价格，波动）溢出的方向和强度，包括即期市场之间的关系，远期市场之间的关系，以及即期和远期的关系。虽然不同的研究得出的具体结论不一致，但是基本结论是境内市场仍是人民币的"定价"中心，同时也会受境外市场影响。如伍戈和裴诚（2012）使用中间价、CNH即期和NDF3个月期在2010年8月23日至2011年12月19日的收盘价数据，运用格兰杰因果检验和VAR的方法，通过检验三个市场收益率的格兰杰因果关系和交叉相关系数来确定人民币汇率定价权归属，结论认为CNY市场对CNH市场有显著的影响，仍然具备人民币"定价"的主动性，NDF市场影响力开始减弱。李政等（2017）使用2011年6月27日至2016年9月30日的即期和1年期可交割远期的在岸和离岸数据，采用滚动VECM差分、VAR-MGARCH模型检验汇率价格和波动的互相影响，认为在岸市场拥有即期"定价权"，离岸市场掌握远期"定价权"，在两个市场之间，波动比价格的传导更充分。张朝阳和应坚（2016）认为，通过跨境贸易选择性结算带来的套利使得香港离岸市场即期汇率围绕在岸人民币中间价波动，而资本项下的离岸人民币市场的互换业务（SWAP）也有助于推动CNH向CNY靠拢，离岸市场汇率不存在决定汇率的基础，最终是由中国的经济基本面来决定人民币汇率的走势。

关于人民币在岸和离岸利率联动关系的研究相对较少，主要也是以定量研究为主，研究思路和方法与上述研究类似，但并未形成一致结论。如周先平等（2014）最早使用2012年1月4日至2013年6月21日期间的各期限离岸、在岸人民币同业拆借利率数据，采用MVGARCH模型发现Shibor对Hibor-CNH表现出明显的均值溢出效应，但Hibor-CNH对Shibor的影响不明显。与此不同，严佳佳等（2016）用2010年3月至2015年6月期间离岸、在岸人民币同业拆借利率数据，采用ARDL-ECM模型以及边界检验证明了对超过14天期限品种而言，离岸利率对在岸利率存在倒逼效应，而且随着资本账户的开放（资本流入和流出总量占GDP比重），这种效应更加显著。花锋（2016）

主要关注了离岸市场人民币拆借利率的大幅波动，认为香港人民币资金存量的减少、资金出路的增加，以及由于人民币清算增长带来的银行流动性管理难度的上升是导致 2014 年 5 月之后 Hibor-CNH 拆借利率波动幅度远大于 Shibor 的原因，还包括一些市场恐慌心理及结算因素的影响。丁剑平等（2015）采用 2013 年 10 月 28 日至 2014 年 6 月 30 日的离岸、在岸人民币汇率之差，两周、一月和一年拆借利率之差的数据，使用 Clemente-Montanes-Reyes 的双结构断点模型对关键变量进行了回归，发现在两个结构断点上都显示出境内人民币市场因素占主导地位，两地利差确实会波及两地汇差。

上述两类研究没有从理论上对离岸和在岸之间的汇率以及利率之间的关系进行分析，而通过数据分析，以"信息溢出"为标准来检验"定价权"的归属。由于采用的时间区间以及相关指标的不同，相关的研究得出的结论并不一致。

另外一类研究主要关注人民币离岸和在岸之间的跨境套汇和套利行为。有一些研究认为，套汇和套利是推动离岸人民币市场发展的最主要因素，并对其交易模式、参与主体和套利方法等进行了较多的定性分析。如加伯尔（Garbe，2011）对香港人民币计价的资产进行了分析，揭示了离岸与在岸市场之间的套汇机制，其认为，人民币的升值预期是 CNH 市场发展的主要驱动力，离岸人民币主要是作为投机使用，交易者可以通过贸易结算行为来规避资本管制。张明和何帆（2012）也认为，2009 年以来人民币国际化的进展主要源自香港离岸市场和内地在岸市场的套汇和套利活动。套汇活动包括利用离岸、在岸市场即期汇差的即期套汇和利用持续的人民币升值或贬值预期的套汇；套利活动主要是利用"内保外贷"[1] 套利和内地企业在香港以低于内

---

[1] 这里是指基于人民币信用证的"内保外贷"，具体是指"内地企业 A 将人民币存入内地银行甲，要求甲开具一张到期日较长的人民币信用证；随后，内地企业 A 用其香港关联企业 B 进行贸易的理由，用信用证向 B 付款；B 企业随即以该信用证为抵押，向香港银行乙申请低利率的人民币或美元贷款。最后，如果 B 企业申请的是美元贷款，它既可以在远期外汇市场上买入美元卖出人民币来消除汇率风险，也可以不进行对冲而套取人民币汇率升值收益"。见张明和何帆（2012）。

地的利率发行人民币债券（点心债）。张斌和徐奇渊（2012）进一步分析了在人民币升值背景下离岸和在岸市场无风险套汇和套利行为的主要参与者及相应的模式，并指出由于内地货币当局在外汇市场持续干预下的人民币小幅渐进升值，套利空间不会因为套利活动而收窄。当 2011 年 9 月之后，人民币升值预期逆转时，套汇和套利方向发生逆转。余永定（2012）的分析则认为，2011 年 9 月之后国际金融环境的变化导致了 CNH 和 CNY 汇差发生逆转，从而带来套汇和套利的方向发生扭转，进一步导致了 CNY 的贬值。目前对套汇和套利行为的定量分析相对较少，陈丽和甄峰（2017）使用 2010 年 8 月到 2015 年 3 月的数据，基于套汇行为对香港人民币存款数额的影响，对两地的套汇行为进行了定量分析，认为基于离岸、在岸即期汇差的价差套汇是最主要的，基于汇率持续升值、贬值预期的套汇影响相对较弱。高洪民（2017）认为，理论上来说，香港和内地资本仍不能完全自由流动是两地人民币存款利率和人民币汇率存在差异的基本原因，并使用 2009 年 4 月至 2016 年 5 月的月度数据，通过 VEC 模型对香港人民币存款余额、香港人民币汇率预期和内地与香港两地存款利差三个变量之间的关系进行了检验，结果显示，香港人民币汇率预期变动是香港人民币存款变化的重要影响因素，两地利差的变动对香港人民币存款变化的直接影响不甚显著；同时，香港人民币兑美元汇率预期的变化和人民币存款余额的变化都会对两地人民币存款利差产生较为显著的影响。许艳霞（2016）尝试采用利率平价理论来对离岸和在岸市场人民币汇率和利率的联动关系以及离岸市场人民币利率形成机制进行研究，遗憾的是文章对于利率平价模型的扩展只是简单提出了引入在岸和离岸的远期和即期汇率，但是并未给出具体的模型和机制；后续分析结论也只是基于 VAR 模型对于数据的分析，结论是不同滞后期的远期汇率、即期汇率以及在岸市场利率对离岸市场利率均有显著影响。

这一类对于套汇和套利的研究背后有两种套利机制：一种是基于香港和内地即期汇差和利率差的套汇和套利，其中最重要的是如何在资本管制的条件下进行跨境资金的流动，一般是通过具有贸易背景的跨境贸易结算来进行；

另一种是基于人民币汇率预期的套汇和套利，其本质是基于利率平价的抛补套利。但是这种套利机制的分析是存在问题的。一方面，香港和内地之间的资金流动不是自由的；另一方面，传统的抛补套利是基于利差在外汇市场进行买卖来进行套利，但对于香港离岸人民币市场来说却并非是这样。这些都是现有文献中没有进行很好辨析的。本文在厘清关于香港离岸人民币资金市场相关事实的基础上，通过对传统的利率平价模型进行修正，提出基于香港人民币离岸市场事实的抛补利率平价模型假说，对内地和香港之间资金跨境套利的机制进行深入辨析，进一步定量研究这种套利行为对香港人民币存款和拆借利率的影响，从而对香港离岸人民币离岸市场利率的"异常波动"提供一个新的解释。

四、利率平价模型的条件及其修改

（一）利率平价模型

利率平价模型是国际金融中一个重要理论。其中，抛补的利率平价模型是指在两国模型中，如果市场信息充分，资金流动没有限制，且没有交易成本，风险中性投资者主导的套利所引起的跨境资金流动，最终会达到如下的均衡：

$$1 + r_t = (1 + r_t^*) \frac{F_t}{S_t} \tag{1}$$

其中，r_t 和 r_t^* 分别为本国和外国的利率水平，S_t 和 F_t 分别为本国货币对外国货币的即期汇率和远期汇率。这里需要指出的是，在式（1）中，利率平价模型一般假定两国的利率水平是外生给定的；当式（1）不成立时，投资者通过在即期和远期市场上进行外汇的买卖来进行套利，导致即期和远期汇率的变化，最终恢复式（1）的均衡状态。那么，式（1）可以改写为式（2）：

$$\frac{F_t}{S_t} = \frac{1 + r_t}{1 + r_t^*} \tag{2}$$

如果说式（2）是适用于两个"在岸"市场之间，例如 A 国货币市场与 B 国货币市场，那么，其含义可以这样来理解：两国分别有自己独立的利率行情，即 A 国的 r_t 和 B 国的 r_t^* 分别由各自的经济变量所决定，在这个等式中属于"外生变量"；只有即期汇率 S_t 和远期汇率 F_t 在这个等式中属于"内生变量"。

如果其中一国实行固定汇率制度，则远期汇率 F_t 与即期汇率 S_t 相等；但在国内外利率不相等时，式（2）中所蕴含的套利机制不能得到实现。此时利率平价应转变为下式：

$$(1 + r_t) \times z_t = 1 + r_t^* \tag{3}$$

其中，z_t 代表一国跨境资金流动性的高低或跨境资金流动性受到资本管制的程度①，$z_t > 0$。z_t 为隐性变量，并不能直接观察到。

（二）利率平价模型的修改

回到本文的分析中，事实上，在 CNH 市场上，也存在着类似的基于利率平价的抛补套利行为。如当 CNH 市场上存在人民币贬值预期时，可以构建如下的头寸进行套利：在香港人民币拆借市场上以利率 r_t^{CNH} 借入 1 单位的人民币，按 CNH 即期汇率 S_t^{CNH} 转换为美元并以利率 r_t^{US} 存入银行，同时在远期市场上按 CNH 远期汇率 F_t^{CNH}，把美元再转换为人民币，并归还银行的人民币借款。这个套利头寸的利润 π_t 为：

$$\pi_t = (1 + r_t^{US}) \frac{F_t^{CNH}}{S_t^{CNH}} - (1 + r_t^{CNH}) \tag{4}$$

投资者的套利活动使得套利利润趋向于 0，则式（4）转化为式（5）：

$$1 + r_t^{CNH} = (1 + r_t^{US}) \frac{F_t^{CNH}}{S_t^{CNH}} \tag{5}$$

但是，这个基于利率平价模型的抛补套利模型要做如下几处修正。

（1）传统的利率平价模型假定两地之间资本可以自由流动，此处并不完

---

① 可以说，z_t 值越接近于 1，表示跨境资金流动性受到资本管制影响的程度越低。

全满足这个条件。虽然在香港市场上人民币和美元可以自由兑换，但是如前文所述，香港的人民币主要是来自内地市场，而内地市场与香港市场之间存在着资本管制，人民币资金不能在内地和香港之间自由流动，只有在贸易结算背景下以及少数资本账户项目下，人民币资金才能在内地和香港之间流动。内地和香港之间的资本管制也造成了 CNH 即期汇率和 CNY 汇率存在显著差异，这种即期汇率的差异也是导致内地和香港市场之间跨境资金流动的一个重要驱动力（Garber，2011），CNH 市场上的人民币主要是存款形式，CNH 市场上的人民币存款变动主要取决于这个即期汇率差。

（2）传统的利率平价模型认为本国（地区）和外国（地区）的利率是外生给定的，但是，在式（3）中，尽管可以认为美元的利率 r_t^{US} 是外生给定的，但是在香港市场上拆借人民币的利率则并非外生给定的。尽管可以认为内地市场的人民币利率行情是外生给定的，但是如前文所述，内地人民币资金市场与香港人民币资金市场各自有自己的利率行情。香港人民币资金市场上的利率是由香港人民币市场资金的供求来决定的。

（3）传统的利率平价模型认为即期和远期汇率为内生变量，投资者通过在外汇市场的买卖使得即期和远期汇率发生变动来达到均衡。在这个模型中，投资者的套利行为虽然会在一定程度上影响 CNH 即期和远期汇率，但是需要注意的是，在内地市场上还存在着人民币汇率行情。前文的分析已经提到，内地在岸市场尚未有基于公开市场程序的 CNY 远期报价体系，香港市场上的 CNH 远期汇率可以认为完全是由市场来决定的，可以认为是内生变量；但是，内地的人民币即期汇率则对香港的人民币即期汇率有显著的影响，尽管两者并不相等。

在传统的欧洲货币市场上，由于不存在资本管制，欧洲货币的离岸汇率与在岸汇率是相等的。仔细考察 CNH 即期汇率和 CNY 汇率之间的关系，CNY 汇率市场巨大，可以认为是外生决定的，由于资本管制的存在，使得 CNH 即期汇率和 CNY 汇率之间存在显著的差异，两者之间的差异程度取决于资本管制的程度,可以用式(3)中的 z_t 来表示①。同时,内地和香港市场之间一定程度的跨境资金流动又使得 CNH 即期汇率不能脱离 CNY 汇率的行情。不妨用式(6)来表示上述关系:

$$S_t^{CNH} = S_t^{CNY} \times f(z_t) \tag{6}$$

其中,S_t^{CNY} 为 CNY 汇率。$f(z_t)$ 代表资本管制带来的 CNH 即期汇率和 CNY 汇率的差,当 z_t 越接近于 1,资本管制程度越低,$f(z_t)$ 越接近于 1,CNH 即期汇率越接近于 CNY 即期汇率。

通过上述分析,结合式(5)和式(6),可以进一步转变为式(7):

$$r_t^{CNH} = (1 + r_t^{US}) \frac{F_t^{CNH}}{S_t^{CNY} \times f(z_t)} - 1 \tag{7}$$

由于 r_t^{US} 和 S_t^{CNY} 为外生变量,则式(7)可以进一步简化为式(8):

$$r_t^{CNH} = G[f(z_t), F_t^{CNH}] \tag{8}$$

总结上述分析,香港市场上的基于利率平价的抛补套利行为主要取决于香港市场上的远期、即期汇率的差额(比例)与人民币拆借利率的大小关系。香港市场上的远期汇率由投资者的预期等因素来决定,CNH 即期汇率则很大程度上受到内地在岸即期汇率的影响。香港市场的人民币拆借利率由香港市场上的人民币资金供求来决定,上述套利行为构成了对香港人民币的需求方。香港市场人民币供给则主要是来自内地和香港之间跨境的人民币资金流动,主要受到资本管制(内地的政策)以及内地和香港人民币即期汇率差额的影响。最终,上述套利行为会影响到香港人民币资金的供给和需求,表现为香港市场上的人民币存款变动,并最终体现为香港的人民币拆借利率的变动。

————————

① 这里需要指出的是,在式(3)中,跨境资金流动性影响的是本国(地区)和外国(地区)利率的差异程度,代表的是利率市场的分割。但是由于内地市场的利率市场容量远大于香港人民币利率市场,所以,此处资本管制程度影响的是 CNH 汇率和 CNY 汇率的差异,代表的是汇率市场的分割。

五、对香港人民币存款和利率变动的计量检验

（一）理论分析

根据式（8），香港人民币拆借利率主要受到在岸市场资本管制或在岸、离岸市场之间跨境资金流动性的变动带来的 CNH 即期和 CNY 汇率之差，以及香港人民币离岸远期汇率（CNH 远期）的影响。具体来说，由于汇率体制的差别以及内地对跨境资金流动的管制，CNH 即期汇率和内地在岸 CNY 汇率长期存在着显著的汇差，或多或少的跨境资金会在内地在岸市场和香港离岸市场之间流动并进行套利；而由于资本管制，这种套利又是不充分的，套利的程度受到跨境资金流动性变动的影响。同时，投资者也会基于香港市场的 CNH 远期（F_t^{CNH}）进行跨境的抛补套利。这两种套利行为都会影响到香港人民币存款的变动，并最终影响到香港人民币拆借利率。本节将采用计量方法对上述机制进行实证检验。需要指出的是，资本管制程度是一个隐性的变量，无法直接观察得到；它影响的只是套利程度的高低，但是，这个程度并不能很好地量化，无法进行具体的实证检验，以后的研究在这个方面可以做更多的尝试。

（二）计量分析

1. 变量和数据

本文将用计量方程分两步对上述理论进行检验。一是检验离岸、在岸汇率差对于香港人民币存款的影响，由于香港离岸人民币存款数据的频率为月度数据，这个检验采用的是月度数据。用到的主要变量如下：*Deposit-CNH* 指香港人民币存款月度增长额，通过香港金融管理局香港每月人民币存款数据计算得到；*CNH-CNY* 指离岸、在岸月度汇率差乘以 100，*CNY* 月度数据来自中国人民银行，*CNH* 月度数据为香港财资市场公布的日度数据算术平均计算得到；*CNH-CNH*1M 指月度离岸即期汇率与 1 个月非交割远期汇率差乘以 100，这个指标衡量的是对于汇率的预期因素。

二是检验离岸、在岸汇率差对于隔夜香港人民币拆借利率的影响。这个检验用的是日度数据。用到的主要变量如下：$Hibor-CNH$ 指香港人民币隔夜拆借利率；$CNH-CNY$ 指离岸、在岸日度汇率差乘以 100，CNY 数据来自中国人民银行，CNH 数据来自香港财资市场公会；$CNH-CNH1M$ 指日度离岸即期汇率与 1 个月非交割远期汇率差乘以 100，这个指标衡量的是对于汇率的预期因素。

2. 数据时间范围

本文重点考察人民币出现显著升值和贬值情形的时间，故将计量检验的时间区间确定为 2012~2016 年。如前提及，2017 年后很长时间人民币汇率相对稳定，香港人民币存款余额也减少了很多，故不再对这段时间的情况特别考察。

对月度回归，本文选取时间区间为 2012-10~2016-01，共 40 个观测值；对于日度回归，本文选取时间区间为 2012-09-19~2016-02-04，共 762 个观测值。其中，2012-09-19~2014-03-11 为人民币升值区间，2014-03-12~2016-02-04 为人民币贬值区间（其中，2014-04~2014-11 CNY 中间价汇率变动幅度不大，但是 CNH 汇率有贬值趋势）。此后，两个汇率的差异变得相对不显著。另外，此处的数据删除了一个极端值 2016-01-12（$Hibor-CNH$ 值为 66.82%）。表 2 和表 3 分别给出了月度数据和日度数据的基本统计特征。通过表 2 可以看到，在样本期间内，尽管香港人民币存款的增长额也出现过大幅下降，但是其均值为正，香港人民币存款整体呈增长态势；通过表 3 可以看到，$Hibor-CNH$ 的均值为 2.45，但波动幅度较大。

表 2   **月度数据的基本统计特征**

变量	样本量	均值	最大值	最小值	标准差
$Deposit-CNH$	40	76.60	516.06	-835.95	247.79
$CNH-CNY$	40	-0.91	12.72	-7.43	6.40
$CNH-CNH1M$	40	-0.50	9.82	-7.81	5.48

表3 日度数据的基本统计特征

变量	样本量	均值	最大值	最小值	标准差
$Hibor-CNH$	762	2.45	66.82	0.75	2.78
$CNH-CNY$	762	-0.90	16.76	-9.33	6.51
$CNH-CNH1M$	762	5.34	645.04	-9.04	60.34

表4和表5给出了月度数据和日度数据的平稳性检验，结果表明，在5%的显著性水平下，月度和日度数据的回归变量都是平稳的，可以进行计量检验。

表4 月度数据的平稳性检验

变量	ADF 值	1% 临界值	5% 临界值	10% 临界值	结论
$Deposit-CNH$	-3.2271	-3.6105	-2.9390	-2.6079	平稳
$CNH-CNY$	-3.5716	-4.2191	-3.5331	-3.1983	平稳
$CNH-CNH1M$	-2.0665	-2.6272	-1.9499	-1.6115	平稳

表5 日度数据的平稳性检验

变量	ADF 值	1% 临界值	5% 临界值	10% 临界值	结论
$Hibor-CNH$	-2.2068	-2.5680	-1.9412	-1.6164	平稳
$CNH-CNY$	-3.4672	-3.9702	-3.4157	-3.0131	平稳
$CNH-CNH1M$	-10.1211	-3.9702	-3.4158	-3.1301	平稳

3. 计量结果

（1）离岸、在岸汇差对香港人民币存款的影响：

$$Deposit - CNH = 1.48 - 26.7CNH - CNY$$
$$(-4.08)$$
$$N = 40，调整 R^2 = 0.29$$

回归结果显示，$CNH-CNY$ 回归系数为负且显著，与理论预期一致。当离岸人民币汇率小于在岸人民币汇率（$CNH-CNY<0$）时，人民币从内地流向香港，香港人民币存款增多。

进一步，引入对于汇率的预期因素 $CNH-CNH1M$，把香港人民币存款增长额和离岸、在岸月度汇率差 $CNH-CNY$ 以及对于汇率的预期因素 $CNH-CNH1M$ 构成一个 VAR 系统。根据 AIC 和 SBC 准则，VAR 系统的滞后阶数确定为 1，VAR 回归结果如表 6 所示。

表 6 $Deposit-CNH$ 的 VAR 模型估计结果

	$Deposit-CNH$	$CNH-CNY$	$CNH-CNH1M$
$(Deposit-CNH)_{-1}$	0.1876 (0.1440)	−0.0043 (0.0022)	0.0032 (0.0020)
$(CNH-CNY)_{-1}$	−78.79 ** (−24.93)	1.2310 * (0.3736)	−0.1380 (0.3397)
$(CNH-CNH1M)_{-1}$	68.83 * (27.43)	0.2810 (0.4111)	0.7992 * (0.3739)
常数项（C）	153.31 ** 47.40	0.3483 (0.7104)	−0.3879 (0.6460)

注：VAR（1）特征根为 0.9951、0.8876 和 0.3351。

表 6 的 VAR 回归结果显示，当离岸和在岸即期汇率差为负（$CNH-CNY<0$），并且存在汇率升值预期（$CNH-CNH1M>0$）时，对香港的人民币存款增量有显著的正向作用，香港的人民币存款增加。系统 VAR 的三个特征根都小于 1，系统是稳定的，进一步引入脉冲响应和方差分解来考察汇率差和汇率预期对于香港人民币存款增量的影响，结果如表 7 所示。离岸与在岸即期汇差（$CNH-CNY$）和汇率预期都对香港人民币存款有持续显著的影响，随着时间的延长，汇率预期的影响作用变得更加显著，在 5 个月以后增加到 40% 以上，离岸、在岸即期汇差的解释力度也超过 20%。与陈丽和甄峰（2017）不同，离岸、在岸即期汇差和汇率预期都对香港人民币的存款变动产生显著影响，两种套利都存在。

表 7 $Deposit-CNH$ 的方差分析

滞后期	$Deposit-CNH$	$CNH-CNY$	$CNH-CNH1M$
1	78.2	8.5	0.0
2	57.9	16.1	13.3

滞后期	*Deposit－CNH*	*CNH－CNY*	*CNH－CNH*1*M*
3	46.5	20.1	25.9
4	39.8	22.1	33.5
5	35.6	23.2	38.1
6	32.6	23.8	41.3
7	30.4	24.1	43.6
8	28.7	24.2	45.5
9	27.4	24.3	47.1

（2）离岸、在岸汇率差对香港人民币隔夜拆借利率的影响：

$$Hibor－CNH = 0.49 + 0.78 Hibor－CNH（-1）+ 0.02 CNH－CNY$$
$$(34.91) \qquad\qquad (3.92)$$
$$N = 762，调整 R^2 = 0.68$$

香港人民币隔夜拆借利率存在很强的自相关性，因此，在回归方程中引入了 *Hibor－CNH* 的 1 期滞后。回归结果与理论预期一致，*CNH－CNY* 回归系数为正且显著。当离岸人民币汇率小于在离岸人民币汇率（*CNH－CNY* < 0）时，人民币从内地流向香港，香港人民币供给增多，拆借利率倾向于下降。

同样，在考虑了汇率预期因素之后，香港人民币隔夜拆借利率（*Hibor－CNH*）和离岸、在岸月度汇率差（*CNH－CNY*）以及对于汇率的预期因素（*CNH－CNH*1*M*）构成一个 VAR 系统。根据 SBC 准则，VAR 系统的滞后阶数确定为 1，回归结果如表 8 所示。表 8 结果显示，离岸、在岸即期汇率差和离岸人民币汇率预期对香港隔夜拆借利率都有显著影响，其中，离岸、在岸即期汇率差的影响更大。当离岸与在岸即期汇率差为负（*CNH－CNY* < 0），并且存在汇率升值预期（*CNH－CNH*1*M* > 0）时，香港人民币拆借利率 *Hibor－CNH* 下降。同时，结果还发现，*Hibor－CNH* 还会对 *CNH－CNH*1*M* 产生显著的影响，但是并不会对 *CNH－CNY* 产生影响。进一步引入脉冲响应和方差分解来考察汇率差和汇率预期对于 *Hibor－CNH* 的影响，结果如表 9 所示。

表8　　　　　　　　　　*Hibor-CNH* 的 VAR 模型估计结果

	Hibor-CNH	*CNH-CNY*	*CNH-CNH*1M
(*Hibor-CNH*)₋₁	0.7507 *** (0.0231)	0.0284 (0.0272)	5.664 ** (1.530)
(*CNH-CNY*)₋₁	0.0264 ** (0.0054)	0.9896 *** (0.0063)	-0.2361 (0.3582)
(*CNH-CNH*1M)₋₁	-0.0016 * (-0.0005)	-0.0009 (0.0006)	0.1243 ** (0.0355)
常数项（C）	0.5517 *** (0.0610)	-0.0836 (0.0717)	-8.981 * (4.041)

注：VAR（1）特征根为 0.9872、0.7674 和 0.1101。

表9　　　　　　　　　　*Hibor-CNH* 的方差分析

滞后期	*Hibor-CNH*	*CNH-CNY*	*CNH-CNH*1M
1	99.2	0.072	0.72
2	98.7	0.228	1.07
3	98.3	0.465	1.24
4	97.9	0.778	1.33
5	97.5	1.15	1.38
6	97.0	1.58	1.42
7	96.5	2.05	1.43
8	96.0	2.54	1.45
9	95.5	3.05	1.45

通过表9可以看到，*Hibor-CNH* 自回归的解释能力很强，占到95%以上，离岸、在岸即期汇率差和汇率预期对 *Hibor-CNH* 的影响是显著的，但是解释能力较弱，其中随着时间的延长，即期汇率差的影响逐渐增强，大于汇率预期。

总的来说，离岸、在岸汇率差以及汇率预期都会显著影响内地和香港之间的资金流动，即当人民币存在升值趋势时，CNY 升值幅度小于 CNH 升值幅度，同时 CNH 还存在着显著的升值预期，人民币资金从内地流向香港市场，导致香港市场的人民币存款增加，进一步导致香港人民币隔夜拆借利率下降；反之，人民币存在贬值趋势时，CNY 贬值幅度小于 CNH 贬值幅度，同时 CNH 还存在着显著的贬值预期，人民币资金从香港流向内地市场，导致香港市场人民币存款减少，进一步导致香港人民币隔夜拆借利率上升。

六、结论和展望

21 世纪第二个 10 年以来，随着人民币国际化的发展，人民币离岸市场出现了与传统离岸市场不同的新现象，包括人民币离岸市场规模显著小于在岸市场，人民币汇率在在岸市场和离岸市场之间存在显著差别，人民币离岸市场上的利率发生了"异常波动"等。在岸市场与离岸市场的汇率差别可以在某种程度上归结为在岸市场的汇兑管制。如何理解人民币离岸市场上利率的"异常波动"却是一个有待厘清的问题。

与传统的适用于两个不同"在岸"市场的常规利率平价模型不同，本文提出了一个针对离岸和在岸市场的修正利率平价模型假说来对此提供一个解释。通过模型分析认为，人民币离岸市场发展中出现的利率"异常波动"同时反映了在岸市场和离岸市场人民币汇率走势的差别以及这两个市场之间跨境资金流动性变化的影响。使用人民币在香港离岸市场上的数据所进行的计量检验表明，人民币在两个市场汇率差同时影响到了离岸市场人民币存款数量以及人民币离岸市场利率。但是，本文的现有数据无法对资本管制效应或跨境资金流动性对于人民币离岸市场利率的影响进行检验，后续研究可对此进行更多尝试。

在人民币国际化进程中，离岸市场发挥了非常重要的作用。2010 年以来，香港离岸人民币市场取得了长足发展；但 2016 年以后，香港离岸人民币市场的发展有所放缓。作为离岸市场非常关注的一个金融变量，人民币离岸市场上利率的"异常波动"会给离岸市场参与者的资金流动性和风险管理造成不便甚至挫伤，从而在一定程度上妨碍离岸市场的进一步发展。人民币离岸市场上利率的"异常波动"是由离岸、在岸的汇率差以及跨境资金流动性的非规范变动共同造成的。汇差也可一定程度上具有"信息传递作用",为人民币离岸市场利率的变动提供线索,或许反之亦然。本文并未对汇差的原因进行分析,但不难认为汇差是市场预期与管理汇率之间差别的表现,也反映了由基础因素所决定的均衡汇率与中间汇率之间的差别或一致被市场认知的程度。人民币离岸市场要继续发展成为成熟的离岸市场,需要进一步消除这些差别。一方面,在岸人民币汇率的决定需要更加"市场化";另一方面,或也需要减少在岸市场与离岸市场之间跨境资金流动性限制。

参考文献

[1] 陈丽、甄峰:《香港离岸与在岸人民币套汇问题研究》,载《国际金融研究》2017 年第 357 卷第 1 期。

[2] 丹尼斯·R. 阿普尔亚德、小艾尔·J. 弗雷德菲尔德:《国际经济学:国际金融分册》,赵英军译,机械工业出版社 2015 年版。

[3] 丁剑平、杜成志、陈岚:《离岸与在岸人民币价格偏离和收敛的动因分析》,载《新金融》2015 年第 4 期。

[4] 高洪民:《关于香港离岸人民币存款变动影响因素的理论和实证研究》,载《世界经济研究》2017 年第 9 期。

[5] 韩立岩、王允贵:《人民币外汇衍生品市场:路径与策略(国家自然科学基金应急项目系列丛书)》,科学出版社 2009 年版。

[6] 花锋:《香港人民币拆息为何大幅波动》,载《国际金融》2016 年第 6 期。

[7] 基思·皮尔比姆:《国际金融(第 4 版)》,汪洋译,机械工业出版社 2015 年版。

[8] 李政、贾妍妍、李晓艳:《人民币在岸离岸市场极端风险溢出研究》,载《金融论坛》2018 年第 10 期。

[9] 李政、梁琪、卜林:《人民币在岸离岸市场联动关系与定价权归属研究》,载《世界经济》2017 年第 40 卷第 5 期。

[10] 迈克尔·梅尔文、斯蒂芬·C. 诺尔宾:《国际货币与金融》,何青译,中

国人民大学出版社 2016 年版。

[11] 王轩、杨海珍：《人民币汇率波动原因的集成分析与实际有效汇率预测》，载《金融论坛》2017 年第 8 期。

[12] 伍戈、裴诚：《境内外人民币汇率价格关系的定量研究》，载《金融研究》2012 年第 9 期。

[13] 许艳霞：《基于利率平价理论视角的离岸市场人民币利率形成机制研究——以香港离岸人民币市场为例》，载《吉林金融研究》2016 年第 4 期。

[14] 严佳佳、幸进成、黄健铭：《香港人民币离岸利率能够倒逼影响在岸利率吗?》，载《国际金融研究》2016 年第 356 卷第 12 期。

[15] 余永定：《从当前的人民币汇率波动看人民币国际化》，载《国际经济评论》2012 年第 1 期。

[16] 张斌、徐奇渊：《汇率与资本项目管制下的人民币国际化》，载《国际经济评论》2012 年第 4 期。

[17] 张朝阳、应坚：《人民币国际债二元一体发展模型初探》，载《国际金融研究》2016 年第 355 卷第 11 期。

[18] 张光平：《人民币衍生品产品》，中国金融出版社 2006 年版。

[19] 张明、何帆：《人民币国际化进程中在岸离岸套利现象研究》，载《国际金融研究》2012 年第 10 期。

[20] 张笑梅、郭凯：《异质市场人民币汇率预期的互动关系》，载《金融论坛》2017 年第 2 期。

[21] 周先平、李标、邹万鹏：《境内外银行间人民币同业拆借利率的联动关系研究》，载《国际金融研究》2014 年第 8 期。

[22] Garber P. , What Drives CNH Market Equilibrium, Manuscript, Council on Foreign Relations and China Development Research Foundation, 2011.

[23] International Monetary Fund (IMF), World Economic Outlook – Globalization: Opportunities and Challenges, 1997.

汇率浮动与稳定*

2014 年下半年以来，人民币兑美元汇率出现了一定程度的贬值和波动。同时，中国外汇储备已从接近 4 万亿美元的历史峰值减少到 3 万亿美元左右。有关人民币汇率的未来走向已成为国内外关注的焦点。

有人认为，应该加强资本管制，通过行政手段防止资本外流从而维持人民币汇率稳定。有人认为，应让人民币汇率彻底浮动起来，中央银行不再动用外汇储备进行经常性外汇市场干预，人民币汇率可"一次性地贬值到底"，从而外汇储备不再减少。还有人认为，中国可继续行走在折中性的"中间道路"上，即一方面保持一定程度上的"温和的"资本流动控制，另一方面保持对外汇市场必要的"最低限度的"干预，这样人民币汇率不致出现大幅度波动，外汇储备也不会消耗过快，两全其美，名利双收。

客观而言，上述三种看法都有一定的道理，也多少兼顾了中国经济和金融现实情况。但是，如果联系到中国经济金融发展的基本现实、前进方向和长远愿景，联系到政策的可操作性和制约条件，上述主张有着明显的局限性。首先，如果实施资本管制，杜绝资金外流渠道，那么，这不仅将意味着中国经济金融重返计划经济体制，几十年的改革成果将付诸东流，而且还会导致更加严重的经济金融后果。外汇黑市势必再现甚至泛滥于中华大地，人民币贬值预期不仅不能消除甚至还会愈发严重。其次，在一个高度多元化的、动

---

* 本文原载于《清华金融评论》2017 年第 5 期。

态的外汇市场中，汇率水平从来没有一个一成不变的"均衡值"，"一次性地贬值到底"说法中的"底"在哪里永远是一个争论不休的问题。实践中，由政府主导的货币贬值举动往往倾向于进一步加重贬值预期而不是消除或削弱贬值预期。

诸多意见分歧多少反映了对一些深层次问题看法上的差别或差距。事关人民币汇率体制和中国经济金融体制的长远前景，至少应厘清以下几个重要概念或问题。本文接下来对此进行分析。

一、汇率稳定不等于不允许双边汇率具有一定波动性

汇率是外汇市场的本币对各国货币比价的总汇，如同国内经济中物价指数是百千万种商品与服务价格的总汇一样。价格在国内经济中具有信号提示、激励赋予和收入分配的三大基本功能，汇率在一国对外经济交往中同样具有这些重要功能。不仅如此，一定条件下汇率变动还会影响到国内货币的基本功能，尤其是作为储藏手段和投资品计价单位的功能。汇率稳定对发展对外贸易和国际投资具有重要的积极意义。如同高通货膨胀背景下价格信号会被扭曲一样，汇率大幅度波动时其信号作用也会失灵和扭曲。

但是，物价稳定和汇率稳定的重要性并不意味着就必须实行直接的物价控制和汇率控制。在市场经济环境中，物价稳定的含义是物价指数的平稳运行，绝不是由政府来实施直接定价和管制。同样的道理，在开放经济中，汇率稳定是指本国货币对主要贸易伙伴的货币综合变动的基本稳定，而不是将本国货币与某个货币的比价锁定不变。

历史上出现过多次一个经济体将本币与美元挂钩的做法，并将美元视之为"锚"。这其实是在缺乏内部"锚"的条件下去选择一个外部"锚"以稳定公众预期和弱化不利预期的办法。类似的情形在国内经济中也曾有过。在经济发展的较低阶段，通货膨胀主要由粮食价格或能源价格的波动所引致。彼时，稳定通货膨胀的主要途径就是稳定粮价或煤价，只要粮价和煤价稳住

了，反通货膨胀的任务就完成了大半。在对外经济开放的早期，稳定汇率的事情通常也就是稳定与美元的比价。两者背后共同的道理是，公众通常仅仅关注某个可直接观察到的具体指标并对此做出反应。抓住公众的关注焦点并在这个焦点上做文章，在历史条件下就是一种事半功倍的做法。

随着经济发展到较高阶段，对外经济开放呈现多样化局面，再僵硬地坚守传统模式就不再合适。如今食品和燃料在居民消费支出中仅仅占有一个小的比重，它们的价格变动虽然仍对总体物价走势有重要影响，但重要性的程度比过去已大大下降。与此同时，货币当局所应对的通常不再是高达两位数甚至三位数的严重通货膨胀，而仅仅是超出物价基本稳定之要求的显著通货膨胀，如高于3%或5%的通货膨胀率。类似地，与美国或美元区的贸易仅仅占本国对外贸易总额的一个很小比例。若继续紧盯美元，则本币与非美元的其他国际货币的汇率同样有可能发生显著波动。总之，随着经济发展阶段的上升和经济环境的变化，需要对汇率稳定的认识有相应的调整。

二、汇率浮动与汇率稳定并不必然相互冲突

2000年以来，国际经济学术界大量谈论新兴市场经济体普遍存在的"浮动恐惧症"，即担心允许汇率浮动后本国经济和金融体系将会出现若干难以控制的局面，尤其是失控的汇率波动和不确定性的大幅度增加，从而不利于宏观经济稳定和经济增长。

许多研究者也发现，新兴市场经济体之所以害怕汇率浮动，背后的原因包括：本国已负有过多外币债务，此种局面会在本币贬值时引致严重的"货币错配"效应，触发外债危机；本国货币当局欠缺在本币贬值时控制国内通货膨胀的能力，而一旦通货膨胀失控，后续局面很可能是贬值与通货膨胀轮番演进的恶性循环；随汇率浮动而来的不确定性增加有可能引起产出下降，包括投资活动的收缩和消费支出的减少；在一些时候，汇率浮动后本币将加快升值，从而给外向型的经济增长带来不利影响。

历史和现实中有许多事例表明，"浮动恐惧症"有其合理性。最新的一个案例是埃及。该国中央银行2016年11月2日宣布从"有管理的浮动汇率体制"转变到"浮动汇率体制"，次日埃及镑兑美元暴跌，从1美元兑8.88埃及镑变为13.89埃及镑。一个月后，美元兑18埃及镑。与此同时，埃及居民消费价格指数（CPI）上涨率从2016年10月的13.6%升至11月的19.4%和12月的23.3%，2017年2月更是高达30.2%。很明显，埃及在实行汇率浮动后出现了货币贬值和通货膨胀爬升的双难局面，成了实行浮动汇率的一个失败案例。

可作为埃及事例的一个反证是英镑汇率波动与国内物价的相对稳定。早已实行浮动的英镑在英国2016年6月23日"脱欧"公投后出现暴跌，1英镑兑美元从1.48跌至次日的1.36，后来进一步跌到了1.20左右，达到有史以来英镑的最低水平。公投仅仅是脱欧的开始，脱欧进程的不确定性继续存在，英镑的动荡也尚未完全结束，但英镑波幅自2016年末以来已显著缩小，其汇率甚至有所回升。究其缘故，显然与英国CPI走势在英镑暴跌以后未出现失控局面有密切关系。英国CPI上涨率在2016年6月为0.5%，12月为1.6%，2017年1月为1.8%，显著低于同时期美国CPI上涨率。

过去，许多转轨经济体曾面临与新兴市场经济体相类似的难题：若开放价格，通货膨胀似乎在所难免；若继续实施价格管控，则价格扭曲难以消除，经济结构无法调整，经济增长前景迷茫。在计划经济时期和改革开放的初期，我国经济中曾有个流行说法，"一放就乱，一管就死"。这正是对这种局面的生动概括。20世纪90年代以后的经历表明，关键问题不是价格要不要放开，而是经济体制要不要改革、怎样改革。现在，包括粮食在内的许多农副产品价格都放开了，大米、猪肉随行就市，但却没有了持续性的通货膨胀。不能不说这是农业改革的一大成就。

现代经济学的一个共识是，从长期看，汇率由购买力平价决定，即只要保持本国物价水平的基本稳定，本国货币对各国货币兑换比价的综合水平也将保持基本稳定。这个原则的一个含义是，汇率的长期稳定趋势与汇率体制没有直接关系。也就是说，即使实行浮动汇率体制，一国只要能够维持低通货膨胀局面，就没有必要担心汇率波动会失控，或者说会在长期内出现过度波动。

三、浮动汇率体制下汇率稳定的基本条件

浮动汇率制的一个特点是，即使物价水平保持基本稳定，短期内汇率波动也可能由于这样那样的突发性内外事件而发生剧烈波动。前面提到的英镑汇率在 2016 年 6 月由于"脱欧"公投的意外结果而发生大幅度贬值就是一个新鲜事例。

汇率在短期内的过大波动也会给国民经济带来不利影响，包括危及国内金融市场的流动性和金融体系的稳定，给中央银行的货币政策操作带来挑战，并给面向国际市场的本国企业部门造成一定的困难。因此，全面地看，在浮动汇率体制下保持汇率稳定还需要除了物价稳定之外的若干条件。其中最重要的一个条件是金融稳定，即国内金融机构具备应对外汇市场短期波动的能力，具备防范和化解金融风险的必要机制。此外，产权保护也极端重要。只有良好的产权保护和相应的法治环境才能确保在外汇市场发生短期性剧烈波动时，本国企业部门和居民部门不至于出现恐慌情绪及其蔓延。本国企业和人民对本国经济体制和环境具有基本信心是杜绝一切市场恐慌的基本支撑。

客观地看，保持开放的政策姿态也是促进汇率稳定或恢复稳定的一个有利条件。在外汇市场出现一定程度的波动迹象时，转向关门主义往往是导致波动进一步加剧的因素，因为它给予市场的实际信号是政策决策者对本国经济和市场状况已缺少基本信心。保持开放姿态不仅有利于吸引外资和留住外资，而且也有利于国内资金继续活跃于国内市场。

当国内货币市场由于外汇市场的短期波动而出现流动性紧张局面时，中央银行应有必要能力并通过适当途径和方式实施舒缓救助。此外，中央银行也应有能力和制度保障来适时调整利率政策，确保国内利率（包括名义利率和实际利率）不至于显著地偏离国内公众正常预期和国际可比较的水平。中

国人民银行在 2015 年 10 月宣布降低利率时也决定放开银行存款利率上限，并认为这"标志着我国的利率管制已经基本放开，改革迈出了非常关键的一步，利率市场化进入新的阶段"。2017 年初以来，我国货币市场上利率行情向上波动情形正是支持人民币汇率的一个重要因素，从一个侧面也表明早先的金融改革对后来的人民币汇率体制和汇率稳定的极端重要性。

最后，如同在所有商品市场上，外汇市场也应有必要的避险工具和相应金融服务，帮助国内企业规避短期汇率波动的风险。任何社会都不害怕有风险。妨碍经济进步的只是社会缺少避险工具和服务。在这个意义上，汇率波动不可怕，可怕的只是缺少应对外汇风险的能力和工具。

概括地说，在浮动汇率体制下，一国保持汇率稳定所必须具备的基本条件有：物价稳定；金融稳定；保护产权；保持开放；中央银行对国内货币市场有合理的调控能力；市场上有避险工具和服务的提供。满足这些条件，不仅能在浮动汇率体制下保持汇率基本稳定，而且能够确保短期汇率波动不至于导致难以承受的后果。

四、不应以外汇储备作为调节汇率的基本手段

从另一个角度看，前节分析的一个逻辑结论是，中央银行不应以外汇储备作为调节汇率的基本手段。表面上看起来，由中央银行掌控的外汇储备就像古代社会中朝廷设立的粮食仓储或平准基金一样，具有调节粮价（汇价）和平抑供求（外汇供求）的作用。事实上，在早已多元化和开放的现代市场经济中，传统的平准基金发挥作用的基础条件已发生重要变化，其中一些已不复存在。例如，若要平准资金有效发挥作用，不仅要求基金规模足够大，而且要求政府机构在市场流通中对所调节对象具有优先购买权和定价垄断权。显然，这与市场经济的基本原则存在矛盾和冲突。

更重要的，在实践中，如果中央银行以外汇储备作为调节汇率的基本手段，那么，从长远观点看势必形成以中央银行为一方、以几乎所有市场参与

者为另一方的博弈格局。也就是说，中央银行在货币市场和外汇市场上的角色事实上发生了重大转变：从监管者、交易规则的制定者、清算系统的维护者和偶尔的危机时刻的救助者变为市场交易的供求一方，变为汇率的报价者。在汇率面临上升压力时，中央银行是外汇吸收者；在汇率面临下降压力时，中央银行是外汇出售者。在这种情形中，中央银行的外汇储备规模及其变动成了指导市场预期形成和调整的新风向标。汇率调整过程由此出现新的扭曲。

如果中央银行仅仅是在个别时候参与外汇市场交易，尤其是在危机时刻作为救助者参加博弈，其作用无可非议。问题在于能否将中央银行的外汇市场干预常态化。外汇储备再多，从长远观点看，其与国内生产总值或广义货币存量的比率也终将不能持续上升，迟早会下降。就我国而言，外汇储备的本币价值与国内生产总值名义额和 M2（广义货币供应量）的比率在 2010 年达到历史高点，之后逐年下降。这本来是个正常现象，却不时被市场误解为中央银行调节人民币汇率能力的削弱。

现实世界中有些经济体，例如香港，货币当局坚持以外汇储备作为调节外汇供求和维持固定汇率目标的基本手段。从根本上说，这是由货币发行体制决定的。那里的货币发行与外汇储备之间存在固定比例关系，与中国内地的情形完全不同。中国内地若按香港货币体制对人民币汇率实行以外汇储备为基础的调节，势必意味着对国内货币存量进行大规模的收缩并带来对产出和就业的不利影响。

香港与美元挂钩的货币发行体制有着简便易行、高度透明的明显优点，同时也存在局限性。美联储 2016 年加息后，香港货币当局被迫也要上调利率，尽管当地经济并不十分景气，通货膨胀率也处于很低水平。相反，欧洲的丹麦、瑞士和瑞典等小型开放经济体在满足了前述浮动汇率体制下维持汇率稳定的六大条件的背景下，却可以依据本地经济需要相当从容地实施负利率政策，不惧美联储的加息措施及其效应。这可以说是浮动汇率体制带来的积极效果。当然，如前所述，要享受浮动汇率体制的效益，必须首先在经济体制改革和金融市场建设上有大的提升和改观，否则可能落入"尼罗河陷阱",即前面提到的匆促转向浮动汇率体制而导致本币大幅贬值和通货膨胀高升的埃及事例。

五、创造条件助推人民币走向浮动汇率体制

中国是大型经济体,不仅有庞大的国内市场,而且对外贸易伙伴和国际投资关系国都呈现出日益多样化趋势。未来中国经济增长不再像过去那样能够高度依赖货物出口来带动。盯住美元的做法已不适用于新时期。

但是,人民币汇率稳定依然具有极其重要的宏观经济意义。国内公众喜好人民币升值,并在过去多年中享受过人民币升值带来的福利。当人民币兑美元汇率出现一定程度的贬值和波动时,人们的预期开始发生变化并增加了不确定性。如何在新形势下保持人民币汇率的基本稳定是政府当局在当下和未来一段时间里面临的一个重大挑战。

若按传统方式维持人民币汇率稳定,要么需要不断消耗外汇储备,要么被迫借助于资本管制措施,两者显然都是非优选项。即使在两者之间进行"调和",一点点这样加上一点点那样,后续的政策效果究竟会如何也值得怀疑,而且也会增加许多不确定性。它们都属于缺少可持续性的做法。更重要的是,国内货币政策仍然受到巨大制约,捉襟见肘的问题会不时出现。国内金融市场建设和发展也会受到不利影响,难有显著改观。金融机构的经营效率和风险控制仍不能迈上新的台阶和高度。实体经济能从国内金融业那里得到的有效服务也会不够理想。

2013 年 11 月党的十八届三中全会通过的《中共中央关于全面深化改革若干重大问题的决定》指出,要建设统一开放、竞争有序的市场体系,使市场在资源配置中起决定性作用的基础。这个精神也应体现在外汇市场和汇率体制改革中。人民币汇率体制改革成功与否,不仅与中央银行的角色转变有关,更有赖于经济体制的全面深化改革。只有在相关条件的领域中突破旧体制的束缚,人民币汇率才会真正浮动起来而不至于不稳定。

人民币汇率体制转向浮动的意义和前景*

2015 年下半年以来，人民币对美元汇率出现一定幅度的贬值和波动，并引起国内外的众多议论。其中，有一些看法很不正确，却似乎很有影响。例如，有的说，中国改变了汇率政策，要以人民币贬值来促进出口增长和国内经济复苏；还有的认为，人民币汇率贬值是针对美联储加息政策，以此表达对后者的抗议；甚至还有的说，中国正在与国外展开"货币战"，以汇率作为武器进行国际经济竞争。

稍有经济知识的人们其实并不难以识别这些观点中的错误之处。问题在于，从流行的并往往是不够正确的观点中，一些人还可能进一步得出更加错误的看法。例如，人民币对美元出现了一定幅度的贬值，加上美联储继续实行加息政策的预期，一些人就自觉不自觉地得出结论，即人民币未来对美元汇率会继续大幅度贬值，甚至出现汇率失控的局面。这种看法或情绪显然会对市场行情带来额外的扰动，并在或大或小的程度上误导外汇市场的参与者和投资者。

本文以下结合近期国内外货币市场实际数据，就人民币汇率体制转型的三个相关问题进行辨析。第一部分指出 2015 年下半年以来人民币汇率行情体现了中国汇率体制的转型进程，并说明最近的这次朝向更加浮动的汇率体制的转型恰好出现在中美经济周期差异的背景下，而且是汇率体制调整服从于国内货币政策操作需要的表现。第二部分进一步分析"浮动汇率"与"汇率

---

* 本文原载于《财经智库》2016 年第 1 卷第 2 期。

稳定"这两个概念之间的关系，驳斥那种认为转向汇率浮动就是走向汇率不稳定的粗浅看法。第三部分就"汇率失控"这个概念进行剖析，指出发生汇率失控的相关条件以及这些条件在当前中国经济环境中的不适用性。第四部分是结论和展望。

一、人民币汇率体制为何需要转向浮动

在当代国际货币体系中，一国可以自主地选择汇率体制，即在固定汇率与浮动汇率体制两者中进行选择，或者选用两个极端体制的某种组合。判断一国汇率体制的最基本指标是该国货币汇率的波动。如果一国货币对与其挂钩的货币之间的汇率保持不变或变动幅度很小，那么这就可以说该国货币实行了固定的或钉住的汇率体制。反之，该国货币则实行浮动汇率体制。

图 1 显示人民币对美元在 1994 年 1 月 1 日至 2016 年 1 月 4 日期间每个工作日的中间比价。1994 年 1 月 1 日是当时人民币汇率体制实施重大调整的第一个工作日，因此可以作为我们评判人民币汇率体制的一个起点。图 1 中的

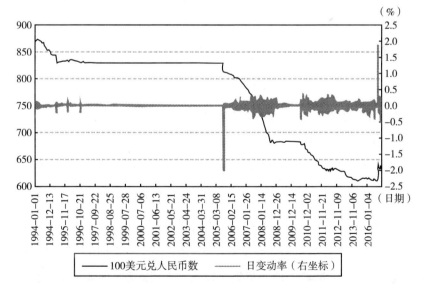

图 1　1994-01-01~2016-01-04 人民币与美元比价及日变动率
资料来源：中国国家外汇管理局网站，2016 年 1 月获取。

另一条曲线是人民币对美元中间比价的日波动率，即当日的中间价与前一工作日中间价的百分变动率①、这两条曲线为我们判断人民币汇率体制及其变动提供了直观的参考。

大致地说，1994 年初到 1997 年中期间，人民币高度钉住美元，汇率波动幅度十分微小，许多工作日中中间价变动率为零。这种汇率体制可称为"近固定汇率制"（quasi-fixed adjustable peg，有关各种汇率体制的具体划分可参见 Ghosh et al.，2000）。

1997 年到 2005 年 7 月期间，人民币兑对美元汇率（1 美元兑 8.29 元）几乎没有任何变动，在这长达八年多的时间中，日波动率仅偶尔不为零。这显然是一种完全钉住制或钉住制（fixed peg 或 hard peg）。导致这种"倒退"的初始原因是 1997 年爆发的东亚金融危机。

从 2005 年 7 月到 2008 年 7 月，人民币兑对美元汇率出现显著波动和升值。其中，2005 年 7 月 22 日当日波动率高达 2%。这也是官方宣布人民币汇率体制进入"参考'一篮子货币'定价"时期。这个时期的人民币汇率体制可以说是"有管理的浮动制"（managed floating）或"可调整的钉住制"（adjustable peg）。

2008 年 7 月到 2010 年 8 月，人民币兑对美元中间比价的日波动出现显著降低。此期间很少有工作日其波动率正负超过 0.1%。显然，这种情形接近于早先的"近固定汇率制"（quasi-fixed adjustable peg）。顺便说，这个时期是全球金融危机的危急时期。

2010 年 8 月迄今，人民币兑对美元汇率日波动率恢复到 2005~2008 年期间的情形，也就是"有管理的浮动"或"可调整的钉住"。同时，与早先一样，人民币兑对美元汇率变动的基本方向是升值。

值得注意的是 2015 年 8 月 11 日，当日人民币与美元中间汇率波动幅度接近 2%（1.86%），类似于 2005 年 7 月 22 日。不同的是，前者是人民币升值，

① 当日波动率也可作为一个参考指标，参见胡晓炼（2014）。

后者是贬值。从日波动率来看，2015 年下半年的波动幅度较此前时期有所增加。也就是说，人民币汇率体制在朝着更加浮动的方向转型。

概括地说，人民币汇率体制朝着更加浮动的方向转型经历了一个很长的时期，其间还有过停顿。截至 2016 年初，人民币汇率的弹性或浮动性达到了历史新高度。当然，尚不能说人民币汇率体制转型已经取得完全的成功。成功的最后标志是中央银行不再对外汇市场常规性地干预，即外汇储备不再出现频繁的和大规模的变动。

现在的一个问题是，为何需要促使人民币汇率体制转向浮动或更加浮动？一个显而易见的理由是，国际货币基金组织已于 2015 年 11 月决定从 2016 年 10 月开始将人民币纳入特别提款权（SDR）篮子中。这样，在汇率体制上，人民币至少应当像其他几种货币（美元、欧元、日元和英镑）一样实行浮动汇率体制。这个说法忽略掉前面所概述的事实：中国从 20 世纪 90 年代中期就开始努力转向有弹性的汇率体制。而且，更重要的是，不管是早先还是晚近，人民币汇率体制的调整应被视为中国出于自身经济需要而主动做出的政策举动。

汇率体制朝着更加浮动的方向进行转型的根本理由是，在一个外部世界已普遍流行浮动汇率体制的开放环境中，国内货币政策调整需要放弃固定汇率目标。这个观点早已成为现代开放宏观经济学和国际经济学的基本原理，并应是经济政策决策的一个基本出发点。

简单地说，若一国从国内经济周期变动的角度决定既要实行宽松货币政策，同时又要维护既定的汇率目标。在这个背景下，接下来必然会发生的事情就是国内货币持有者出现汇率贬值的预期，并大量购买外汇，给汇率走势带来下行压力。对此，中央银行出于维护既定汇率目标的动机只好相应地出售外汇储备以平衡外汇市场供求。但是，这样一来，虽然中央银行达到了维护汇率的目的，却消耗了自己的外汇储备。而且，当中央银行出售外汇储备时，回收了早先实行宽松货币政策时向国内金融体系新增的本币资金。也就是说，中央银行为维护既定汇率目标而实施的外汇市场操作恰好与宽松货币政策相矛盾，相互抵消，无功而返。

值得指出的是，在汇率不断下行（贬值）的时候，中央银行出售外汇储备的操作还具有递增的紧缩效应。设想1美元兑5单位本币时，中央银行出售1万亿美元外汇储备可买回5万亿单位的本币资金；而在1美元兑6单位本币时，出售1万亿美元外汇储备则可买回6万亿单位的本币资金。也就是说，出售同等数额的外汇储备在本币不断贬值的时候具有越来越大的本币资金回收效应（紧缩效应）。这种递增的回收效应显然与中央银行在国内货币市场上的宽松政策操作背道而驰。

换一种表达方式说，只有在浮动汇率体制下，也就是放弃了既定汇率目标之后，中央银行向国内市场提供的新增流动性才不会通过本币资金（即新增流动性）与中央银行外汇储备的交换而返回到中央银行手中。也就是说，只有在浮动汇率体制下，中央银行才能真正有效地实施宽松货币政策。

其实，学术界很早就认识到开放经济条件下国内货币政策操作与维护汇率目标之间的矛盾关系。后来的研究者进一步将这种认识扩展为"第一代货币危机模型"和"不可能三角"（或"三元悖论"）。"第一代货币危机模型"的要点是，固定汇率体制下国内货币政策扩张以中央银行外汇储备为界限；外汇储备消耗殆尽之时，便是固定汇率体制崩溃之际。"不可能三角"（或"三元悖论"）则说，货币政策独立性（即出于国内经济需要而实行的宽松货币政策）与开放环境中的固定汇率目标相互冲突，若为前者则必须牺牲后者，或为后者则必然痛割前爱。第三种做法（实施资本市场管制，通过人为方式降低资金的跨境流动性）已被国内外实践反复证明不仅效果欠佳，而且代价高昂。

近年来，中国经济出现下行变化趋势，国内货币政策调整理所当然地转向了宽松方向。在外部经济环境同时也发生一些重要变动（例如美联储加息）的背景下，人民币汇率贬值预期在一定程度上就出现了。这样，中国的国内货币政策调整便面临新的矛盾：是继续维持既定汇率目标而眼睁睁让宽松货币政策失效呢，还是忍痛扩大汇率浮动而促使宽松货币政策发挥其可能的理想的效力呢？如前所说，第三种选择（关闭外汇市场和严格控制资金外流）

因其违背市场经济基本规律而在客观上不可能成为有效的政策选项，至多只能在紧急情况下作为临时措施而采用。显然，货币政策自主性是第一位的。如何发挥货币政策调整的效力才是政策决策的优先目标。

至此，十分清楚的是，人民币汇率体制转向更多的浮动性是为了在国内外经济周期走势出现显著差别的背景下，为国内货币政策操作提供空间，减少为维持汇率目标而进行的外汇市场干预与国内货币市场上的宽松性操作之间的矛盾和冲突。从这个观点看，近来人民币汇率体制朝着更加浮动的方向转变，为国内宽松型货币政策操作赢得更多的空间。

还应当看到浮动汇率体制的另一个常被忽略的效应。众所周知，在2015年以前的几年中，包括香港在内的人民币离岸市场得到迅猛发展，境外人民币资金大量积存。自2015年下半年以来，随着人民币汇率体制变得更加浮动以及人民币贬值预期的出现，离岸市场上的人民币资金开始回流。离岸人民币资金市场上的短期利率快速上升即是那里流动性不足的表现之一。这也正好说明，更加浮动的汇率体制与贬值预期结合在一起，自动地产生出了流动性回流效应。而这显然是对国内宽松型货币政策的一种"不期而来"的支持。

二、汇率浮动就是汇率不稳定吗

汇率是货币在外汇市场上的价格。如同普通商品一样，市场经济的平稳运行需要价格水平的总体稳定。但是，与计划经济时期不一样的是，市场经济体制中的价格稳定不是通过价格管制来实现，而是通过供求对价格变动的充分反应弹性来实现。在外汇市场上，汇率稳定的实现机制也有同样的道理。汇率稳定应当通过外汇供求的充分弹性来实现，而不是通过资本流动管制来实现。

第二次世界大战结束时建立的国际货币基金组织曾确立各国普遍实行"稳定汇率体制"（system of stable exchange rates）的宗旨。后来，随着20世纪70年代国际货币市场的动荡，国际货币基金组织的宗旨被修改为"汇率的稳定体制"（stable system of exchange rates），旨在反映浮动汇率流行后维护国际货币体系稳定性的新趋势（Van den Berg，2010）。

在浮动汇率的背景下，一国货币如何实现汇率稳定呢？回答这个问题首先需要区分有关汇率的两个基本概念：双边汇率与有效汇率。双边汇率指本国货币与另一国货币的兑换比价，例如人民币与美元的兑换比价。有效汇率则指本国货币与多国货币的综合兑换比价的变动情况。[①] 例如，在一定时期内，人民币兑换美元的数额减少了（人民币对美元贬值），与此同时，人民币兑换其他一些货币（例如欧元和加拿大元等）的数额增加了（人民币对这些货币升值），那么，在这个时期中，人民币对这些所有外国货币的兑换比价究竟是上升了还是下降了抑或是基本不变，只能通过计算人民币的有效汇率指数及其变动来衡量。在外部世界普遍流行浮动汇率的背景下，一国货币的汇率稳定应当以有效汇率作为衡量尺度。过去流行的做法是以某种双边汇率（例如人民币与美元的汇率）作为人民币汇率是否稳定的尺度，这显然是有局限性的。而且，随着中国经济对外关系的多样化，这种局限性日益突出。

我们可借用一个简化的情形来说明这个道理。设想世界上只有 A、B、C 三个国家，C 是本国（中国），其同时与 A 和 B 两个国家展开进出口贸易，并且与每个国家的贸易额占其贸易总额的一半。每种商品的价格弹性皆为单位弹性（即价格变动比例与需求量变动比例相等）。C 国的经济政策目标是贸易商品价格总水平的稳定以及贸易总额的稳定增长。设想在一段时间中，A 国货币对 B 国货币升值10%。若 C 国货币完全钉住 A 国货币（即 C 国与 A 国的双边汇率保持不变），则 C 国货币也将对 B 国货币升值10%。这样，即使 C 国与 A 国的贸易额和进出口商品价格完全不变，但 C 国对 B 国的出口会减少10%，而且 C 国自 B 国的进口商品价格也可能会下降10%。在其他事物不变的情况下，C 国总出口额减少5%（10%×50%），C 国进口商品价格总水平也下降5%（10%×50%）。这就是在三国世界中维持一个双边汇率稳定带来

---

① 有关有效汇率指数编制的国际经验，可参见胡晓炼（2014）。

的不稳定结果。

另外，设想在 A 国货币对 B 国货币升值 10% 的同时，C 国货币对 A 国贬值 5%，同时对 B 国货币升值 5%（这种情形正好符合 C 国货币的有效汇率保持不变）。接下来发生的事情便会是这样：C 国对 A 国出口增加 5%，自 A 国进口商品价格上涨 5%；C 国对 B 国出口减少 5%，自 B 国进口商品价格下降 5%。这样，C 国对 A 国和 B 两国出口总额保持不变，自 A 和 B 两国进口商品价格变动相互抵消，总体价格水平也保持不变。这是在三国世界中双边汇率变动带来稳定结果的情形。

上述对比结果似乎有些出乎预料。但实际上这就是很接近于真实世界中的情况。图 2 显示人民币和美元有效汇率指数在 2013 年 1 月至 2015 年 11 月期间的变动情形。除个别时间段以外，两个指数的走势在所观察的大部分时间中相当接近，即都呈现持续上升的趋势。但从 2015 年 7 月以后，两个指数的走势出现明显分化，即美元有效汇率指数继续上升，而人民币有效汇率指数则保持相对平稳。2015 年 7 月以后正是人民币与美元的汇率增加了浮动的时期。

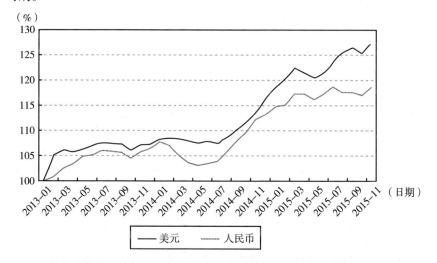

图 2   2013−01 ~ 2015−11 人民币与美元名义有效汇率

资料来源：国际清算银行（BIS）网站，原数据为宽口径名义有效汇率指数（2000 年 = 100），这里两个指数皆换算为 2013 年 1 月 = 100。

换言之，人民币与美元汇率在晚近时期较多的浮动性实际上促使人民币有效汇率指数的走势更加稳定了。后者恰恰是一个较为理想的结果，符合经济政策总体目标。

过去，人们往往认为人民币与美元的比价稳定就是人民币汇率的稳定。这里显然有误解。事实上，以前很多时间中，人民币与美元汇率虽然保持了稳定，但人民币有效汇率指数却出现过很高程度的波动。

图 3 显示人民币与美元汇率及人民币名义有效汇率指数在 1994 年 1 月至 2015 年 11 月的月平均数。前者在很多时候呈现扁平直线，表明人民币与美元汇率的稳定。后者则在不同时期中呈现出锯齿状的上下波动形态。两条曲线究竟谁更加平稳些呢？我们可借助方差概念来测算下。在所观察时期中，人民币与美元汇率的均值为 7.6063，标准差为 0.8799，变异系数（标准差除以均值）为 0.0033；人民币名义有效汇率指数均值为 94.5365，标准差为 12.5959，变异系数为 0.0468。显然，人民币名义有效汇率指数的波动程度大于人民币与美元汇率。如前所说，较为理想的情况是一种货币的有效汇率指数的波动程度小于该货币对某一货币的双边汇率。

图 3　1994-01～2015-11 人民币与美元汇率及人民币名义有效汇率指数

资料来源：人民币美元汇率月平均数来自加拿大不列颠哥伦比亚大学 Sauder 商学院太平洋汇率服务社网站（http：//fx. sauder. ubc. ca/data. html）；人民币名义有效汇率指数来自国际清算银行网站，同图 2；该指数基期值 2000 年 = 100。

图 4 对比了人民币和新加坡元名义有效汇率指数在 1994 年 1 月至 2015 年 11 月期间的走势。直观上，新加坡元名义有效汇率的波动程度在所观察期间小于人民币。例如，新加坡元名义有效汇率指数的高点和低点分别小于或大于人民币名义有效汇率指数的高点和低点。更准确地比较，新加坡元名义有效汇率指数的标准差为 7.7750，变异系数为 0.0289，两个参数都显著小于前述人民币名义有效汇率指数在同一时期中的数值。也就是说，在所观察的时期中，新加坡元汇率的稳定性高于人民币。

图 4　1994-01～2015-11 人民币与新加坡元名义有效汇率指数

　　资料来源：国际清算银行（BIS）网站，原数据为宽口径名义有效汇率指数（2000 年 = 100），这里两个指数皆换算为 2013 年 1 月 = 100。

新加坡很早以来实行参考"一篮子货币"定价的有管理汇率体制，积累了许多有益经验。显然，新加坡经验值得中国借鉴。

概括地说，在货币多样化的世界中，在主要国际货币之间汇率浮动的大背景下，判断一国货币汇率稳定性高低的尺度应是有效汇率指数及其变动，而不应是传统的双边汇率指标。依据这样的尺度，维护汇率稳定的一个基本做法是，在国际货币市场出现显著波动时，本国货币应对强势货币有所贬值，同时对弱势货币有所升值。如果本国货币坚持钉住或钉住某一货币，那么，本国货币的有效汇率将随所挂钩的那个外国货币在国际货币市场上随波逐流，反而失去了汇率走势上的自主性。

按照这样的思路来观察晚近以来的人民币汇率走势，不难理解，当美元汇率在国际货币市场逐渐走强的背景下，出于维护人民币有效汇率指数基本稳定的目的，人民币对美元汇率应有所贬值，同时，人民币对那些已对美元大幅度贬值的国外货币有所升值。而且，在实践中，人们还可以进一步根据自己的理解和分析来推测人民币对美元汇率与美元有效汇率走势的关系。

三、汇率浮动会引起汇率失控吗

历史经验多次证明，一国从固定汇率转向浮动汇率的过程中，容易出现汇率的剧烈波动，有的时候甚至触发金融危机，带来本国货币"失控地"坠落。1992年英国（联合王国）从当时的欧洲联系汇率机制（ERM）退出，英镑对德国马克汇率出现大幅度跌落。1997年泰铢停止挂钩于"一篮子货币"时出现汇率暴跌，并引起泰国乃至东南亚多国的金融危机。汇率体制转型之际往往就是汇率动荡之时。

学术界对汇率波动究竟达到多大程度上就可认为是出现了失控局面并没有一致意见。一般而言，如果外汇市场上的汇率波动没有引起或伴随国内金融市场和金融机构的意外动荡，即使汇率幅度很大，也不一定出现失控局面。汇率波动是否失控，往往不是用波动的剧烈程度来衡量。在许多发达经济体，其汇率跌幅一天超过5%，一周超过10%，一月超过20%，半年超过50%等情形不时发生，但这不一定必然意味着汇率失控。而在一些发展中经济体，其汇率连续多年反复出现大幅度贬值，当局无力稳定外汇市场，这才属于汇率失控的局面。

关于汇率决定的现有理论实际上都不认为正常条件下汇率波动会出现。购买力平价理论认为，即使汇率偏离其均衡水平，后续的变动（要么是汇率自身，要么是物价水平）都会促使汇率水平返回到早先的均衡值。利率平价理论认为，因国际利差及其变动所引起的汇率变动通常仅仅是短期的，当期汇率与远期汇率的变动方向相反，并在一定程度上是相互抵消的。资产组合模型则显示，由于不同资产的替代性不是无限的，国际利差的变动不会必然引起汇率的相同比例的变动。这三个理论各自有一些前提条件。购买力平价理论要求贸易流动对价格水平的变动做出反应，利率平价理论则意味着跨境资金流动事实上仅仅受到可比较的国际收益的影响，而资产组合模型则毫无疑问排除了各种资产的违约风险。满足这些条件，汇率波动即使出现超调（由于价格水平的变动速度慢于货币市场和外汇市场上的调整速度），其幅度也是有限的，例如，25%的货币扩张在初期阶段引起40%的汇率贬值（科普兰，2001）。

进一步说，即使货币当局对外汇市场放任自流，不再动用外汇储备对外汇供求实施干预，只要满足相关的四个条件，汇率波动再大也不至于失控。这四个条件是：（1）任何时候的货币政策调整总是基于既定规则的调整，即不会放任恶性通货膨胀的出现和蔓延；（2）各种金融资产不出现大规模违约风险，即不发生金融机构的破产倒闭事件；（3）贸易流动（进口和出口）具有汇率和价格弹性，即贸易收支对实际汇率的变动做出反应；（4）跨境资金流动具有汇率和利率，即国际收支中的金融账户交易受到可比较的国际收益的密切影响。

历史上，之所以有一些国家出现汇率失控的局面，主要原因在于：通货膨胀失控，本国货币当局在货币政策和货币制度上已完全失信于民；金融机构违约风险陡升，本国金融资产不再被认为具有稳定价值；正常的国际贸易往来已被中断；正常的国际金融交易已被中止。出现这些情况中的任何一种，诸如汇率、利率和价格等宏观经济指标也就不会再具有正常的经济功能，它们的异常变动也就必然变成为某种"常态"了。

可以认为，浮动汇率体制下，汇率波动不会必然导致汇率失控。汇率失控与汇率波动之间不存在任何必然联系。不仅如此，我们还应该认识到，汇率波动是在相关经济因素发生变动的情况下汇率水平调整到新的均衡值所必须经历的阶段。如果没有汇率波动，经济调整的进程将受到阻碍或迟缓，经济体系将无法很快达到新的均衡。

当然，我们也应该看到，汇率波动本身也会带来一定的风险，尤其是在金融机构和企业部门缺乏应对汇率波动风险的足够能力和准备之时。2005 年以来，人民币兑美元以及其他国际货币的汇率波动性逐渐增加，中国的金融机构和企业部门已在这个过程中得到许多锻炼。2015 年及以后，中国的金融机构和企业部门还会在人民币汇率波动性有所增加的过程中得到进一步锻炼并提高自身的应对能力。

有必要指出，从国际经验看，汇率波动性的升高往往出现在有关经济体发生经济周期错位或宏观经济政策指向出现背离的早期阶段，而在这种周期错位或政策分化倾向已经相对固定的后续阶段中，汇率波动性反而可能倾向于下降。以日元和澳大利亚元兑美元汇率在晚近的 2013 年初至 2015 年末的情况为例。日本经济周期走势与美国的差别以及日本银行与美联储货币政策倾向的分化在较早时期就出现了，因此，日元对美元的贬值也就较早地发生了。在图 5 中，日元对美元贬值清楚地表现在 2013 年 1~3 月和 2014 年 10 月~2015 年 1 月两个时段中。在 2015 年下半年中，即在美联储加息氛围不断强烈的时期中，日元兑美元汇率走势反而出现相对平稳的情形。与日元汇率不同的是，澳大利亚元兑美元汇率虽然在 2013 年也出现了显著波动，在 2014 年维持了相对平稳，但从 2014 年末开始大幅度贬值。尤其在 2015 年 4 月以后，澳大利亚元对美元快速贬值，短短 5 个月中贬值幅度最高时超过 20%。从 2013~2015 年的三年中，澳大利亚元对美元贬值幅度合计约为 35%。尽管都对美元贬值了，但很明显的是，日元贬值比澳大利亚元出现得早，幅度也相对轻；澳大利亚元贬值比日元出现得晚，但幅度较大。

这个对比事例表明，汇率波动的程度或与波动发生时间的早晚有关。如果波动在较早时间出现，波动程度可能较轻；波动发生较晚，波动程度反而可能较严重。这个关系也可为我们观察和预判人民币汇率未来的走势提供一定的借鉴。

图 5　2013-01-02~2015-12-31 日元和澳大利亚元兑美元汇率

资料来源：人民币美元汇率月平均数来自加拿大不列颠哥伦比亚大学 Sauder 商学院太平洋汇率服务社网站（http://fx. sauder. ubc. ca/data. html）；人民币名义有效汇率指数来自国际清算银行网站，同图 2；该指数基期值 2000 年 = 100。

四、结论和展望

本文以上论述的三个基本观点如下。第一，人民币汇率体制近来转向更多的浮动性或弹性的根本理由是为国内货币政策操作提供更大的空间，尤其在国内外经济周期走势和货币政策倾向发生明显分化的背景下。继续实行旧的汇率体制，将不利于现阶段国内货币政策操作。

第二，人民币兑美元汇率波动性地增加，不仅不违背人民币汇率基本稳定这个政策目标，而且可有利于增加人民币汇率的稳定性。度量一种货币的汇率稳定性，应使用有效汇率指数这个尺度。在美元有效汇率出现快速和大幅度上升的背景下，人民币与美元的汇率脱钩很可能促使人民币有效汇率指数保持稳定。

第三，没有必要担忧实行浮动汇率就会让汇率失控。汇率失控与汇率体制之间没有必然联系。只要坚持基于稳健原则的货币政策方针，控制金融风险，保持国际贸易和国际金融交易的正常秩序，汇率波动不仅不会引起汇率失控，而且会成为促使经济体系达到新均衡的必由之路。

上述三个基本观点中所涉及的一般性原理部分，学术界早已有认识。特别值得提到的是，已故学者米尔顿·弗里德曼在他20世纪50年代的一篇文章中就对有关重要命题进行过清楚的阐述（米尔顿·弗里德曼，2001）。他在那里强调指出，主张浮动汇率不等于赞成汇率不稳定；汇率波动是经济调整的一部分，为经济体系达到或恢复均衡所必需；外汇市场投机不必然带来破坏性作用。当时流行的各国普遍实行固定汇率，所以他的这些闪光思想未有用武之地。今天，在世界主要经济体纷纷采用浮动汇率制的背景下，这些思想的相关性和适用性才得以重新凸显。

以上有关浮动汇率制的看法不仅有助于理解人民币汇率体制转向更多浮动的作用和意义，而且也在一定程度上有助于判断和预测人民币汇率在更加浮动的背景下的走势。例如，人民币与美元汇率的变动程度与美元有效汇率的变动趋势有关；人民币与美元汇率的波动性在一个时期中的表现与后续时期的表现也会是相关的。

最后，我们还应该认识到，人民币汇率体制转型究竟能在多大程度上取得成功并在多大程度上发挥其对国内经济的稳定作用，还取决于金融机构的稳健性和企业部门的活力。对此，应一如既往地坚持改革开放政策方针，不断深入推动国内金融体制改革，提升企业部门活力。

参考文献

［1］胡晓炼：《汇率与货币政策研究文集》，中国金融出版社2014年版。

［2］米尔顿·弗里德曼：《弹性汇率论》，载《弗里德曼文萃》下册，胡雪峰、武玉宁译，首都经济贸易大学出版社2001年版。

［3］劳伦斯·科普兰：《汇率与国际金融》（原书第5版），刘思跃、叶永刚等译，中国金融出版社2011年版。

［4］Ghosh, Atish R., Jonathan D. Ostry, Charalambos G., Tsangarides, Exchange Rate Regimes and the Stability of the International Monetary System, *International Monetary Fund Occasional Paper*, 2000, 270.

［5］Van den Berg, Hendrik, *International Finance and Open – economy Macroeconomics: Theory, History and Policy*, New Jersey: World Scientific, 2010.

推进人民币汇率体制改革，
促进经济发展方式转变*

改革开放以来，人民币汇率体制改革已经取得了长足的发展。人民币汇率体制对促进经济增长和宏观经济稳定发挥了积极重要的作用。但是，相对于在更高经济增长阶段上转变经济发展方式的要求而言，人民币汇率体制还需要进一步改革和完善，增加汇率弹性，保持有效汇率的基本稳定，努力使汇率市场化和利率市场化相辅相成。为推动人民币汇率体制，一系列相关领域的微观改革和宏观审慎管理工作都必须与时俱进，不断发展。

一、改革开放以来人民币汇率体制改革已取得长足发展

自改革开放以来，人民币汇率体制在朝着市场化方向不断迈出了新的步伐，迄今已大体上形成了"市场调节为主、政策调节为辅"的局面。今后，人民币汇率体制还需要继续朝着市场化方向深入改革和完善。

改革开放以前，在当时高度集中的计划经济体制下，外汇交易处于政府的直接控制和管制之下，谈不上任何有意义的外汇市场。20 世纪 80 年代，随着鼓励出口的各项政策措施的陆续出台，外汇交易方面也出现了一定程度上

---

* 本文收录于张卓元主编的《十八大后十年中国经济走向》，广东省出版集团、广东经济出版社 2013 年版。

的"双轨制"。企业出口外汇收入按规定可"留成"部分并在指定的外汇调剂市场去出售。企业外汇需求超过计划指标的部分按有关规定也可到外汇调节市场中去购买。外汇调剂市场上人民币兑美元的汇率显著地不同于计划轨道上的官方价格。双重或多重汇率是那时常见的情形。

从 20 世纪 80 年代到 90 年代初，人民币兑美元出现过数次贬值调整，但中国对外贸易收支状况未见根本性的和可持续的好转。人民币对外贬值与国内通货膨胀爬升交替出现，相互推动，客观上成了一种恶性循环的局面。

20 世纪 90 年代初，经济政策思路发生了一些重要变化，市场化改革的方向逐渐得到确立。1993 年 11 月召开了中国共产党第十四届中央委员会第三次全体会议，并发布了关于"建立社会主义市场经济体制"的决议。在这个大背景下，中国人民银行于 1993 年 12 月底发布《关于进一步改革外汇管理体制的公告》，确定从 1994 年初进行人民币汇率体制改革，并提出建立了"以市场供求为基础的、单一的、有管理的浮动汇率体制"。

这场改革也被称为是"汇率并轨"，即此前的双重汇率或多重汇率被合并到单一的汇率，不再有官方结算汇率与市场调剂汇率的差别。之所以能做到这一点，得益于组建全国统一、规范的银行间外汇市场，并使这个市场上形成的人民币汇率能基本反映中国经济和对外经济交往中的外汇供求关系，人民币汇率保持在相对合理和有一定可调性的水平上。

1994 年 4 月银行间外汇市场在上海成立，其具体组织者和运行者为中国外汇交易中心。银行间外汇市场主要为外汇指定银行平补结售汇头寸余缺及其清算提供服务，外汇管理部门对银行结售汇周转头寸实行上下限额管理，对于超过或不足限额的部分，银行可通过银行间市场售出或补充。银行间外汇市场实行会员制管理，成立初期只有外汇银行指定才能获得会员资格进行交易，准入门槛较高。

同时，取消了外汇留成制。企业外汇收支按规定都通过与指定外汇银行的买卖而最终进入统一的外汇市场。这也意味着对企业的外汇收支不再施加特别的限制措施，即满足了经常账户下人民币可兑换的基本需要。1996 年末，中国政府正式宣布实现人民币在经常账户下的兑换自由。

与此同时，中国政府采取了一系列有力措施控制国内通货膨胀，迅速遏制了国内通货膨胀预期和人民币继续贬值预期，并促使中国对外贸易收支出现了实质性的改善。从 1994 年开始，中国对外货币贸易和经常账户连年顺差，顺差额也有不断扩大的趋势。

人民币兑美元汇率在 1994 年初达到 1∶8.7 的端点，之后转向人民币兑美元的小幅渐进升值。1996 年末，人民币兑美元汇率达到 1∶8.3。人民币兑美元的升值倾向在东亚金融期间（1997 ~ 1998 年）停顿下来，并在随后数年时间中一直维持在 1∶8.27 的水平上。

人民币与美元的汇率出现这些情形，很大程度上与"有管理的浮动汇率制"中的"管理"有关。具体说，在全国统一的银行间外汇交易市场上，中央银行是一个重要的参与者。它可以随时随地依据外汇交易行情来参与外汇买卖，从而影响汇率。在外汇供给持续性地大于外汇需求的形势中，中央银行买进所有超出常规外汇需求的外汇供给，从而使汇率水平保持不变；在另一些时候，当外汇需求大于外汇供给时，中央银行可通过出售自己所持有的外汇储备，促使外汇市场上的供求达到平衡，从而也促使汇率水平保持不变。换言之，针对外汇上任何可能引起人民币与美元汇率变动的供求变动，中央银行随时随地进行外汇储备的操作促使供求平衡，达到了人民币与美元汇率保持基本不变的目的。

这套做法，事实上也是"盯住美元"甚至"钉住美元"的汇率目标制，与人们通常理解的"浮动汇率制"有显著差别。如何减少"有管理的浮动制"中的"管理"成分便成了新一轮汇率体制改革的重要任务。

进入 21 世纪后，尤其在中国于 2001 年成为世界贸易组织成员国之后，中国经济出现了新的高速增长势头。中国对外贸易进一步扩大，贸易顺差和经常账户顺差规模比此前有了大幅度增加。国内外都出现了人民币升值的呼声。

在这样的背景下，中国人民银行于 2005 年 7 月 21 日宣布进行新的人民币汇率体制改革，提出了人民币汇率体制的目标是"以市场供求为基础的、参考'一篮子货币'的、有管理的浮动汇率制"。

新体制目标的字面意义主要有两点。一是改变过去那种仅仅高度关注人民币与美元汇率的情形，将汇率政策目标扩大到其他对中国经济和对外贸易也有重要意义的多种国际货币。这也可以理解为是人民币汇率与美元的"脱钩"。二是减少"有管理的浮动汇率制"中的"管理"成分。既然人民币汇率在或大或小程度上与美元"脱钩"，那么这也意味着人民币与美元汇率在外汇上将有较多的波动性。而在波动性增加的背景下，中央银行对外汇供求的"平衡式"干预程度就会相应减少，自然也就减少了新汇率体制中的"管理"成分。

伴随新的汇率体制改革，在外汇市场建设和发展方面也陆续进行了新的政策调整。其中一个重要内容是取消"强制结汇制"。1994 年人民币汇率体制改革后，我国实行外汇收入结汇制和银行售汇制，即"强制结售汇制"。该制度要求，除政府规定的可保留的外汇账户外，企业和个人手中的外汇都必须卖给外汇指定银行，而外汇指定银行则必须把高于国家外汇管理局批准头寸额度之外的外汇在银行间市场卖出。在这一制度安排中，中央银行是银行间外汇市场上最大的"接盘者"，并在外汇供给持续性地超过外汇需求的背景下形成中央银行外汇储备。这条政策措施的初衷是防止出现新的外汇短缺，为中央银行增加和持续积累外汇储备提供市场支持。

进入 21 世纪后，在对外贸易快速增长和经常账户顺差大幅度增加的背景下，外汇短缺不再是一个突出问题。相反，中央银行所持有的其规模日益庞大的外汇储备越来越多地显露出一些问题。强制结售汇制度不利于改革外汇储备规模越来越大的局面。

为此，外汇管理制度和政策陆续进行了一些调整。在企业用汇方面，逐步取消经常账户下外汇交易账户开户事前审批，提高了经常账户下外汇交易账户限额。到 2006 年 4 月，境内机构经常账户外汇账户保留外汇的限额已调高至按上年度经常账户外汇收入的 80% 与经常账户外汇支出的 50% 之和确定。个人用汇方面，2007 年 1 月，国家外汇管理局印发《个人外汇管理办法实施细则》，对个人结汇和境内个人购汇实行年度总额管理，年度总额分别扩大至每人每年等值5万美元。2007年8月，国家外汇管理局发布《关于境内机构自行保留经常项目外汇收入的通知》，取消经常账户外汇限额管理，允许境内机构根据自身经营需要，自行保留经常账户外汇收入。至此，可以说自1994年开始的"强制结售汇制"被"意愿结售汇制"所取代了。

外汇市场建设的发展主要表现为交易主体逐渐扩大、交易机制日趋完善、交易品种不断丰富。交易主体方面，2005年8月10日，中国人民银行发布《关于加快发展外汇市场有关问题的通知》，决定扩大即期外汇市场交易主体，允许符合条件的非金融企业和非银行金融机构向交易中心申请会员资格，进入银行间即期外汇市场交易。交易主体的扩大，有利于外汇市场基础建设，增强市场的流动性，最终促进人民币均衡汇率的形成。

交易机制方面，2005年11月24日，国家外汇管理局发布了《银行间外汇市场做市商指引〈暂行〉》（以下简称《指引〈暂行〉》），决定在银行间外汇市场引入做市商制度。根据《指引〈暂行〉》，银行间外汇市场做市商是指经国家外汇管理局核准，在中国银行间外汇市场进行人民币与外币交易时，承担向市场会员持续提供买卖价格义务的银行间外汇市场会员。银行间市场引入人民币做市商，意味着外汇将从中央银行逐步分流到做市商那里，中央银行将从这个最重要的市场上逐步"隐退"，将控制权拱手让与市场。这有利于活跃外汇市场交易，提高外汇市场流动性，进一步提高人民币汇率形成的市场化程度。《指引〈暂行〉》公布后，8家中资银行和5家外资银行首批获得人民币做市商资格。

同时，国家外汇管理局还公布《关于在银行间外汇市场推出即期询价交易有关问题的通知》，决定从2006年第一个交易日起，在银行间市场推出即期询价交易方式。银行间市场交易主体可在原有集中授信、集中竞价交易方式的基础上，自主选择双边授信、双边清算的询价交易方式。这举措有利于进一步深化外汇市场建设，降低外汇交易清算风险，为外汇市场主体提供多种可选择的交易模式。

为完善外汇市场做市商制度，促进外汇供求结构多元化，国家外汇管理局于 2011 年初开始实施《银行间外汇市场做市商指引》（以下简称新《指引》），更新了此前发布的《指引（暂行）》。新《指引》主要有以下三点改革：（1）明确将银行间外汇市场做市商分为即期做市商、远期掉期做市商和综合做市商；（2）推出银行间外汇市场尝试做市业务，降低了非做市商开展做市竞争的准入门槛；（3）完善银行间外汇市场做市商做市评估指标体系，加强审查和监管。新《指引》颁布后一年多时间内，按照自愿、择优的原则，国家外汇管理局分别核准了 26 家人民币即期做市商和 18 家人民币远期掉期做市商，并各有 7 家和 12 家商业银行取得即期尝试做市资格和远期掉期尝试做市资格。做市商数量的增加，无疑将增加市场竞争力度，提高银行间外汇市场的市场化程度和交易效率。

交易品种方面，2005 年 8 月初，中国人民银行扩大外汇指定银行对客户远期结售汇业务，允许获准办理远期结售汇业务 6 个月以上的银行对客户办理不涉及利率互换的人民币与外币间的掉期业务。同月，银行间外汇市场开办远期外汇交易，同时规定远期外汇市场会员自获得远期交易备案资格起 6 个月后可按相关管理规定在银行间市场开展即期与远期、远期与远期相结合的人民币对外币掉期交易。2007 年 8 月，外汇管理局在银行间外汇市场推出人民币兑美元、欧元、日元、港币、英镑五个货币对的货币掉期交易（指在约定期限内交换约定数量人民币与外币本金，同时定期交换两种货币利息的交易协议）。2011 年 3 月，国家外汇管理局将人民币外汇货币掉期业务推广到外汇指定银行对客户的交易中。2011 年 4 月推出人民币对外汇期权交易（普通欧式期权），银行按照实需原则对客户办理期权业务，银行在向外汇局备案取得期权交易资格后可以在银行间外汇市场开展期权交易；货币经纪公司按照相关规定在依法取得期权经纪服务资格后可以开展期权经纪服务。

目前，我国外汇市场上的衍生品交易有人民币远期外汇交易、人民币对外币的掉期交易、人民币对外币的货币掉期和人民币对外汇期权交易，交易币种主要以人民币兑美元产品为主，期限主要为短期交易。

从近几年的情况看，人民币汇率体制的改革和调整还没有完全到位。2008 年末，国际金融危机爆发以来，人民币汇率很大程度上重新"回归"紧密钉住美元的局面，人民币与美元汇率的波动性降低，中央银行对外汇市场的"平衡式"干预程度升高。这表现在经济数据上，外汇储备总规模继续不断扩大。同时，中国对外贸易继续出现显著规模的持续性顺差。所有这些都说明，人民币汇率体制还有进一步改革和调整的空间。

第一篇 人民币汇率与汇率体制 推进人民币汇率体制改革，促进经济发展方式转变

二、推进人民币汇率体制改革的重要意义

我国经济已经历了持续多年的高速增长。经济活动呈现出了日益多样化的新趋势。但是，经济结构中的不合理问题依然十分突出。产品出口依赖程度偏高，国内需求多依赖固定资产投资增长，各个地区之间发展进程不完全协调，就业构成中服务业比重相对偏低。所有这些，在一定程度上与人民币汇率体制的不完善都有关系。推进人民币汇率体制改革，有助于我国经济在新的增长阶段转变发展方式，提高经济效率，减少对外部市场和投资驱动的过度依赖。同时，人民币汇率体制改革客观上也可促进国内层面利率市场化进程，促进资本市场发展，提升金融市场的活力，并使之进一步为国内实体经济服务。

完善的根本目的在于促进外汇市场按照公平和效率原则的发展，确立市场汇率的合理形成和基本稳定，帮助国内金融市场的发展，促使中央银行国内货币政策操作获得更多的自主性、灵活性和有效性。

（一）汇率体制改革有利于外汇市场的公平和效率

汇率体制改革的基本内容是让外汇市场交易规则和汇率形成过程全面真实地反映外汇市场各个参与者的需求与供给行为，减少对合理经济行为的各种不必要的歧视待遇，促使汇率及时准确地对外汇市场境况及其变动做出必要的反应。换言之，汇率体制改革就是促使汇率市场化方向的改革。

汇率市场化改革是外汇市场深入发展的重要条件。首先，市场化的汇率

能够真实有效地反映一国经济发展的波动和市场资金的供求变化。这种信息反映的有效性对于外汇市场的交易者来说至关重要。更进一步，外汇市场对于经济的调节作用是通过影响市场上的供求关系来实现的，如果汇率制度不能保证汇率水平及供求资金的变化是真实有效的，那么外汇市场对经济的调节作用就无从谈起。

其次，汇率市场化改革要求逐步扩大汇率浮动空间，从而形成不同市场参与者对汇率运动方向和程度的不同预期。这种预期的不一致性保证了处于不同交易地位、拥有不同价格预期的交易者都能找到对手实现交易，从而扩大了外汇市场的深度和广度。如果某种汇率水平被人为地锁定，一定时期内便可能出现预期的高度同质化，一些市场参与者的合理利益和倾向便难以在市场上得到充分有效的反映。市场交易的活力和效率便会出现或大或小程度上的损失。

最后，汇率体制改革也能够促进外汇市场兼顾当期形势和未来形势。过去，外汇市场相对简单，主要是本币与主要外币之间的现货交易。汇率在这个现汇市场上形成。实际上，随着一国对外经济交流的扩大和纵深发展，不仅可参与交易的外币币种在增多，而且出现了参与者对远期交易的需求。这样，汇率形成不仅涉及现汇，也涉及期汇（远期外汇）。汇率体制就必然成为现汇汇率与期汇汇率的交结点，让两者共同发挥作用并相互影响。

（二）确立市场汇率的合理发现和合理调整

外汇市场与其他市场一样，公平和效率原则的要求都会最终体现在市场价格（汇率）的合理发现和合理调整上。汇率体制涉及外汇市场的零售环节和批发环节，即面向广大个人和企业的外汇交易和面向金融机构的外汇交易；同时，汇率体制还涉及本币市场与外汇市场的相互联结，体现国内经济与国际经济的互动、国内金融机构与国际金融机构之间的互动。

在这样的背景下，市场汇率的合理发现首先要求外汇市场上各个参与者的充分参与；外汇需求者与外汇供给者之间进行"无障碍"的交流；具有不同需求和预期的交易者之间进行信息沟通；来自各个地方和各个部门的外汇交易信息集中高效地反映在统一的平台上，保证信息扩散畅通和准确。只有在这些条件下，市场汇率才能充分地反映市场均衡及其变动的要求。

换言之，汇率体制是一个多层次的复合概念，是外汇市场及其所有相关层面各个主体交易行为的综合反映。这是一个需要按照市场基本法则的价格形成或价格决定过程。这个过程的有效性在于参与者主体个体行为的合理性和相互关系的有序性。改革汇率体制的目的就是确保这些个体行为合理性的展现以及相互关系的有序性，从而促使外汇价格（汇率）反映经济基本层面的倾向。

（三）促进实现汇率基本稳定的目标

汇率体制的改革还有一个重要目标，即促进汇率基本稳定的目标。世界上有许多国家都实行浮动汇率制，但是，浮动汇率制的政策目标并不在于让汇率犹如自由落体那样贬值，也不是水中漂浮物那样永远随海浪大起大落。按照市场原则改革和完善汇率体制，除了要为市场汇率的形成提供有效的、合理的均衡参照物之外，还包含促进汇率基本稳定的目的。

汇率基本稳定不是指本币与某种特定外币之间汇价的不变。就人民币而言，人民币汇率基本稳定不是指人民币与美元汇价的不变。人民币汇率的基本稳定指人民币与所有主要外币之间汇价的基本稳定，即按有效汇率指数来衡量的人民币汇率在一个相当长的时间内保持基本不变的趋势。

按有效汇率指数来衡量一种货币的变动趋势，主要理由在于，现代世界上没有一个国家仅与另一个国家发生贸易和经济往来关系。每个国家都同时与多个国外经济体进行贸易和经济往来。仅仅将本国货币挂钩于某一特定国外货币显然是片面的、局部性的。

人民币在过去一段很长时间中挂钩于美元，这主要是因为人民币与美元的汇率在那段时间中具有"额外的"宏观经济意义，并不是因为中国在世界上仅仅与美国一国进行贸易。当时，人民币与美元汇率的"额外"宏观经济意义主要表现在，在国内通货膨胀高升和金融体系不稳定的严重挑战下，确保人民币与美元汇率的稳定成为政府维护市场信心的一个特别手段，促使公众看到明确的信号，并以此来检验政府维护货币市场秩序决心和能力的一个参照物。

2008 年许多发达经济体爆发了严重金融危机。在当时及随后的时间中，这些经济体继续实行浮动汇率制，没有采取特别措施来限制外汇交易，外汇市场继续发挥决定汇率走势的基本作用。在过程中，有关货币之间的汇率时有波动时有平静，汇率走势总体相对稳定。这些事例表明，汇率稳定在一个市场导向的环境中是一个可实现的事物，并不必然要求无所不在的政府干预和调节。

（四）推动国内金融市场发展和金融机构成长

汇率体制的改革有利于提高市场主体的风险意识和避险能力，推动国内金融市场的发展，促进国内金融机构的成长和壮大。

人民币汇率体制改革从根本上说就是外汇市场的市场化程度不断提高，意味着逐步减少对于汇率水平的行政干预，让汇率水平真正由市场供求来决定。在这个背景下，人民币对于某种货币汇率的短期波动性会增加，而这要求市场参与者提高外汇风险意识和判断汇率走势的水平，合理利用各种工具规避风险。

避险能力不是书本上可以学到的，还要从实践中学习，特别要从失败中吸取教训。在过去的很长一段时间里，我国实行钉住或盯住美元的汇率制度，使得我国以美元计价的出口企业长期缺乏避险意识，避险能力不足。汇率的市场化改革给予了企业一个提高避险能力的平台，在这个平台上优胜劣汰，适者生存。

可以预见，随着汇率制度改革的推进，我国企业规避外汇风险的意识和能力会有很大提高，金融市场的效率也会随之提高。

汇率体制改革和利率市场化改革同为金融体制改革的两个重要内容，两者相互促进。一方面，利率市场化改革是汇率体制改革的前提条件；另一方面，汇率体制改革有利于推动利率市场化进程。

利率和汇率同为金融资产的价格，利率是本币资金的价格，汇率是以本币表示的外币价格，两者无论在现实中还是在理论上都具有密切的相关性。其中，汇率主要通过物价水平的变化影响利率，例如本币贬值会引起国内物价水平上升，导致实际利率下降，从而引起借贷资本供求失衡，产生名义利率上升的压力。此外，汇率变动对利率的传导机制也受预期因素的影响。

汇率对利率的传导机制能否发挥作用，其前提条件之一是汇率的变化具有灵活性及外汇市场的充分开放。在维持固定汇率的前提下，汇率对利率的传导机制被切断。而且，中央银行被动地在外汇市场上买卖外汇，引起外汇储备迅速变化和商业银行在中央银行超额储备金的变化，进而导致货币供给量的变化。此时的利率水平是人为决定的，而不是市场中所需要的货币供求的真实反映。只有让汇率充分浮动，利率决定才有市场化的可能。

汇率体制改革和金融机构的改革是紧密地联系在一起的。中央银行维持特定汇率水平的操作主要是在银行间上市场与商业银行等金融机构买卖外汇实现的。如果我国的汇率制度更加灵活，汇率浮动空间进一步扩大，这将会减少银行体系的压力，促使金融机构更加以市场为导向。一方面，汇率市场化改革会促使商业银行等金融机构不断调整自身的外汇资产和负债结构，优化投资组合，提高经营能力；另一方面，市场化的经营理念将引导金融机构从客户的利益出发，开发和完善外汇业务，为进出口企业和外汇资产投资者提供更优质的服务。

（五）汇率体制改革有助于中央银行"瘦身"，发挥其国内货币政策运作和金融体系稳定维护的基本作用

中央银行货币政策运作的基本目标是维护物价稳定。汇率体制改革有利于增强中央银行货币政策的独立性和自主性，提高宏观经济政策调整的主动性和有效性。

理论上，如果一国中央银行负有维持一定汇率目标的义务，那么，它必须随时通过干预外汇市场使实际汇率水平不偏离这个目标，而持续性的外汇市场干预本身就构成了中央银行货币政策运用的一个部分，并且可能因此成为与中央银行货币政策运作的基本目标相冲突的一个部分。就我国而言，这种关系在进入 21 世纪以后的很长时间中表现得非常明显。多年来，我国国际收支出现大幅顺差并逐年扩大，为保持人民币不升值，中央银行必须购买外汇、出售本币，结果增加了国内基础货币供给，而这与中央银行控制国内货币供给或其增长速度的政策目标相矛盾。同时，基础货币的大量投放带来潜在的通货膨胀压力，为稳定物价应该提高利率，但是，利率的提高会加大升值压力，中央银行在利率政策决策上受到了来自汇率目标和汇率体制上的牵制，货币政策的独立性和有效性受到不利影响。

为防止流动性过剩，货币当局需要进行回收基础货币的"对冲操作"，这种对冲操作可通过出售货币当局所持有的政府债券或发行中央银行票据等形式来进行。从近年来我国实践来看，对冲操作实际上成了中央银行货币政策运作的一个常规性行为。大规模的对冲操作意味着我国货币政策的运行在很大程度上被动地适应着外汇市场行情变动。

人民币汇率体制朝着市场化方向有利于我国中央银行货币政策具有更多的灵活性和有效性，有利于中央银行的"瘦身"，使其更加专注于国内货币市场的稳定，并减少对使用货币政策工具上的外部牵制，从而使货币政策决策更加灵活和有效。

汇率体制的改革也给金融监管机构提出了更高的要求。汇率体制改革要求减少对汇率水平的直接入市干预，但是不放松监管，而是转变管理的方式和理念。

对我国而言，推进人民币汇率体制改革还有利于推进资本账户开放和人民币国际化。从金融安全的角度来看，汇率弹性提高意味着国内金融体系对外汇市场波动具有较大的适应性，从而有利于资本账户的完全开放。资本账户自由化意味着国际资金可以毫无阻碍地通行于国内各市场。在这一背景下，如果继续实行固定汇率制，或者人为地设定极小的汇率变动区间，一定时期便会出现投机性资金大规模流动的可能性。大规模投机性资金的跨境流动在一定时期可能带来对国内金融体系的强烈冲击效应。尤其在外汇衍生品市场尚不健全的情况下，衍生品交易的高杠杆率和低交易成本还可能会放大冲击效应。

汇率体制改革通过推进本账户开放，也为人民币国际化提供了便利条件。随着人民币国际化进程的推进，当非居民持有的人民币达到一定的数量时就会产生资产保值增值的需求，从而产生了人民币在资本账户下可自由兑换的需求。早期阶段的人民币国际化不必然带来资本账户进一步开放的要求，但在人民币国际化的后续阶段中，中国资本账户开放与否或者开放程度的高低就会上升成为一个无法回避的重要问题。

三、促进人民币汇率改革的配套对策

人民币汇率体制改革必然伴随对外金融开放的扩大，人民币与各种主要国际货币之间的汇率出现日常性的波动，有时这种波动的幅度还可能出现短暂的大幅度增大。而且，各种意外的情况也有可能出现。前面的分析已经指出，汇率的剧烈波动会给企业、金融机构和政府当局都带来挑战，应对和把握不当的话还会引起金融体系和国民经济的震荡。因此，必须在多个方面推进微观市场机制的建设，增强国内企业和金融机构应对风险的能力，加强金融监管，提高中央银行的宏观调节能力，增进国际合作。

（一）推进微观市场建设

外汇市场建设在未来的一个重要工作是在开放外汇衍生品交易的同时，推进外汇衍生品交易制度的建设，包括建立必要的交易所平台，确立适当的交易规则，制定外汇交易和结算的风险防范措施，从交易制度层面控制结算风险和交易对手风险。

（二）增强企业和金融机构的内部风险控制能力

首先，国内企业部门需要建立和发展应对外汇风险的机制，提高外汇风险应对能力。在过去一些年中，国内许多企业实际上已经在积极探索和运用各种应对外汇风险的工具和手段，并相对成功地应对了人民币与若干非美元货币之间汇率大幅度波动的情况。今后，在人民币与美元汇率弹性逐步扩大的背景下，国内企业部门还需要进一步提升外汇风险应对能力。此外，国内企业应对外汇风险的意识应该进一步提高，按照"风险自负"的原则安排生产和投资，在决策上更好地平衡风险与收益的关系。

其次，国内金融机构需要进一步提升应对外汇风险能力。以往国内金融机构外汇资产和外汇业务相对少，外汇市场行情对国内金融机构的总体影响较小。今后，随着人民币汇率体制改革的深入和汇率弹性的扩大，国内金融机构外汇资产和外汇业务会显著增多，外汇市场行情的影响将会显著增大。而且，随着资本账户开放，国内金融机构势必会更多地涉及外汇衍生工具市场。外汇衍生工具市场一方面是金融机构帮助企业部门应对外汇风险的一个途径，另一方面也是吸收和放大外汇风险的一个场所。金融机构应当改善对外汇衍生品的风险管理，确保风险防范机制的有效性。

（三）加强金融监管

市场是人类行为的集合，永远都不会是完美的。在日益开放、交易模式日益复杂化的市场环境中，人类错误和失误在所难免。金融监管的作用不在于消除人类错误，而是在于限制已知的人类错误并防止错误影响的扩大。

过去，金融监管强调准入管理，即对进入各类金融市场的金融机构和工具进行事先审查和审批。这种监管工作在未来继续有其意义。但是，从发展的眼光看，金融监管应越来越多地重视市场交易规则的制定、交易行为的监督和违规事件的及时发现及处置。

在外汇市场监管方面，还应当有效运用"宏观审慎管理"原则。国际金融危机后，宏观审慎管理成为监管层面的一个重要新概念。它的核心理念是，加强对市场交易行为的监督和信息分析，防止微观金融风险转化和演变成为宏观风险。

（四）提高中央银行的信誉度和货币政策有效性

进一步加强中央银行制度建设，提高中央银行独立性，增加货币政策可信度。货币政策可信度与汇率体制弹性是相辅相成的事情。在缺少货币政策可信度的背景下，汇率体制的弹性越低越好，因为只有那样，货币当局才有可能给自己带来一定的可信度。而在中央银行及其货币政策运作已经获得足够高的可信度的背景下，汇率体制的固定性不再有必要，或者说其重要性已经大大下降。

但是，中央银行也必须进一步提高货币政策操作的有效性，维护国内货币市场稳定，防止国内经济和金融体系的过度波动，进而防止外汇市场的意外剧烈波动。当这种波动发生时，中央银行还应有能力对外汇市场进行必要的干预，包括使用外汇储备。

（五）不断增进金融监管和宏观经济政策方面的国际合作

如前指出，人民币汇率体制深入改革之后，国内金融市场对外开放必然扩大，人民币对主要国际货币的短期波动必然增加，外汇市场的境外参与者必然增多。在这样的背景下，为防止汇率波动过大，防止异常的跨境资金流动，减少结算风险和交易对手风险，需要在金融监管和宏观经济政策协调等多方面开展国际合作。

监管层面的国际合作涉及为包括外汇交易在内的跨境金融交易设立必要的统一规则、监管当局之间进行必要的信息沟通、就防范跨境金融风险及其扩散保持有效的协作。

在宏观经济政策协调方面，中央银行和财政当局需要定期性交流讨论国际经济周期的走势、各国宏观经济政策调整的步伐及其国际外溢效应，并通过此种交流协调机制在最高纲领上减少各国宏观经济调整的外部不利性，在最低纲领上避免不必要的"以邻为壑"政策，从而促进国际金融市场的宏观稳定。

此外，从国际经验看，还需要继续推进地区货币金融合作，为人民币的汇率体制改革和国际化发展提供区域性支持力量。

在全球层面，中国还需要倡导全球金融机构的改革和完善，通过在国际货币基金组织、国际清算银行和金融稳定委员会等机构中发挥积极的建设性作用，推进防范国际金融系统风险，加强对短期国际资本流动的监测，争取降低主要国际货币之间汇率的异常波动性。

人民币汇率改革的基本方向[*]

推进人民币汇率体制改革与加快转变经济发展方式之间有着密切联系。准确认识两者之间的关系有利于按照科学发展的原则制定和实施政策，稳中求进地推进新时期中国金融及相关领域的改革。

一、经济结构调整离不开汇率体制改革

一段时间以来，中国经济增长过程中出现了若干结构性问题，包括投资增长偏高、对外贸易顺差规模偏大、各个地区之间经济发展差距突出，等等。这些问题背后都有着深刻的原因。其中一个原因就是与人民币汇率体制缺少必要的和充分的调整弹性有关。

理论界过去惯常认为，汇率水平是决定一国一定时期国际收支平衡的直接因素。近年来，许多研究表明，一国一定时期的国际收支平衡受到许多因素的影响，在一定条件下汇率水平的变动不必然产生所预期的重大直接作用。汇率调整对促进对外经济平衡的作用应当与相关领域中的改革和调整相结合。

同时，国内外许多研究也表明，从长远观点看，汇率体制和汇率水平与对外贸易的产品结构、国内产业结构和区域经济格局之间有着紧密关系。人

---

* 本文原载于《中国经济报告》2013 年第 2 期。

民币汇率改革有利于中国对外贸易产品结构升级，促进国内产业结构、区域经济结构及就业结构的调整与优化。从长远看，在国内经济持续高速增长的背景下，经济结构调整和发展方式转变客观上对人民币汇率体制提出了更高的要求。应当积极利用人民币汇率体制改革来推动而不是延缓国内经济结构调整和转型。

汇率是宏观经济当中的一个重要变量，人民币汇率改革会影响中国贸易品的国际相对价格，改变其原有的竞争优势，从而促进外贸产品结构升级。更进一步，汇率水平的变化还将改变国内各产业和各区域的投资回报率及盈利能力，进而影响各种资源在产业间、区域间的流动，达到优化产业结构、区域经济结构及就业结构的效果。

（一）汇率改革会优化外贸产品结构

汇率变动对产品结构的影响主要体现在贸易品部门，人民币汇率改革一方面有利于劳动密集型产品增加附加值和品牌价值，另一方面有利于资本和技术密集型产品出口比重的增加，最终实现中国外贸产品结构的优化。

一般来说，在贸易品生产中使用的进口投入比例越高，其价格竞争力受汇率波动的影响越小，因为由汇率波动导致的贸易品出口价格变动会在一定程度上被同时出现的进口成本的变动所抵消。如果贸易品生产中的进口投入比例较低，那么汇率变动所引起的产品价格变动就会大大超过成本变动，汇率变动对贸易收支的影响就较大。劳动密集型产品多为附加值较低的工业制成品，使用的国内原材料较多，出口价格受汇率变动影响较大；而资本密集型产品和技术密集型产品多为附加值较高的工业制成品，使用的进口原材料较多，汇率变动同时影响原材料的进口价格和产品的出口价格，两方面的效应在较大程度可相互抵消。

过去一段时间，主要来自农村地区的众多流动性人口为中国出口贸易部门提供了大量的廉价劳动力。这些劳动力主要集中在劳动密集型产业，如纺织、服装、鞋类、玩具、低技术机电等行业。这些行业长期依仗劳动力成本低廉的比较优势保持了较大的国际竞争力。这种情况正在出现变化：一方面，随着国内"过剩劳动力"的逐渐减少，普通工人的实际工资水平已经有了提高，而且还会继续上升；另一方面，世界上许多新兴市场经济体也加入劳动密集型产品国际贸易的竞争行列中，一些传统型贸易产业开始转移到境外。

在这样的背景下，不应当继续指望人为压低人民币汇率以期增加中国出口产品国际价格竞争力的对策思路。相反，应当允许人民币汇率增多弹性，促使现有企业更加积极地转变战略思路，寻求新的经济优势，改变以价取胜的做法，实现出口产品结构升级和外贸发展模式的转变。国内劳动资源和资金资源应逐渐地更多地流向新兴的产品和服务领域，从而推动中国对外贸易商品结构的调整。

（二）汇率改革促进产业结构调整

在一国经济正常发展过程中，贸易部门与非贸易部门之间应存在一定的协调关系。而且，随着经济增长，通常会出现非贸易部门较快增长的趋势。这是因为，在人均实际收入不断增长的背景下，人们对服务的收入需求弹性高于对物品的收入需求弹性，消费者支出中越来越大的部分会用于各种服务活动。

但是，在经济发展的一定阶段，由于这样那样的政策性和非政策性因素，贸易部门的增长速度会超过非贸易部门（国内服务业）的增长速度。中国在过去很长一段时间里就出现了这样的增长格局。导致这种局面的原因是多种多样的，其中一个因素与人民币汇率体制及人民币汇率水平有关。

理论上，如果一国汇率水平因种种缘故而被压低，那么，其贸易部门的国际竞争优势便可得到凸显。在贸易部门快速扩张的同时，贸易部门劳动人口的实际收入因相对充裕的劳动供给而增长缓慢，这样，社会经济中对非贸易部门的需求增长也相对缓慢。因此，贸易部门与非贸易部门的增长速度就出现明显差别，前者超过后者。

事实上，作为非贸易部门的国内服务业与作为贸易部门的出口制造业一样，都具有吸收大量就业的功能，两者之间具有一定的相互替代关系。如果出口制造业提供了大量就业岗位，那么这些岗位在国内服务业获得快速增长的背景下也可得到提供。当然，新增社会劳动力究竟是流向出口制造部门还是国内服务业，还关系到城镇人口居住制度等方面的因素。所以，在国内人口居住制度和劳动力市场趋于不断完善和改革的大背景下，人民币汇率体制应当具有更多的无偏性，即不再单纯突出其鼓励出口的倾向。这样，中国的贸易品部门与非贸易品部门的增长便会呈现出更多的平衡性。

（三）有利于区域经济平衡发展

过去很长一段时间，人民币汇率体制中所具有的鼓励出口的倾向，客观上使得沿海地区获得了较快增长的突出机遇。虽然，内地经济总体上看也有快速增长，但增长速度明显落后于沿海地区。

减少人民币汇率体制中鼓励出口的倾向，使之更加合理地朝向市场中立的水准靠拢，沿海地区得到的"额外"好处相应也会减少一些。人口和劳动力流动便不会出现过去那样的地域单方向性。

当然，仅仅指望人民币汇率体制上的调整来解决国内地区间经济发展不平衡问题是不现实的。从根本上解决这个问题，需要在诸如劳动保护、基础设施、教育服务等多个领域中采取必要措施，为内地经济发展提供更多的有力支持和空间。无论如何，减少汇率体制中的偏向是有利于缩小地区经济差距的一个重要因素。

（四）有利于宏观经济的内外平衡

如果说人民币汇率体制在过去一段时间中明显具有鼓励出口和抑制进口的倾向，那么，这也会在客观上导致贸易顺差，甚至使得显著规模的贸易顺差长久存在。

另外，出口的高速增长客观上也使得国内投资的回报率长期处于较高水平，从而支撑了国内投资的高速扩张。这样，人们便看到了中国经济内外不平衡的共生情形：由出口超过进口而形成的贸易顺差（对外不平衡）；由出口快速增长而推动的国内投资在规模上仍然少于国内储蓄。这两个不平衡相互联系，关键在于出口的过快增长。

在一定时期中，出口的过快增长或许是好事，并可成为一国经济起飞阶段的"发动机"或"催化剂"，促生产业经济革命，并引发全社会的经济奋进。但是，一国经济可持续发展的希望不可能全部寄托在无止境的出口超快增长上。国内外因素的作用都会最终导致出口增速减缓。与其让弹性偏低的汇率体制继续为出口导向型增长提供支撑，不如增加汇率体制的弹性，让出口增长的速率及其变动更加及时地反映基础经济层面的变化趋势，从而加快国民经济内外再平衡的进程。

虽然人民币汇率体制并不是导致经济发展方式转变进程迟缓和经济结构调整乏力的根本原因，但却可以成为推进经济发展方式转变和经济结构调整的一个有力支持因素。如果能在汇率体制改革上采取一些积极的措施，那么，经济转型便可得到较为顺利的展开。

二、汇率体制改革助力金融体制改革

在越来越多的社会资金流动通过金融市场和金融机构来进行的大背景下，经济发展方式转变和经济结构调整更加依赖于金融体制的支持。而汇率体制改革的率先发力能在金融体制改革中发挥多方面的积极作用。

（一）没有汇率的市场化也就没有利率的市场化

在开放的经济体系中，国内货币市场、信贷市场和证券市场同时与外汇市场相联动。资金跨境流动势必成为影响国内金融市场行情的一个重要因素。如果汇率体制方面的限制性政策带来了汇率"僵性"，那么，跨境资金的流动就失去了一个内生性的市场自我调节手段，国内金融市场运行中也就可能更多地需要超越市场的调节手段，并进而妨碍国内利率市场化进程。

（二）汇率改革有利于提高市场主体的风险意识和避险能力

在过去的很长一段时间里，中国实行钉住或盯住美元的汇率制度，使得中国以美元计价的出口企业长期缺乏避险意识，避险能力不足。汇率的市场化改革给予了企业一个提高避险能力的平台，在这个平台上优胜劣汰，适者生存。

可以预见，随着汇率制度改革的推进，中国企业规避外汇风险的意识和能力会有很大提高，金融市场的效率也会随之提高。不仅如此，汇率体制改革还和金融机构的改革紧密地联系在一起。如果中国的汇率制度更加灵活，汇率浮动空间进一步扩大，这将会减少银行体系的压力，促使金融机构更加以市场为导向。

（三）汇率改革有利于提高货币政策的独立性和有效性

进入 21 世纪以后，中国的国际收支出现大幅顺差并逐年扩大，为保持人民币不升值，中央银行必须购买外汇、出售本币，结果增加了国内基础货币供给，而这与中央银行控制国内货币供给或其增长速度的政策目标相矛盾。同时，基础货币的大量投放带来潜在的通货膨胀压力，为稳定物价应该提高利率，但是利率的提高会加大升值压力，中央银行在利率政策决策上受到了来自汇率目标和汇率体制上的牵制，货币政策的独立性和有效性受到不利影响。

因此，人民币汇率体制朝着更有弹性的方向改革会促使中国中央银行货币政策具有更多的灵活性和有效性，更加有利于中国宏观经济政策调节朝着现代型的成熟型的经济手段运用方向发展。

（四）汇率改革有利于外汇市场建设和人民币国际化

随着人民币国际化进程的推进，当非居民持有的人民币达到一定的数量就会产生资产保值增值的需求，从而产生了对人民币在资本账户（金融账户）下可自由兑换的需求。同时，如果人民币汇率继续维持现状，主要汇率水平保持不变，伴随人民币国际化而出现的大规模跨境资金流动所引发的汇率风险便主要由货币当局来承担。早期阶段的人民币国际化不必然提出金融开放和汇率浮动的要求，但在人民币国际化的后续阶段中，这两者的必要性和重要性都会与日俱增。

三、人民币汇率体制改革的方向和前景

改革开放以来，人民币汇率体制朝着市场化进程不断探索，先后经历了

两次重要改革。1994 年开始实行"以市场供求为基础、单一的、有管理的浮动汇率"体制。在这个体制中，原有的多重汇率体制合并为单一体制，人民币在经常账户下基本可兑换，人民币对外汇主要挂钩于美元并保持了基本稳定。2005 年人民币汇率体制进一步调整为"以市场供求为基础、参考'一篮子货币'进行调节、有管理的浮动汇率"体制。在这个体制中，人民币的可兑换范围已经扩展到一些资本和金融账户中的项目，人民币兑美元的汇率出现了较多的"脱钩"并表现出了比过去多得多的弹性。

但是，从实际数据来看，由于人民币汇率的弹性并不充分，自 2005 年中国继续持续面临大量经常账户顺差，中央银行被迫不断进行常规性的外汇市场干预，外汇储备日益增多。这些情况表明，人民币汇率体制的市场化改革还远未完成，汇率弹性尚在较低的程度上。

汇率体制改革的基本方向是提高市场化程度，减少中央银行的日常性外汇买卖，推进外汇市场各项交易制度的完善，增加金融机构和贸易企业外汇避险工具和产品，加强对外汇市场的有效监管和风险防范。这是一个涉及诸多方面的改革事业，需要坚持既积极又稳妥、既要放宽市场准入又要加强金融监管的原则。

减少中央银行日常性外汇买卖是增加汇率弹性的必要条件。过去的经验已经表明，中央银行的日常性外汇买卖是外汇市场上供求平衡的最后调节工具。如果不搁置这个工具，汇率（尤其是人民币与其紧盯的货币之间的汇率）不可能真正浮动起来。人民币兑美元汇率的日波动幅度以前已有扩大，以后还可以进一步扩大。近来外汇市场的实际运行情况还表明，人民币汇率上下两个方向的波动都出现过，人民币汇率单边变化的预期不再像过去那么突出了。

在这个问题上，也应该改变一个过去常有的看法，即汇率体制弹性增加后人民币汇率就必然出现剧烈波动或不稳定的情况。汇率是否稳定，从根本上取决于宏观经济是否稳定，宏观经济政策是否得当，国内外经济周期是否出现太大的落差，以及国内金融体系是否稳健。正如固定汇率体制不一定带来汇率稳定一样，弹性汇率体制也不必然意味着汇率不稳定。而且，汇率的短期波动也不等于长期的不稳定；甚至，汇率的短期波动有可能是达到长期稳定的一个必要途径。

中央银行减少对外汇市场日常性的买卖参与，绝不仅仅是一个额度或数量规模的问题。这涉及如何看待汇率波动的幅度以及短期波动增加后可能出现的各种情况及其应对。

如前所说，汇率短期波动增加后，最有可能带来的不利效应会表现在四个方面：一是贸易企业难以承受汇率变动带来的成本上升或收入下跌的影响；二是部分金融机构遭受资产负债表或损益表上的冲击；三是国内物价走势及通货膨胀预期发生重大变动；四是由于这样那样的缘故使得汇率的短期性波动演变成为失控的危机局面。

很显然，应对这四个方面的挑战都不是一朝一夕可以完成的事情。制度性建设和政策完善是最重要的事情。概括地说，人民币汇率体制改革除了要求中央银行外汇市场干预方式的转变外，还需要在外汇市场建设、金融机构风险控制、金融监管和宏观经济政策调节机制等诸多方面做出新努力。所有这些工作都应当是相辅相成的。所有这些方面的改革调整都基本到位的话，人民币汇率体制改革也就是"水到渠成"的事情了。事实上，中国现在已在这些方面取得重要的进展，已经为人民币汇率体制的进一步重要改革奠定了基础。

展望前景，还有希望看到，经济发展方式的转变和经济结构调整将与人民币汇率改革与金融体制改革携手前进，它们协同进行，相互促进。

人民币汇率体制的历史演变及其启示*

当前关于人民币汇率体制及汇率水平调整的讨论有许多是针对汇率与近期中国国际收支平衡的相互关系。这些讨论无疑有助于全面认识问题，帮助形成有意义的政策思路。另外，为使这种讨论的范围进一步扩大，联系到国内经济发展和国际经济环境变化，我们还可以从历史角度考察人民币汇率体制调整的历史经验及可能给当前思路带来的启示。本文以下着重结合 20 世纪 70 年代前后的情况说明当时人民币汇率调整的国内外背景及主要内容、意义和经验。

一、人民币汇率调整的主要历史时期

人民币作为中华人民共和国统一的法定货币，出现于 20 世纪 40 年代末并在 50 年代初确立了其地位。自此以来，可以说人民币汇率体制大体上经历了三个演变时期。

第一个时期是中华人民共和国成立初期到 20 世纪 70 年代初。人民币对外汇率在这个时期很少出现调整或变动（50 年代初的个别年份除外），这种汇率水平基本不变的情形不仅表现在人民币与美元之间，而且也表现在人民币与英镑或苏联卢布等货币之间。

---

* 本文原载于《国际经济评论》2005 年第 4 期。笔者感谢王建、曹远征、余永定和王元龙等提供的帮助，但文中观点和可能的错误完全由笔者负责。

第二个时期是20世纪70年代初到1994年。此期间，人民币与世界上多种货币之间的汇率出现多次显著调整，与美元汇率先升后降。可以说，这是人民币汇率水平表面上的不稳定时期，其背后是汇率体制和汇率政策的调整。

第三个时期是1994年初以来直到2004年，其主要特点是人民币与美元的名义汇率基本不变，同时，人民币与其他国际货币的汇率随着美元在国际货币市场上的汇率波动而波动。

图1显示1952～2004年人民币与美元汇率。显而易见，人民币与美元汇率出现大量变动的时期是1971～1994年。另外，也可以看到，1952～1970年与1994～2004年，表面上有相似之处，即人民币与美元汇率基本不变。但这并不意味着后一个时期是简单地重复前一个时期。

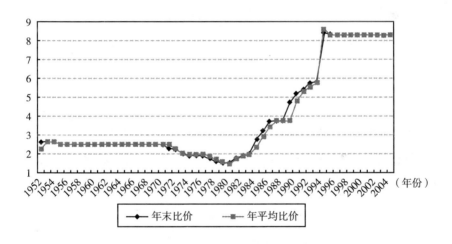

图1　1952～2004年人民币与美元汇价

资料来源：《中国金融统计（1952—1996）》，1996年后数据来自《中国人民银行统计季报》2005年第1期。

顺便说，不同作者对人民币汇率演变的时期划分有不尽一致的看法。上述划分仅代表一个角度的看法，同时也与其他划分法有许多接近之处。

二、20世纪70年代初人民币汇率调整的背景和内容

前面提到，20世纪70年代初前后人民币汇率出现重要调整。这场调整实

际上进行了几年。当时，国内正处于"文化大革命"时期，各方面工作有诸多不正常。① 现在很少见到有关原始材料，可以从几本专门著作中看到有关那场调整的概括。

尚明主编的《当代中国的金融事业》。"1972 年以前，资本主义国家货币实行固定汇率，人民币汇价也很少变动；1973 年 3 月以后，西方国家普遍实行浮动汇率，汇率变动频繁，为了有利于对外经济往来，人民币汇价采用'一篮子货币'加权平均计算方法，参照资本主义国家货币汇率的变动情况及时调整，以保障出口收汇不因资本主义国家货币贬值而遭受损失，并为外国商人所接受。"

尚明主编的另一部著作是《新中国金融 50 年》。该书指出，1949 年以来的人民币汇率制度可划分为六个阶段，第一个时期为 1949～1952 年，第二个时期为 1953～1972 年，第三个时期为 1973～1980 年，第四个时期为 1981～1984 年，第五个时期为 1985～1993 年，第六个时期为 1994 年以来。其中，有关第三个时期（1973～1980 年），书中说："……在 1967 年 11 月英镑贬值后，为了避免出口收汇遭受西方货币贬值带来的损失，中国对外贸易使用人民币计价结算。这时期人民币汇率的方针是继续维护人民币汇率的稳定并有利于推行人民币对外计价结算，便利贸易，为国外商人所接受。因此，中国采取了'一篮子货币'加权平均计算办法，参照国际市场行情及时调整人民币汇率。为了使汇率在人民币对外计价结算中起到保值作用，要求人民币汇率稳定在西方货币汇率中间偏上水平。这七年内篮子中的货币先后变动过几次，1975 年 11 月，人民币汇率定在美元集团和西德马克集团货币汇率的中间

---

① "文化大革命"期间金融及国际金融领域中的不正常情况反映在中国人民银行和中国银行的机构调整上。《当代中国的金融事业》记载：国务院批准财政部与中国人民银行于 1969 年 7 月合署办公，直到 1978 年 1 月 1 日起分开办公，"中国人民银行总行的各职能司局被撤并，只保留政工和业务两个大组，艰难地维持工作……留在机关搞金融业务工作的干部只有 87 人，整个金融工作处于被动应付状态"。《中国银行行史（1949—1992 年）》（上卷）记载："1969 年中国人民银行与财政部合署办公，大批干部下放五七干校劳动以后，中国银行总管理处的工作并入财政部内银行业务组下的国外组，只留下四人承担国际金融调研任务。"中国银行当时负责包括人民币汇率在内的对外金融关系。

价上，选用美元和西德马克等 13 种货币加权平均。1972 年人民币对美元汇率恢复挂牌，在国际市场美元汇率下跌下，中国不断调升人民币汇率，从 1971 年 12 月到 1980 年 7 月，人民币汇率从 1 美元兑换 2.4618 元人民币逐步调至 1.4525 元人民币，人民币升值 69.5%，进一步形成人民币汇率的高估。"扬希天等编著的《中国金融通史（第六卷）：中华人民共和国时期（1949~1996）》，也谈到这一时期的人民币汇率体制及其调整："1953 到 1978 年，人民币汇率进行了两次改革。第一次是在 1953 年……第二次改革是在 1973 年。当时资本主义国家普遍改行浮动汇率，各国货币汇率随市场供应关系自由涨落，变动频繁而剧烈，人民币对资本主义国家货币的汇率相对稳定的状况不可能再继续下去了。它必须根据其他主要货币变动的方向和程度作相应调整。为了吸取 1967 年英镑贬值出口收汇遭受损失的教训，避免某些资本主义国家货币贬值对中国的出口收汇造成的损失，自 1968 年起中国开始使用人民币计价结算，到 70 年代逐步扩大。1973 年将制定人民币汇率的原则改为参照国际货币市场汇率变化情况随时调整。制定人民币汇率的依据和方法也有所改变，由过去'物价对比法'改为'一篮子货币'计算方法，即选取有一定代表性的与中国贸易相关的若干种可自由兑换的货币，按其重要程度及政策上的需要，根据其在国际市场的变化情况，加权计算出人民币汇率。并对'一篮子货币'中采取各种货币的权重视情况作一些变动。从 1973 年 3 月到 1984 年先后曾做过 7 次调整。在这一时期中由于中国对外推行人民币计价结算的目的是为了保值，所以，在制定汇价的指导思想上总是把人民币汇价定得高一些。人民币对美元的汇率，由 1973 年 1 美元合 2.2673 元人民币调低至 1980 年底的 1 美元合 1.5 元人民币。"

在中国银行长期研究汇率问题的两位专家吴念鲁、陈全庚著有《人民币汇率研究》。这部专著更加详细地叙说了当时人民币汇率体制的调整。他们指出，中国银行从 1968 年在港澳地区开办人民币计价结算，1970 年扩大到 5 种货币，1971 年增加 6 种货币，1972 年增加含美元的 3 种货币，1977 年增加到总共 15 种货币。他们还指出，中国银行从 1971 年开始对外开办人民币远期买卖业务，即外国商人（中国出口货物的买方）可从中国银行购买现期或远期人民币以便他们支付中国商品。人民币现期或远期汇率由中国银行确定（但仅限于少数几种货币，即后来所说的"篮子货币组合"中的货币）。

中国银行行史编辑委员会编著的《中国银行行史（1949—1992年）》（上卷）指出，1973年初世界经济再度爆发美元危机，3月布雷顿森林体系的固定汇率制度彻底瓦解，为此，在中国人民银行领导下，中国银行制定了调整人民币汇价的方法。具体办法就是前引各书中所说的"一篮子货币"。1975年9月，对人民币汇率体制的原定办法做了一些修订，提法从过去的"坚持稳定"改为三项内容：第一，"公平合理"；第二，"及时调整"；第三，"加强调查研究，逐步扭转被动局面"。

上面大量引述历史研究文献，主要是想说明以下这几个重要事实。

第一，人民币汇率体制的改革和重大调整早已有之，即使是在"文革"那样的时期，当时的决策者也从实际出发，力所能及地做出了现在看来依然是很有创意的改革调整举措。

第二，20世纪70年代初前后人民币对外汇率调整发生在国际货币体系出现重大变化的背景下。正是因为主要国际货币之间的汇率走向浮动（即布雷顿森林体系的动摇或瓦解），此前流行的人民币对外定价的方法被认为是不可再继续下去了。如果坚持不变，中国对外贸易活动的汇率风险便会极大地增加。

第三，当时人民币汇率调整的主要内容包括以下两个方面。（1）对外贸易以人民币作价，即出口企业向外方供货时收取人民币，国外购买方需向国内银行（当时是中国银行）购买人民币用做付款。这种安排，国内出口企业不再面临汇率风险（当然，市场风险继续存在）。（2）国内银行在买卖外汇和确定人民币对外汇率时实行"一篮子货币"做法，即人民币对篮子中任一货币的汇价取决于整个篮子中货币相互汇率变动的情况。这个"篮子"的范围是逐步扩大的，到1979年扩大到20种货币（见表1）。实行"篮子货币组合"的方法，表明不以其中任何一种货币为中心。例如，就美元而言，20世纪70年代中，人民币与美元比价呈现有升有降局面，主要反映了此期间美元与其他主要国际货币（或者说"篮子"中其他货币）相对比价变动的情况。

表1 　　　　　　　1968～1979 年以人民币计价或与人民币汇率挂钩的货币

	1968 年	1970 年	1971 年	1972 年	1977 年	1979 年
		+	+	+	+	+
币种	港币	英镑	荷兰盾	美元	新加坡元	澳大利亚元
		瑞士法郎	意大利里拉	加拿大元		贸易比利时法郎
		法国法郎	瑞典克朗	日元		金融比利时法郎
		联邦德国马克	挪威克朗			芬兰马克
			丹麦克朗			伊朗里亚尔
			奥地利先令			巴基斯坦卢比

注："＋"表示新增挂钩货币。

资料来源：《人民币汇率研究》（修订本），1979 年货币数来自中国人民银行《中国金融统计（1979—1985）》，该资料未显示新加坡元在列举的篮子货币中。

第四，上述人民币汇率调整的做法从 20 世纪 60 年代末开始，一直持续到 1979 年或 1980 年。此后，尽管未经正式公布，人民币对外汇率逐步转向一是以美元为中心，即放弃"一篮子货币"目标法；二是人民币与美元比价几乎不断走低，即人民币对美元贬值（见图 1）。①

现在的问题是，如何理解 1970 年前后的"第一次转变"和 1980 年前后的"第二次转变"——两次转变间隔的时间并不算长但转变的内容迥然不同？同时，或许还可以联想到 1994 年的"第三次转变"——这次转变一定意义上是对 1980 年以来汇率体制的一个否定。

关于人民币汇率体制的"第一次转变"，可以认为，除了已经提到的国际货币体系变动外，还有以下几个重要背景因素。

一是对外贸易在国民经济中的地位和作用开始上升，中国经济当时事实上出现了不同于一味强调"自力更生"做法的转变。

二是对外贸易的国别对象在 20 世纪 60 年代和 70 年代出现了很大变化。陈云②

---

① 现有材料中未见到何时放弃对外贸易以人民币作价方法的叙述。大体上可以认为这发生在 1979 年或其前后。

② 1973 年 6 月陈云召集中国人民银行和中国银行主要负责人就国际金融进行了一场谈话，该谈话主要内容以"要研究资本主义"为题发表在《陈云文选》（第三卷）。参加此次谈话者后来发表过回忆文章（参见李裕民《回忆陈云同志有关国际金融问题的一次谈话》，载《前进中的金融事业——中国人民银行成立四十周年纪念文集》，中国金融出版社 1988 年版）。

1973 年关于国际金融问题的一次谈话清楚地概括了这种变化。他在这次谈话中指出，"过去我们的对外贸易是百分之七十五面向苏联和东欧国家，百分之二十五对资本主义国家。现在改变为百分之七十五对资本主义国家，百分之二十五对苏联、东欧"。正是因为有这样的变化，人民币与美元以及对美元以外的国际货币的比价关系才对中国对外贸易乃至整个国民经济有了前所未有的影响。

三是当时中国国内经济仍处于计划体制下，国内经济中基本上没有通货膨胀，对外经济关系中也不需要考虑资本流动或资金流动（当时的对外金融活动主要限于侨汇收入、贸易支付、外汇存款、对外援助等，对外借款或其他形式的国际资金流动极少发生）。或许因为如此，1970 年前后可以实行对外贸易以人民币作价而无须担心资本外流或外商投机活动，以及货币当局仅仅通过调整人民币名义汇率就可以相当有把握地调整人民币实际汇率（实际汇率的决定因素除了相关货币的名义比价外，还有相关经济体的通货膨胀率；在本国通货膨胀率已经确定的情况下，实际汇率的确定自然变得相对简单）。

三、后来两次人民币汇率体制转变的背景

在上述几点因素中，国际货币波动、外贸在国民经济中作用增大以及国际市场多样化等趋势继续在 20 世纪 80 年代存在或得到发展。但是，同时，国内通货膨胀和新形式的国际资金流动却作为一个"新事物"而出现了，这两者是 20 世纪 70 年代的中国经济所未曾遇见的。从 1979 年或 20 世纪 80 年代开始的国内通货膨胀，可以说迅速降低了名义汇率及其调整对实际汇率走势的影响力，即实际汇率走势除了受到名义汇率及其调整的影响外，还同时受到本国和国外通货膨胀的影响。如果那时的中国货币当局对本国和国外通货膨胀有很大把握或预测能力，把握实际汇率也不是一件不可能的事情。从事后的眼光看，在 20 世纪 80 年代和 90 年代前半期，货币当局可能并未掌握足够的能力控制国内通货膨胀以及预测国外通货膨胀。通货膨胀对国内企业、公

众和货币当局来说可能都在几乎同样的程度上是"意外消息",是"外部冲击"。

在这个背景下,什么是相对容易的方法减少外贸企业的成本压力和汇率风险?自然,这就是对名义汇率相对快速的调整。同时,如果继续坚持"一篮子货币"方法,则政策目标将会是保持"实际有效汇率"稳定。如前所说,能否保持"实际有效汇率"的稳定不仅取决于货币当局对国内外通货膨胀的把握和预测能力,而且技术上也更加困难(即将名义变量的操作挂钩于更多的国内外经济变量)。显然,放弃"一篮子货币"方法是简化操作和方便灵活反应的明智做法。

朝着这个方向的汇率体制调整的一个结果就是回到事实上的以美元为中心的汇率定价制。这可能不完全是政策选择的结果,也有企业和公众自发性选择行为的因素。尤其是可能有20世纪80年代前半期香港在内地对外贸易发展中的巨大作用以及香港当局在那个时候做出了实行港币/美元联系汇率制的决定等因素。无论如何,从80年代开始,一直到90年代,国内企业和公众日益看重人民币与美元汇率(包括官方汇价和市场汇价)及其变动,并且事实上将这些指标作为他们日常经济决策的参考变量。

总的来看,1980~1993年的汇率体制及这个时期中人民币/美元汇率水平的调整客观上有利于那时中国对外贸易和整个对外经济关系的发展。但是,也有两个突出问题出现:一是国际收支不时出现逆差甚至严重逆差,人民币/美元汇率预期并不稳定;二是国内通货膨胀不时走高,其本身成为影响实际汇率水平、国际收支平衡和汇率预期的一个重要因素。而且,汇率预期本身也是影响国内通货膨胀的一个因素。这种错综复杂的关系,毫无疑问给货币当局带来了新难题。如何走出"贬值预期与国内通货膨胀预期相互加重"这种两难局面,显然不是易事。

从一个角度看,1994年汇率体制改革和人民币/美元汇率水平调整正是力图摆脱这个困局的一场实验。后来出现的国内通货膨胀下降和人民币/美元汇率预期的稳定表明这场实验取得成功。而且,自那以来国际收支几乎不再有逆差或严重逆差。导致这些情形出现的因素实际上不仅有汇率体制或汇率水平,还有诸如外资政策、世界性通货膨胀的下降和稳定等国内外政策性和非政策性因素。

四、人民币汇率体制调整历史经验的启示

上面对人民币汇率体制自 20 世纪 70 年代初以来演变过程的回顾是粗略的，若干重要细节未涉及（例如没有提及 20 世纪 80 年代前半期流行的双重汇率制）。结合这些简略的历史考察和当前形势分析，我们也可得出一些有意义的结论和推论。

第一，人民币汇率体制和汇率水平的每次重大调整，都是发生在国内外经济环境出现重要变化的背景下。汇率体制和汇率水平应该也能够对经济环境的重要变化做出反应。

第二，经济环境的变化也促使汇率体制和政策的作用发生改变。早期（即 20 世纪 70 年代）的人民币汇率体制和汇率水平调整主要考虑为贸易部门减轻汇率风险和成本压力，很少需要考虑国内通货膨胀或国内外相对通货膨胀，同时也不必担心跨境资本流动。20 世纪 80 年代以来，汇率体制和汇率水平调整越来越多地需要考虑这后两个因素。1994 年确立的人民币汇率体制可以说综合地考虑到所有这些因素，并将汇率体制和汇率水平调整本身作为应对国内通货膨胀的一种工具或工具之一。这一点凸现了在经济政策体系转轨时期汇率工具对国内货币政策操作的重要性。可以说，变化了的经济环境"赋予"汇率体制和汇率政策以新的功用，这是我们讨论近来和近期未来汇率问题时所应当注意到的。

第三，近年来国内经济环境方面的变化为人民币汇率体制和汇率政策调整提供了新的基础。结合最近十余年来国内外经济环境的变化形势，可以说一个突出的方面是国内货币政策体系的成熟和货币政策纪律的加强。而且，由于这种变化，可以开始重新考虑汇率工具的作用了。如前提及，将人民币与美元挂钩并维持这种双边名义汇率水平的稳定或基本稳定，曾是国内宏观经济稳定的一个标志，是促进其他宏观经济变量及其预期也趋于稳定的一个

手段。但这主要发生在国内货币政策体系不够成熟或货币政策纪律不够充分的背景下。如果我们认为现在的国内货币政策体系比较十余年前已有实质性的改进,自然便不需要继续"赋予"这种双边名义汇率这么大的作用。

另外,人民币/美元名义钉住制本身与国内货币政策目标之间自 20 世纪 90 年代后半期以来的确出现了冲突。图 2 显示 1994 年以来人民币/美元汇价和人民币/特别提款权汇价。前者是"名义双边汇率",后者是人民币有效汇率的一个指标(国际货币基金组织的"特别提款权单位"现在由美元、欧元、日元和英镑组成,其中欧元在 1999 年前为其前身德国马克和法国法郎)。可以看出,1994～1998 年,人民币有效汇率呈现下降趋势(即人民币对外综合汇率的升值),此后出现上升趋势(即人民币对外综合汇率的贬值)。有效汇率这一前一后的升降与同时期国内物价走势有密切关系,大体上说就是前一时期国内物价水平的快速下降甚至通货紧缩,后一时期国内物价水平的回升甚至显著通货膨胀。有效汇率变化与国内物价走势之间这种密切关系的根本原因是对外贸易在国民经济中地位和作用的上升。这正是 90 年代以来中国经济发展中出现的一个新特点。

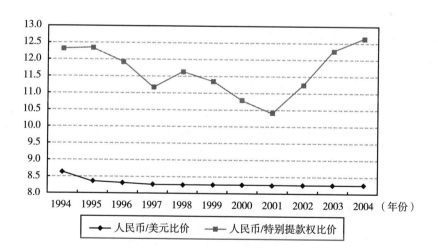

图 2 1994～2004 年人民币与美元和特别提款权汇价(年末数)
资料来源:人民币/美元比价来自历年《中国统计年鉴》;人民币/特别提款权比价数来自国际货币基金组织网站。

进一步说，如果坚持货币政策的首要目标是国内物价走势的稳定，那么单纯地钉住美元汇率政策就可能与这一目标发生冲突，因为人民币对外综合汇率在此体制下必然被动地随美元的国际市场价格而波动，从而使国际货币市场行情自动地传递到国内物价走势上。

最后，值得一提的是，结合 20 世纪 70 年代初前后就曾出现过的贸易定价改革，我们还可以认为，目前关于人民币汇率体制改革的讨论，应当进一步联系到对外贸易定价问题，即是否和如何调整贸易企业接收外汇或本币的事情。在目前情况下，这关系到人民币的国际化，显然需要专门的探讨。

参考文献

[1] 陈云：《要研究当代资本主义》（1973 年 6 月 7 日），引自中共中央文献编辑委员会编《陈云文选》（第三卷），人民出版社 1995 年版。

[2] 尚明：《当代中国的金融事业》，中国社会科学出版社 1989 年版。

[3] 尚明：《新中国金融 50 年》，中国财政经济出版社 2000 年版。

[4] 吴念鲁、陈全庚：《人民币汇率研究》（修订本），中国金融出版社 2002 年版。

[5] 扬希天等：《中国金融通史（第六卷）：中华人民共和国时期（1949～1996 年）》，中国金融出版社 2002 年版。

[6] 中国银行行史编辑委员会：《中国银行行史（1949—1992 年）》（上卷），中国金融出版社 2001 年版。

[7] 中国人民银行：《中国金融统计（1979—1985）》，中国金融出版社 1987 年版。

探讨人民币升值的长远影响[*]

中国人民银行在 2005 年 7 月 21 日宣布人民币汇率体制与美元 "脱钩" 并随即让人民币与美元兑换比价小幅上升后，众多国内外研究者纷纷发表了评论。很多人认为这是一次重大改革，不仅预示人民币汇率走向浮动和升值，而且是有利于国内经济结构调整和提升中国国际经济地位的事情。另外，也有一些人认为这次 "参考" "一篮子货币" 为人民币定价的方式本身有不明确之处，人民币对美元升值幅度也太小（2%），所以这次调整对中国国内经济增长和对外经济关系都不会有显著实质性影响。

众多评论意见中，一种看法尤其独特。斯坦福大学长期研究汇率问题的麦金农教授 7 月 29 日在《华尔街日报》以 "货币战"（Currency Wars）为题发表了一篇千余字文章。他在文中说，7 月 21 日人民币汇改措施对中国经济来说不是一个 "好消息"。他指出这项新政策有五个问题：第一，中国货币当局在放弃了过去的货币政策目标对象（英语文献中常用 "锚" 这个术语来指称货币政策目标对象）之后，没有相应确立一个新的目标对象，从而使自己的货币政策运作变得不明确起来；第二，中国经济将可能出现通货紧缩，因为人民币升值会引起出口和经济增长减速；第三，在大量 "热钱" 进入中国的同时，国内货币市场将面临 "零利率流动性陷阱"，货币当局将发现在新形

---

[*] 本文原载于《国际经济评论》2005 年第 6 期。此期刊载《麦金农和邹至庄关于人民币汇改问题的讨论》（由朱民先生提供），本文是对他俩讨论的补充说明。

势下难有作为；第四，人民币升值不仅会影响出口，而且也会影响进口，尤其是通过影响国内投资和国内经济增长而引起进口需求的减少，从而使升值对中国贸易平衡的最终效应变得不确定（即不能断定人民币升值将使中国贸易顺差缩小甚至转变为逆差）；第五，如果中国贸易平衡格局不因人民币升值而出现显著改变，来自国外（比如说美国参众两院）的贸易保护主义压力只会有增无减。中美贸易争端看不到烟消云散的前景。

学术界一个常见的现象是，面对同一个议题，学者们"你说你的，我说我的"，观点之间有对立但难得交锋。这种情形的一个后果是，"谬论与真理同行"。学术产品的用户们（包括政策决策者和青年学生们）对此往往感到难以适从。

普林斯顿大学邹至庄教授长期研究中国经济问题，是中国经济改革和对外开放的一位海外见证人，并在一定程度上也参与了实际进程。他看到麦金农教授文章后，感到文中许多观点与有关经济学原理相背离，毫不含糊地向后者提出反驳。从他们在这个问题上的往来通信中可以看出，邹至庄也没有说服麦金农。这很可能是因为后者在人民币汇率问题上所发表的言论是他自己长期研究日元汇率问题的一个结果或者副产品。麦金农现在可以说坚定不移地相信，人民币汇率问题是若干年前日元问题的一个翻版，或者说，在他看来，20世纪最后20年的日元汇率问题在21世纪最初20年的表现或延续就是人民币汇率问题。

邹至庄对麦金农文章的反驳意见可以归纳如下。

第一，如果货币政策的主要功能是控制通货膨胀或者说影响物价水平走势，并且承认货币当局有能力观察到任何外生性货币供给变动，那么，货币当局可以通过调整自身所掌握的那部分货币供给（基础货币）来影响货币供给总量并进而影响物价走势，而在这个过程中，汇率作为一个目标锚不是一件必然的事情。换言之，固定汇率的意义不是一般性的或者说普遍性的。也许，在某些时候某些条件下，固定汇率有它积极的重要作用，但这种作用不是一成不变的。

第二，货币升值对国内通货膨胀的一般作用应当被理解为是降低通货膨胀，绝不是通货紧缩。按照邹至庄的理解，这个判断的思路是，如果一国在经济增长过程中有着与其相适应的稳态通货膨胀（货币供给增长率与物价变动率），那么，贸易平衡的变动会通过影响货币供给增长率而影响物价变动率；进而，在贸易顺差已经带来了货币供给过快增长的背景下，货币升值所引起的贸易顺差减少甚至顺差转变为一定程度的逆差至多是对已经出现的过快货币供给增长的一种矫正，而不是促使国内货币供给总量增长率下降到低于稳态通货膨胀率之下。按照这个思路，如果人民币升值对中国贸易平衡的影响是不确定的，即中国很可能继续出现显著规模的贸易顺差，那么，人民币升值更不可能带来国内通货紧缩。认为货币升值会导致国内通货紧缩，不仅理论上需要进一步说明，而且也需要拿出充分的经验证据。

第三，汇率变动对贸易平衡的效应应按照标准教科书模型来理解，即升值导致贸易顺差减少，贬值促使贸易顺差增加。汇率是贸易伙伴国商品之间相对价格的比率或调节器。如果承认汇率变动会影响相对价格水平，承认各国需求和供给受到相对价格水平的影响，那么，汇率变动对贸易平衡的影响就完全如标准教科书模型所描述的那样。这个模型没有什么错误。

第四，在汇率浮动与固定之间的选择不同于升值还是不升值的选择。针对麦金农在其著述中反复强调的固定汇率主张，邹至庄认为，即使同意说像中国这样的经济体在现阶段有理由继续坚持钉住美元的汇率制，这也不表明目前的汇率水平就是适当的。如果说，浮动汇率制下市场会倾向于发现一个适当的汇率水平，那么，在固定汇率制下决策者就有必要去确定什么样的汇率水平是适当的或大体上适当的。绝不能说赞成固定汇率制就等于赞成任何汇率水平上的固定汇率制，或者说，一个固定不变的体制可以将目标汇率确定在任意水平上。

在上述邹至庄提出的四点反对意见中，大多数读者可能倾向于很快赞成其中的第一和第四点。但在第二和第三点上，针对邹至庄的意见，麦金农不仅作出了进一步辩驳，而且拿出了他长期研究这些问题的一系列成果作为佐证。可以说，在这两个重要问题上，这场"麦邹交锋"涉及国际货币经济学的一些基本原理。麦金农的文章著作可以说对当代教科书基本模型提出了挑战，人们不能仅仅因为它们与标准教科书的结论不相吻合而加以排斥。

还应当承认，关于汇率变动与贸易平衡的关系，汇率变动与相对物价走势的关系，不仅在涉及日元或人民币汇率的讨论中被学者们所争辩，而且在围绕美元汇率的更大范围的国际讨论中也每每出现不同看法。这里试图就"麦邹交锋"中所涉及的有关概念进行一番梳理，并不妄想提供一个现成答案。

一、汇率与贸易平衡

关于汇率与贸易平衡，我们现在实际上有三个基本模型来刻画两者之间的关系。下面用简单的函数表达式来说明：

$$TB = F(ER) \tag{1}$$

$$TB = F\{ER/(P/P^*)\} \tag{2}$$

$$TB = F\{ER/(P/P^*), g/g^*\} \tag{3}$$

上述三个公式中，TB 指一国贸易平衡（中文习惯说"贸易差额"主要指商品贸易，但也可以包括服务贸易在内），ER 是该国货币兑换贸易伙伴国货币的比率（直接标价法汇率，或者说，双边名义汇率），P 是国内物价水平或其变动（P^* 为贸易伙伴国物价水平或其变动），g 指国内经济增长或生产率变动（g^* 为贸易伙伴国经济增长或生产率变动）。三个公式中的 F 都指函数转换关系。

式（1）的含义是，如果世界上只有两个经济体，一国贸易平衡便是两国名义汇率的函数。世界上显然不止有两个经济体，但同样明显的是，式（1）可扩展到多国事例，只要将双边名义汇率改写为名义有效汇率（综合汇率）即可。理解式（1）的关键点是，这个模型隐含地假定贸易伙伴国之间物价走势一致或者在短期内（即名义汇率发生变动前后）两国物价水平不变或基本不变。在教科书论述中，人们将式（1）中的贸易平衡表达为用国内货币标价的出口减去进口（其中进口变量需要借助汇率转换为本币标价变量），并由此发现贸易平衡在名义汇率变动后的变化取决于出口的价格弹性与进口的价格弹性之和是否大于1个单位，即"马歇尔—勒纳条件"。可以说，式（1）主要适用于短期分析或瞬间变动效应分析。

20世纪70年代初，布雷顿森林体制瓦解后，各国货币之间的汇率浮动起来，而且重要经济体的国内通货膨胀也开始爬升并变得频繁多变。人们由此开始更多地关注"实际有效汇率"这个概念，即式（2）中的 $ER/(P/P^*)$。式（2）的含义是，贸易平衡变动取决于贸易伙伴国之间名义汇率与相对通货膨胀的相对变化，或者说，贸易平衡不再是某个变量的函数，而是多个相关变量变动的结果。例如，在一定时期中，如果出现本币贬值，同时，如果国内物价水平上升速度不仅超过贸易伙伴国，而且这种上升比率超过本币贬值程度，那么，本国贸易平衡不仅不会改善，而且还会恶化。抛开完全开放的资本市场或外汇市场中频繁的汇率变动不论，通常，名义汇率调整可在相对短期内出现。但国内外通货膨胀的相对变动则往往需要经过一段时间才能被人们所觉察。也就是说，使用式（2）来分析汇率与贸易平衡主要适用于非短期，例如一年或两三年时期。这或许可以说是一种"中期分析视角"。

麦金农在分析"日元升值综合征"或人民币升值影响时所使用的模型与式（2）有关，但显然不局限于名义汇率调整与相对通货膨胀这些变量。他还特别地强调经济增长减速对贸易平衡的影响。而这就将我们带到了式（3）。这个公式的含义是，除了式（2）所说的"实际有效汇率"之外，影响贸易平衡的因素还有贸易伙伴国之间的相对经济增长或相对生产率变动。作为式（3）的一个隐含理论前提是，进口需求通常是国内经济增长的一个函数，例如国内投资需求扩张带来中间进口品的增长。这一点，许多基本经济学教科书编写者也是认同的。换句话说，麦金农"人民币升值不一定带来中国贸易顺差减少"这个观点不能简单地被认为是背离标准经济学原理。

但是，同样十分清楚的是，式（3）包含了经济增长或生产率变动这些长期变量，通常只能用于长期分析甚至超长期分析，例如五年、十年甚至二十年时期。

而且，更重要的是，上述三个公式或者模型相互间并不必然冲突，只要使用者严格区分它们各自适用的时期长短。可以这样来理解两位学者之间的争论：邹至庄说"人民币升值将减少中国贸易顺差"，是在使用式（1），着重就短期关系而言；麦金农说"人民币升值不一定带来中国贸易顺差减少"，是在使用式（3），着重就长期关系而言。按照这个思路，人们还可以进一步认为，人民币对美元汇率在2005年7月的升值，可带来随后数个月份或季度中国贸易顺差的减少；而且，如果人民币升值幅度高一些（不止是2%），中国贸易顺差在这些月份或季度中减少的数额很可能会大一些；但是，如果在这次升值后人民币对美元汇率（以及人民币对其他主要国际货币的汇率）在以后时间中基本不变，那么，一次性升值对中国贸易顺差的影响将逐渐减弱，来自其他因素（相对经济增长或生产率变动等）对中国贸易平衡变动的影响将逐渐凸显出来；两三年以后（例如2007年或2008年）中国贸易平衡会是什么格局显然不能用2005年人民币对美元出现2%~3%升值这个事件来预测。

确定的、小幅度的人民币升值对中国贸易平衡的影响几乎可以说微不足道，在这一点上，两位学者的看法完全一致。

二、汇率与相对通货膨胀

本币贬值具有国内通货膨胀效应，本币升值具有降低国内通货膨胀效应，这是标准教科书陈述。在争论中，邹至庄坚持这个看法并将之运用到分析人民币升值与中国国内通货膨胀走势关系上。麦金农则突破了这个"传统教条"，认为本币升值不仅具有降低国内通货膨胀效应，而且是导致国内通货紧缩的原因。显然，麦金农的新观点如果成立，需要一些特别条件。

麦金农的推理是，十多年以前的日本和目前的中国已经出现其国内通货膨胀靠近美国水平的情形；在此背景下，日元以及现在的人民币对美元的升值都会促使日本或中国的国内通货膨胀率进一步降低到美国水平之下；如果美国通货膨胀率已经低至"临界水平"（零或接近于零通货膨胀率），那么，日本或中国在本币对美元升值时只能出现通货紧缩，而不再是一般性的通货膨胀下降。在麦金农看来，邹至庄的反驳意见忽略了货币升值前两个关联国通货膨胀率的趋同性以及作为世界性通货膨胀主导国——美国——其通货膨胀率已经接近临界水平这两个重要背景。如果没有这两个背景，例如说，美国通货膨胀率为3%，十多年前的日本或现在的中国通货膨胀率为5%，那么，日元或人民币对美元升值理所当然地只会带来日本或中国通货膨胀率的下降，而不是通货紧缩。

看上去，麦金农的这个推理前后很有逻辑性。当然，人们也可以提出一些质疑。第一，双边汇率不等于有效汇率或综合汇率。影响相对于世界趋势的国内物价走势最终取决于有效汇率而不是双边汇率。对此，麦金农或许会回答说，日元/美元汇率或人民币/美元汇率对日本或中国来说是最重要的双边汇率，是影响日元有效汇率或人民币有效汇率走势的一个几乎可以说决定性的因素。

第二，美国通货膨胀走势没有到达"临界水平"（零或接近于零的通货膨胀率）。对此，人们也许不需要借助麦金农就可以看到，20 世纪 90 年代初以来，美国国内通货膨胀率（以消费者物价指数为代表）出现明显的持续性走低趋势，并在 90 年代末接近于 1% 的水平。如果 1% 变动率还不是"临界点"，至少也是距离"临界点"不远的水平了。

第三，世界范围内的国际通货膨胀趋势不完全由美国所决定。麦金农对这个质疑的反驳意见很可能与第一点类似，即可以承认国际通货膨胀不完全由美国所决定，但必须承认美国物价走势对国际一般趋势有巨大影响。

上述三点质疑似乎都不足以驳倒麦金农的推理。最有可能推翻麦金农推理的应是第四点质疑，即日本或中国这样的货币升值国其国内货币当局在本币升值时实行膨胀性货币政策以抵消通货紧缩压力。实际上，恰恰在这个环节上，麦金农提出了他最具特色的观点：日本或中国货币当局因为面临一个特别的新形势，事实上已无能为力实施膨胀性货币政策。这个新形势，用他自己创造的术语来说，就是"零利率流动性陷阱"。

顾名思义，这个新概念的含义是货币当局在已经十分低下甚至接近于零的市场利率情形下不再有余地进一步降低利率，或者向国内货币市场提供更多的流动性以刺激国内信贷或货币扩张，从而推动国内物价水平上涨到"临界点"以上。这种颇为特殊的形势是如何出现的？麦金农的解释是，在日元或人民币对美元升值后，国际社会继续抱有日元升值或人民币升值预期，外部资金继续流入日本或中国，进而增加日本或中国国内货币市场的流动性，并使这种流动性充足程度达到这样的地步：货币市场利率下降到不仅比美国低的水平，而且接近于零。同时，这些流动性资金大部分不进入实体经济，从而不带动国内通货膨胀；而且，相当一些资金进入证券和地产市场，引起资产价格膨胀（即"泡沫经济"）。总之，在这个形势中，日本或中国货币当局如想进一步降低利率或提供流动性，要么已经不可能，要么已无意义。这就是"零利率流动性陷阱"（麦金农发明的这个概念与宏观经济学界所熟知的凯恩斯发明的"流动性陷阱"有区别）。

细心的读者可能已经注意到，上述解释中的一个关键环节是日元或人民币升值后市场继续怀抱升值预期。这种持续性升值预期的经济依据何在？按照麦金农的看法，第一，直接层次上的原因是日本或中国在本币升值后继续出现贸易顺差（即前面讨论过的贸易顺差不随本币升值而减少），第二，较为深刻层次上的原因是日本或中国的国内储蓄倾向高，美国的国内储蓄倾向低。一个有较高储蓄倾向的经济体通常伴随贸易顺差，一个有较低储蓄倾向的经济体通常伴随贸易逆差。这两种情形恰好在日本与美国之间或中国与美国之间同时出现了。因此，升值对贸易收支平衡的微弱调节作用就进一步表现为升值预期的持久性。

至此，遵循经济分析方法的人们可以认为，麦金农很可能做出了一个值得称道的发现，即发现了自20世纪90年代初以来在日本以及较近的中国这样的经济体中，货币升值具有通货紧缩效应。货币升值的这种效应可以说是一种新效应，在90年代以前的时期中不曾有过。

但是，严格地说，麦金农的这个发现也是理论探讨的一个成果，它并不必然成为现实。就中国事例而言，人们可以说中日经济体之间尽管有不少共同性，但也有显著差别。最重要的一个差别或许是目前中国经济中仍然有着严重的资源制约，而且，在许多重要资源产品上，国内价格与国际市场水平之间有着显著差距。这种差距的存在，就是通货膨胀的国内可能性根源之一。也就是说，尽管中国与日本一样，可能出现"零利率"货币市场行情，但是，来自国内资源供给的短缺所形成的物价上涨推力也可能使这种"零利率"货币市场行情不能持久。

顺便说，可能有人认为，目前中国尚有资本市场管制，人民币升值预期也不会带来大量外部资金流入，因此，中国不大会像日本那样出现"零利率流动性陷阱"。这种看法可能过于简单。近年来中国国际收支数据已经表明显著的投机性资金流动，而这说明资本账户管制措施的实际效力在下降（事实上国内资本市场也在逐渐对外开放）。因此，应对人民币升值可能带来的通货紧缩威胁不应当再囿于传统思路。

概括地说，邹至庄与麦金农之间的争论触及一些基本经济原理及其现实运用问题，触及如何准确理解当代国际经济关系演变轨迹。不管人们对两位学者的观点有何看法或偏好，思考他们提出的问题本身就有助于去深化认识。

现在不是让人民币升值的时候[*]

当前关于人民币汇率的讨论涉及许多方面的问题，诸如人民币综合汇率的高低、人民币汇率体制的改革等。这些讨论中的一个焦点问题是，人民币与美元的汇率水平是否应做出重大调整。这种调整在理论上既可以由中国货币当局在既定的"有管理的浮动汇率体制"下通过官方外汇储备操作等方式来进行，也可以通过大步开放外汇交易市场，从而让人民币与美元汇率对外资进一步流入和市场外汇供给增加做出升值性反应来实现。从最近中国的宏观经济和金融市场数据来看，任何一种途径的调整都会迅速引起人民币的升值。因此，问题可以归结为："目前是让人民币升值的时候吗？"

本文的中心观点是，现在不是让人民币升值的时候。中国经济保持持续增长趋势，中国出口贸易继续扩大，中国经济维持对国际资本流入的吸引力，所有这些发展都最终会促使人民币与美元汇率的上升。只要中国社会经济继续保持平稳发展势头，人民币升值从长远看是一个必然趋势。但是，现在不是让这种汇率水平出现重要变动的时候。主要理由是：首先，目前的人民币与美元的汇率关系和水平形成于不到 10 年以前，对中国这个发展中大型经济体来说，10 年还是一个太短的时间；其次，目前中国经济发展的水平和经济体制改进的程度尚不足以让中国完全开放外汇交易市场和资本市场，因而汇率水平现在不应当也不能够对资本账户变动做出反应；最后，认为现在让人

---

[*] 本文原载于《国际经济评论》2003 年第 5 期。

民币升值有助于改善中国主要贸易伙伴国的经济境况，是一个经济学上难以成立的说法。

本文第一部分考察二战后日本经验，说明长期稳定汇率水平对经济发展的重要性。第二部分分析 20 世纪 90 年代初以来中国国际收支的主要变动趋势，说明目前的稳定汇率水平对中国外贸增长和资本流入的意义。第三部分简要讨论汇率变动对贸易伙伴国经济形势的可能影响，指出一些流行说法的不严谨性。第四部分展望人民币汇率未来变化趋势。

一、二战后日本 22 年固定汇率经验对中国的借鉴意义

二战结束初期，日本尚未确立明确的汇率制度，日元对美元汇率飘忽不定。当时由于日本国内物资短缺及通货膨胀严重，日元与美元比价反复走低。1949 年初美国银行家道奇提出一稳定经济方案（史称"道奇计划"），内容包括实行日元与美元之间"单一挂钩"的汇率制度，并将比价确定为 360 日元兑换 1 美元。1950 年开始正式实行这一汇率制度和兑换比价（1950～1952 年期间比价水平为 361.1 日元，此后简化为 360 日元整数）。

可以说，日本从 1950 年到 1970 年一直坚持实行了这个汇率制度和汇率水平。1971 年，世界范围内爆发第一次石油危机，国际经济环境出现重要变动，二战后初期形成的以美元为中心的国际货币制度（布雷顿森林体制）开始动摇。当年，日元与美元汇率出现微小松动，1 美元兑换日元从此前的 360 日元减少到 350 日元，日元对美元升值 2.8%。日元与美元汇率的显著变动以及日元汇率制度的重要调整发生在 1972 年以后。二战后日本可以说实行了长达 22 年之久的挂钩于美元的固定汇率制度。

日本经济在这 22 年中实现了根本性的结构变化，从二战前及二战后初期的半工业化国转变到完全的工业化国（1950 年，超过一半的日本经济活动人口在农业部门，1970 年这一比例下降到不到 1/4）。借助固定汇率制，日本出口贸易在 20 世纪 50 年代后半期恢复到战前的最高水平，并从 60 年代前半期

开始持续维持贸易顺差局面。经常账户也从 60 年代中期开始转入持续性顺差局面。

日元与美元长达 22 年之久的单一固定汇率制在很大程度上应归功于当时的布雷顿森林体制，但在相当程度上也应归功于日本自身的努力。这个以美元为中心的国际货币和汇率制度确立了美元与黄金的官方交易比率，以及各国货币与黄金的官方兑换比率，从而使各国货币与美元挂钩。这套机制 1948 年正式投入运行后，若干欧洲国家陆续面临新的形势，并对本国货币与美元的汇价进行了调整。以当时的联邦德国为例。与日本相似，联邦德国也在 1949 年对本国货币和汇率制度进行了改革，并确立了 4.2 德国马克换 1 美元的汇率水平。1960 年这一汇率水平上升到 4.0 德国马克换 1 美元。1969 年德国马克与美元汇价出现进一步上升并在此后不断上升。德国马克与美元汇率的这种较早和较快的上升，从根本上反映了当时联邦德国工业化程度高于日本，联邦德国产品在国际市场上的竞争力超过日本。日元未像德国马克那样较早较快升值，事后看来有利于日本经济发展，这为日本进一步巩固其制造业基础，并为 20 世纪 70 年代和 80 年代取得海外市场扩张赢得了相当的时间。

从 1950 年到 1973 年，日本在全球商品出口总额中所占的份额从 1.3% 上升到 6.4%。20 世纪 70 年代和 80 年代前后爆发的两次世界性能源危机没有给缺少能源资源的日本经济以挫折。日本反而利用了能源危机阴影下世界经济的不景气和动荡，迅速扩大了海外市场，成为世界制造业大国和贸易大国。这主要归功于日本制造业国际竞争力的增强，日元与美元汇率自 70 年代初开始出现的上升趋势，并在很大程度上减少了汇率对日本贸易收支和经常账户收支平衡的影响。到 80 年代中期，日元与美元汇率上升到 238：1，同时日本的年度贸易顺差和经常账户顺差分别达到 500 亿美元左右的水平。到 1990 年，日元与美元汇率进一步上升到 145：1，日本年度贸易顺差则接近 1000 亿美元规模，经常账户平衡尽管在当年出现波动，但此前此后的水平都大大高于 80 年代中期。

中国在 20 世纪 80 年代中后期确立了积极发展对外贸易和充分利用国际市

场资源的政策路线。在那以后的相当一段时间中，由于多种因素的影响，人民币汇率经常处于明显的贬值预期的阴影下，也数度出现严重的国内通货膨胀局面。只是到了1994年初，人民币汇率制度才进行了重大调整，形成了目前所看到的挂钩于美元的"有管理的浮动汇率制"（人民币与美元官方汇率当时确定为8.7:1，后来逐渐演变到目前的8.27:1；而且官方汇率后来逐步成为市场主导汇率）。从1994年初到2003年底，这种汇率制度和汇率水平持续时间才不过10年。

20世纪90年代初以来，中国对外贸易不断快速发展。到2002年，中国出口商品占全球商品出口总额的5.2%，接近于联邦德国在60年代初或日本在70年代初的水平。但这是否就意味着目前的中国已拥有当时联邦德国或日本所拥有的高国际竞争力的制造业呢？这个问题没有一个简单的现成答案。一个十分重要的相关情况是，中国目前出口的全部商品中，一半以上经由外资企业生产和营销。这一特殊情况有两个显著的意义。

一个意义是，以国际资本流动为主要内容的全球化可以在较短时间内大大加快一个国家、一个经济体的对外贸易发展。一个国家、一个经济体要获得联邦德国或日本在二战后早期那样的快速对外贸易发展，也许不再需要20年那么长的时间。借助于国际直接资本的大规模流入，一个国家、一个经济体的制造业基础可以在较短的时间内就发生显著变化。

另一个意义是，借助于国际直接投资发展起来的制造业基础的国际竞争力意义不完全等同于当年联邦德国或日本主要依靠其国内资本和管理技术发展起来的制造业基础。人们在市场上看到"德国造""日本造"商品的同时，往往也看到某某德国公司、日本公司的商标，但目前国际市场上畅销的"中国造"商品大多数未同时贴有某某中国企业的标志。这种差别在于，"德国造""日本造"是本国资本管理技术与本国熟练劳动力及非熟练劳动力相结合的结果，而目前的"中国造"则主要体现了国际直接资本和管理技术与本国非熟练劳动力的结合。在经济学上，前一种情况下出现的汇率变化，在经常账户保持平衡的条件下，倾向于引起国内贸易部门与非贸易部门之间的结构变动；后一种情况下出现的汇率变化则倾向于引起国际直接资本地域流动方向的调整，例如在资本吸入国货币升值的情况下国际直接资本向第三国转移。

近年来一些新型中国企业开始快速成长，活跃于国内外市场，并逐渐为越来越多的国内外消费者所认同。这些企业体现了中国国内资本管理技术与国内熟练劳动力及非熟练劳动力之间的有机结合，代表了中国制造业发展的未来方向。但是，客观地说，这类企业目前为数不多，所拥有的市场份额还有限（尤其是从国际市场的角度看）。支撑目前中国出口贸易高度增长的重要因素是外商投资企业。因此，维持一段较长时期的稳定汇率对中国国内企业的继续成长和中国吸引外资促进加工贸易增长都具有重要意义。

值得指出的是，目前加入中国出口部门的劳动力（其中主要是非熟练劳动力）仅仅是中国国内数量极其庞大的劳动力总供给中的一部分。在已经较低的工资水平下，还有大量劳动力等待着加入出口产业部门。对这部分社会劳动力来说，由于并不存在一个显著的与出口部门相竞争的国内非农业就业部门，汇率变化可能引起的出口部门产出变化就可能会引起这部分劳动力人口绝对福利水平的变化。这一点，是尚未实现充分就业目标的中国经济与其他许多工业化经济体之间的一个重要差别。

二、人民币汇率目前不应对资本账户收支变动做出反应

在关于人民币汇率制度和汇率水平问题的讨论中，许多国内外经济学者形成了一个共识，即现阶段人民币汇率水平的确定主要应当围绕中国经常账户平衡及其变化趋势（这个共识其实也是1994年中国外汇制度改革和人民币汇率调整背后的一个主要政策动机）。如果中国经常账户收支出现持续性逆差，人民币汇率应当考虑向下调整；如果中国经常账户收支出现持续性顺差，人民币汇率应当考虑向上调整。这个原则是人民币汇率决策中的一个基本因素，尽管不是唯一因素（任何关于汇率的政策决策都需要同时兼顾国内宏观经济环境的稳定性）。

遵循这个基本决策原则,有两种情况需要排除在考虑范围外:一是经常账户平衡的暂时性、外部性波动;二是资本账户平衡的变化或变动。

1997年亚洲金融危机爆发后,中国经常账户收支平衡在随后的两年中受到不利影响。中国经常账户顺差从1997年的370亿美元减少到1999年的160亿美元(其中商品贸易顺差从460亿美元减少到360亿美元)。在这一期间,人民币与美元汇率经受住各种压力,未实行贬值。此后,中国商品贸易顺差和经常账户顺差出现稳定和改善局面。这些事实表明,1998~1999年的波动的确属于"暂时性外部性冲击影响",人民币汇率当时未进行降值调整的决策是正确的。

2001年,中国商品贸易顺差和经常账户顺差比一年前略有减少,但在2002年显著增多。更为显著的是,自2000年起,中国储备资产(其中主要是官方外汇储备)每年均大量增加,2002年达到创纪录的740亿美元。解释中国商品贸易收支和经常账户平衡在2002年的变动,很大程度上可以从2001年国际市场的衰退(全球商品贸易额当年减少了4%,但在2002年恢复到4%的增长)和中国加入世界贸易组织的积极效应这两个角度来说明。但更应当注意到,2001~2002年,中国官方储备的变动主要不是由中国商品贸易平衡或经常账户平衡的变动所引起,而是资本账户平衡的变动所引起。

2000年,中国资本账户顺差额为19亿美元,2001年和2002年则分别超过300亿美元。与此同时,常被一些观察者看重的中国国际收支平衡表中"错误与遗漏"项目,在2001年和2002年分别下降到不足100亿美元的水平,大大少于20世纪90年代后半期每年超过150亿美元的规模,并低于90年代初的水平。这些情况很可能表明,近年来推动中国官方外汇储备大量增加的一个重要因素是资本流入的增多。换言之,近来中国官方外汇储备变动主要是对资本账户平衡变动做出的适应性调整。

面对资本账户平衡的变动,选择调整官方外汇储备,而不是调整汇率水平是目前条件下正确的政策决策。基本理由是:第一,人民币汇率调整的依据现在应当主要是中国经常账户平衡及其趋势性变化;第二,中国现在尚不具备完全开放资本市场和外汇交易市场的若干相关条件，人民币与美元汇率因此不可能根据外汇市场供求的变动而变动；第三，在未开放资本市场和外汇交易市场的情况下，如果货币当局根据目前资本账户中外汇供求变动而做出人民币汇率调整，这会被理解为人民币汇率决策原则的基本改变，但货币当局目前并没有这样的政策意图。

像中国这样的发展中经济体，汇率应当主要根据经常账户平衡及其趋势性变化来确定，而不应跟随资本账户平衡情况而变动，这个观点早已有之。归根到底，经常账户平衡是一个收入概念，表明一个经济体对外收入和支出的相对水平；而资本账户平衡是国际借贷和国际投资概念，表明一个经济体在国际资金流动中的相对地位。一般地说，经常账户平衡与资本账户平衡之间不存在显著的相关性，在不同时间、不同经济体，两者之间可以有多种对应关系。对一个尚处于较早发展阶段上的经济体而言，让其汇率任意随资本账户平衡情况而变动，将与其维持经常账户长期平衡的政策目标发生冲突，有时甚至会在后来的某个时间引起严重的宏观经济后果。其实，这也是可从亚洲金融危机得出的教训之一。

也许有人会问，"既然中国现在有经常账户顺差和资本账户顺差，同时还有大量外汇储备，为何不乘此时机开放资本市场并让人民币汇率完全浮动起来？"简单地回答这个问题，可以说，如果汇率完全浮动后存在一种保险机制，使中国能避免国际收支和汇率的大起大落，那么，中国应当毫不犹疑地立刻实现资本市场开放，并让人民币充分可兑换。关键在于，这个世界还没有这样的保险机制。如果说有，那只能是中国国内经济和金融体系的健全和成熟。毋庸讳言，目前中国离这个目标尚有相当差距。

三、人民币升值有助于改善贸易伙伴国的经济境况吗

主张人民币尽快升值的观点来自中国若干的主要贸易伙伴国的部分经济界人士。或许由于这个背景，一些人可能会认为，人民币升值将有助于中国

主要贸易伙伴国改善其经济境况。事实上，人们也不时看到这样的言论：目前在几个重要的经济体中出现了一定程度上的就业增长缓慢和失业增多的困难局面，造成这种局面的主要原因是国外商品进口过多，尤其是来自中国制成品进口的大量增加。因此，为减少进口竞争压力，缩小与中国贸易带给本国就业的不利影响，应当促使中国人民币（与美元）升值，人民币的升值将有助于这些经济体就业局面的改善。

不用说，这个看法看上去是在运用经济分析，并容易引起公众的附和或同情。但是，这个观点是否在经济学上成立，需要经过严谨仔细的审查。人民币汇率水平、中国制成品出口增长、中国贸易伙伴国的就业形势——这几件事物之间的因果关系，绝不是像看上去的那么简单和直截了当。

先看一下"人民币汇率水平与中国制成品出口持续增长之间的关系"。人民币有没有高估，肯定是能否促进中国制成品出口持续快速增长的一个重要因素。然而，除了人民币与美元汇率水平这个因素外，还有许多别的因素也对中国制成品出口贸易增长发挥了重要作用。尤其值得指出的是，中国大量引进外国直接投资和中国宏观经济近年来的稳定局面，没有大量外国直接投资来到中国，没有中国宏观经济的基本稳定，中国制成品出口贸易持续增长是不可能的。而促成外国直接投资流入中国和中国宏观经济稳定的一个重要因素，是人民币与美元汇率的基本稳定。汇率水平与汇率稳定性之间有一定关系，但两者不能等同起来。定价适当的汇率水平有利于维持汇率稳定，但不是所有定价适当的汇率水平都必然稳定（这个关系的另一个表达方式是：前者是后者的一个必要条件，但不是充分条件）。因此，较为全面的说法是，现有人民币汇率水平和人民币（与美元）汇率的基本稳定共同促进了中国制成品出口贸易的增长。简单地将中国制成品出口贸易增长归因于人民币汇率水平是片面的。

"中国制成品出口增长与中国贸易伙伴国就业形势之间的关系"，是一个稍微复杂一些的问题，完整具体地回答这个问题需要对贸易伙伴国之间的贸易关系和经济结构展开详细的分析，包括考察贸易伙伴国之间的竞争性部门和国内就业结构及其转换特点，等等。许多国际经济学者在这方面有大量研究成果，包括理论和应用两个方面。概括已有的和正在进行的主要研究成果，有几个基本见解值得突出说明一下。

首先，就最基本的抽象经济关系而言，一个正在进行工业化的经济体（中国）与已经工业化的经济体（日本或美国）之间发生贸易，为这些经济体各自的经济和就业结构转换创造了有利条件。正在工业化的经济体向已经工业化的经济体出口劳动密集型产品，为已经工业化的经济体进一步节省劳动力资源提供了支持。因为后者的劳动资源比前者相对稀缺。尽管这是在充分就业分析前提下得出的一个理论结论，但也可以应用于暂时性失衡的宏观经济情形中。这也就是说，如果已经工业化的经济体出现了显著的失业增加，主要原因应当从国内宏观经济波动和或国内经济结构转换方面去寻找，而不应将"罪魁祸首"推向与正在工业化的经济体发生的贸易关系。说到底，这种贸易是一种劳动交换关系。它看上去是为已经工业化的经济体节省了劳动资源，其实可以更加准确地表达为：这种贸易关系为已经工业化的经济体节省了与正在工业化的经济体相竞争的那部分劳动资源，前者通过这种节约而得到的额外资源将形成对本国其他劳动资源的新增需求。简言之，有没有贸易，贸易规模有多大，对本国劳动资源的需求总量在正常条件都不应该受到不利影响（但这个结论显然不适用于存在"过剩劳动资源"的正在工业化的经济体，在那里出口贸易很可能是一个新生的、"外来的"、与国内已有部门之间存在较弱竞争性关系的部门）。但贸易对贸易伙伴国双方的福利水平都会有显著影响。

其次，较为具体一点儿地看，中国对日本或美国出口制成品体现了这些贸易伙伴国之间什么样的劳动交换和竞争关系呢？明显地，中国出口制造业大量使用非熟练劳动力，而日本或美国的制造业已经高度资本密集化了，在其使用不多的雇员中，大部分是拿高薪的熟练劳动力。这个对比有两个意义。一是如果中国对日本、对美国出口"挤掉"了部分日本或美国制造业工人的岗位，那么，这个数量会是很少的。由于劳动密集程度的巨大差别，一百个中国人专门从事对日本、对美国制成品出口生产，能否有效挤掉两个日本人或两个美国人的工作岗位，是很值得探究一下的事情。二是由于中国非熟练劳动力与日本、美国制造业工人工资水平的巨大差距，哪怕是人民币汇率大幅升值，由中国工人生产出来的制成品在日本、美国市场上的价格竞争力也会高于当地工人生产出来的商品。一个在日本或美国工厂工作的普通熟练工人的年工资至少为 40000 美元，一个在中国东南沿海地区外商出口企业从事重复性劳动的工人的年工资通常不高于 8000 元。将人民币与美元汇率升值 1 倍，这位中国工人的工资水平也不及其日本、美国对手工资水平的 1/20。这意味着，在其他相关条件不变的情况下，通过汇率调整来改变中国工人与日本、美国工人产品的相对价格竞争力是不可能的。

如果说人民币与美元汇率变化不会改变中国、日本、美国三国工人的工资价格相对关系，但这种汇率变化却会改变中国工人或中国产品在日本、美国市场上与第三国竞争者之间的相对工资价格关系。尽管各自都有一些特点或局限性，日本、美国市场总体上说是向全球开放的。倘若中国产品因人民币升值而在日本、美国市场上变得昂贵一点儿，很快就会有来自其他正在工业化的经济体的产品来占据这个价格层次。在全球范围内积极寻求最佳资源组合的国际直接投资者难以不及时地按比例地对这种变化做出反应。就此而论，让人民币对美元升值，与其说会有助于减少日本、美国制造商所面临的进口竞争压力，不如说很可能只会引起这种压力来源地的变动（而不是压力程度本身的变化）。

中国与日本及与美国的双边商品贸易现在是中方顺差，外方逆差（按美方统计，在 2002 年，中国、美国商品贸易为美方逆差 1050 亿美元，按中方统计为 430 亿美元）。让人民币升值会帮助这些贸易伙伴国减少与中国的双边商品贸易逆差吗？很有可能，但尚不清楚这种减少会在多长时间并在多大程度上发生。更重要的是，与中国双边商品贸易逆差的减少并不必然意味着这些贸易伙伴国全球性贸易平衡地位的改善。如前所说，与中国双边贸易逆差的减少很可能转变为与其他经济体双边贸易逆差的增加。如果是这样，改变与中国双边贸易的平衡没有丝毫的宏观经济意义。

概括地说，寄希望于人民币尽快升值来改善中国贸易伙伴国的经济境况，也许显示了一个良好的政策愿望，但其理论基础却不够严谨，其政策效果也十分可疑。

四、结束语：人民币汇率现在不升，何时升

本文以上多次认为"现在不是让人民币升值的时候"。人们不禁会问，这个"现在"具体指什么时间范围？人民币汇率现在不升，何时升？

回答这个问题，首先应当指出，经过多年发展的中国经济和对外贸易客观上具备了承受人民币升值可能带来的新增压力的一定能力（不妨联想目前中国的经常账户顺差和大量外汇储备）；中国企业（包括在华外商投资企业）一定程度上也具有承受人民币汇率波动风险的能力（不妨联想近年来人民币与日元或欧元之间汇率波动的情形）。但是，人民币与美元汇率不仅是一个关系到贸易收支或经常账户收支平衡的问题，它同时还是一个影响宏观经济和金融市场稳定的问题，一个关系到对外金融开放和国内金融体系健全两者相协调的问题。此外，人民币与美元汇率的任何调整还可能会对中国周边地区、东亚地区、亚太地区，乃至整个世界的宏观经济环境带来相当的影响。这不是说"因为一个问题太重要就不对这个问题做任何决策"。而是说，人民币与美元汇率问题牵涉面宽，需要考虑到的相关条件多；而从这些因素和条件看，现在不是做出调整决策的时候。

"现在"既是又不是一个自然日历概念。不严谨地说，"现在"可以指半年、一年或两年、五年。严谨地说，"现在"指从眼下起到相关条件得到满足之间的那个时段。对这个时间范围不可能有任何自然日历的界定。最顺理成章的是，只要中国加快国内经济体制和贸易金融体制改革的步伐，并取得显著效果，中国的多数企业和银行增强了它们的市场生存力和竞争力，中国宏观经济管理一如既往地保持稳健风格，人民币升值就不会是很遥远的事情。

面对伴随中国对外贸易快速增长而出现的主张人民币尽快升值的国际呼声，我们需要采取一种开门会客的优良姿态。不仅如此，我们还需要积极地展开多形式、多渠道的双边和多边经济贸易问题的国际对话，在世界贸易组织内外进一步沟通和拓宽国际交流。与此同时，我们还应当配合国内改革，努力扩大内需，减少进口需求所受到的一些有形或无形限制，创造条件，使进口需求适量增加。需要改进人民币汇率制度，但更重要的改革领域是国内金融体制。

现在不是让人民币升值的时候

第二篇
外汇与中国国际收支

- 从国际经验看中国国际收支双顺差之"谜"
- 人民币汇率与近年来中国经常账户顺差
- 论中国外汇储备的性质
- 中国外汇储备增长的新特征
- 新中国成立七十年来外汇政策的改革调整和成就

从国际经验看中国国际收支双顺差之"谜"[*]

近年来，中国国际收支出现持续性的、显著规模的经常账户顺差与金融账户顺差并存的局面。不少国内学者对这个"双顺差"现象进行了分析并提出了不同的解释。本文认为，中国国际收支双顺差格局首先是一个汇率体制问题。根据国际经验对各国近年来汇率体制与国际收支平衡格局对应关系的初步检验，发现两者之间存在着符合本文观点的联系。国际收支平衡表中的经常账户差额与金融账户差额之间的关系还可以从汇率变动的估值效应以及私人部门对外债权净变动与官方部门对外债权净变动之间的相互关系等角度来理解。

一、中国国际收支双顺差格局及主要解释观点

图 1 为中国 1982～2007 年经常账户差额[①]与金融账户差额的情况。考虑到视觉效果，这里显示两个指标与中国名义国内生产总值的比率。可以看出，自 20 世纪 90 年代中期以来，中国国际收支连续多年呈现经常账户顺差与金融账户顺差并存的情形；而且，进入 21 世纪以来，经常账户顺差与金融账户顺差的规模在不断扩大。

---

[*] 本文原载于《国际金融研究》2008 年第 9 期。合作者：蔡兴。

[①] 本文按照国际货币基金组织有关国际收支平衡表编制说明中的新用语，使用"金融账户"指"资本项目"、"资本账户"或"资本与金融账户"等。具体含义参见第二部分说明。

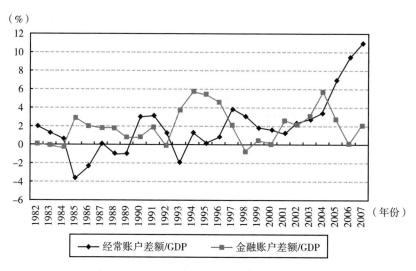

图1　1982～2007年中国经常账户差额与金融账户差额

资料来源："经常账户差额"和"金融账户差额"（美元数）来自国家外汇管理局历年《国际收支平衡表》，国内生产总值（GDP）（人民币数）来自国家统计局，换算采用的汇率为当年人民币兑美元的平均汇率。

严格地说，经常账户与金融账户双顺差的局面在 20 世纪 80 年代也曾出现过（1982 年和 1987 年），但那时似乎是短暂性的。在 90 年代后半期，也曾出现过与双顺差不同的情形，例如，1998 年，当年经常账户顺差金融账户逆差。但这一年金融账户逆差的主要原因是东亚金融危机及其对中国的影响。随着危机的缓解，中国国际收支格局恢复到此前已经出现的格局并以日益增大的规模推进。

世界上其他许多经济体也出现过双顺差，甚至一些经济体也经历过持续的双顺差。本文收集了 132 个经济体（名单见附录）在 1998～2006 年国际收支平衡的数据，共 1188 个样本观测年度。其中，出现双顺差的样本观测年度为 119 个，占总体样本的 10%，中国占其中 8 个观测年度。这些情况显示，可以借助国际经验来探讨中国国际收支双顺差问题。

与国际收支双顺差格局相伴相随的一个直接相关现象，是中国官方外汇储备资金的持续并大量增多。图 2 显示了 1982～2007 年中国官方外汇储备资产的累积额和年度增加额。可以看出，中国官方外汇储备资产的持续性增加出现于 20 世纪 90 年代中期，这与前述双顺差局面出现的时间相一致；而且，大规模增加的情形出现在进入 21 世纪以来的几年中，这与前述双顺差的变动情况也十分接近。

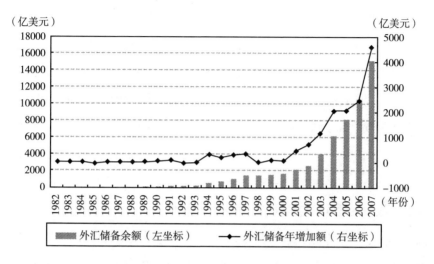

图 2　1982～2007 年中国官方外汇储备

资料来源：国家外汇管理局历年"国际收支平衡表"。

随着中国国际收支双顺差现象的持续和外汇储备规模的不断扩大，国内学者开始关注和提出分析研究。余永定（1997）较早探讨了这个问题，并在其文章中指出，这是中国国际收支结构不尽合理的表现。双顺差和大量外汇储备的增加表明，中国不缺少购买外国投资品的外汇，中国引进外资并没有用来购买外国进口产品，而是被换成人民币来购买本国产品。

杨柳勇（2002）指出，中国自 20 世纪 90 年代以来的国际收支平衡不符合从发展观点来看的"正常形态"，即在人均收入较低水平的时候出现持续性的经常账户顺差甚至同时伴随金融账户顺差。金融账户顺差显示出中国已经具有"新债权国"的某些特征。杨柳勇（2002）据此认为中国国际收支结构出现了"超前性"，并对这种特征可能产生的国际影响进行了探讨。但是，其对中国出现这种国际收支格局的原因未做展开分析。

余永定和覃东海（2006）提出一个分析中国双顺差问题的理论框架，并得到几点结论。第一，中国并未利用外国储蓄（外国资源）进行国内投资，相反，中国作为资本输出国已经持续了十多年的时间。第二，外资企业投资给中国造成的负资本权益通过中国持有美国国库券所得到的等量债权的增加而抵消。流入中国的外商直接投资（FDI）是由中国国内储蓄通过迂回的方式提供融资的，外资企业代替中资企业利用了中国国内储蓄资源。第三，FDI 与外汇储备相应增加是中国出让国内股权换取外国债权资产的某种转换。第四，中国外汇储备的增加，既是 FDI 未能相应转化为经常账户逆差，也是国内储蓄大于国内投资的反映。而中国双顺差的政策成因是中国长期推行吸引 FDI 的优惠政策，特别是加工贸易型 FDI 优惠政策的结果。余永定和覃东海（2006）还认为，由于以下几点原因，中国国际收支双顺差不具有可持续性。首先，双顺差不断积累带来外汇储备的不断积累，最终会对外汇市场和国内货币市场带来难以承受的压力。其次，从长期看，为了维持经常账户平衡，贸易顺差必须保持相当高的增长速度以弥补迅速增长的投资收益汇出，而这很可能是未来国际环境所不能容许的。最后，即便经常账户平衡可以保持，由于外资企业效率较高，在再投资率不变的情况下，国内生产总值（GDP）与国民生产总值（GNP）的差别即国外要素收入会越来越大，且不会趋于某一稳定值。

余永定（2006a、2006b）对中国国际收支双顺差局面的原因进行了一些分析，认为大量 FDI 流入是金融账户顺差的主要原因，而中国之所以能吸引如此大量的 FDI，主要原因包括：第一，中国经济的强劲增长、巨大的市场潜力以及其他诸多优势；第二，国内金融市场发展不完善，很大一部分国内储蓄只能通过国外的资本市场转化为国内投资；第三，一些地方政府和国有企业往往只看到 FDI 短期内是一种最便宜和安全的投资形式，忽略了 FDI 在长期内是一种昂贵的资本形式，因而给予其丰厚的优惠政策；第四，财政体制和机构安排使得地方政府吸引 FDI 的动力很强；第五，为了继续推动国有企业和商业银行改革，政府鼓励外国投资者对中国公司实施并购和国际战略投资者对国内商业银行的股权投资；第六，中国很大一部分 FDI 是寻租和经过"漂白"的回流资本。而中国长期保持经常账户顺差的原因包括：一是中国存在较大的储蓄投资缺口；二是国内和经济周期的影响，中国在经济衰退时容易出现经常账户顺差，而在经济过热时出现经常账户赤字；三是政府的出口鼓励政策；四是中国在国际分工中所处的位置。

上述几篇文献都认为中国国际收支双顺差局面很大程度上反映了中国经济结构的不平衡。

卢锋（2006a，2006b）研究了中国国际收支双顺差现象的特征、含义、发生根源及其与外汇失衡的关系，认为加工贸易与外商直接投资的组合效应是中国双顺差产生的直接原因——这与余永定和覃东海（2006）提出的观点接近，并从产品内分工时代条件与中国经济开放成长道路阶段性特点角度考察了较深层面的原因。另外，文章还认为中国近年来国际收支双顺差规模的大幅度增加，相当程度上体现了人民币汇率低估失衡的影响。

邓立和张坤（2007）认为，国际收支失衡是世界范围内的一种普遍现象，并分析了中国国际收支双顺差现象持续的几个重要原因：第一，中国进入工业化中期阶段；第二，中国外向型经济发展模式突出；第三，全球产业转移使中国成为世界工厂；第四，中国加工贸易在出口中占主导地位；第五，近年来，短期资本流入急剧增加。同时，邓立和张坤（2007）也认为，双顺差局面的持续将对国内宏观经济运行带来一定的不利影响：第一，贸易摩擦加剧；第二，外汇储备急剧增加；第三，流动性过剩凸显；第四，通货膨胀压力增加；第五，人民币升值压力持续增加。

以上对近来国内文献的概括表明，尽管已经有许多关于中国国际收支双顺差问题的探讨，而且不少学者已经展开了对这个现象原因的分析，但是，有关汇率体制的作用很少被涉及，而且，在一些表述中，双顺差与外汇储备增加两者之间的关系也不甚清楚（即究竟孰因孰果或根本就不存在因果关系）。

本文着重就双顺差的直接形成条件（原因）进行说明和证明。

二、从国际收支平衡表恒等式推论双顺差形成条件

国际收支平衡表是全面反映任何一个独立经济体在一定时期对外收支

（交易活动）的统计概括。在核算上，国际收支平衡表满足以下恒等式：

$$CA + KFA + EO \equiv 0 \tag{1}$$

其中，CA 表示经常账户差额，KFA 表示包含储备资产变动在内的资本和金融账户差额①，EO 为误差和遗漏。这个恒等式的含义是，一国一定时期中其经常账户差额、资本与金融账户差额与误差和遗漏之和在统计上必然等于零。在这个恒等式中，"误差和遗漏"发挥着平衡作用，是对既定统计结果的一个补充。通常认为，如果统计工作较为完善，经济行为者不显著地拥有隐匿或扭曲交易信息的动机，那么，国际收支平衡表中的"误差和遗漏"就越可能接近于零。

出于理论推导的目的，让我们假设上述公式中的"误差和遗漏"等于零（$EO = 0$）。这样，恒等式（1）可以改写为：

$$CA + (FA + \Delta R) = 0 \tag{2}$$

这里，我们将公式（1）中的 KFA 分解为两个部分：FA 表示不包含储备资产变动的资本与金融账户差额，ΔR 表示储备资产变动，即 $FA + \Delta R = KFA$。公式（2）的含义是，在不存在"误差和遗漏"的情况下，一国一定时期内国际收支平衡表中经常账户差额（CA）与广义的资本和金融账户差额之和（KFA）等于零。不用说，现实中一国一定时期内这两者之和之所以不等于零，直接统计表现为"误差和遗漏"也不等于零。

现在，我们出于进一步理论推导的目的而假设公式（2）中的储备资产变动这个项目为零（即设定 $\Delta R = 0$）。这样，公式（2）可改写为：

$$CA = \Delta FA \text{ 或者 } FA = \Delta CA \tag{3}$$

上面已经指出，FA 指不包含储备资产变动在内的资本与金融账户差额，即等于流行说法的"金融账户差额"或"资本账户差额"。这也是前面图 1 所显示的中国国际收支中的金融账户差额。按照公式（3），在储备资产变动等

---

① "资本"在这里的含义是跨境移民的财产流动，因此是狭义概念，不再等同于过去流行的国际收支平衡表中的"资本"账户（改词为广义"资本"概念，现在已为"金融"账户所取代）。

于零时，一国一定时期内经常账户差额与资本和金融账户差额刚好数额上相等，但符号相反。这也就是说，理论上，如果一国一定时期内外汇储备资产不发生变动，统计误差和遗漏等于零，那么，该国经常账户差额与金融账户差额不可能同时为正（双顺差）或同时为负（双逆差）。

从另一个角度来说，双顺差或双逆差等国际收支不平衡的情况只可能出现一国一定时期内其储备资产变动不等于零的时候。换言之，如果一个经济体一定时期内其国际收支格局表现双顺差或双逆差，那么，这个经济体的储备资产变动必定不为零。这个关系可用下式来表述：

$$CA + FA = -\Delta R \text{ 或 } -(CA + FA) = \Delta R \tag{4}$$

公式（4）的含义是，一国一定时期内国际收支出现双顺差或双逆差必然伴随着储备资产变动不等于零。如果储备资金变动等于零，一国一定时期内既不可能出现双顺差，也不可能出现双逆差。也就是说，仅就与中国紧密相关的情况而言，双顺差与储备资金变动是一个共生现象，两者相互伴随。而且，我们可以立即得出这个结论：近年来中国国际收支的双顺差现象与官方外汇储备资金的大量增加，两者相互之间不是因果关系，而是共生关系。

公式（4）引入储备资产变动这个变量，实际上也就引入了汇率体制因素。已经有学者指出，公式（3）所表述的是"纯粹浮动汇率"体制下的国际收支平衡表中经常账户差额与金融账户差额之间的关系（科普兰，2002）。

显而易见，公式（4）所表述的就是"纯粹浮动汇率"体制下的国际收支平衡表中经常账户与金融账户差额之间的关系。

从现有学术文献看，人们倾向于将外汇储备变动与汇率体制联系起来，即认为外汇储备变动通常体现了有关货币当局对外汇市场的干预，或者旨在维持某种汇率目标。这是因为，在许多情况下，货币当局对外汇市场的干预主要通过动用储备资产来进行，例如通过出售外汇资产防止本国货币贬值，通过购买外汇资产防止本国货币升值。当然，从理论上来说，外汇储备资产的变动并不必然意味着货币当局对外汇市场的干预或对汇率目标的追求。外汇储备的变动也可能是出于其他理由，例如对外汇市场流动性的维护或仅仅为了预防国际货币市场行情变动而进行的操作。由于官方干预数据的缺乏，一些研究者使用外汇储备资产的月变动来作为政府对外汇市场干预的代理变量。尼利（Neely，2000）集中探讨了外汇储备变动与官方干预的相关性问题，并认为经过一定调整的储备资产变动数是官方干预外汇市场的一个较好的代理变量。

概括地说，如果我们认为外汇储备变动与汇率体制或政府的汇率政策有密切关系，那么，当实际数据显示国际收支双顺差局面时，我们首先应当认为这个局面的存在与汇率体制或汇率政策有关。

本文认为，双顺差局面或外汇储备变动是否或在多大程度上与汇率体制有关系是一个可以运用国际经验来检验的问题。有鉴于此，下一节考察世界范围内各个经济体的国际收支数据及与它们汇率体制划分的关系。

三、国际统计检验的主要结果

本节试图利用世界各国国际收支统计数据来验证前面提出的观点，即双顺差的直接关联因素是汇率体制。我们已经汇集了近年来世界 132 个经济体的国际收支数据，现在尚需要这些经济体汇率体制划分的资料。

现有的汇率体制划分有多种，例如，国际货币基金组织（IMF）的八分法、Bubula 和 Otker-Robe 划分法、Ghosh 划分法以及 LYS 划分法，等等，这些划分方法有各自特点。IMF 从 1999 年开始实行的事实分类法将各国汇率体制分为八类；Bubula 和 Otker-Robe 划分法则以 IMF 划分法为基础将各国汇率体制进一步划分为十三个类别；Ghosh 划分法在很大程度上依赖于官方陈述的政策意图，但这可能导致汇率体制划分与实际情况的偏离；LYS 法则是用统计方法来分类，主要依赖于汇率变动率、汇率变动的标准差和外汇储备变动率这三个经济变量。[①]

本文选用两种划分方法来进行检验。第一种是 LYS 划分法有关各国 1998～2002 年汇率体制划分的数据；第二种是 IMF 划分法有关各国 2006 年汇率体制划分的数据。对第二组数据的检验可弥补第一组数据期限较早的缺陷，从而

---

① 有关上述各种划分方法的更详细说明参见赵玉平（2007）。

较好地反映其实际情况。

（一）关于 LYS 划分法数据的检验

LYS 划分法将汇率体制分为五类：（1）不能确定的汇率体制；（2）浮动汇率体制；（3）有管理的浮动汇率体制；（4）爬行钉住制度；（5）固定汇率体制。LYS 划分法数据的期间为 1998～2002 年，样本是附录所列 132 个经济体减去无法在利维·耶亚蒂和斯特普格尔（Levy-Yeyati & Sturzengger，2003）找到汇率体制划分数据的六个经济体（斐济、马耳他、塞舌尔、所罗门群岛、越南和瓦努阿图）。此外，个别经济体个别年份也存在缺失值的情况（共计缺失 13 个值），总体样本数量为 617 个观测年度。利用以上获得的数据，得出以下两点统计结果。

第一，1998～2002 年，样本经济体采用的汇率体制以第 2 类和第 5 类为主，而采用第 3 类和第 4 类汇率体制的相对较少，从而呈现出"两极大，中间空"的形态。从表 1 可以看出，1998～2002 年事实上采用"两极汇率体制"（第 2 类、第 5 类汇率体制）的经济体分别保持在 30 个和 60 个左右，而此期间的总和分别为 167 个和 302 个，分别占了总体样本的 27.1% 和 48.9%。相比之下，事实上采用"中间汇率体制"（第 3 类、第 4 类汇率体制）的经济体较少，在样本期间分别有 46 个和 87 个，分别只占总体样本的 7.5% 和 14.1%。

表 1　　　　　　1998～2002 年 LYS 划分法事实汇率体制五分类演变

汇率体制	"1"	"2"	"3"	"4"	"5"	合计	缺失
1998 年	3	37	10	15	58	123	3
1999 年	1	34	9	18	60	122	4
2000 年	4	34	10	11	64	123	3
2001 年	2	33	7	20	62	124	2
2002 年	5	29	10	23	58	125	1
合计	15	167	46	87	302	617	13

注："1"～"5"分别表示利维·耶亚蒂和斯特普格尔（Levy-Yeyati & Sturzengger，2003）划分的 5 种汇率体制：不能确定的汇率体制、浮动汇率体制、有管理的浮动汇率体制、爬行钉住制度和固定汇率体制。

资料来源：作者利用利维·耶亚蒂和斯特普格尔（2003）数据计算而得；样本经济体是附录名单去掉 6 个不能在利维·耶亚蒂和斯特普格尔（2003）找到汇率体制分类的经济体（包括斐济、马耳他、塞舌尔、所罗门群岛、越南和瓦努阿图）。

第二，国际收支出现双顺差的经济体主要是实行固定汇率制的经济体中，极少是实行浮动汇率制的经济体。如表2所示，在所有42个出现双顺差的样本观测年度当中，对应于汇率体制"5"（固定汇率体制）的观测年度有27个，占所有双顺差的观测年度的64.3%，远高于固定汇率体制在总体样本的48.9%；而对应于汇率体制"2"（浮动汇率体制）的观测年度只有6个，占所有双顺差的观测年度的14.3%，远低于浮动汇率体制在总体样本的27.1%。由此可见，双顺差更"偏好"于固定汇率体制，而相对"厌恶"于浮动汇率体制。

表2   **1998～2002年汇率体制分布的比较（LYS划分法）**

汇率体制	"1"	"2"	"3"	"4"	"5"	合计
总体样本	15	167	46	87	302	617
所占比例（%）	2.43	27.06	7.46	14	48.95	100
双顺差	3	6	1	5	27	42
所占比例（%）	7.14	14.29	2.38	11.90	64.29	100

注：样本经济体、期间和"1"～"5"汇率体制划分的含义同表1；表格的第二、第三行分别是总体样本中采用各种汇率体制的经济体数量及其占总体样本的比例，第四、第五行分别显示42个双顺差经济体中采用各种汇率体制经济体的数量及其占所有双顺差经济体数量的比例。

资料来源：作者利用利维·耶亚蒂和斯特普格尔（2003）汇率体制划分数据和IMF国际收支数据库数据计算而得。

前面提到，双顺差通常出现在货币当局运用外汇储备强烈干预外汇市场的背景下，而不大可能出现在不存在外汇市场干预（确切地说是外汇储备变动接近于零）的情况下。这样，表2出现的6个双顺差观察值并且对应于汇率体制为"2"的情况需要进行解释。我们认为，这一情况可能由两个原因造成：一是不满足上一观点的前提条件，即误差和遗漏必须等于或者接近于零，换句话说，在浮动汇率制下，较大的误差和遗漏也可能伴随着双顺差的出现；二是LYS划分法对汇率体制进行划分的时候，除了考虑外汇储备变动率外，还考虑了汇率变动率、汇率变动的标准差两个指标，因此，尽管外汇储备变动率很大，汇率变动率和汇率变动的标准差同时也很大，使得综合考虑三个指标后这些经济体归为浮动汇率制。进一步观测发现，表 2 中 6 个双顺差且为浮动汇率体制的观测年度分别为 1998 年海地、1999 年智利、2001 年瑞典、1998 年菲律宾、2000 年哥伦比亚和 2001 年巴基斯坦。其中，前三个双顺差观察值伴随着显著不为零的误差和遗漏，而后三个则是由于汇率变动率、汇率变动的标准差很大造成的。因此，从统计上来看，双顺差大体上与存在外汇市场干预的汇率体制和汇率政策相伴相随，而浮动汇率制下的双顺差则可能是由于误差和遗漏显著不为零，以及汇率变动率、汇率变动的标准差很大所造成的。

（二）关于 IMF 划分法数据的检验

IMF 划分法将各国汇率体制分为八类：（1）没有独立法定清偿手段的汇率安排（包括美元化和货币联盟）；（2）发钞局制度；（3）其他常规性固定钉住安排；（4）在水平区间的钉住汇率体制；（5）爬行钉住；（6）爬行区间；（7）不设预定方式的有管理浮动汇率；（8）独立浮动。各国汇率体制具体划分数据来自 IMF 2008 年报附录，样本经济体是附录所列 132 个经济体 2006 年国际收支数据。通过分析这些数据，可以得到以下统计结果。

第一，如果把样本经济体的国际收支结构分成以下类型：CA 与 FA 顺逆差搭配且数额相当、CA 与 FA 顺逆差搭配且数额不相当、双顺差和双逆差，其中数额相当的标准是 CA 与 FA 之差小于等于两种中较大者的 30%，数额不相当则是这一标准大于 30%。概括地说，在 2006 年，132 个样本经济体中有 61 个经济体 CA 与 FA 顺逆差搭配且数额相当，56 个经济体 CA 与 FA 顺逆差搭配且数额不相当，19 个经济体双顺差，3 个经济体双逆差（见表 3）。如果仅把第一种国际收支结构类型看成是国际收支平衡，那么 2006 年，超过一半的样本经济体国际收支失衡，并且极少数国家出现国际收支危机（即双逆差）。

表3　　　　2006年不同国际收支结构的汇率体制分布（按IMF划分法）

汇率体制	"1"	"2"	"3"	"4"	"5"	"6"	"7"	"8"	合计1
CA 与 FA 对应	3	3	14 (24.6%)	1	1	1	14 (24.6%)	21 (34.4%)	58
双顺差	0	0	7 (36.8%)	0	1	0	7 (36.8%)	2 (10.5%)	17
CA 与 FA 不对应	0	4	21 (39.5%)	3	2	0	16 (30.4%)	8 (14.3%)	54
合计2	3	7	42 (32.4%)	4	4	1	37 (28.7%)	31 (22.8%)	129

注：括号内数据为其对应的横列合计数的比值（较小数目的比值未计算或显示）；"1"~ "8"分别表示 IMF 划分法的8种汇率体制（参见正文叙述）；欧元区13个成员被归为第"8" 类汇率体制下。本表格只包含附录名单中129个经济体的数据，不包含3个双逆差的经济体。

第二，双顺差和 CA 与 FA 数额不相当的经济体"厌恶"浮动汇率体制， "偏好"固定汇率体制。从表3中可以看出，双顺差和 CA 与 FA 数额不相当的 经济体采用独立浮动汇率体制（第8类汇率体制）的比例分别为10.5%和 14.3%，大大低于 CA 与 FA 数额相当经济体的34.4%，也远低于总体样本的 22.8%。而 CA 与 FA 数额相当经济体采用第3类、第7类汇率体制的比例明 显低于双顺差和 CA 与 FA 数额不相当的经济体。而独立浮动汇率体制下仍存 在双顺差和 CA 与 FA 数额不相当的经济体，也是由误差和遗漏不等于零以及 汇率体制划分与外汇储备变动不完全一致造成的。由此可见，运用2006年的 IMF 划分法分类数据也能得到与 LYS 划分法数据相似的统计结果。

四、经常账户差额与金融账户差额相互关系再探讨

如前所述，理解国际收支平衡中的经常账户差额与金融账户差额的相互 关系应当联系到汇率体制，并对这个观点进行了简略的经验数据检验，初步 证实了两者之间存在的对应关系。现在显然应该进一步说明为什么在完全浮 动的汇率体制下一国经常账户差额与金融账户差额具有数额相等方向相反的

关系，即前述公式（3）为何得以成立。

在理论文献中，流行的看法是一国经常账户差额取决于某些经济变量，同时，金融账户差额取决于另一些经济变量。用以下符号来表示：

$$CA = CA(X)$$

$$FA = FA(Y)$$

其中，CA 或 FA 的含义与前一样，分别表示经常账户差额和金融账户差额；同时，X 为一组变量（如各国劳动生产率、贸易和税收政策，等等）；Y 为不同于 X 的另一组变量（如各国利率行情、金融市场流动性，等等）。按照这两个表达，CA 与 FA 显然是各自独立决定的，两者之间不存在确定性的联系。也就是说，前述公式（3）缺少理论基础。

或许正是在这个意义上，我们可以认为，已经观察到的世界若干经济体出现的国际收支双顺差是一个令人困惑的问题，是一个"谜"。

本文不打算展开对这个问题的全面讨论，仅简要提及人们现在对此问题已经形成的两条思路。一个思路是纳入汇率变量，即将汇率视为上述经常账户差额决定和金融账户差额决定的共同变量。用以下公式来表示：

$$CA = CA(X,E)$$

$$FA = FA(Y,E)$$

其中，E 为汇率变量，它同时出现在 CA 和 FA 的决定公式中。

有关汇率及其变动对经常账户差额或金融账户差额的作用，学术文献中已有大量成果。但是，这里有必要指出，迄今为止大多数讨论主要是分别涉及汇率及其变动对经常账户差额或金融账户差额的作用，而将两者联系起来进行综合考察很少见。同时，文献中有关汇率及其变动对经常账户差额作用的讨论也主要关注物量作用（即汇率变动对出口量或进口量的影响），较少涉及估值作用（即关于出口额或进口额的影响）。按照本文提出的问题，两个方面都应该加以探讨。

现有文献中有关上述问题的另一个思路是将经常账户差额视为一国一定时期对外收入净额（或说"余额"），而将金融账户差额视为一国一定时期对外债权变动，并在此基础上确立两者之间的确定性关系。联系公式（2），经过移项，可得：

$$CA = -(FA + \Delta R) \qquad\qquad (5)$$

其中，FA 应被重新定义为"私人部门对外债权的净变动"（包括私人部门对外直接投资、证券投资和其他投资的净变动，并同时考虑到本国私人部门对外投资和外国私人部门对本国投资），ΔR 应被相应地定义为"官方部门对外债权的净变动"（这相当于对官方外汇储备变动的另一个说法）。FA 与 ΔR 两者之和必然等于一国一定时期中对外收入净额，而且这种等式与汇率水平无关（当然，在实践中，正如前面已经指出的，前提条件是统计误差和遗漏等于或接近于零）。

按照这个思路，国际收支双顺差现象或其他类似情形的收支失衡现象就可以被理解为一国一定时期中私人部门与官方部门对外债权变动的对应关系及其变化。该观点在延贝里（Genberg et al.，2005）的研究中有明确表述。

概括地说，一国一定时期国际收支中经常账户差额与金融账户差额的对应关系，一方面可以通过汇率变动的估值作用来理解，另一方面也可以通过对外债权净变动概念来理解。两者角度不同，互为补充。

五、结论和展望

中国自 20 世纪 90 年代中期以来出现持续性的、显著规模的经常账户顺差与金融账户顺差并存的局面，人们称之为国际收支双顺差格局。不少国内学者对此现象进行了分析并提出了解释。已有研究联系到中国国内经济结构中的若干深层次因素。

本文认为，国际收支中的双顺差现象首先是一个汇率体制问题。根据对近年来各国数据的检查，本文发现包括双顺差在内的各种国际收支与有关经济体的汇率体制类型存在密切联系，即双顺差主要出现在那些其汇率体制被认为是非浮动汇率制的经济体中。

国际收支平衡表中的经常账户差额与金融账户差额之间的关系还可以从汇率变动的估值效应以及私人部门对外债权净变动与官方部门对外债权净变动之间的相互关系等角度来理解。中国国际收支双顺差局面或许从一个侧面表明了中国私人部门各类形式的对外投资的相对微弱。

本文没有直接讨论有关中国国际收支双顺差的深层原因。一个理由是，按照本文提出的思路，对这方面任何深层次因素的探讨应当首先联系汇率体制的选择问题，即考虑哪些因素决定或影响了自 20 世纪 90 年代中期以来中国汇率体制的选择。

同时，展望未来，我们可以预料，如果人民币汇率体制没有显著调整，人民币汇率水平也没有显著变动，中国国际收支的双顺差局面在或大或小的程度上还将持续。

参考文献

［1］邓立、张坤：《我国双顺差剧增成因及影响分析》，载《财贸经济》2007年第 9 期。

［2］劳伦斯·S. 科普兰：《汇率与国际金融》（英文第 3 版）（中译本），康以同等译，中国金融出版社 2002 年版。

［3］卢锋：《中国的双顺差、日本经验及失衡调整》，载《国际经济评论》2006年第 9 期。

［4］卢锋：《中国国际收支双顺差现象研究：对中国外汇储备突破万亿美元的理论思考》，载《世界经济》2006 年第 11 期。

［5］杨柳勇：《中国国际收支的超前结构：特征、形成原因、变动趋势和调整方向》，载《世界经济》2002 年第 12 期。

［6］余永定：《关于外汇储备和国际收支结构的几个问题》，载《世界经济与政治》1997 年第 10 期。

［7］余永定：《全球经济不平衡、中国汇率政策和双顺差》，载《国际金融研究》2006 年第 1 期。

［8］余永定：《中国的双顺差：根源及对策》，载《中国金融》2006 年第 19 期。

［9］余永定、覃东海：《中国的双顺差：性质、根源和解决办法》，载《世界经济》2006 年第 3 期。

［10］赵玉平：《中间与两极汇率制度选择：理论研究与实证分析》，南开大学博士学位论文，2007 年。

［11］Genberg, Hans, Yung Chul Park, and Avinash Persaud, Official Reserves and Currency Management in Asia: M/th. Reality and the Future, 7th Geneva Report on the World Economy, Centre for Economic Policy Research, 2005.

［12］International Monetary Fund, International Financial Statistics: Country Notes, 2007.

［13］Levy-Yeyati and Sturzengger, To Float or to Trail: Evidence on the Impact of Exchange Rate Regimes, *American Economics Review*, 2003 (4): 1173 – 1193.

［14］Neely C. J., Are Changes in Foreign Exchange Reserves Well Correlated with Official Intervention, *Federal Reserve Bank of St. Louis Review*, 2000, 82 (5): 17 – 32.

124

附录：132 个样本经济体

阿尔巴尼亚、安哥拉、安提瓜和巴布达、阿根廷、亚美尼亚、阿鲁巴、澳大利亚、奥地利、阿塞拜疆、巴哈马、巴林、孟加拉国、白俄罗斯、比利时、伯利兹、玻利维亚、波黑、博茨瓦纳、巴西、保加利亚、布隆迪、柬埔寨、加拿大、佛得角、智利、中国、中国香港、哥伦比亚、哥斯达黎加、科特迪瓦、克罗地亚、塞浦路斯、捷克、丹麦、吉布提、多米尼加共和国、厄瓜多尔、埃及、萨尔瓦多、爱沙尼亚、埃塞俄比亚、斐济、芬兰、法国、格鲁吉亚、德国、加纳、希腊、危地马拉、圭亚那、海地、洪都拉斯、匈牙利、冰岛、印度、印度尼西亚、爱尔兰、以色列、意大利、牙买加、日本、约旦、哈萨克斯坦、肯尼亚、韩国、科威特、吉尔吉斯斯坦、拉脱维亚、莱索托、利比亚、立陶宛、卢森堡、马其顿、马来西亚、马尔代夫、马里、马耳他、毛里求斯、墨西哥、摩尔多瓦、蒙古国、摩洛哥、莫桑比克、缅甸、纳米比亚、尼泊尔、荷兰、新西兰、尼加拉瓜、挪威、阿曼、巴基斯坦、巴拿马、巴拉圭、秘鲁、菲律宾、波兰、葡萄牙、罗马尼亚、俄罗斯、卢旺达、圣多美与普林西比、沙特阿拉伯、赛舌尔、塞拉利昂、新加坡、斯洛伐克、斯洛文尼亚、所罗门群岛、南非、西班牙、斯里兰卡、苏丹、苏里南、斯威士兰、瑞典、瑞士、叙利亚、坦桑尼亚、泰国、突尼斯、土耳其、乌干达、乌克兰、英国、美国、乌拉圭、瓦努阿图、委内瑞拉、越南、也门、赞比亚。

人民币汇率与近年来中国经常账户顺差[*]

一、引言

近年来中国经常账户收支出现大量顺差，顺差额占国内生产总值比重从 2001 年的 1.3% 上升到 2006 年的 9.4%。这是一个从历史和横向比较来看都很高的水平。一些人士认为，中国近年来出现大量经常账户顺差，主要原因在于人民币汇率水平偏低。按照这种理解，让人民币快速显著升值会在短期内促使中国经常账户顺差减少，并恢复到平衡水平。本文认为，近年来中国出现大量经常账户顺差的原因是复杂的，人民币汇率水平的高低只是其中一个因素，甚至不是一个主要因素；将经常账户平衡的调整寄希望于调整人民币汇率水平的调整很可能是不现实的；人民币名义汇率水平的调整虽然在理论上可以以相对快速的方式进行，但为经常账户平衡调整所需要的人民币实际汇率的调整事实上很可能只能以相对缓慢的方式发生；在可见的未来，中国将继续面临经常账户大量顺差的局面。

本文以下分三个部分。第一部分考察中国经常账户收支的四个构成部分，指出它们的不同变化趋势以及近年来经常账户顺差主要表现为货物贸易顺差；第二部分从分析货物贸易平衡的主要构成（一般贸易、加工贸易与其他贸易），并比较各种货物贸易平衡对人民币实际汇率变量的反应系

---

* 本文原载于《金融研究》2008 年第 3 期。作者感谢研究生胡嘉妮提供的研究助理帮助。

数；第三部分为结论。

二、近年来中国经常账户顺差的特点

从直观统计数据看，近年来中国经常账户收支平衡的演变出现了三个特点：首先，改革开放以来的前二十年，经常账户收支随时间有正有负，有升有降，趋势性顺差局面出现在自 2001 年以后；其次，作为经常账户主要构成因素的几个项目（服务贸易、收益和单边转移）分别有着不同的变动趋势，其中一些变动趋势或相对不变动趋势难以套用常规的汇率因素来解释；最后，经常账户顺差出现持续性大量增加与人民币实际有效汇率转向相对稳定或小幅度升值在时间上恰好一致，并因此提示人们不能简单地以人民币汇率因素来解释近年来中国经常账户顺差现象。以下依次说明这几个特点。

图 1 显示了 1985～2006 年中国经常账户收支余额及与国内生产总值（GDP）比率。可以看出，在 1985～1993 年，中国经常账户余额有时为正

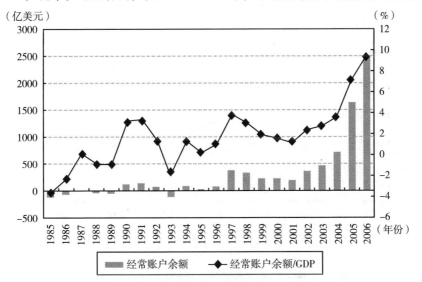

图 1　1985～2006 年中国经常账户收支余额

　　资料来源：经常账户余额（美元数）来自外汇管理局《中国国际收支平衡表》；国内生产总值（GDP）（人民币数）来自国家统计局；两者比率所依据的人民币/美元汇率系当年平均数。除图 2 和图 3 外，以下各图数据来源均与本图相同，不再另行说明。

（顺差），有时为负（逆差），负数年份（5）多于正数年份（4）；在1997年以前，经常账户顺差或逆差的绝对规模都小于200亿美元。1994年以来经常账户每年顺差。在1997～2001年，经常账户顺差的绝对规模和相对规模（经常账户/GDP比率）都呈现下降；但从2001年开始，经常账户顺差持续增多，绝对额从170亿美元增加到2001年的2500亿美元，其与GDP比率在同期内从1.3%上升到9.4%。

这些情况表明，中国经常账户收支平衡在2001年前后出现趋势性的变化，大量的持续性的顺差局面出现于近五年。尤其是在2004年以后，不仅经常账户顺差绝对额大量增加，而且经常账户顺差/GDP比例快速上升。这一比例在2004年为2.7%，2005年达到7.2%，2006年更升高到9.4%。同时，我们还注意到，在最近五年中，人民币实际有效汇率指数出现相对稳定的情形。如图2和图3所示，国际货币基金组织与国际清算银行研究人员所估计的人民币实际有效汇率指数从2001年到2006年基本不变或略有下降。这两个估计都显示人民币实际有效汇率指数自2005年以来显著上升。如前所说，2005年以来也正是中国经常账户顺差加速增多时期。

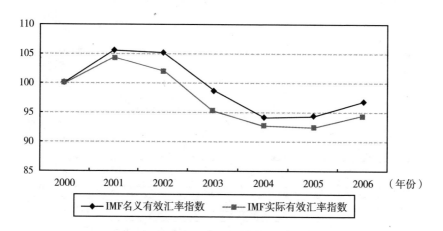

图2　2000～2006年国际货币基金组织（IMF）估计的
人民币实际和名义有效汇率指数

注：实际有效汇率指数，经CPI调整，年平均值，2000年=100。
资料来源：IMF数据库。

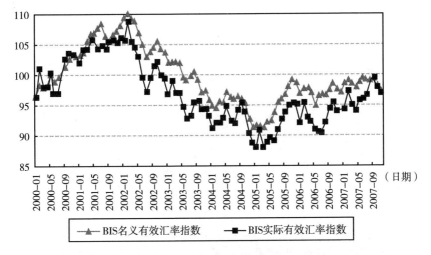

**图 3   2000 年 1 月至 2007 年 10 月国际清算银行 (BIS) 估计的人民币
实际和名义有效汇率指数**

资料来源：国际清算银行 (BIS)，2000 年 = 100。

图 2 和图 3 没有覆盖人民币实际有效汇率指数在 2000 年以前的时期。大致说来，1980 ~ 2000 年人民币实际有效汇率指数变动的基本情形是有升有降，波动显著；1985 ~ 1993 年是下降时段，1993 ~ 1998 年是上升时段。这些情况提示人们，特别是最近几年，不能简单地以汇率因素来解释中国经常账户顺差持续增多。

同时，在考察汇率与经常账户收支平衡的关系时还应当注意到经常账户平衡表的各个构成部分。就这些构成部分而言，总量变量之间可能存在的因果关系不一定同时适用于总量变量的子变量。

图 4 显示了 1985 ~ 2006 年中国服务贸易平衡的绝对额及与国内生产总值 (GDP) 的比率。可以看出，在 1994 年以前服务贸易有时顺差，有时逆差，但在此后一直处于逆差状态。可以认为中国服务贸易自 20 世纪 90 年代中期以后出现持续性逆差局面，而且这种局面与此期间人民币实际有效汇率的升降没有明显的因果关系。中国服务贸易平衡的特点显示其与人民币汇率变动之间的关系即使存在也十分微弱，而且很可能不同于经常账户其他项目与汇率之间的关系①。

---

① 国内学者关注过有关中国服务贸易平衡的特点（参见王庆颖，2005；王小平，2004）。

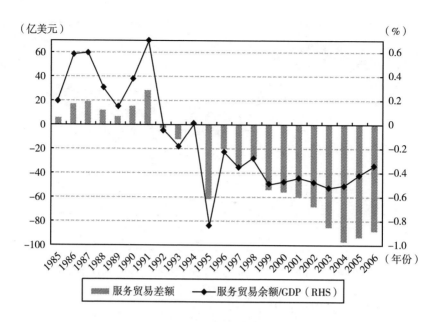

（亿美元）

（%）

图4　1985～2006年中国服务贸易差额

服务贸易差额　　◆服务贸易余额/GDP（RHS）

经常账户中的收益项目包括职工报酬与投资收益两部分。前者指国外居民在境内工作取得的工薪报酬及本国居民在外就业取得的工薪报酬，后者指外商在华企业利润所得及本国在外企业利润所得。在近年来中国经常账户收支表中，职工报酬部分显著小于投资收益部分。例如，在2005年职工报酬贷方借方绝对数合计为51.5亿美元，差额为15.2亿美元（顺差），同年投资收益贷方借方合计绝对数为621.3亿美元，差额为91.1亿美元（顺差）。可以认为，迄今中国经常账户中收益项目主要反映中外投资企业利润所得。

图5显示1985～2006年收益差额的绝对规模和相对规模，可以区分出三个时期。在第一个时期（1985～1994年），收益差额规模较小，年平均额在正负50亿美元以内；在第二个时期（1995～2001年），收益差额出现几乎持续性的逆差增多；在第三个时期（2002～2006年），出现持续性的逆差减少和顺差增多。换言之，在整个观察时期（1985～2006年）内，收益项目差额有着相当的波动性，但在每一个子时期内，波动性不如趋势性突出。

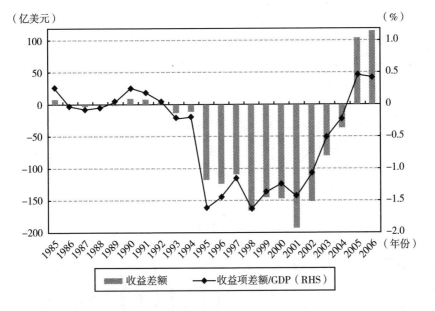

图 5 1985～2006 年中国收益项目差额

图 6 显示了自有分解数据以来的职工报酬差额与投资收益差额（1997～2006 年）。可以看出，职工报酬差额的年度数据相对于投资收益差额波动较小，或者说，投资收益差额年度数据有较大的波动性。换言之，近年来中国经常账户中收益项目的波动或变动主要由投资收益差额所引起。

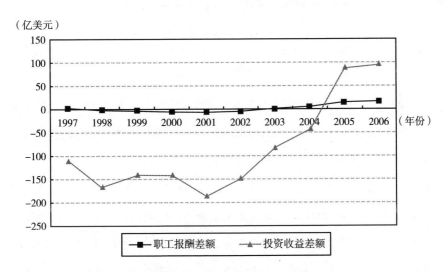

图 6 1997～2006 年收益项目中的职工报酬和投资收益

第二篇 外汇与中国国际收支　人民币汇率与近年来中国经常账户顺差

图7分贷方（流入）和借方（流出）显示了1985～2006年中国收益项目平衡。由于统计口径调整，1996年前后的历史数据具有不可比性。着重观察1997年以后，可以看出，收益流出（借方）在这个时期有升有降，具有一定波动性，同时，收益流入（贷方）也有一定波动，但自2003年以来呈现不断快速增加，近几年收益项目由逆差转为顺差的直接原因是收益流入额快速增加并超过了收益流出额。

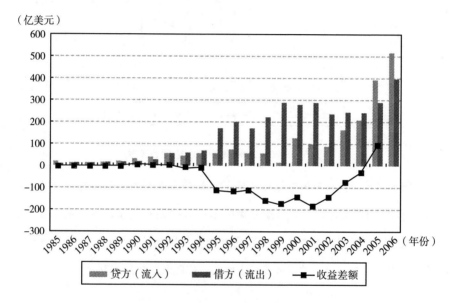

图7　1985～2006年中国收益项目流入流出及差额

注：1985～1996年收益项分为利润、利息、银行收支，1997～2007年收益项分为投资收益和职工报酬，两个时期数据有一定不可比性。

理论上，收益流出或流入与国际直接投资流动有密切关系。在正常情况下，对外直接投资及其增加会带来收益流入及其增加，外商对内投资及其增加会带来收益流出及其增加。按照这个关系，图8和图9分别对比了收益流出或收益流入汇入与外国对华直接投资流入或我国对外直接投资流出。如图8所示，收益流入从2003年开始每年大量增加，而我国对外直接投资流出在2005年和2006年才有显著增加。而且，更重要的是，收益流入额自2002年以来每年显著大于我国对外直接投资流出。而如图9所示，外国对华直接投资流入自1990年以后几乎持续增加，仅有个别年份有所下降，而收益流出尽管在总体上呈现增长趋势，但有明显的年度波动性。与图 8 所显示的情形不同的是，收益流出额显著小于外商对华直接投资流入额。

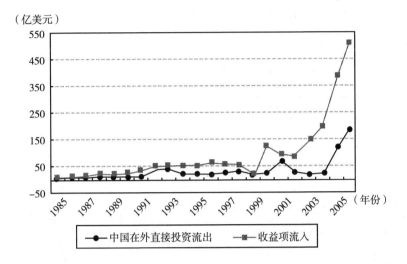

（亿美元）

图 8　1985～2005 年收益流入与中国对外直接投资流出

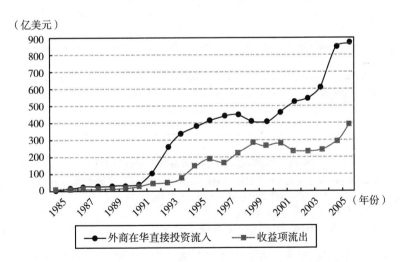

（亿美元）

图 9　1985～2005 年收益流出与外商在华直接投资流入

概括地说，中国经常账户收支平衡表中的收益流入和流出的变化与国际直接投资流动的形势并不完全对应。换句话说，难以将收益平衡及其变动归因于历史的或当前的国际直接投资流动形势（我国对外直接投资与外商对华直接投资）。近年来中国经常账户中的收益平衡变动显然受到一些直接投资流动之外的因素的影响，而且，这些因素不一定与汇率水平（人民币实际有效汇率）直接相关（类似见解可参见陈小蕴（2004）。

单边转移差额也是经常账户的一个重要构成部分。近年来我国单边转移顺差规模也出现了显著增加。如图 10 所示，单边转移顺差在 1997～1999 年平均为 50 亿美元，而在 2006 年达到近 300 亿美元。近十余年来，单边转移顺差呈现持续性及顺差逐渐增多的趋势，走势上与前面提到的服务贸易平衡相类似，但走向相反。

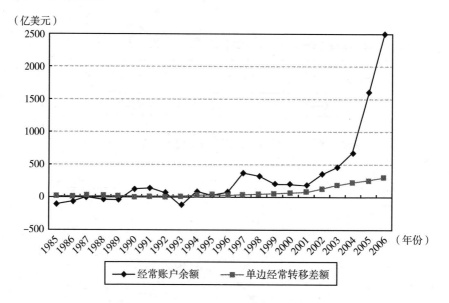

图 10 1985～2006 年中国单边经常转移差额

注：1985～1996 年单边转移项目构成包括与国际组织往来、无偿援助与捐赠、侨汇、居民及其他收支；1997 年起单边转移划分为各级政府和其他部门两项。

我国经常账户中单边转移主要构成项是侨汇。例如，1996 年侨汇项目差额（顺差）16.7 亿美元，占单边转移差额（顺差）的 78%；2006 年私人部门转移差额（顺差）为 293.5 亿美元，占单边转移差额（顺差）的 100.5%。近年来单边转移顺差的增加很大程度上反映了侨汇收入的增加。这里面可能有我国海外侨民人数及其收入的增长因素，也可能包含着侨民对中外资产相对价值变动或人民币汇率变动趋势的认识或预期。但是，这些因素，显然不能简单地等同于人民币的当前或历史汇率水平①。

综上所述，近年来中国经常账户收支平衡表中的三个构成部分——服务贸易、收益与单边转移——分别呈现一些互不相同的变化趋势；近几年中国经常账户顺差的大量增加与这些部分的变动有一定联系；但是，很难用单一的人民币汇率因素来解释它们的变动。

三、货物贸易平衡与人民币实际有效汇率的关系

上一节的分析表明，中国经常账户收支平衡在过去多年中主要由货物贸易差额所决定，仅仅是在近几年中才出现了经常账户顺差超过货物贸易顺差的情形。如图 11 所示，1985 ~ 1994 年，经常账户平衡与货物贸易平衡几乎相等，1995 ~ 2002 年货物贸易顺差大于经常账户顺差，仅自 2003 年起经常账户顺差才超过了货物贸易顺差。

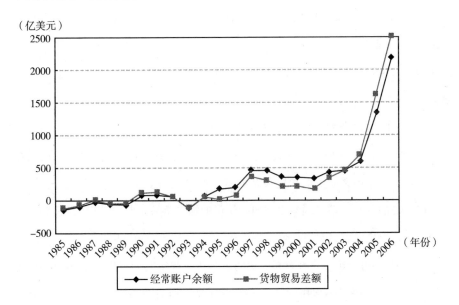

图 11　1985 ~ 2006 年中国经常账户差额与货物贸易差额

---

① 联系经常账户上述项目及国际收支平衡表的误差项目的讨论，参见管涛（2003）。

上一节的分析也表明，近年来经常账户顺差超过货物贸易顺差的直接原因是收益平衡由过去的逆差转为顺差以及单边转移顺差（其中主要是侨汇）大量增加。导致这些变化的原因可能有关于人民币汇率预期的因素，也可能涉及一些短期性或不稳定的因素。考虑到这种情况，我们在探讨中国经常账户收支平衡及其原因时重点仍应继续放在货物贸易平衡及其决定因素问题上。

本节着重探讨中国货物贸易平衡的原因。按照常规理论方法，可以将人民币实际汇率变量作为中国货物贸易平衡的解释因素。本节将对此关系进行计量检验。在计量检验之前，需要说明的是：第一，根据数据的性质，中国货物贸易的三个构成部分有显著的不同表现，我们可以有区别地对之进行考察；第二，关于贸易平衡与汇率因果关系的计量检验方程应当考虑到非汇率因素；第三，考虑汇率因素时应当区分汇率作为反映当前相对价格水平的变量与预期汇率作为反映未来相对价格水平的变量之间的区别，后者不在本文考察范围内；第四，有关近年来中国货物贸易数据是否真实反映经常账户交易的性质，研究者们提出了一些不同看法（管涛等，2007），本文基于对前一点的考虑（现时汇率与预期汇率的区别）也不考察此问题。

（一）中国货物贸易平衡及其构成

我国货物贸易按贸易方式分为三类：一般贸易、加工贸易和其他贸易。一般贸易指国内普通企业和贸易企业从事的进出口活动，加工贸易指有特定出口目的的贸易活动（通常由被明确认可的加工贸易企业所进行），其他贸易则主要指保税区贸易及边境贸易等活动。

从图12可看出，三种贸易方式的平衡在所观察时期有很不一样的变动情形。20世纪90年代后期以来，一般贸易平衡有所波动，加工贸易顺差持续增加，其他贸易逆差则持续增加。

其他贸易的持续逆差以及其近年规模的巨大（2006年其他贸易逆差额达到1000亿美元）使得人们有理由怀疑这种情况不是孤立出现。一个探讨性的

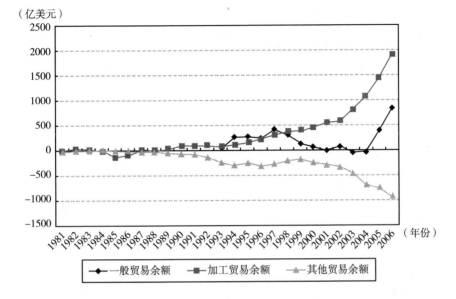

（亿美元）

137

图 12　1981～2006 年中国货物贸易平衡的三种构成

办法是将之联系于一般贸易。图 13 曲线将一般贸易平衡与其他贸易平衡相加，呈现出较明显的波动形状，可作为进行贸易平衡与汇率关系检验的一个对象。

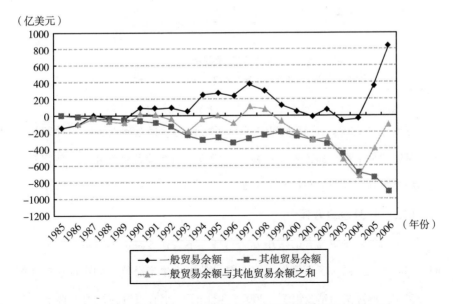

（亿美元）

图 13　1985～2006 年一般贸易余额与其他贸易余额及二者之和

第二篇　外汇与中国国际收支

人民币汇率与近年来中国经常账户顺差

图 14 比较加工贸易平衡与货物贸易平衡。可以看出，自 1999 年以来，加工贸易顺差一直超过货物贸易顺差，加工贸易是我国货物贸易顺差的主要贡献部分。尽管加工贸易与其他贸易方式之间也可能存在某种联系，这里将加工贸易平衡作为检验贸易平衡与汇率关系的一个独立对象。近年文献中有许多讨论将加工贸易视为中国货物贸易中的一个特殊部分（崔大沪，2002；曾卫锋，2006）。

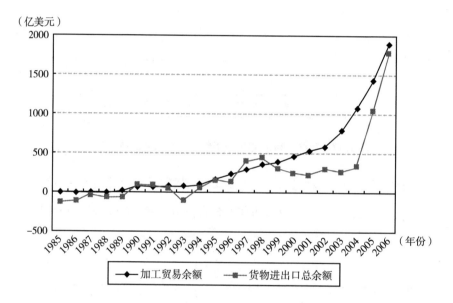

图 14　1985~2006 年加工贸易平衡与货物贸易平衡

注：《中国统计年鉴》《中国统计摘要》发布的货物贸易余额与"国际收支平衡表"中货物贸易略有出入。

基于上述讨论，图 15 概括地显示了可作为计量检验对象的三种贸易平衡：货物贸易平衡、加工贸易平衡、一般贸易与其他贸易之和。三种贸易平衡均换算为其与国内生产总值的比率。

（二）计量检验方程

如国内外许多研究者的常用方法一样，本文在考察汇率因素对贸易平衡的影响时也认为同时应当将作为综合变量的国内生产总值（GDP）包括在解释变量中。国际货币基金组织（2007）给出了一个有关贸易量的"标准"经

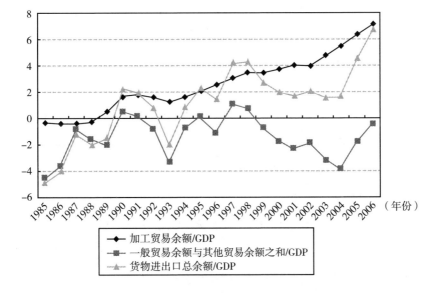

图 15　1985～2006 年作为检验对象的三种贸易平衡

验模型。在这个模型中，进口实际量由国内收入与进出口相对价格来解释，出口实际量由国外收入与进出口相对价格（前一个进出口相对价格的倒数）来解释。显然，这是一种分别处理进口与出口变量的研究方法。

　　本文所使用的模型综合考察进出口量，即仅将贸易平衡（贸易差额）作为被解释变量。一个原因是由于缺少进出口价格缩减指数，目前尚难得到中国进出口实际量的长时期连续数据。另一个原因是，本文模型也忽略掉"国外收入"变量，理由是相对于所考察期间的中国经济增长变量，国外经济增长变量的变动相对微小。与其他常用模型不同的是，本文同时尝试性地采用时间趋势变量用以替换 GDP 解释变量，试图观察这种变化是否对作为解释变量的汇率变量的解释程度带来影响。时间趋势变量在这里作为一个不定性的综合变量。

　　考虑到中国经常账户或货物贸易平衡在近几年出现显著变化（顺差大量增加），另一个尝试性的处理办法是在计量检验方程中加入一个时间虚拟变量（设定其变化值从 2001 年开始）。

这样，我们有两个基本检验方程：

方程一：$T = \beta_0 \times C + \beta_1 \times GDP + \beta_2 \times REER + \beta_3 \times V1$

方程二：$T = \beta_0 \times C + \beta_1 \times TREND + \beta_2 \times REER + \beta_3 \times V1$

上述两个方程中，公式左端的被解释变量（T）分别为货物贸易平衡/国内生产总值、加工贸易平衡/国内生产总值、一般贸易与其他贸易平衡之和/国内生产总值；解释变量有中国国内生产总值实际增长指数（GDP，1978 = 100），时间趋势变量（$TREND = 1985$，1986…）；人民币实际有效汇率指数（$REER$，2000 = 100，采用国际货币基金组织编制序列），虚拟变量（$V1 = 1$，当 $TREND > 2001$）。需要说明的是，被解释变量选用比率数（贸易平衡/国内生产总值）一方面可避免由于贸易平衡数本身是一个当前价格数而带来的问题，另一方面也有助于反映贸易平衡的相对规模。

（三）计量检验结果

表 1 列出了按照上述两个方程进行计量分析的初步结果。可以看到，一般贸易与其他贸易平衡之和作为检验对象的两个计量结果都表明统计关系不显著，因此这里予以忽略。对货物贸易平衡和加工贸易平衡的计量检验统计上都有显著性。

在各个检验结果中，汇率变量（$REER$）的统计显著性都很低，除了在货物贸易平衡方程一的检验结果中有一定统计显著性。统计上较为显著的是国内生产总值增长指数或时间趋势变量，两个变量分别显示出对货物贸易平衡或加工贸易平衡的影响作用。时间趋势变量对贸易平衡影响程度明显大于其他变量。这很可能显示中国货物贸易平衡或加工贸易平衡在所观察时期中受到一个或若干综合性趋势性经济因素的同方向的显著影响。虚拟时间变量（代表 2001 年及以后的时间趋势变量）仅在货物贸易平衡检验结果中统计上显著，而且，其符号为负的情形很可能表明，2001 年以来（中国加入世界贸易组织以来），货物贸易平衡并未"自动地"朝着顺差不断扩大的方向变化（联系方程一结果），或者说，货物贸易平衡"自动地"朝着顺差扩大的方向变化的倾向在此以后弱化了（联系方程二结果）。

表1　　　　　　　　　　　　初步计量结果

	REER	GDP	TREND	V1	$\bar{R}^2$	F	D−W
被解释变量：货物贸易平衡							
方程一	−0.0312 (−1.8826)	0.0092 (4.4907)		−3.4539 (−2.3222)	0.6700	15.2156	1.5806
方程二	−0.0153 (−0.8434)		0.4485 (4.4811)	−2.4476 (−1.8778)	0.6693	15.1677	1.4316
被解释变量：加工贸易平衡							
方程一	−0.0064 (−1.3398)	0.0068 (11.4683)		−0.6498 (−1.5198)	0.9545	148.1829	1.0180
方程二	0.0048 (0.8327)		0.3245 (10.2144)	0.1384 (0.3344)	0.9445	120.1467	0.6331
被解释变量：一般贸易平衡与其他贸易平衡之和							
方程一	−0.0248 (−1.8015)	0.0025 (1.4365)		−2.8040 (−2.2681)	0.2842	3.7806	1.7266
方程二	−0.0201 (−1.3402)		0.1240 (1.4986)	−2.5860 (−2.4004)	0.2907	3.8690	1.7003

注：常数项系数未列出；括号中数字为 t 检验值；方程一包含 GDP 变量但不含时间趋势变量（TREND）；方程二包含时间趋势变量（TREND）但不含 GDP 变量。

　　表2列出了去掉非显著变量的计量结果。如前所说，有关一般贸易与其他贸易的检验因其总体检验参数不显著，表2就不再对其进行新检验。表2着重关注了货物贸易平衡及加工贸易平衡两个对象。

　　表2结果总体上与表1一致。就货物贸易平衡方程而言，改进的计量结果显示时间趋势变量的突出作用，而汇率变量（REER）的作用在统计上仍然不够显著。

　　就调整后的加工贸易平衡方程的结果而言，汇率变量在两个子方程中显示出对加工贸易平衡的影响。一是在同时考虑汇率变量与 GDP 变量时；二是在同时考虑汇率变量与虚拟时间趋势变量（V1）时。前一个结果表明，在所考察时期（1985~2006 年），人民币实际有效汇率指数每上升 1 个百分点数，

表 2　　　　去掉非显著变量的计量结果（显著标志 p 值 <0.1）

	REER	*GDP*	*TREND*	*V1*	$\overline{R}^2$	*F*	*D − W*
被解释变量：货物贸易平衡							
方程一	−0.0312 (−1.8826)	0.0092 (4.4907)		−3.4539 (−2.3222)	0.6700	15.2156	1.5806
方程二			0.4930 (5.8450)	−2.8546 (−2.3758)	0.6743	22.7416	1.3619
被解释变量：加工贸易平衡							
方程一 (1)		0.0062 (19.3154)			0.9466	373.0834	0.6104
方程一 (2)	−0.0083 (−18.9263)	0.0060 (1.7368)			0.9515	206.8594	0.8723
方程一 (3)		0.0071 (12.5829)		−0.7984 (−1.8945)	0.9527	212.4846	0.8381
方程二 (1)			0.3250 (19.3593)		0.9468	374.7832	0.6510
方程二 (2)	−0.0263 (−2.1158)			3.5392 (5.6777)	0.6427	19.8882	0.6077

注：在加工贸易平衡检验中，阿拉伯数字 1 表示原方程直接去掉不显著变量的新结果，2 或 3 表示为其他可通过显著性检验的方程；上面所列结果均为以 10% 为显著性通过 t 检验的方程；其他说明同表 1。

加工贸易顺差/国内生产总值比率就下降 0.0083 个百分点。这个影响系数的绝对值显然是很小的。后一个结果表明，在同一个考察时期内，人民币实际有效汇率指数每上升 1 个百分点，加工贸易顺差/国内生产总值比率就下降 0.0263 个百分点，同时，2001 年以后各年中，加工贸易顺差/国内生产总值比率每年"自动"上升 3.54 个百分点。显然，前一个影响系数比后一个影响系数小多了。

综合以上初步计量检验结果，可以认为，在所考察时期（1985 ~ 2006 年），相对于非汇率因素（国内生产总值、时间趋势变量及 2001 年来的时间趋势变量）来说，汇率因素对中国货物贸易或加工贸易平衡的影响要么是统计上不显著的，要么在程度上是相对不重要的。

四、结论

本文对中国货物贸易平衡分解部分（一般贸易与加工贸易）进行的计量检验工作是十分初步的。这些检验没有区分短期效应和长期效应，没有考虑预期汇率的可能作用，也没有仔细区分汇率变动与相对价格变动，即汇率传递关系（exchange rate pass-through），等等。

尽管有这些局限性，计量结果对我们从总体上理解人民币汇率因素对中国经常账户平衡在所考察时期内的影响仍然有帮助。这种帮助主要在于，相对于我们现在已知的若干重要的非汇率因素而言，人民币汇率变量作为一种现时地、近似地反映中国与其贸易伙伴的相对价格水平的指标，对中国货物贸易平衡乃至经常账户平衡的影响是相对不突出的。[①]

我们需要准确地理解这种或这类分析结果。这种结果并不一般性地否认汇率对国际收支平衡（经常账户平衡或货物贸易平衡）的调节作用。它所强调的是，在给定的初始汇率水平下，一定时期内汇率水平的变动相对于若干重要的非汇率因素而言对一国经常账户平衡或货物贸易平衡的影响是不突出的。导致这种关系的原因是多方面的，这里我们不展开讨论。

如果同意上述汇率调节作用有限性的看法，一个可引申出来的推论是，寄希望于常规性的名义汇率调整在可见的未来时间中来改变已经形成的经常账户收支平衡格局是不现实的。"常规性调整"的含义在这里是按照符合普遍预期的方式并在有限程度上促使名义汇率水平发生变动。这种推论的主要理由在于，名义汇率调整通常从一个双边的名义汇率调整开始，而从双边汇率调整到多边汇率调整可能需要一个过程或一定的时间；更重要的是，名义汇率调整不总是等于实际汇率调整。在汇率预期不出现剧烈变动的条件下，贸

---

① 这个结论本文作者在探讨美元汇率与美国经常账户平衡的关系时也曾得到过，参见贺力平等（2006）。而且，国内外不少学者在探讨类似问题时都有过类似的或接近的结论，参见《经济学人》（Economist，2007）。

易部门主要对实际汇率作出反应。

但贸易部门不可能对外汇市场上频繁的汇率变动作出同样程度的频繁反应。任何一个经济体的贸易部门都不可能具备这样的灵活反应性。因此，能在相对长的时期内影响贸易部门行为（从而实现贸易平衡）的汇率因素就是那种具有一定稳定性的实际汇率因素及其变动。但是，在这些具有"一定稳定性的实际汇率"发生变动的同时，经济体中的其他重要因素也可能同时发生了变化，甚至是发生了更加显著的变化。这样，在一定时期内汇率因素（包括实际汇率因素）对贸易收支平衡的影响就可能被抵消了或至少是部分地减弱了。

本文的主要结论是，自20世纪90年代中期以来持续性的中国经常账户顺差，突出地表现是近几年的大量增加；这种新情况很可能与经常账户中的收益项目和单边转移项目的某些变动有关；这些变动可能与人民币汇率预期因素有一定关系，但人民币汇率预期因素不同于人民币实际汇率水平的变动；就货物贸易平衡而言，值得关注的两个组成部分是"一般贸易"与"加工贸易"；无论是对货物贸易总量还是对其分解部分的初步计量检验都表明，人民币实际汇率指数在所考察期间内都未显示出相对于非汇率因素的突出作用。

参考文献

[1] 陈小蕴：《我国国际收支投资收益逆差的成因、负面效应及变动趋势》，载《国际金融研究》2004年7期。

[2] 崔大沪：《外商直接投资与中国的加工贸易》，载《世界经济研究》2002年6期。

[3] 管涛：《解读国际收支平衡表中的净误差与遗漏项目》，载《中国外汇管理》2003年7期。

[4] 管涛、王信、潘宏胜、林艳红：《对当前我国贸易项下异常资金流入的分析——兼评渣打银行王志浩关于贸易顺差的研究报告》，载《国际金融研究》2007年6期。

［5］国际货币基金组织（IMF）：《世界经济展望：全球经济中的扩散与循环》，2007 年 4 月。

［6］贺力平、范言慧、范小航：《美元汇率与美国国际收支平衡：变动的关系及初步解释》，载《金融研究》2006 年 7 期。

［7］贺力平、范言慧、范小航：《美元汇率与美国失业率的关系——兼论人民币汇率的作用》，载《国际金融研究》2006 年 8 期。

［8］沈国兵：《美中贸易收支与人民币汇率关系：实证分析》，载《当代财经》2005 年 1 期。

［9］王庆颖：《中国服务贸易的国际竞争力实证分析》，载《世界经济研究》2005 年 1 期。

［10］王小平：《中国服务贸易的特征与竞争力分析》，载《财贸经济》2004 年 8 期。

［11］曾卫锋：《中国加工贸易发展机制的实证研究》，载《财贸经济》2006 年 3 期。

［12］The Economist，China's Exchange Rate：Yuan Step from the Edge. March 30th，2006.

［13］The Economist，Misleading Misalignments. June 21st, 2007.

论中国外汇储备的性质[*]

进入 21 世纪以来，中国外汇储备快速增加并达到超大规模被世界所瞩目。2010 年末，中国外汇储备余额为 28473 亿美元，占到国际货币基金组织所统计的当年世界各国外汇储备总额 60120 亿特别提款权（约合 92584 亿美元）的 30.7%，接近于当年 23 个发达经济体所拥有的外汇储备总额 20800 亿特别提款权（约合 30923 亿美元）。2013 年末，中国外汇储备余额进一步增长到 38200 亿美元，为当年末各国外汇储备总额 75883 亿特别提款权（约合 110789 亿美元）的 34.5%。近年来，中国占世界人口的比重约为 18.4%，在世界各国国内生产总值总额中的比重约为 13%（按当前价格和汇率估算）或 15%（按购买力平价方法估算）。显然，中国外汇储备之多，似乎超过了按各种角度来看待的程度。

有关中国外汇储备及其改革问题受到各界人士的高度关注。许多讨论指出，中国外汇储备的庞大规模是当今世界经济中的一个具有特殊性的现象；在新的国内外经济形势下，继续坚持以集中化方式管理庞大规模的外汇储备资产面临诸多新的挑战；外汇储备改革不仅是一个涉及政府管理体系内部调整的问题，而且还是一个关联着如何看待金融体制改革和金融市场开放的重要问题。

---

[*] 本文原载于《学术研究》2015 年第 8 期。本文系国家外汇管理局中央外汇业务中心 2011～2012 年度资助课题"论中国外汇储备的性质、特征和前景"的阶段性成果。

在有关中国外汇储备改革的讨论中，一个重要问题是如何看待外汇储备的性质。有的学者认为中国外汇储备是"国民财富"的体现，有的认为是国内"储蓄"过多的表现，有的还认为是政府隐性的"税收"。这些见解从某一角度出发，触及与中国外汇储备相关的某些特点或其属性，但是否能在完整意义上成立却值得商榷。本文以下分别针对这三种观点进行辨析。

一、中国外汇储备"财富论"辨析

有关中国外汇储备是"国民财富"或"国家财富"的看法，实质上是认为中国外汇储备是一种可自由支配的价值物。姑且不论"可自由支配的价值物"概念中的价值如何决定，这个复合概念所对应的事物应被理解为"净资产"。也就是说，有关中国外汇储备是否是国民财富或国家财富的问题可以从中国外汇储备是否构成中国中央银行（中国人民银行）净资产的角度来理解。

毫无疑问，中国外汇储备是中国中央银行的资产，代表了中国货币当局对国外金融价值物的索取权。在很大程度上，中国中央银行对这些国外金融价值物有自由支配权，即可按照需要和市场行情对这些价值物进行各种形式的配置调整。

但是，"可自由支配的价值物"或"净资产"的含义不限于此，还需要考察其所关联的负债一面。显然，完整意义上的"可自由支配的价值物"或"净资产"不伴随相应的负债形成，而是资产形成超过负债形成的结果，或者简单说是资产超过负债的价值物。从这个角度看，中国外汇储备不是"可自由支配的价值物"，不是中国中央银行的净资产。

从中国外汇储备的形成来看，外汇储备是中央银行在外汇市场上买卖交易的结果。这个形成过程大致是：在中国外汇市场上，中央银行作为外汇需求方参与到外汇交易中，针对外汇供给持续大于外汇需求的局面，中央银行按照既定汇率水平以本币与外汇相交换，并通过外汇购买而形成自身外汇储备资产的增加（这里排除了累积的外汇资产因汇率变动等因素而出现的价值变动，参见后面论述）。在这个过程中，中央银行增加了自己的外汇资产，同时也增加了本币负债（陈荣和谢平，2007）。这种外汇资产形成与本币负债增加的对应关系如表1所示。

表1   简化的中央银行资产负债表

资产	负债与资本
货币黄金	流通中现金（通货）
外汇储备	存款银行在中央银行准备金
对本国中央政府债券持有	其他各类存款
对本国各类金融机构债权	中央银行发行金融票据
其他	其他负债
	自有资本（所有者权益）

在这张简化的中央银行资产负债表中，资产方主要有货币黄金、外汇储备、对本国中央银行政府债券持有和对本国各类金融机构（银行机构为主）债权。历史上，在金本位体制中，中央银行的资产主要由货币黄金构成；在金汇兑体制中，中央银行的资产主要由货币黄金和外汇储备构成（外汇储备的币种则主要为那些与黄金严格挂钩的国际货币）。在现代信用货币体制中，对本国中央政府债券持有上升成为中央银行资产的重要构成。无论在哪种情况下，中央银行的资产形成与负债形成都结成了共生关系。就中国而言，可从四个方面来概括伴随外汇储备变动而出现的资产与负债的对应关系。

第一，在现行机构安排框架中，作为资产的外汇储备增加一定伴随着流通中现金（通货）和存款银行在中央银行准备金的增加。这是一种自动生成关系，由现行外汇市场交易结构所决定。中国现行外汇市场的交易制度安排是，外汇供求通过各种渠道汇集到商业银行的外汇头寸上，当商业银行的外汇头寸超出其常规规模后必然进入外汇市场进行买卖调节（多者出售，少者购入），而作为外汇市场供求平衡者的中央银行在通常情况下会针对外汇过多供给以本币交换商业银行出售的外汇。这样，在商业银行向中央出售外汇后，要么获得了现金并转给外汇市场上的初始外汇供给者（企业和个人），要么按照这些初始的外汇供给者的决定形成了存款增加，而商业银行存款增加势必伴随着其在中央银行存款准备金的按比例增加。所以，在现行制度背景下，中央银行外汇储备增加一定与作为负债方的流通中现金和存款准备金的增加形成正比例关系。人们通常将流通中现金与存款准备金称为"基础货币"（或"高能货币"），中国的外汇储备与基础货币增长之间形成了共生关系。

第二，在中央银行外汇储备增加的同时，尤其是在外汇储备出现持续性大规模增加的背景下，出于预防通货膨胀的考虑，中央银行还必须实行对冲型货币政策操作，发行金融票据，进而增加中央银行的负债。也就是说，外汇储备增加不仅伴随通货和存款准备金的增加，还伴随中央银行金融票据的增加。后者是对前者的一种"抵消"或"对冲"，常被称为"对冲型货币政策操作"（伍戈等，2011）。

实行这种形式的对冲型货币政策操作的必要性主要有两个原因。一是基础货币（即流通中现金加存款准备金）在现代银行体系中具有货币创造功能，即会通过存款与贷款的相互带动关系或乘数效应而派生出各种存款（并被纳入狭义货币或广义货币）和各种贷款（信用扩张）。如不施加额外的限制，货币扩张和信用扩张都会带来国民经济中的通货膨胀倾向。二是在当前中国经济环境中，中央银行对国内金融机构和政府机构的债权持有数额有限，因此难以通过这些资产项目上的调整来应对实现预防通货膨胀压力的目的。由此，发行中央银行票据就成为对冲型货币政策操作的一个重要形式。既然中央银行票据记录在中央银行资产负债表中的负债方，那么因外汇储备增加而出现的中央银行负债增加则更加清楚地显示了两者之间的同步变动关系。

第三，在外汇储备变动与中央银行负债变动之间的确可能出现由汇率变动等因素引起的不对称变化，即出现资产账面价值增加超过负债账面价值增加的情形，从而促使一定时点上中央银行资产负债表出现所有者权益的增加。这种情形可称为"溢价"或"估值效应"。例如，在某日中央银行以100单位本币交换了200单位外币的外汇储备资产，一年后，本币负债价值不变，但本币与外币的兑换比例发生了改变，如外币对本币升值，那么，同一笔外币资产的本币资产价值增加到 120 单位，在其他事物不变的情况下，中央银行的所有者权益就增多了 20 单位本币。对这种情况，应当认识到：（1）这是一种账面价值变动，与实体经济没有直接关系；（2）正负两个方向上的账面价值变动都可能发生，主要取决于汇率变动方向和程度；（3）从长远看，这种账面价值变动通常会比较小，因为一个时期中的正变动往往会被另一个时期的负变动所抵消。在实践中，有的中央银行（欧洲中央银行）为此在其资产负债表中专门设置了"重估账户"（revaluation account）并以此来平衡资产负债的跨时期变动（王国刚，2010；贺力平和林娟，2011）。简言之，即使在一定时点上外汇储备的价值出现了超过其对应负债的"升值"，也不应当将此视为通常意义上的"净资产"或"财富"。

第四，从根本上说，中央银行不是一个财富创造单位，其外汇储备的变动不反映社会经济中价值物的创造和初始分配。如果说外汇市场上的基本交易者是企业和个人，他们的经济活动才是价值物的创造源泉。中央银行参与外汇市场上的交易，应当是在派生意义上参加的，并以一种货币单位与另外的货币单位相交换，在这里并不涉及物与物的交换关系，也不是货币与物之间的交换，仅仅是货币与货币的交换。

在更一般的意义上，中央银行涉及外汇储备的交换活动应当视为其货币管理工作的一部分。货币管理与财富管理有本质区别。即便在政府体系中，中央银行通常也不是政府所属财产或资产的专门管理机构。中央银行应当被看成是一个专业化的货币管理机构，专注于货币和金融体系的稳定。这项工作有利于社会的财富创造，但如同政府体系中的其他部门一样，中央银行本身不直接参与财富创造。

中央银行参与外汇市场交换活动的重要目的和作用之一是影响汇率，而汇率水平及其变动有可能在一定程度上和一定范围内影响经济中的价值创造和初始分配过程。对这个问题，首先，应当联系价格体系的偏差或扭曲对实体经济价值创造及价值分配的影响来认识，这种分析相对复杂，难以简单地扩展到对外汇储备性质的评判上；其次，无论汇率的具体作用是什么，都不妨碍我们认为中央银行外汇储备不是净资产的基本看法。

二、中国外汇储备"储蓄论"辨析

在有关中国外汇储备性质的讨论中，有观点认为，中国外汇储备的庞大规模反映了国内高储蓄倾向，是国内需求不足或国内需求增长相对缓慢的一个表现。中国外汇储备因此可以说是国内储蓄超过国内投资的一个结果。

从表面上看，这个观点也遇到一个对立面，即有人认为，过去多年中国经济出现了大量外资流入，而且大量流入的外资属于短期性投机性的国际资本（"热钱"）。在有的人看来，"热钱"规模之大，曾一度接近甚至超过全部官方外汇储备的累积。

上述两个观点显然是"水火不相容"。简略地辨析"热钱论"，可以得知这个看法与有关经济数据大相径庭。从 1994 年到 2010 年，中国经常账户顺差额累计为 21085 亿美元（1997～2013 年数字为 25770 亿美元），为同期各年度外汇储备增加额的累计额 27169 亿美元的 77.6%，即超过 2/3 之多。即使不考虑经常账户的其他项目，仅看其中的货物贸易顺差额：1994～2010 年中国货物贸易顺差累计额为 18975 亿美元（1997～2013 年为 27932 亿美元），是同期内外汇储备增加额合计数的 69.8%，也超过后者的 2/3。其余更加具体的数据也表明了类似的情况。①

如果观察较近的一个时期，如从 2001 年到 2013 年，中国国际收支的总量数据所显示的情况稍有不同，但基本格局不变。从 2001 年初到 2013 年底，中国外汇储备从 1655.7 亿美元增加到 38200 亿美元，即增加了 36544.3 亿美元。同期，中国经常账户顺差累计为 24670 亿美元，占上述外汇储备增加额的 67.5%。中国资本与金融账户各年度顺差额与逆差额抵销，净顺差额为 14478

---

① 根据中国国家外汇管理局《2010 年中国跨境资金流动监测报告》相关数据整理计算。

亿美元，占上述外汇储备增加额的 39.6%。此外，该时期内各年中国国际
收支平衡表中的误差与遗漏项累计结果为净流入 1900 亿美元，约占上述外汇
储备增加额的 -5.2%（这三个百分比数字之和应为 100.0%，由于统计误差，
实为 101.9%）。

很明显，近年来中国官方外汇储备增加的直接来源主要是中国经常账户
顺差。但是，从这个观察结论仍然不能直接推出"中国外汇储备是国内储蓄
过多的结果"的结论。

首先，从国际经验看，世界上有许多经济体近年来也出现了持续性显著
规模的经常账户顺差，而它们当中的许多并没有相应出现外汇储备的同步增
长。图 1 显示了 2008 年包括中国在内的 34 个经济体经常账户差额与各自 GDP
的比例。选取这 34 个经济体的依据是，它们在 2005 ~ 2008 年期间的每一年都
有经常账户顺差，符合"持续性顺差"标准。出于清楚显示的缘故，图 1 只
列出了它们在 2008 年的数字（选取 2005 ~ 2008 年的理由是，这几个年份刚好
是全球金融危机爆发前的世界经济景气时期）。

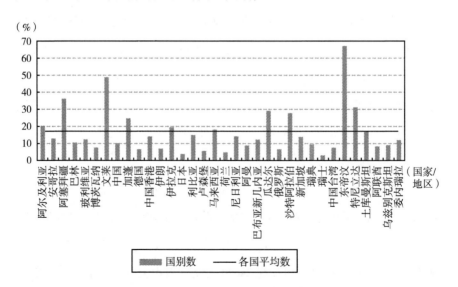

图 1　2008 年经常账户差额与 GDP 比例

资料来源：国际货币基金组织"世界经济展望数据库"（WEO Database），"各国平均数"
为简单算术平均数。

从图 1 可看到，在 2008 年，中国经常账户顺差与国内生产总值比例为 9.1%，34 个经济体的平均数则高达 16.6%。在这 34 个经济体中，既有发达经济体，包括德国、日本、瑞典等，也有发展中经济体。大多数经济体的外汇储备要么几乎没有什么增长，要么增长幅度和速度远远低于中国。

简言之，从国际经验看，经常账户顺差并不必然导致外汇储备的增长，更不必然引起外汇储备的同步增长。

从理论上看，有关外汇储备增长与经常账户顺差的关系可以从国际收支平衡与对外债权的一般关系来考察。流行教科书对后者的界定从以下公式出发（奥布斯特菲尔德和罗戈夫，2002）：

$$CA_t = B_t - B_{t-1}$$

其中，CA_t 是在一定时期 t 中一国（地区）经常账户差额，B_t 是改过在 t 期末对外资产净额（也称为国际投资净头寸），B_{t-1} 是前一期期末的对外资产净额。这个公式表明，在最一般的情形中，一国（地区）一定时期的对外资产净额变动由该国（地区）经常账户的平衡所决定。若有经常账户顺差，该国（地区）对外资产净额将增长；若有经常账户逆差，该国（地区）对外资产净额将减少。

显然，一国（地区）对外资产净额可进一步分解为私人部门和官方部门。如果用 ΔB_t 来表示 $B_t - B_{t-1}$，并用 P 表示私人部门，O 表示官方部门，那么，上述公式可改写为：$CA_t = \Delta PB_t + \Delta OB_t$。

这个公式的含义是：在一定时期中，一国（地区）经常账户差额对应同期内私人部门和官方部门对外资产净额变动之和。显然，这个公式清楚地表明，除非私人部门对外资产净额变动为零，否则经常账户平衡与官方部门对外资产净额变动之间不存在直接对应关系。"官方部门对外资产净额变动"与"官方外汇储备变动"之间略有差别，但数额通常较小。因此，上述公式也可近似地表示一国（地区）一定时期中经常账户差额与同期内私人部门对外资产净额变动和官方外汇储备变动之间的对应关系。

近年来，中国在出现持续性显著规模的经常账户顺差的同时，官方外汇储备也有持续性显著规模的增长。这种情况表明，在所观察时期内，中国私人部门对外资产净额的增长相对微小。换言之，在中国事例中，经常账户顺差与官方外汇储备增长之间数额上的高度对应关系从一个侧面说明了私人部门对外资产净额的迟缓增长。

如果说经常账户顺差是一国对外资产净额（即"对外债权"）增加的来源，那么国内储蓄过多则是对外债权增长的原因。但是，如前所述，对外资产净额或对外债权增长并不必然表现为官方外汇储备增长。对外债权增长只能在特定条件下表现为官方外汇储备增长，即私人部门对外资产净额（对外债权）的相对不增长。外汇储备实质上是以集中形式将原来分散在企业部门和居民部门的对外债权转移到官方部门。这种转换的另一个结果是，原来分散化的"超储蓄"在对外债权上也可能有高度分散化的形式，如对外短期存款、债券投资和股权投资等，但转变为中央银行外汇储备后，不仅外币标价的所有者出现了高度集中，而且对外投资形式也朝着债券投资集中（债券投资中还主要是风险程度较低的国外政府债券投资）。从这个角度看，中央银行外汇储备多与少、增长快与慢的问题不仅是国内储蓄相对多与少的问题，而且涉及中国金融市场对外开放程度高低的问题。

还需要补充说明的是，在理论上，外资流入不是一国外汇储备增长的来源，外汇储备的来源只应是本国经常账户顺差（如前述公式 $CA_t = B_t - B_{t-1}$）。但在中国近年来的实践中，外汇储备增长中的确有相当一部分来自金融账户顺差（外资净流入）。这不仅表明中国外汇储备不都来自国内高储蓄，而且表明对私人部门跨境资金流动实行了特别的限制性政策。如果没有对私人部门跨境资金流动的特别限制，一笔外资流入会引起本国对外负债和对外债权的同步增长，不存在对外资产净额的变动，因而也不会有外汇储备的变动。因外资流入而出现的外汇储备增加恰好说明了本国私人部门对外债权转化为官方部门对外债权，而这与本国储蓄水平的多少没有关系，仅与金融市场的开放程度有关。

概括地说，近年来中国外汇储备的持续性快速增长主要由经常账户顺差所引致，这在很大程度上与国内储蓄与需求的不平衡相关，但不能简单地认为中国外汇储备就是国内"超储蓄"的体现。在现行体制下，外汇储备体现了原来分散在企业部门和居民部门对外债权的集中，因此主要与国内金融市场的改革开放有密切关系。

三、中国外汇储备"税收论"辨析

有一种观点认为，中国外汇储备在一定意义上还是政府税收。如果外汇储备具有税收的属性，那么，这当然就与财政属性更加划不清界限了。其依据是：中国外汇储备及其增长伴随着国内货币供给扩大；国内货币供给扩大体现着货币当局的"铸币税"增加；铸币税是政府税收的一部分。

这种看法的关键环节是如何看待货币供给与铸币税的关系。铸币税概念早已有之。英文中的"seigniorage"在中世纪就出现了，原来泛指欧洲地区封建庄园主所拥有的多种权利，并特别表示封建庄园主拥有的铸币特权。铸币特权在当时条件下可为特权拥有者带来显著的经济利益，即贵金属铸币的面额价值与所用贵金属材料的成本之间存在显著差额。这个差额归于特权铸币者，并因此被人们认为事实上构成了一种税收（隐性税收）。拥有铸币特权的封建庄园主或国王大公们究竟能获得多少铸币税收却不是一件简单的事情。《剑桥欧洲经济史》（第二卷）第六章详细介绍了中世纪欧洲各地的铸币和流通货币的情况，人们可看到当时欧洲各地众多的铸币厂和铸币者们扩大自铸货币的努力（彼得·施普福特，2002）。哪一种铸币能够在长时间中真正扩大流通范围取决于许多因素，包括商人阶层的接受程度和贵金属材料的供给等。而且，正是因为铸币市场在当时已经表现出显著的"国际性"或"国际化"特点，中世纪晚期的学者已经认识到各种流通货币之间存在一定的替代或竞争关系（金德尔伯格，2007）。

从表面上看，当货币制度从过去的贵金属铸币转变到主权政府垄断下的信用纸币，铸币收入作为隐性税收的意义大大上升了。印刷纸币的成本大大低于铸造贵金属货币的成本，纸币的面额与其制作成本的差额大大提高。人们甚至可以认为纸币的制作成本接近于零，纸币发行的扩大都可视为纸币发行当局的纯收入（隐性税收）。

但是，事情并非如此简单。如果纸币发行当局可以无限制地发行纸币并将其转化为对政府的税收贡献，政府也就不必对其人民征收任何其他税收了，全社会都可生活在一个无显性税收的状态中，一切财政问题都会因此迎刃而解。

事实上，国内外许多学者都已经指出，信用货币制度下纸币发行都会面临多个显著制约条件，包括社会价格水平的变动和政府（及其货币当局）债务的利息支付负担等，铸币税收入在现代条件下通常仅占政府收入的很小部分，而且也表现出二次曲线那样的变化特性。针对中国情形的探讨可参见张健华和张怀清（2009）、吴汉洪和崔永（2006）的研究。

这里应当特别指出，在现代信用货币条件下，由于商业银行的发达及其货币创造功能，广义的货币发行不再仅限于中央银行。"铸币税"中的"币"如果指现代意义上的货币（流通中现金加银行存款），那么，伴随这个"币"的增长而发生的各种收益大部分由商业银行获得。中央银行的所得仅限于流通中现金（钞票和硬币）的增加。

而且，与贵金属货币体系中不同的情形是，中央银行发行现金的成本不再仅限于印刷费用。在商业银行已高度发达的背景下，流通中的现金若转入银行存款便会派生出新的存款和贷款。中央银行出于货币政策调控和维护商业银行体系稳定的目的必须实行准备金制度，这就招致一个额外的货币管理成本。此外，在近年来中国的实践中，中央银行为预防通货膨胀发行了央行票据，为央行票据所支付的利息理所当然地应包括在中央银行现金发行的成本项目中。

另外，中央银行为控制通货膨胀以及将利率维持在一个相对低水平上的努力，本身为政府财政做出了贡献。若国内金融市场由于这样那样的缘故而出现利率高升，政府作为最大的发债者将面临高昂的发债成本。显然，因利率低而节省的发债成本支出直接归属政府财政部门。

基于以上考虑，在当代中国背景下，中央银行铸币税概念可以表示为[①]：$S_{nt} = \Delta M_t - (C_{1t} + C_{2t} + C_{3t})$。在这个公式中，$S_{nt}$ 为一定时期中中央银行经营货币发行（现金发行）所得到的铸币税毛额，ΔM_t 为该时期中货币（现金）发行的增加额，$C_{1t} \sim C_{3t}$ 分别为因货币（现金）发行扩大而在当期产生的直接成本支出。

具体来说，ΔM_t 是流通中人民币现金的增加额。这既不同于狭义货币或广义货币概念，也不等于基础货币。如前所说，与银行存款有关的货币经营收入主要由商业银行获得，与中央银行没有直接关系。同时，中央银行经营外汇储备资产的收入也不包括在这里，因为那不是与货币发行扩大必然相关的概念。当然，这里也隐含一个假定，即近年来人民币现金流通的扩大伴随着外汇储备的同步增加。

C_1 是人民币现金发行和管理的直接成本。通常认为现金印刷成本相对于其面额是一个很小的数字，但实际上，基于安全和人民健康卫生等考虑，流行趋势是各国都加大了有关现金印制的开发投入，并更加频繁地更换旧钞旧币。对中央银行及其遍布全国的分支机构而言，钞币的保管、配送和回收处理等都会涉及大量人力物力支出，一些小额面值钞币的成本已超过面值。中国也不例外。采用一个保守的估计，每年人民币现金的直接发行和管理成本为流通中总额的 1%。

C_2 是中央银行为存款准备金支付的利息。在现行政策安排中，商业银行在中央银行的准备金分为法定准备金和超额准备金，两者都从中央银行获得利息支付，利息率较低并基本保持不变。这里采用划一的做法，设每年的利息率皆为 1%。

C_3 是中央银行为央行票据所支付的利息。中国人民银行大约从 2002 年开始发行且延续至今的央行票据，发行余额在 2004 年末超过 1 万亿元，并在

---

① 这里未考虑物价变动及其影响。严格地说，铸币税必须扣除通货膨胀的影响，仅考虑中央银行通过扩大货币发行而得到的购买力增加。

2008 年末超过 4 万亿元。在大多数时候，央行票据采用市场化发行方式，其利息率随国内金融市场行情变动，变动范围大致在 1.8% ~ 4.2% 。这里，采用一个快速的划一处理方法，各年都设定为 3% 。央行票据利息支付额为这个固定利率乘以当年票据余额的年初与年末数的平均数。

还必须指出，C_1 ~ C_3 仅是中央银行发行现金的 "原材料成本"，它们没有涉及其他成本因素，例如人员费用和管理费用等。

图 2 中显示了对三项 "原材料成本"（现金制作和更换费用、准备金付息与央行票据付息）在 2001 ~ 2011 年期间的估算合计数。这个合计数在所观察期间呈现持续增加趋势，从期初的 340 亿元增加到期末的 3200 亿元。同时，流通中人民币现金年度增加额基本上也不断扩大，从期初的 1040 亿元到期末的 6120 亿元，其中个别年份略有波动。两者的比率总体上呈现上升趋势，从期初的 32.8% 提高到期末的 52.3% 。

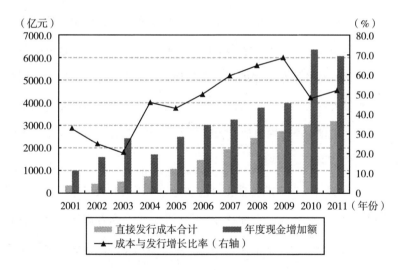

图2　人民币现金年度增加额和直接发行成本及其比例

资料来源：各项原始数据均来自《中国人民银行统计季报》及中国人民银行官方网站的数据发布，"直接发行成本" 为正文公式中 C_1、C_2 与 C_3 之和，具体估算方法和有关假设比率参见正文叙述。

这个估算借用了一些假设比率数，例如现金制作和更换费用为流通中现金余额的 1% 。这样的假设比率数很可能显著低于实际水平。若设想该比率为

2%，上述估算结果将大大调高。此外，上述估算都未涉及所有的"加工成本"，例如人员费用和管理费用。

还应当指出，现代经济中自然出现的一个重要趋势是现金使用增长速度减缓，而这将会对中央银行通过发行现钞获得铸币税收入带来显著的限制性效应。

概括地说，可归纳为三点：第一，现代条件下中央银行的铸币税收入应严格区分于广义政府和商业银行也参与获得的铸币税收入；第二，属于中央银行铸币税收入的收益项应严格定义为现金流通额的增加；第三，现代条件下中央银行现金发行扩大面临多项直接成本支出，初步的快速估算已经表明这些直接成本支出占现金增加额的比例不断升高，而且还有继续升高的趋势。

最后，有必要指出，如果说中国中央银行在积累外汇储备和扩大现金发行的同时产生了收益，而且这种收益带有铸币税性质，那么，事实上，这些收益在经过完全成本扣除后都会形成中央银行作为一个经营机构的纯收益上缴财政。换言之，属于中央银行铸币税的净收益不会被中央银行以无形的方式留存。

四、中国外汇储备的性质

在现行外汇市场管理体制和汇率形成机制下，中国外汇储备不是中国中央银行的净资产，不完全与国民储蓄概念相对应，也不代表未上交的铸币税。那么，中国外汇储备的性质是什么呢？在现行外汇管理和人民币汇率体制下，中国外汇储备实质是中央银行所掌握的货币市场交换基金，或者说外汇市场交换基金。这里的货币市场指本币与外币相交换的市场（currency market），而不是本币与本币相交换的市场（money market）。中央银行设立这个货币市场交换基金的初衷是维持人民币汇率稳定，避免国际收支平衡表中的经常账户加直接投资项目出现严重逆差，并维持跨境金融资金流动在跨时间维度上的基本平衡（即国际收支平衡表中金融账户中的"组合投资"和"其他投资"项目的差额在一个长时间中的各年度数值之和接近零)。

进一步说，中国外汇储备的性质属于"价格（汇率）稳定基金"，即代表了一定汇率水平下中央银行通过外汇市场交易程序干预人民币汇率或防止人民币汇率出现非理想波动的能力。这种能力的形成依赖于对目标的、可持续的人民币汇率水平的认定，依赖于经常账户平衡有一定持续性和达到一定规模的顺差，依赖于社会经济对中央银行政策目标和调节能力的认同。

相对于有关国际储备或外汇储备功能的传统见解，中国外汇储备的确在很大程度上带有新特征或新性质。即中国外汇储备不再仅限于为外汇市场提供流动性支持，也不仅出于针对经常账户的短期性失衡或波动。围绕中国外汇储备和人民币汇率体制的政策思路是纠正早期存在的经常账户持续性或周期性失衡（逆差）问题，并解决国内金融体系和金融市场的不成熟问题。在这个意义上，中国外汇储备可以说体现了货币当局对外汇市场和金融市场的结构性干预能力。这种干预能力的形成基于外汇市场交易原则，但同时也在很大程度上依赖于政府对外汇市场的种种限制。

对中国外汇储备作为一种具有"货币市场交换基金"的属性的认识，我们还可以展开分析。设想中央银行不进入外汇市场，在其他有关条件（例如经常账户顺差以及私人部门金融账户平衡等）都保持不变的情况下，当出现外汇资金流入多于外汇资金流出时，这些多出来的外汇资金就不会转变成中央银行外汇储备，而会作为中国居民、企业和金融机构的外汇账户余额（也等于这些部门对外债权）。这也就是说，全国范围内仍然出现了中国外汇资金净流入。同时，流入的外汇资金以分散化的方式广泛存放在各个部门和各个微观经济主体中。中国的国际收支平衡和对外投资净头寸（对外资产净额）的基本格局不会因此受到任何显著影响。简言之，从这个角度看，官方外汇储备仅体现了市场化的分散方式转变为集中的管理方式，而外汇资金的基本经济属性没有变化。

上述设想假定了人民币汇率水平保持不变。如果设想人民币汇率充分可变，那么，只要在长期中人民币汇率达到可使经常账户差额接近零的水平，即中国经常账户不出现任何结构性失衡（结构性顺差或结构性逆差）局面，外汇储备便不会积累到目前所看到那么大的规模。从跨时期的角度看，金融账户资金流动也会达到基本平衡。

有必要指出，正因为外汇储备体现了中国中央银行对外汇市场和金融市场的结构性干预，外汇储备的不断增加便也成为中央银行相应增加基础货币供应的主渠道。当中央银行在外汇市场上的购买增加时，流通中现金和存款准备金几乎会同步增加。如果中央银行的资产运作日益转向外汇储备，那么，外汇储备增加便成为基础货币增加的主渠道。图 3 显示了 2000 年以来外汇占款及其与基础货币的比例。外汇占款是商业银行按历史汇率购买外汇的余额，在数值上与按历史汇率计算的外汇储备相等。可以看到，两者比例在 2000 年时为 0.45，2005 年时为 1.11，此后各年继续超过这个水平。这可理解为，自 2005 年以来，外汇储备增长规模一直大于基础货币。

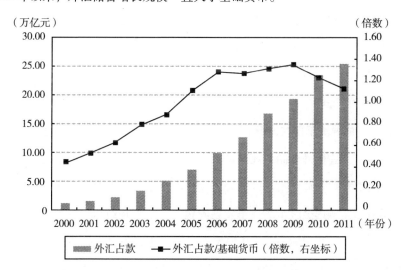

图 3　2000～2011 年外汇占款及其与基础货币比例

资料来源：外汇占款和基础货币均来自《中国人民银行统计季报》及中国人民银行官方网站的数据发布。

显然，如果没有外汇储备的这种增长，那么，中央银行的资产方一定会出现国内债券持有的增长（主要是政府债券持有的增长）。但是，中央银行对政府债券持有的增长，一定伴随着国内债券市场的发展以及政府财政体系的相应成熟，而这又是一个涉及国内金融市场和财政体制改革的深层次问题。

以上简略讨论说明，中国外汇储备的性质不简单地等同于外汇市场流动性支持基金，而是属于一种针对汇率目标的结构性调整手段。外汇储备规模大小问题的症结在于外汇市场和金融市场的体制以及人民币汇率体制。

五、结论

本文研究说明，中国外汇储备不是中央银行的净资产，而是与负债同步增长的资产；中国外汇储备不完全是国民储蓄的对应值，即使外汇储备的一个主要来源是经常账户顺差；中国外汇储备与铸币税概念有很大差别，将外汇储备视为隐性的铸币税收益是不正确；中国外汇储备性质上是"货币市场交换基金"，是中央银行通过外汇市场交易行为集中起来的外汇资金，这种资金的基本意图和作用是维持人民币汇率目标，并使之有助于中国经常账户平衡，避免出现结构性逆差，并促使中国外汇市场和金融体系避免出现震荡性波动。

本文力图证明，有关中国外汇储备性质的"净资产论"、"储蓄论"或"税收论"的说法不仅在逻辑上不成立或不完全成立，而且在政策思路上也可能引起偏误。中国外汇储备规模过大问题的根本症结在于人民币汇率缺少必要的充分弹性以及外汇市场的低开放度。围绕中国外汇储备性质的讨论焦点应当放在看待国内金融市场改革发展问题上，而不是纠缠于一个政府部门与另一个政府部门之间的关系。从根本上说，不能将中央银行通过市场交易形成的外汇储备视为一种财政性资金而将之进行财政性转移或财政性再分配，这样的做法无疑等于改变外汇储备原有的基本经济属性。

另外，有关外汇储备性质的讨论应当联系到更加广泛意义上的国内金融市场的成熟性，着重就国内经济结构过去的不成熟性及其所派生出来的对政府干预市场的需要进行梳理。这样，针对中国外汇储备规模过大问题的改革思路才能坚持从市场原则出发，在中国外汇市场和金融市场发展已经具备相当基础的条件下朝着更加市场化方向迈进。

参考文献

[1] 陈荣、谢平：《关于中国外汇储备问题的若干观点》，载《金融研究》2007年第8期。

[2] 伍戈、张文、明明：《对冲型货币政策的实践与效果》，载《中国金融》2011年第19期。

[3] 王国刚：《基于资产负债表的央行调控能力分析》，载《金融评论》2010年第1期。

[4] 贺力平、林娟：《论外汇投资中的估值效应及其经济影响》，载《金融评论》2011年第6期。

[5] 奥布斯特菲尔德、罗戈夫：《高级国际金融学教程（国际宏观经济学基础）》（刘红忠等译），中国金融出版社2002年版。

[6] 彼得·施普福特：《铸币和通货》，收录于 M. M. 波斯坦、D. C. 科尔曼、彼得·马赛厄斯主编《剑桥欧洲经济史》（第二卷），经济科学出版社2002年版。

[7] 金德尔伯格：《西欧金融史》（第二版），徐子健等译，中国金融出版社2007年版。

[8] 张健华、张怀清：《人民银行铸币税的测算和运用：1986—2008》，载《经济研究》2009年第7期。

[9] 吴汉洪、崔永：《中国的铸币税与通货膨胀：1952—2004》，载《经济研究》2006年第9期。

中国外汇储备增长的新特征[*]

许多研究者都认为，近年来中国官方外汇储备积累快速增长的直接原因是中国国际收支的"双顺差"，即同时出现的显著规模的经常账户顺差与金融账户顺差（贺力平和蔡兴，2008；卢锋，2006a、2006b；余永定和覃东海，2006）。其中，在中国经常账户平衡中，货物贸易顺差占据重要地位（王月溪，2003）。按照这些判断，近年来中国外汇储备积累的大量增加主要归因于贸易顺差和国际资本流入。在资本流入方面，还有一种说法认为，主要是国际热钱流入，即那些追求短期投机收益的境外高流动性资金流入国内（王国刚和余维彬，2010；张明和徐以升，2008）。

本文认为，上述说法如果针对某些特定时期（一年或少数几年中），或许都可以成立。但是，考虑到实际情况的变化以及与之相对应的新近统计数据的出现，依据旧的数据而形成的看法就非常有必要进行调整和修改。

本文分三个部分进行检查。第一部分说明近年来金融账户平衡总体特征是显著的波动性，尤其是非直接投资的、最接近于国际流动性资金的金融账户表现出明显的跨年度波动性。第二部分考察经常账户中货物贸易顺差的贡献程度及其变动情况，并说明经常账户中投资收益贡献程度的上升趋势。第三部分联系中国国际投资净头寸及其构成，说明其通过对投资收益差额的影响而与经常账户顺差发生密切联系。

＊ 本文原载于《金融教育研究》2011 年第 1 期。合作者：刘骞文。

一、金融账户波动性特征

资本与金融账户反映一国一定时期中对外资金交往流动情况。按照惯例，我国国际收支平衡表中的资本与金融账户不涉及官方储备变动。图1显示了1993年以来我国资本与金融账户差额情况。可以看到在这17年中，我国资本与金融账户平衡情况在相邻年度之间有显著波动，尽管在其中许多年份上出现了顺差情形。尤其在自2004年以来，资本与金融账户差额相邻年份之间波动特别剧烈。同时，资本与金融账户差额与当年国内生产总值（GDP）的比率也有上下起伏，最高值不到6%，近年来的最低值在0.5%以下（2006年）。

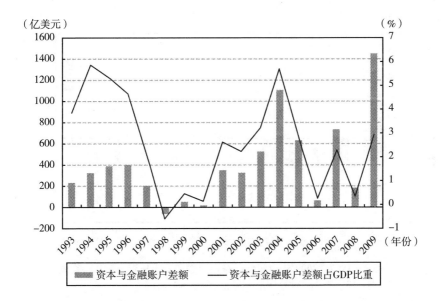

图1 1993～2009年中国资本与金融账户差额

注：差额数经当年人民币/美元平均汇率调整为人民币；2009年国内生产总值数为国家统计局公布的初步数据。

资料来源：国家外汇管理局"中国国际收支平衡表"（各年），中国国家统计局网站。

资本与金融账户由资本账户和金融账户两部分组成。这里的资本账户记录的是居民个人随跨境移居的财产转移以及非生产性非金融资产的交易活动。

在文献和新闻报道中通常说的"资本账户开放"指的是金融账户。按照定义，金融账户包括直接投资、证券投资和其他投资三项。

我国的资本账户差额在 2005 年前一直是逆差，且数额较小，虽然之后转为顺差，但相比金融账户，我国狭义的资本账户差额不属重要。

从整体来看，虽然我国金融账户大多数年份实现了顺差，但其差额年度之间变动幅度很大。从 1997 年到 2009 年中国金融账户平均差额为顺差 416 亿美元，而相邻两年间差额变动的平均值达到了 425 亿美元。一般说来，在金融账户中，直接投资的波动性小于证券投资或其他投资。20 世纪 90 年代中期以来，中国一直是吸引国际直接投资最多的新兴市场经济体[①]，国际直接投资流入一直保持相对稳定。这意味着，我国金融账户差额出现显著波动的项目主要是证券投资和其他投资，如图 2 所示。

（亿美元）

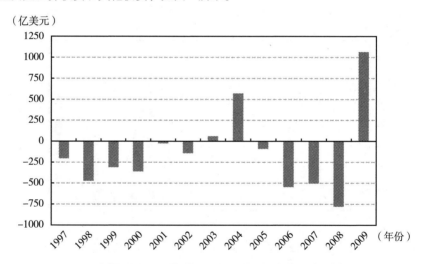

图 2 1997～2009 年中国金融账户差额减直接投资（FDI）差额
资料来源：国家外汇管理局"中国国际收支平衡表"（各年）。

从图 2 可看到，减去直接投资（FDI）差额后的中国金融账户在过去 13 年里体现了两个特征：（1）波动性很大，其中 2008 年与 2009 年的差额达 1850 亿美元；（2）在多数年份出现了逆差，也就是说我国在大部分的时间里

---

① 联合国贸易与发展会议（UNCTAD）《2009 世界投资报告》《2010 世界投资报告》。

证券投资和其他投资之和外流明显大于流入。

直接投资是我国对外开放相对于证券投资或其他投资较多的领域，但却表现出比后者更多的稳定性。证券投资跨境流动属于传统概念中的"资本账户管制"对象，对应于金融市场相对不开放情形。"其他投资"主要涉及短期性贸易融资和银行借贷，它们也属于我国外债管理的对象。前面的简略对比表明，那些受到管制较多的项目客观上表现出显著的波动性，而且是我国金融账户整体波动性的主要来源。

167

二、经常账户平衡变化趋势

从改革开放初期到20世纪90年代中期，我国对外贸易在进出口总额快速增长的同时，差额形势时常出现显著变动。1994年初国内进行了大刀阔斧的人民币汇率体制和外汇体制调整，一方面让官方汇率大幅度贬值，另一方面开始实行外汇强制结售制，推行经常账户下的人民币可兑换。当年我国经常账户由之前的逆差转为顺差，此后经常账户顺差局面一直得以维持。

我国经常账户顺差局面不仅有持续时间长的特点，而且还规模巨大。顺差规模的庞大表现在几个方面：一是绝对量大，从2005年开始我国经常账户顺差突破千亿美元大关，2008年顺差额已经达到了4261亿美元；二是快速增长，从2002年到2008年，顺差每年都保持了至少两位数的增长，其中2002年和2005年还出现了100%以上的增长率；三是顺差额占当年国内生产总值的比重高，从2001年到2007年，经常账户顺差占国内生产总值的比重呈现持续上升趋势，其中2007年经常账户顺差占当年国内生产总值的11.3%。

（一）货物贸易是经常账户顺差的主要来源，但其所占比重逐渐下降

图3显示了1993年以来中国货物贸易差额与经常账户差额。从中可以看到，货物贸易（1997年之前记为"对外贸易"）差额的变动方向与经常账户

第二篇 外汇与中国国际收支 中国外汇储备增长的新特征

差额的变动方向始终保持一致。从 1995 年到 2003 年期间，货物贸易顺差大于经常账户顺差，也就是说，货物贸易是这个时期我国经常账户顺差的来源。2004 年后，经常账户差额超过货物贸易差额。货物贸易顺差占经常账户顺差的比重在逐渐下降，2006 年到 2009 年该比重一直从 85.9% 降至 84%。这表明，经常账户中货物贸易以外的其他项目，包括服务贸易、收益项目和经常转移项目，都对经常账户整体平衡状况带来了日益显著的影响。

（亿美元）

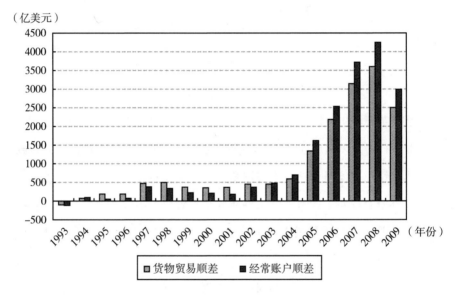

图 3　1993~2009 年中国货物贸易差额与经常账户差额

资料来源：国家外汇管理局"中国国际收支平衡表"（各年）。

（二）收益平衡顺差不断加大及其原因

经常账户中的收益项目由职工报酬和投资收益两个部分组成。职工报酬项是外方在华企业和事业机构外籍雇员报酬汇出与中国在外企业和事业机构中方雇员报酬汇入的差额，投资收益是外国在华投资收益汇出与中方在外投资收益汇入的差额。从我国近年来的数据看，经常账户中收益项目的主要构成是投资收益。

2005 年以前，我国收益项目处于逆差局面，此后开始出现顺差，并且其规模逐渐增大。2009 年投资收益项目顺差额达到 361 亿美元，占当年经常账户顺差额的 12.1%。图 4 显示了 1997 年以来我国收益项目及其中的投资收益项差额。2005 年是一个明显的趋势转折点。

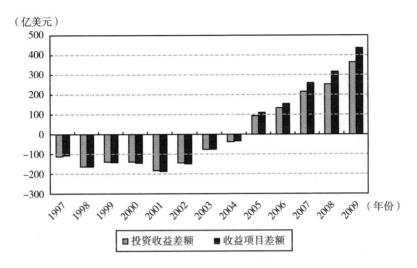

图 4　1997～2009 年我国收益项目差额

注：图中"收益"与"投资收益"之差即为"职工报酬"项差额。

资料来源：国家外汇管理局"中国国际收支平衡表"（各年）。

收益项目从 2005 年转为顺差以及顺差规模不断扩大的主要原因是，包括官方外汇储备在内的我国对外投资近年来有了快速增长，而且增长速度总体上超过了外国对中国投资。我国对外投资的快速增长使我国持有了国际投资净头寸，即我国对外投资存量大于外国对华投资存量。在这种背景下，只要我国对外投资收益率不与外国在华投资收益率相差过大，我国对外投资收益将大于外国对华投资收益，表现在经常账户里就是我国的投资收益顺差。

利用上一年末国际投资额与当年的投资收益额（实际为收益汇兑额）来估算国际投资收益率（石巧荣，2010）。其中，"年末国际投资资产"为国家外汇管理局公布的中国国际投资头寸表的资产方数，该数字包括了中国对外直接投资、证券投资、其他投资和储备资产。按照这种方法估算，近几年来中国对外投资平均收益率为 3.7%，如表 1 所示。

表 1　　　　　　　　**2004～2009 年中国国际投资及其收益**

项目	2004 年	2005 年	2006 年	2007 年	2008 年	2009 年	年平均
中国对外投资收益 （亿美元）（A_t）	185.3	356.2	503.2	761.9	824.8	994	
中国对外资产年末总额 （亿美元）（B_t）	9291	12233	16905	24162	29567	34601	
中国对外投资收益率（％） （$C_t = A_t/B_{t-1}$）		3.83	4.11	4.51	3.41	3.36	3.73
外国对华投资收益 （亿美元）（D_t）	226.9	265.1	371.6	548.5	574.4	632	
中国对外负债年末总额 （亿美元）（E_t）	6527	8156	10503	12281	14629	16381	
外国对华投资收益率（％） （$F_t = D_t/E_{t-1}$）		4.06	4.56	5.22	4.68	4.32	4.59

　　注：国际投资年末总资产包括：对外直接投资、证券投资、其他投资、储备资产。国际投资年末总负债包括：外国来华直接投资、证券投资、其他投资。国际投资收益率按照当年投资收益/去年末资产（或负债）总额计算。这种估算方法有一定的收益率高估倾向。

　　资料来源：投资收益数来自国家外汇管理局"中国国际投资净头寸表"（各年）；国际投资资产和负债数来自国家外汇管理局"中国国际收支平衡表"（各年）。

（三）经常账户顺差成为中国外汇储备的主要来源

　　从不同账户顺差占当年外汇储备增量的比例，可以判断哪个账户顺差是外汇储备的主要来源（见图 5）。计算贡献度所用的公式如下：

$$CA/\Delta R = A \tag{1}$$

$$KA/\Delta R = B \tag{2}$$

其中，CA 为经常账户差额，KA 为资本与金融账户差额，ΔR 为当年外汇储备增量，A 为经常账户差额对外汇储备增量贡献度，B 为资本与金融账户差额对外汇储备增量贡献度。由于国际收支平衡表中存在显著的"错误与遗漏"项，A 与 B 相加不必然等于 100。

　　从图 5 可以看到，2000 年以前各年度之间情况差别很大，但在总体上资本与金融账户对外汇储备增长的贡献大于经常账户。但是，进入 21 世纪后，明显地出现经常账户贡献度大于金融账户的情形。2005 年以来的几年中，这个格局更加明显。

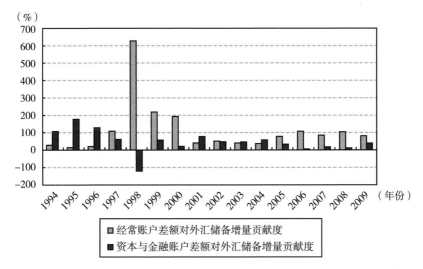

（%）

700
600
500
400
300
200
100
0
-100
-200

1994 1995 1996 1997 1998 1999 2000 2001 2002 2003 2004 2005 2006 2007 2008 2009　（年份）

■ 经常账户差额对外汇储备增量贡献度
■ 资本与金融账户差额对外汇储备增量贡献度

图 5　1994～2009 年不同账户差额对中国外汇储备增量贡献度
资料来源：国家外汇管理局"中国国际收支平衡表"（各年）。

不少学者都认为在资本与金融账户管制和本币不能自由兑换的条件下，经常账户是外国投机资本进入中国的重要通道（唐旭和梁猛，2007；王志浩，2006；尹宇明和陶海波，2005）。这意味着经常账户记录可能存在虚报成分，从而使经常账户顺差对外汇储备增长的贡献度被高估了。但是，有关信息缺乏使得人们难以准确测算虚假部分的具体数值。其次，即使承认这种情况的存在，也倾向于认为这是一个局部性问题，即经常账户统计数据大体上仍然反映了属于经常账户交易性质的活动。也就是说，上述有关近年来中国官方外汇储备增长主要来自经常账户顺差的说法依然成立。

经常账户顺差形成的外汇储备是债权型的（吴念鲁，2007），不仅可以应对外汇市场的短期波动，还可以在一个时期内维护汇率稳定目标，为国内金融体系安全提供"保护阀"。

此外，我们在前面也看到（并参见后面的进一步讨论），我国经常账户顺差来源之一是投资收益，即外汇储备积累本身产生的收益。在这样的背景下，外汇储备增长的意义便可作另外的理解，即这部分外汇增长不再与常见政策目标相关联。

第二篇　外汇与中国国际收支

中国外汇储备增长的新特征

三、国际投资头寸变动趋势及其对经常账户中

投资收益差额的影响

　　如同在前面论述的那样，收益项目顺差数量越来越大，占经常账户顺差的比重也在逐年增加，相应地其对外汇储备增长的影响也在上升。这个情况与我国国际投资头寸的变动趋势紧密相关。近年来，随着我国出现连续性的经常账户顺差和官方外汇储备的快速增长，我国的对外投资在总额上已经大于外国在华投资，也就是我国已经成为对外债权国（见图6）。

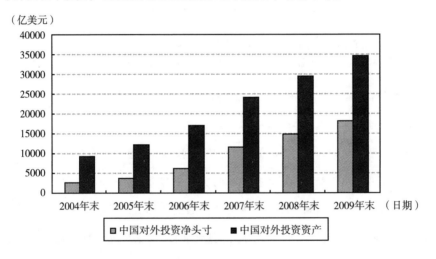

（亿美元）

图6　2004～2009年中国对外投资资产与净头寸

资料来源：国家外汇管理局"中国国际投资头寸表"（各年）。

　　我国的对外投资净头寸从2004年末的2764亿美元增长为2009年末的18219亿美元，增长速度惊人。数额巨大的中国对外投资净头寸，使得在中国国际投资收益率与外国在华投资收益率相差不大的情况下，中国每年可以实现正的投资收益汇入，而且随着净头寸的不断增长，经常账户中收益项下的顺差会越来越大（见图4和表1及其文字说明）。

　　另外，我国对外投资的结构特征也对投资收益顺差的增长起到了一定的作用。我国属于特殊"国际债权国"，体现在：（1）国际债权与官方外汇储

备增长紧密联系，具有"官方债权国"的色彩；（2）我国对外债权主要以债券形式所有，股权形式较少（杨柳勇，2002）。根据中国外汇管理局公布的各年中国国际投资头寸表，2004 年以来，储备资产占我国对外投资总资产比重一直在 64% 以上，在 2009 年末达到了 71%。

需要说明的是，官方外汇储备及其增加也是一种对外投资，即属于政府主导的对外证券投资。它对应于私人部门的对外投资（包括私人部门的对外直接投资、对外证券投资或其他投资）。

如同私人对外投资一样，官方外汇储备资产也产生收益。按照前面表 1 的估算，我国对外投资平均收益率近年来在 3.5% ~ 4.5% 之间（盛柳刚和赵洪岩在 2007 年估计的 2003 ~ 2005 年外汇储备收益率为 2.3% ~ 2.5%）（盛柳刚和赵洪岩，2007）。按照这样的水平，1 万亿美元官方外汇储备一年可产生 400 亿美元外汇投资收益，2 万亿美元官方外汇储备可产生 800 亿美元外汇投资收益。这些收益如果实现，都会进入经常账户中的收益项，从而对经常账户顺差做出贡献。

而且，当经常账户出现顺差时，按照过去已经形成的格局，中央银行的外汇储备将吸收由此而流入国内的外汇资金，从而转化为新的官方外汇储备增加。

这样，在外汇储备、投资收益、经常账户顺差、金融账户顺差之间便出现了一定程度上的循环关系，如图 7 所示。

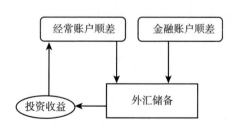

图 7　外汇储备增长与经常账户顺差之间的循环关系

显然，这个循环关系的出现，表明我国外汇储备具有一定程度上的自我增长倾向。也就是说，即使没有货物贸易顺差，只要我国外汇储备规模巨大并能在国际金融市场上获得正常水平的投资收益，那么每年我国经常账户就会出现一定规模的顺差；而只要经常账户继续表现为整体顺差，我国官方外汇储备便会保持持续增长趋势，其增长率便由外汇储备资产的投资收益率来决定。

过去，人们倾向于认为我国外汇储备增长的主要原因是经常账户和金融账户"双顺差"，在经常账户中又主要是货物贸易顺差。现在，我们应当看到一个新情况的出现，即货物贸易顺差对经常账户顺差的贡献作用在相对下降，金融账户不是一个稳定来源，而经常账户中的投资收益顺差则正在成为外汇储备增长的一个新的重要来源。这应当被认为是我国外汇储备增长的一个新特点。

四、总结与展望

通过分析可以看出，在中国的资本与金融账户差额呈现很强波动性的情况下，国际资本流入对外汇储备的贡献在减小，经常账户顺差成为外汇储备的主要来源，投资收益项目顺差在经常账户顺差中的比重越来越大，相应的是货物贸易顺差对外汇储备的贡献度在下降。以往年份中外汇储备快速增多使我国成为对外投资净头寸国，即国际净债权者，不仅如此，庞大规模的外汇储备资产本身也带来显著的投资收益。外汇储备资产所产生的投资收益进入经常账户，即作为投资收益顺差成为经常账户的一部分，而且是数额上越来越大的一部分。这样，即使没有货物贸易顺差，我国经常账户也会因此而继续出现总体顺差局面。

可以据此认为，在外汇储备规模已经十分巨大的背景下，我国外汇储备开始出现了一定程度上的"自我循环增长"的局面。也就是说，在今后，即使我国货物贸易顺差出现减少甚至消失的情形，我国经常账户也很有可能继续保持总体顺差的格局，而且，在此前提下，我国外汇储备也会继续维持增长的趋势。

由于我国外汇储备增长的这个新特点，可以预料，它将带来若干重要影响。首先，外汇储备作为中央银行资产的一部分，其不断增大的趋势会对中央银行资产负债表的结构产生显著影响，并由此可能给中央银行的货币政策运作带来影响，如带来冲销成本及制约国内货币政策等（管涛，2010；罗纳德·麦金农和冈瑟·施纳布尔，2009；王国刚，2010）。虽然有学者认为中国近年来的冲销政策是成功的（Alice et al.，2010），但有研究表明，冲销政策的效果会受通胀率及经济周期的影响（Mohanty & Philip Turner，2006）。因此，要长期保持冲销政策的强度及效果，困难很大。其次，外汇储备资产继续增加可能会给这些外汇资产投资回报带来新的压力。在资金市场上，资金的平均收益率与资金的供求之间存在一定关系。在需求不变的情况下，资金供给的变动便成为影响资金价格和投资收益率的关键因素。我国外汇储备资产收益率很有可能随着外汇储备规模的继续增大而出现一定程度的下降。最后，外汇储备的继续增大也会给外汇资产的多元化配置及其调整带来一定的难度。如果说我国外汇储备增长得到两大因素支持，一是我国贸易顺差，二是外汇资产在国际金融市场的收益，那么，我国外汇储备增长速度在一定时期内就可能超过国际资金市场总容量的增长速度。如果出现这样的情况，我国外汇储备的多元化配置，即在不同的国际金融市场上进行组合投资安排及其调整，就会面临一定难度，并有可能在调整过程中引起国际资产相对价格的变动。

以上这些情况都表明，应对外汇储备继续增长的挑战是巨大的，我们应当有新的思考和探索。

参考文献

［1］管涛：《中国先机——全球经济再平衡的视角》，中国经济出版社 2010 年版。

［2］国家外汇管理局：《2009 中国国际收支报告》，中国金融出版社 2010 年版。

［3］贺力平、蔡兴：《从国际经验看中国国际收支双顺差之"谜"》，载《国际金融研究》2008 年第 9 期。

［4］罗纳德·麦金农、冈瑟·施纳布尔：《中国的金融谜题和全球失衡》，载《国际金融研究》2009 年第 2 期。

[5] 卢锋：《中国的双顺差、日本经验及失衡调整》，载《国际经济评论》2006年第 5 期。

[6] 卢锋：《中国国际收支双顺差现象研究：对中国外汇储备突破万亿美元的理论思考》，载《世界经济》2006 年第 11 期。

[7] 石巧荣：《中国债权国地位与国际投资调控策略》，载《国际金融研究》2010 年第 4 期。

[8] 盛柳刚、赵洪岩：《外汇储备收益率、币种结构和热钱》，载《经济学季刊》2007 年第 7 期。

[9] 唐旭、梁猛：《中国贸易顺差中是否有热钱，有多少?》，载《金融研究》2007 年第 9 期。

[10] 王国刚：《基于资产负债表的央行调控能力分析》，载《金融评论》2010 年第 1 期。

[11] 王国刚、余维彬：《"国际热钱大量流入中国"论评析》，载《国际金融研究》2010 年第 3 期。

[12] 王月溪：《解读中国国际收支平衡表：结构特征、形成动因、调整方向及政策建议》，载《管理世界》2003 年第 4 期。

[13] 吴念鲁：《重新认识我国外汇储备的管理与经营》，载《金融研究》2007 年第 7 期。

[14] 杨柳勇：《中国国际收支的超前结构：特征、形成原因、变动趋势和调整方向》，载《世界经济》2002 年第 11 期。

[15] 尹宇明、陶海波：《热钱规模及其影响》，载《财经科学》2005 年第 6 期。

[16] 余永定、覃东海：《中国的双顺差性质、根源和解决办法》，载《世界经济》2006 年第 3 期。

[17] 张明、徐以升：《全口径测算中国当前的热钱规模》，载《当代亚太》2008 年第 4 期。

[18] Alice Y. Ouyang, Ramkishen S. Rajan, Thomas D. Willett, China as a reserve sink: The evidence from offset and sterilization coefficients, *Journal of International Money and Finance*, 2010 (29): 951 – 972.

[19] Mohanty, Philip Turner, Foreign exchange reserve accumulation in emerging markets: what are the domestic implication?, *BIS Quarterly Review*, 2006 (9).

新中国成立七十年来外汇政策的改革调整和成就[*]

在新中国成立七十年后的今天，中国已成为世界上拥有对外资产最多的国家之一，不但从过去的外汇短缺国变成了外汇充裕国，人民币也由过去持续面临贬值预期转变为在长时间中保持基本稳定的格局。七十年来，中国在外汇政策调整和改革方面经历过不少曲折和困难，能取得今天的巨大成就，实属来之不易。回顾这一历程，有利于总结经验教训，增强信心，更好地迈向未来。

一、外汇政策改革调整所经历的三大时期

新中国成立七十年来，我国外汇政策的调整和改革经历了三大时期的演变。从 20 世纪 50 年代初一直持续到 70 年代末，以外汇高度集中管理为基本特征；接下来的 80 年代初到 90 年代中期为转轨时期，其特征是外汇市场局部开放、外汇资源集中管理分配与市场调剂相结合；第三个时期则是 90 年代中期后开始的更高水平的开放时期，目前仍处于这个时期的继续发展阶段。

---

[*] 本文原载于《国际金融》2019 年第 11 期。

（一）高度集中管理体制的计划经济时期

新中国成立后，外汇领域很快发生了巨大变化。新的外汇管理政策随着新政权的建立陆续颁布。1950 年《外汇分配使用暂行办法》规定，全国各地的外汇收入一律由中央财政经济委员会统一掌握和分配使用。外汇分配的具体原则是：先中央后地方、先公后私。这个基本精神贯穿于整个计划经济时期和转轨时期。

20 世纪 50 年代初，中国银行被确立为唯一可经营外汇业务并主管外汇收支的金融机构。按照规定，所有外汇收入都必须出售给或存入中国银行。中央的机关、企业、团体、学校等需用外汇，由财政部按季报请中财委核准，再由中国银行根据财政部批示将外汇卖给需求单位；地方的机关、企业、团体、学校以及私人需用外汇，由地方主管机关核准发给证件，中国银行凭该证件将外汇卖给需求单位。

当时，外汇政策高度依附于行政体系，外汇收入和分配都服从于集中管理体制。在这种体制下，外汇分配存在歧视性，即来自私人部门（包括个人和非国有企业）的外汇需求通常是得不到满足的。在国有部门内部，外汇需求的分配则要在各个部门、地方和企业之间进行权衡。

外汇短缺也是这一时期的突出问题，只是在当时对外贸易处于高度垄断和人员对外交流基本中断的背景下，普通百姓难以直接感受到外汇短缺。外汇短缺的影响突出反映在对待个人外汇收入和存款的政策措施上。例如，中国银行在 1956 年开办个人外汇存款，分为甲、乙两种，前者面向在华外国人，后者面向中国公民。乙种外汇存款所有人在取款时须将外汇按当日牌价兑换为人民币。这也是当时针对个人外汇存款取款的结汇制度。

此外，针对当时外汇收入的一个来源——海外华人华侨向国内亲属的外汇汇款（即"侨汇"），外汇政策也有一些特别的规定。例如，从 1960 年开始，给予侨汇存款优惠利率（利率水平高于同期限人民币存款）；侨汇存款支取时虽然要兑换为人民币（即不能取回原存外汇或外币），但会发给取款人"华侨物质供应证票"。这种物资供应证票又称为"侨汇券"，面额与人民币等值，持券人可用于购买经过特别安排的商品，包括一些进口货物和国内紧俏商品（例如，粮食、食用油和棉布等），而且这些商品在价格上或多或少都有一定优惠。侨汇券的发行机构为各省份粮食和商业机关，并实行有效期制度。

虽然对侨汇和侨汇存款实行了优惠待遇，并力图扭转一段时期中出现的侨汇收入减少的不利局面，但也反映了这背后在计划管理体制中所存在一系列妨碍外汇收入增长的深层次因素，以及由此带来的外汇短缺形势。这些深层次因素包括人民币汇率定价不够合理，高度集中的外贸外汇体制不利于出口增长，对正常外汇需求的限制也在客观上影响到包括侨汇资金的流入等。

到1980年，中国对外贸易收支总量有很大增加。年度贸易总额从20世纪50年代初的不足20亿美元增加到70年代末超过200亿美元，但收支平衡不稳定，有时顺差有时逆差。实际上，在70年代以前，由于很少利用国际借贷，年度进口（外汇需求）很大程度上受到出口（外汇供给）的制约。当时，如果没有侨汇收入，中国国际收支很多时候会出现逆差。事实上，当时的外汇储备的确不多，最多的一年（1977年）不过9.52亿美元，个别年份中甚至为负数，例如，1974年为 -0.81亿美元，1980年为 -12.96亿美元。

（二）转轨时期的外汇管理

转轨时期外汇政策的显著特点体现为：一方面，尽可能集中外汇资源来满足传统计划经济的使用需求；另一方面，考虑到社会经济的变化，尽可能运用多种手段调动各方面的积极性来扩大出口和吸引外汇资金流入，并在一定程度上放松了对个人和企业正常外汇需求的限制。另外的变化是，在以前高度集中管理时期，外汇政策往往通过内部文件的形式来形成和实施；而在转轨时期，外汇政策及其调整更多地体现在公开发布的条例法规中。

国务院于1980年12月发布的《中华人民共和国外汇管理暂行条例》（以下简称《暂行条例》）规定，国家外汇实行集中管理、统一经营的方针；一切中外机构或者个人的外汇收入，必须卖给中国银行；国家单位和集体组织的外汇收入和外汇支出实行计划管理。这份体现计划经济思想的外汇政策的纲领性文件，一直实行到1996年1月国务院颁布《中华人民共和国外汇管理条例》后才终止。

按照这部《暂行条例》，当时新组建的国家外汇管理局成为外汇政策和外汇交易的主管机关。中国银行继续担负外汇领域中许多政策性功能，同时，也逐步走向企业化、商业化的经营模式。

在这个时期，外汇领域中一些新事物不断出现，外汇政策也出现了许多调整。

一是开始实行外汇留存制度。外汇留存制度最早见于计划经济时期（1958 年），当时主要针对沿海少数几个吸收侨汇和开展非贸易业务较多的地方。1979 年开始，外汇留存办法开始用于开展对外贸易（货物贸易）较多的部门，并很快推广至开展非贸易业务的部门、地方和企业（涉及航空、旅游、酒店和部分零售企业等）。侨汇以及非侨汇的个人外汇收入，后来也适用外汇留存办法，即不要求个人外汇收入和存款全部按牌价兑换为人民币。中国银行在 1984 年推出的"丙种外汇存款"即属于此种情形。

在传统计划经济思想的影响下，外汇留存制度非常复杂，实行中有多种多样的外汇留存。有统计显示，一段时间中外汇留存共有 120 多种，留存比例由 10% 到 100%；而且，各单位的外汇留存额度与它们所拥有的实际外汇数额之间也并不匹配，即有外汇留存额度者不一定实际有外汇资金，而有外汇资金者不一定有外汇额度。

二是出现了外汇调剂市场。外汇调剂是那些拥有外汇留存的单位与那些需要外汇资源但又无外汇留存或创汇能力的单位之间的交换。1980 年推出这个机制时，曾规定参与外汇调剂的限额（500 万美元），而且必须有一定的适用汇率和浮动比例。例如，当时人民币兑美元的官方牌价是 1.50，贸易外汇的内部结算价是 2.80，外汇调剂汇价则可在此基础上上下浮动 10% 或 15%。但在实际交易中，外汇调剂市场的汇价有时高达 4，远高于国家规定官方牌价、贸易内部结算价，也大大突破了调剂价格的上下限。人民币在外汇调剂市场上的大幅贬值，从一个侧面反映出当时中国仍处于外汇短缺、宏观经济形势不够稳定的局面。

外汇调剂市场从一开始就有许多的不完善和局限性。它在很长时间中不是一个统一性的市场，各地都有自己的交易平台，相互之间信息流通并不完全顺畅。尽管 1990 年后允许个人参加外汇调剂，但这个市场并未对社会成员全部开放，存在额度限制。一些参与者在场内场外还必须进行外汇额度的交易，因此，交易成本高，而交易信息透明度却很低。

三是实行了外汇兑换券制度。该制度于 1980 年 4 月推出，一直持续到1994 年。按照规定，携带外汇的人员入境后可将所持外汇按牌价兑换为外汇券，并使用外汇券在境内指定的商业场所购买商品和服务。其中，许多商品和服务的定价低于国内普通商场，且物品种类也有差别。实行这种制度的初衷与早年的侨汇证类似，即为入境的外汇持有人员提供一定的优惠，吸引他们将外汇兑换成与人民币等值的购物券，同时，避免外汇直接在中国境内流通。但实际上，由于外汇券使用范围与人民币的使用范围有交叉，客观上在一定范围和一定程度上形成了同一商品两个标价的情况，价格信号在国内市场上有了新的分化。

总体而言，转轨时期人民币汇价出现了多样性，汇率走势不稳定，外汇短缺问题不仅没有解决，有时还更加严重。

（三）走向开放政策的新时期

国务院于 1993 年 10 月发布《关于进一步改革外汇管理体制的通知》，明确了外汇管理体制改革的长远目标是实现人民币可兑换，现阶段目标是实现"经常项目下人民币可兑换"。中共中央于 1993 年 11 月召开党的十四届三中全会，并在会议中通过了《中共中央关于建立社会主义市场经济体制若干问题的决定》。其中提到，要改革外汇管理体制，建立以市场为基础的有管理的浮动汇率制度和统一规范的外汇市场。逐步使人民币成为可兑换的货币。根据这一新的指导思想，人民币汇率体制在 1994 年初进行了重大调整，取消了官方牌价与外汇调剂市场汇价的差别，建立了全国统一的外汇交易市场，并逐步使外汇交易市场服务于社会各方，让各类企业和个人，都能够参与到规范的外汇交易业务中。与此同时，原来实行的侨汇证和外汇券等都相继退出了历史舞台。

国务院于 1996 年 1 月颁布《中华人民共和国外汇管理条例》，其中第五条规定，国家对经常性国际支付和转移不予限制。中国人民银行时任行长于 1996 年 12 月致信国际货币基金组织总裁，申明中国接受基金组织协定第八条款的义务，实行人民币经常项目下的可兑换。这意味着中国的外汇管理体制真正开始走向了开放。

针对个人的外汇供给政策是外汇管理政策转向开放性的重要标志之一。在计划经济时期和转轨时期，中国居民个人的用汇需求通过正常渠道难以得到充分满足，那些有急需的个人（例如，出国留学、短期商务出访或探亲等）往往只能通过黑市或个人之间的交易。国家外汇管理局 1994 年 3 月出台了《境内居民因私出境兑付外汇的有关规定》，明确了国内金融机构可向那些符合规定并能提供必要证件和证明材料的个人，提供有限额的外汇兑换。尽管手续要求复杂且数额不大，但这毕竟是向个人提供了一个外汇兑换的窗口，意义十分重大。

国家外汇管理局于 2004 年 3 月发布通知规定，居民个人一次性结汇金额在等值 1 万美元以下的，凭真实身份证直接到银行办理；2006 年 4 月，发布《关于调整经常项目外汇管理政策的通知》，放宽境内居民个人购汇政策，实行年度总额管理，每人每年等值 2 万美元；2007 年 1 月，发布《个人外汇管理办法实施细则》，将年度总额提升至每人每年等值 5 万美元；2007 年 8 月，国家外汇管理局发布《关于境内机构自行保留经常项目外汇收入的通知》，停止使用外汇账户管理信息系统的"限额管理"功能。

2007 年开始实行的面向个人"每人每年等值 5 万美元"的外汇兑换额度规定，具有标志性意义，不仅代表了向居民个人经常项目下几乎敞开供给外汇，而且体现了对人民币汇率保持稳定的信心。事实上，自此以后，人民币汇率也经历了数次来自外部市场的冲击，但均成功保持了基本稳定。有了这个起点和基础，人民币走向充分可兑换不再遥不可及。

二、外汇市场改革所取得的重大成就

20 世纪 90 年代中期以来,尤其是进入 21 世纪以后,中国加快了外汇管理体制的改革,外汇市场发展进入以开放为主线的新发展时期。中国的外汇收支和对外资产负债对比关系随之发生了一系列重要变化。中国的对外经济金融事业取得了重大成就。

(一) 从外汇短缺转变到外汇充足

外汇短缺的一个表现是经常账户周期性出现逆差,外汇供求平衡需要依靠动用外汇储备、动用银行机构的外汇结存或者向国外借款来支持。外汇短缺的另一个表现是汇率持续走低,市场预期的基本走势是本币贬值。这些情况我国在 1993 年以前会反复出现。1994 年开始,我国经常账户收支每年都有大量顺差,直到 2018 年,没有任何一年出现过经常账户逆差,且有的年份顺差金额十分巨大。相关数据显示,2005~2017 年,我国每年的贸易顺差金额都超过 1000 亿美元,2008 年经常账户顺差金额更是超过了 4200 亿美元,与当年我国 GDP 的比值高达 9%。与之相应,我国的外汇储备也从 1994 年后逐年增加,并在 2014 年 6 月达到峰值——3.99 万亿美元。我国的外汇储备长时间保持了世界第一的位置。

在这样的背景下,人民币汇率保持了基本稳定,并在很长时间呈上升态势。20 世纪 90 年代中期是我国国际收支格局发生根本性变化的分界点。之后,我国逐渐成为外汇资金充足的国家。

(二) 从对外净负债转变到对外净债权

得益于 20 世纪 90 年代中期开始的经常账户持续顺差,我国成为世界上最大的对外净债权国之一。国家外汇管理局从 2004 年开始编制并发布我国对外资产负债表。根据对外资产负债表的统计,2004 年末,我国对外资产总额为 9291 亿美元,对外资产净额为 2362 亿美元,已成为对外净债权国;截至 2018 年末,我国对外资产总额达到 73242 亿美元,对外资产净额达到 21301 亿美元，两个数字均进入世界前列（见图1）。

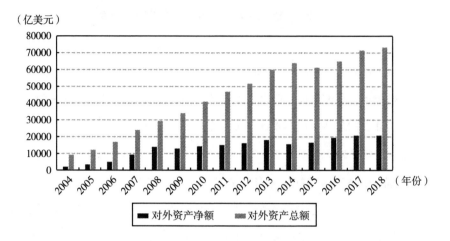

（亿美元）

图1　2004～2018年中国对外资产总额和净额
资料来源：国家外汇管理局。

（三）从多重汇率体制转变到单一汇率体制

在转轨时期，随着外汇留存制度和外汇调剂市场的推出，我国外汇交易事实上存在多重汇率。一是官方公布牌价，通常在数年中保持不变，主要适应于国有企业的货物进口交易。二是非贸易内部结算价，高于官方公布的牌价，但仅适用于从事非贸易交换的企业和机构，主要是那些从事服务贸易的单位。在非贸易内部结算价取消后，外汇调剂市场的汇价成为适用面更加广泛的汇率。但是，各地的外汇调剂市场汇率行情并不完全一致，甚至同一个地方一些企业的外汇调剂汇率也不同于另一些企业的外汇调剂汇率。在不少城市，尤其是沿海地区，外汇黑市一度十分猖獗。一些中小企业、民营企业和个人不同程度上都不得不借助非规范外汇市场来获取外汇，并面临和承担相应的交易成本和交易风险。

有研究者汇集国际资料，编制出了转轨时期人民币兑美元的市场交易汇价数据。通过该数据对1993年1月至1995年12月三年中月度数与官方牌价的对比可以看到，1994年以前，市场汇价与官方汇价差别巨大，例如，1993年3月的市场汇价是1美元兑10.92元人民币，官方牌价则是1美元兑5.7445

元人民币，两者相差接近 1 倍；1994 年初的人民币汇率体制改革以及相应的企业结售汇制度的改革，逐步扭转了这一局面，促使两个汇率快速并轨；但在 1995 年上半年，两个汇价之间仍不时出现一定的差别，直到 1995 年下半年，两者才趋于接近（见图 2）。此时，也正是中国大力推进人民币经常项下可兑换的时候。正是外汇体制的改革，才消除了多重汇率体制，使人民币汇率得以统一。

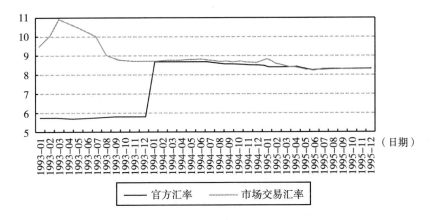

图 2 1993～1995 年人民币对美元兑换价

资料来源：Wind。

（四）从持续性贬值预期到人民币汇率的正常波动

在转轨时期，反复出现的外汇短缺和国内通货膨胀爬升引起了市场对人民币汇率贬值的预期。外汇管制措施的实行也让许多企业和个人从非规范的外汇市场上寻求外汇，而非规范市场的汇率报价与正规渠道之间存在显著差别。事实上，这也是导致人民币汇率不断走低的一个因素。

从 20 世纪 80 年代初开始的人民币汇率持续走低的局面，一直延续到 1993 年。1994 年初实行的人民币汇率体制改革以及后来不断推进的经常项目下人民币可兑换改革，推动中国成为经常账户顺差国，扭转了外汇短缺的局面，国内通货膨胀也得到了有效控制。自此以后，人民币进入升值通道。根据国际清算银行（BIS）编制的数据，人民币名义有效汇率和实际有效汇率指数在 1994 年 1 月以后均不断上升，有时甚至是大幅度上升。两个指数在 2018 年 12 月的水平都大大高于 1994 年 1 月的水平（见图 3）。

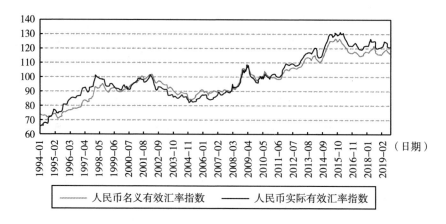

图3 1994～2019 年人民币名义和实际有效汇率指数（月度平均）
资料来源：BIS。

（五）人民币走向国际化

从 20 世纪 80 年代初到 90 年代初，即转轨时期，我国经济逐渐对外开放，很多领域实行了"价格双轨制"；同时，随着人员跨境流动的增加，境外货币进入国内零售流通领域的规模也逐渐增多。在一些沿海地区，尽管主管部门大力提倡人民币和外汇兑换券，但不少零售商和国内居民仍然大量使用外币进行交易，一些商品和服务的标价甚至也采用外币。有研究者估算，港元现钞在内地的流通数额在 1993 年达到 198.9 亿港元的规模，与中国香港金管局估计的 190 亿港元非常接近。如果考虑到当时可能还有一定数量的美元现钞在境内流通，境外货币在中国境内流通的总量在那时应是一个不容忽视的数字。这意味着当时中国经济中事实上已出现一定的"美元化"问题。

进入 21 世纪后，随着包括外汇政策在内的对外开放的推进，以及人民币汇率的基本稳定并持续攀升，人民币国际化进程得以顺利开启并在一段时间得到了快速发展，"美元化"现象随之不复存在。

三、若干重要的经验教训

我国外汇政策改革调整和外汇收支七十年来的演变历程，是一座经验宝库，从中可以得出许多有益的启示并用于指导未来的发展。

第一，外汇管制消除不了外汇短缺。我国在计划经济时期实行高度集中的外汇管理体制，并延续到转轨时期。但在这两个时期，外汇短缺均十分严重。外汇管制是对外汇供求关系的强制性平衡，其效果只能持续很短的时间。长时间实行外汇管制甚至会带来经济关系的扭曲，使外汇资源的分配无法按照市场化方式来进行，也就不可能做到优化。解决外汇短缺问题必须从包括外汇在内的各种经济资源的合理配置入手，而这要求弱化外汇管制。

第二，外汇管制和外汇短缺交织在一起，必然会引致贬值预期，并可形成外汇短缺与贬值预期相互驱动的恶性循环。在 20 世纪 80 年代和 90 年代前半期，中国经济中数次出现国内严重通货膨胀和人民币对外贬值。从表面上看，这似乎是由外汇短缺等因素引起的，但实际上更多是与当时市场上普遍存在的人民币贬值预期相关，而贬值预期又与外汇管制有着密切的联系。外汇管制往往带来市场对同一商品的不同标价，使人民币的市场汇率与官方汇率之间的差别日益增大。这在客观上推升了国内通货膨胀，并引起本币的进一步贬值。20 世纪 90 年代中期以后的改革进程表明，只有在外汇管制逐步减少后，人民币才能摆脱多重汇率体制的困扰，外汇供求关系才能真正实现平衡，公众对人民币汇率走势的信心才会逐渐增强。

第三，市场化改革是消除外汇短缺的根本途径。在计划经济时期，为促进外汇收入增长，有关部门数次出台鼓励外贸发展的措施。进入 20 世纪 80 年代后，更出台了一系列的措施鼓励出口创汇。其中，不仅有对外贸企业的各种补贴，还实行了差别化的汇率体制（例如贸易内部结算汇率）等。这些措施不能说完全没有效果，但都未能扭转外汇短缺的局面。直到 1994 年，按照市场化方向开启外汇体制改革之后，才出现了根本性的转变，并自此形成了持续性的经常账户顺差。

第四，"半开放"时期往往是金融风险最严重的时候。在高度集中的计划经济体制中，全社会资金几乎都在政府部门控制之下。尽管那时也有许多低效率使用资金的情况，包括外汇资金的不当使用等，但通常不会出现汇率和国内金融机构的重大风险。在完全市场化的经济体制中，金融风险频繁发生，但多数都会在刚刚凸显时就会被市场关注并化解。虽然市场经济体也会遭遇重大金融风险和金融危机，但频率相对不高。相对而言，转轨时期最容易出现外汇市场动荡和金融风险。这是因为，这一时期人们的预期相对不稳定、各种信息也不够透明和流畅；同时，政策调整往往也难以做到适度，甚至出现错误。20 世纪 80 年代到 90 年代初期，我国外汇市场多次发生剧烈变动就是例证。

第五，人民币国际化的不断发展，需要以人民币充分可兑换作为基础和支撑。人民币国际化起步于 21 世纪第一个十年。当时，正是中国开始经常项目下全面开放人民币可兑换和人民币开始显著升值的时候。在 21 世纪第二个十年的前半期，人民币国际化得到了快速发展，很大程度上得益于中国继续坚持经常项目下人民币可兑换和实行对外金融开放的政策，也得益于人民币汇率能保持基本稳定。但是，相比国际主要货币，目前，人民币国际化的程度还不够高，未来也还有很大的提升空间。制约人民币国际化继续发展的最大因素就是人民币的可兑换性，这也是人民币目前与主要国际货币之间的显著差别之一。

七十年来，中国的外汇管理体制经历了巨大改革，外汇政策已告别传统计划经济模式，国际收支和对外负债资产格局与过去相比也发生了天翻地覆的变化。展望未来，我们应更有信心地继续推进包括外汇管理体制在内的经济体制改革，坚持市场化导向，在条件成熟时实现人民币的充分可兑换，使人民币国际化获得更大的发展空间，为中国经济的发展创造出更好的外部环境。

参考文献

[1] 丁剑平：《中国经济国际一体化进程的实证研究（英文版）》，湖南大学出版社 2001 年版。

[2] 尚明：《新中国金融 50 年》，中国财政经济出版社 2000 年版。

［3］吴晓灵：《中国金融改革开放大事记》，中国金融出版社 2008 年版。

［4］张钜贤、吴志荣：《港元现钞在内地流通量的估计及未来发展》，载《特区与港澳经济月刊》1998 年第 8 期。

［5］中国银行行史编辑委员会：《中国银行史》，中国金融出版社 2001 年版。

第二篇 外汇与中国国际收支

新中国成立七十年来外汇政策的改革调整和成就

第三篇
美元汇率与美元国际地位

- 美元在全球外汇储备中的地位
- 经济规模与货币国际地位的关系
- 美元汇率与美国国际收支平衡：变动的关系及初步解释
- 美元汇率与美国失业率的关系
- 美元汇率周期与人民币
- 略论美元汇率变动及其对策

美元在全球外汇储备中的地位[*]

美元在国际储备中的地位一直是战后国际货币体系的中心问题之一。在第二次世界大战结束时建立的布雷顿森林体制中，各国普遍确定了各自货币的含金量，并在此基础上确立了与美元的汇率。美国是当时世界上拥有黄金储备（也就是国际储备）最多的国家。对那时的许多国家来说，获取美元就等于获得了国际流动性。在这个大背景下，美元在各国外汇储备中的份额逐渐上升，并在 20 世纪 70 年代达到历史高峰。按国际货币基金组织的统计，美元在可识别的各国外汇储备总额中所占比重在 1978 年约为 80%，超过了此前任何一个年份，也高过后来的任何一个年份。[①]

从事后观点看，20 世纪 70 年代也正是布雷顿森林体系不断经历风雨飘摇，并在剧烈动荡中走向瓦解的时期。在 70 年代上半期，美元在国际货币市场上数次遭遇危机，其汇率多次大幅度贬值。当时许多观察家都预言，美元已丧失了战后国际货币体系的中心地位，其作为国际货币或国际储备货币的地位在以后年份中将逐渐下降。

然而，20 世纪 70 年代末以来，美元作为国际货币或国际储备货币的地位

---

* 本文原载于《美国研究》2016 年第 3 期。合作者：赵雪燕、王佳。

① 国际货币基金组织定期发布的世界各国外汇储备数据中，有部分国家未报告其外汇储备的币种构成。因此，有关各国汇总外汇储备中币种构成的数据仅局限于那些报告了其币种构成的国家。这些就是"可识别各国外汇储备"概念的对象。参见本文有关各国外汇储备总额中美元占比统计数的辨析。

并未出现根本性变化。虽然在随后的时间中，美元在可识别的各国外汇储备总额中的份额未再达到80%的高水平，但几乎一直都保持在不低于60%的水平上。就各国外汇储备的币种构成而言，其他所有货币，包括80年代的德国马克和日元以及1999年以来的欧元——无论指其中某个货币还是这些货币加总起来——都远远低于美元的份额。美元在各国外汇储备中所占据的超高份额，似乎从未受到实质性的挑战。

在既有的学术文献中，研究者们就决定一国货币的国际地位的因素提出了许多看法，但这些看法似乎都不足以解释为什么美元在战后时期，尤其是20世纪70年代以后所拥有的不同寻常的国际储备地位。本文试图将美元的这种地位不仅与美国的国际经济地位（主要以美国占世界产出的份额来表示）相联系，而且与70年代末以来发展中国家作为一个整体的国际经济地位（也主要以它们占世界产出的份额来表示）相联系。发展中国家的经济自80年代初以来出现了加快增长的趋势，并在这个过程中伴随着它们对外汇储备需求的较快增长；与此同时，几乎所有发展中国家的货币都不进入国际储备货币的篮子之中。本文认为，正是这些事实共同地促成了美元在全球外汇储备中的超高份额。因此，解释美元在当代国际储备中的特殊地位，需要联系各国货币金融发展的不平衡，以及汇率体制选择这些问题，并从这一点出发来探讨未来国际储备货币多样化的前景。

一、研究文献的简略回顾

近年来，国内外学术界就外汇储备的币种构成和货币国际化发表了大量研究成果。一般而言，一国外汇储备的多少与经济规模、贸易规模、跨境资金流动、外债水平，以及汇率体制（是否实行浮动汇率制）等因素有密切关系（张志超，2009）。许多论著都认为，影响或决定一国货币成为国际储备候选者的因素是多方面的，包括经济规模、贸易规模、对外开放度、金融体系发达程度、汇率和物价稳定性等。20世纪90年代初学者塔维拉斯（G. S. Tavlas,

1997）在《论国际货币的功能：以德国马克为例》一文中指出，一国货币成为国际储备货币至少需要满足三方面的条件：（1）低且稳定的通货膨胀；（2）国内金融市场的发展具有深度和广度；（3）本国在世界贸易或产出的份额。这个观点为后来的许多论者所认同。多布森和马森（Dobson & Masson，2009）在《人民币将会成为世界货币吗?》一文中联系美元国际储备地位的经验来论述人民币是否在未来成为国际货币，还特别强调了经济规模这一决定因素。作者认为，"（一国）经济规模之所以重要，因为它给了该国市场权力，可让它的货币盛行于其贸易中，让外国人来承担汇率波动的风险。而且，经济规模也有助于增加本国金融市场的广度和深度"。曾对英镑和美元在 20 世纪前半期的关系进行大量研究的美国加州大学教授巴里·埃森格林（Barry Eichen-green）在其 2011 年的专著中指出，"决定一国货币国际地位的是该国的世界强国地位。一国经济的健康状况对于该国货币能否取得并维持国际货币地位至关重要"。

埃森格林和马斐森（Donald J. & Mathieson，2000）基于对 84 个新兴市场经济体和转型经济体 1979～1996 年的年度数据分析得出的结论是，贸易流量、金融流量和汇率体制是各国中央银行对外汇储备需求的决定因素，它们相互间存在长期显著的稳定关系。此外，陈庚辛和弗兰克尔（Menzie Chinn & Frankel，2005、2008）在计量检验中也发现，经济规模（按当前市场价格或购买力平价①衡量的占世界国内生产总值的份额）和通货膨胀率（本国相对于世界平均水平的比率）是影响各货币在全球外汇储备中构成比率的两个因素。

综上所述，一个被众多研究者认同的看法是，一国经济规模是影响其货币在全球外汇储备的份额的重要因素。许多研究者倾向于认为，一国经济规模与其货币的国际储备份额之间的关系是正向的甚至是正比例的。但是，另外，也有研究者通过实证分析得出结论认为，这两个概念（变量）之间的关

---

① Purchasing Power Parity，PPP。

系或许远不是这么简单的。① 本文提出一个新的分析框架，旨在说明一国经济规模与其货币的全球外汇储备份额之间的关系会出现"复杂"情形。而且，线性关系必须建立在一定的条件下。针对美元的国际储备货币地位问题，本文特别指出全球外汇币种构成中的"第三方选择"因素，即发展中国家作为一个整体，由于其自身的货币尚未进入国际储备币种选项，而它们的经济规模近年来在不断扩大，外汇储备需求也在相应增长。因此，发展中国家的储备货币选择行为在很大程度上影响到了美元在全球外汇储备中的份额。

二、储备份额与经济规模的关系：一个简略讨论

一种货币在全球外汇储备中的份额显然与这个货币的发行国在全球经济中的份额有关。如前所述，许多分析者似乎都认为这种关系是线性的。本文认为，这种看法不准确。一种货币在全球外汇储备中的份额与该货币发行国在世界经济中的产出份额有密切关系，但这种关系究竟呈现什么样的情形，还取决于若干相关因素。

设想一个高度简化的情形。世界仅有两个国家，它们相互贸易，并因此而需要拥有一定的外汇储备。它们只能使用对方的货币作为自己的外汇储备，即本币不能用作本国的外汇储备。

在这样的背景下，一个显而易见的情形是，随着本国经济规模的扩大，本国对外国货币作为外汇储备的需要也相应增长。如果本国经济增长速度高于外国，那么，这意味着本国对外国货币的储备需求增长将高于外国对本国

① 丁剑平和楚国乐发表于 2014 年第 12 期《国际金融研究》的一篇名为《货币国际化的影响因子分析：基于面板平滑转换回归（PSTR）的研究》的文章，以 1999 年第一季度至 2012 年第二季度的面板数据（美国、欧洲、日本、英国）为样本，应用非线性面板平滑转换回归（PSTR）模型对国际货币的影响因子进行分析。结果表明，网络外部性、经济增长和净出口这三个因子分别对各国货币的国际化程度具有非线性的影响。这里，经济增长可以认为是接近经济规模的一个概念或变量。此项研究成果显然已经涉及如何看待经济规模与储备货币份额之间的相互关系。

货币的储备需求增长。这样，本国货币在两国外汇储备总额中所占比重反而随着本国经济的较快增长而下降。

这个高度简化的事例显然不完全符合现实世界。现实世界由多个国家构成，并非只有相互持有对方货币作为外汇储备的两个国家。在多个国家的世界中，对外汇储备的币种选择可能出现复杂情形。

一种情况是，当多个国家相互均匀地持有外国货币作为本国外汇储备并且这种外汇储备与本国经济规模呈现固定比例关系时，本国经济增长与本国货币在各国外汇储备中的比重将有两种情况：一是当本国产出份额十分巨大的时候，其货币在全球外汇储备中的份额随本国产出份额的增加而下降；二是当本国产出份额十分微小的时候，其货币在全球外汇储备中的份额随本国产出份额的增加而上升。

这两种情况说明，一国货币在全球外汇储备中的份额与该国在全球产出中的份额之间的关系不是固定不变的。换言之，外汇储备份额与产出份额之间非固定的关系其实表明了一国经济规模的双重作用：在上面所说的分析框架内，随着一国经济规模的扩大，来自他国的对本国货币的外汇储备需求会相应地增长；同时，本国对外国货币的外汇储备需求也会相应增长，并进而抑制本国货币在各国外汇储备中份额的增长。前一种效应可称为"扩大效应"，后一种则可称为"自我抑制效应"。随本国经济增长而同时出现的两种不同效应可被认为是体现了本国经济规模与本国货币在全球外汇储备中份额之间的非线性关系。

另一种情况是，若在多国的世界中，一些国家的货币进入各国外汇储备篮子，另一些国家的货币由于种种原因不进入各国外汇储备的篮子，那么，各国外汇储备中的份额构成将出现高度不均衡的局面。同时，如果后一类国家的经济规模增长较快，那么，各国外汇储备中的币种构成将主要取决于这后一类国家外汇储备的币种选择行为，即它们对某国货币的偏好将在很大程度上决定全球外汇储备中该国货币所占比重。

现实世界中的一个实际情况是，仅有包括美元在内的少数发达经济体的

第三篇 美元汇率与美元国际地位

美元在全球外汇储备中的地位

货币属于各国外汇储备的备选货币，而发展中经济体的货币通常不进入各国外汇储备的篮子。这样，发展中国家外汇储备的币种选择行为便成为影响各国外汇储备中币种构成的一个重要因素。例如，在现实世界中，发展中国家外汇储备的币种选择至少有两大选项：美元和欧元。上述推论的一个含义是：如果发展中国家倾向于选择美元作为其外汇储备的主要币种，那么，在其他要素保持不变时，美元在全球外汇储备中的份额将大于欧元；反之亦然。也就是说，美元在全球外汇储备中的份额，不仅与美国自身的经济规模相关，而且也与发展中国家经济规模及其扩大，以及它们的外汇储备币种选择倾向有关。

近年来世界经济增长中的一个基本事实是，发展中国家作为一个整体，其经济增长速度快于发达国家。考虑到这个背景，理解美元在全球外汇储备中的份额及其变化，也就必须联系到发展中国家快速经济增长以及发展中国家的外汇储备币种选择行为。

如前所述，包括发展中国家在内的世界各国的外汇储备选择行为与多种内外因素有关。就国内层面而言，主要有汇率体制实行固定汇率的国家倾向于积累大规模外汇储备，而实行浮动汇率体制的国家则不需要大量积累外汇储备；就对外层面而言，主要有储备货币发行国的金融市场规模以及对外开放程度和流动性等。例如，就美元与欧元的比较而言，谁在这些指标上对发展中国家具有较多吸引力谁就将获得发展中国家在外汇储备币种选择中更多的青睐。

但是，事实上，就储备货币发行国的相对竞争优势进行量化和对比是有困难的。一个显而易见的事实是，美国与欧元区经济规模不相上下。但美元在全球外汇储备中的份额远远超过欧元。美国金融市场在总体规模和流动性等指标上或多或少优于欧元区，但两者之间的差别究竟有多大则是较难量化并判断的。

本文试图避免这个考察上的困难，转而直接将发展中国家的经济规模与美元在各国外汇储备中的份额相关联进行计量检验，旨在验证这两者之间是否存在因果关系。如果计量检验证实了这种关系的存在，那么便可推理说，诚如上述分析所预期，发展中国家的较快经济增长支持了美元的国际储备货币地位，其中缘故就是发展中国家作为一个整体其外汇储备币种选择行为中的确存在"美元偏好"①。

三、数据整理和计量检验

在进行计量检验之前首先需要对相关的基础数据进行必要的梳理和说明。

负责汇总并发布各成员国国际储备和外汇储备统计数据的国际货币基金组织（IMF）于 2014 年在其官方网站上公布了历年年报（首期年报出版于 1946 年）。每期年报中皆有各成员国国际储备和外汇储备总额的年度数据。数据的详略程度随时间有所变化。从 1986 年年报开始，有关国际储备的数据发布格式和覆盖范围固定下来并延续至今。近年来，国际货币基金组织也在其网站上发布"（各国）官方外汇储备的货币构成"（COFER），其中包括较近年份的季度数据。

图 1 是本文作者基于上述来源整理出来的 1953～2014 年各年度全球外汇储备总额和美元份额（有关美元份额数据的统计评价和调整参见后文详述）。首先看全球外汇储备的增长趋势。在 1953～1967 年，全球外汇储备总额从 137 亿美元增加到 263 亿美元，年均增长 4.4%；在 1968～2014 年，全球外汇储备总额从 320 亿特别提款权增加到 79963 亿特别提款权（按当前汇率换算相当于 11.5950 万亿美元），年均增长 12.5%。若特别关注 1980～2014 年，年均增长率则为 9.9%，这也大大高于 20 世纪 50 年代和 60 年代的水平。全球外汇储备的高速增长出现在 70 年代及其以后，即布雷顿森林体制动摇及瓦解之后的时期。

---

① 客观地说，外汇储备行为中的"美元偏好"不一定仅存在于发展中经济体。现已在国际经济统计中归入发达经济体的日本、韩国、新加坡，以及中国香港和中国台湾等都是外汇储备规模巨大，且外汇储备中美元占比可能较高。这些经济体或多或少也有"美元偏好"倾向。

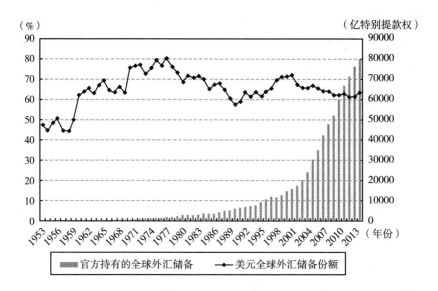

图1 1953～2014年全球外汇储备及美元份额

注：（1）按原发布者说明，1953年各国外汇储备数不包括美国和苏联地区；1954年各国外汇储备数不包括美国。（2）1953～1974年美元占全球外汇储备份额的计算公式为：报告币种构成的成员的美元储备/报告币种构成的成员的外汇储备总额；1975～2013年美元全球外汇储备份额选自国际货币基金组织年报"国际储备"附录表格1.2，2014年份额选自国际货币基金组织官网的（各国）官方外汇储备的货币构成数据库。（3）在货币单位上，1953～1967年年报发布的美元储备和外汇储备的货币单位是美元，1968～2013年年报发布的美元储备和外汇储备的货币单位是"特别提款权"（SDR）。后者创建于1969年，当时与美元的固定比价为1∶1，因此这里也将此比价回溯性地用于1953～1967年数据。（4）这里美元份额数为"未剔除价格变动序列"，参见图2及其说明。

资料来源：国际货币基金组织历年年报和官方外汇储备的货币构成。

图1还显示，美元在全球外汇储备中的份额在这个长时期之初仅为46.9%，并在20世纪50年代绝大多数年份中都低于50%。美元份额的快速和大幅度升高最早出现于60年代，即美元与黄金的固定汇率开始有所动摇的时期。70年代后半期，美元份额达到历史最高峰（1977年为80.3%），此后开始下降，到1990年达到一个新低点（57.5%）。自那以后到21世纪的第二个十年，美元份额大体上一直在60%～70%之间上下起伏。

按照前一节提出的思路，本节将对美元在全球外汇储备中的份额及其影响因素进行计量检验，考察这里所建议的三个变量，即美元汇率指数、美国在世界产出中的份额和发展中国家作为一个整体在世界产出中的份额，是否对美元份额在所考察时期产生了显著的影响以及这种影响的程度。[1] 表面上看起来，有关数据都不难获得。但鉴于现成数据的适用性问题，我们首先应对部分数据进行必要的调整。

（一）数据选择和调整

1. 美元在全球外汇储备中的份额（STATUS）

国际货币基金组织历年年报都公布有各种可识别的货币在全球外汇储备总额中的构成数。这些可识别的货币主要是美元、英镑、日元、瑞士法郎，以及后来合并进欧元的一些货币（例如联邦德国马克、法国法郎等）等。[2] 从这类数据可计算出美元占全球外汇储备总额的份额。

但是，这样计算出来的美元份额涉及一些问题。首先，不是所有的成员都向国际货币基金组织报告各自外汇储备的币种构成。基金组织汇总的币种构成数仅仅适用于那些已向基金组织提交这种报告的国家（地区）。例如，以2013 年末数据为例，当时未向基金组织报告币种构成数的国家（地区）合计拥有外汇储备 3.5488 万亿特别提款权，占当年末全球外汇储备 7.5883 万亿特别提款权的 46.8%。这也意味着，如果使用基金组织发布的美元份额数，这其实只能真实地反映那些已报告其币种构成的国家的外汇储备情况。对此，本文的一个假设性推测是，已报告币种构成的国家与未报告币种构成的国家在它们各自的外汇储备中美元所占份额大体上是接近的。

其次，国际货币基金组织所汇总的各国外汇储备币种构成数据基于各个时点上的现行汇率，而这也意味着如果使用这样的连续时间序列，那么，币

---

① 本文计量检验部分仅针对这三个变量的理由在于，这里拟对前节理论讨论中的特殊情形（即有一类国家的货币不进入各国外汇储备篮子）进行验证，同时将其他许多相关因素（例如金融市场开放性和流动性等）作为影响各国（尤其后一类国家）外汇储备币种选择的隐含因素。如果计量结果显示发展中国家的影响系数为正，那么，从计量结果便可推测这些隐含因素事实上发挥了正面作用。

② 在 1975～1978 年的统计数中，可识别的储备币种有美元、日元、英镑、瑞士法郎、德国马克、法国法郎、荷兰盾 7 种货币；1979～1998 年统计数中，可识别的储备币种还有 ECUs——"欧洲货币单位"，即欧元的前身；1999～2013 年的统计数中，可识别的储备币种有美元、欧元、日元、英镑和瑞士法郎共 5 种货币。

种构成数据（例如各年度美元份额数）本身已经包含了汇率变动的影响。按照本文理解，币种构成及其变动会受到汇率变动的影响，而如果体现前者的数据本身已经包含了汇率的影响，那么，计量检验汇率变动对币种构成的作用就会失去准确性。因此，在数据允许的条件下，应对国际货币基金组织提供的币种构成数据进行剔除汇率变动因素的调整工作。

事实上，国际货币基金组织从 1980 年年报开始发布可识别的币种构成年度变动中的"数量变动"（quantity change）和"价格变动"（price change），[①]此数据最早可追溯到 20 世纪 70 年代前半期。"数量变动"指各国官方增加或减少储备货币的持有数量（即购买或出售外汇资产的数额），"价格变动"则指汇率变化导致的外汇储备数额的变动（不涉及现成外汇资产的买卖）。显然，即使有关国家的外汇储备的原有数额在一定时期内没有发生任何变化，汇率变动（即"价格变动"）仍会带来由各构成币种汇总而得的外汇储备总额的价值变动，并使得其中的构成币种的相对比例发生改变。因此，我们需要剔除这些"价格变动"，得到仅仅反映"数量变动"的各国外汇储备总额以及其中的美元份额。

图 2 显示的是美元全球外汇储备份额的"剔除价格变动序列"和"未剔除价格变动序列"。从图 2 可以看到，除了少数年份外，两者的差别是明显的。在多数年份里"剔除价格变动"的美元全球外汇储备份额大于"未剔除价格变动"的美元全球外汇储备份额。这主要是因为，在这些年份中，美元汇率呈现下降情形。当美元汇率下降时，按现行汇率计算的美元份额通常会

---

① 国际货币基金组织年报统计附录中发布有通常编号为 1.3，名称为 "Currency composition of official holdings of foreign exchange, end of year, in billions of SDRs"（［各国］官方外汇持有的币种构成，年末数，10 亿 SDR 单位）的统计表格。该表格包括报告币种构成的成员的外汇储备（allocated reserves）、未报告币种构成的成员的外汇储备（unallocated reserves）和全球外汇储备总额（total official holdings）三部分内容，其中报告币种构成的外汇储备数据报告了各储备币种及所有储备币种加总在一起的年变动值（change in holdings）和年末值（year ~ end value），年变动值又进一步细化为数量变动（quantity change）和价格变动（price change），即储备货币的变动是由数量变动（指各国官方增加或减少储备货币的持有数量导致的外汇储备数额的变动）和价格变动（指汇率变化导致的外汇储备数额的变动）两种因素共同作用的结果。未报告币种构成的成员的外汇储备和全球外汇储备总额的数据有年变动值和年末值两组数据。

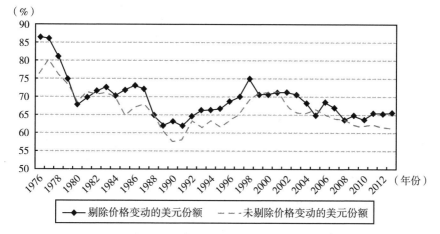

图 2　1976 ～ 2013 年美元在全球外汇储备中的份额

注：剔除价格变动序列与未剔除价格变动序列。

资料来源：国际货币基金组织历年年报统计表格，"未剔除价格变动序列"直接来自这些年报的统计数（通常发布在年报的"国际储备"附录表格 1.2 中）。[①]另外，就一些年份而言，国际货币基金组织不同年份的年报针对同一年份所发布的数据前后不一。对此，本文采取"选择使用较近年份年报数"原则。"剔除价格变动序列"系根据上文中所说进行调整的结果，"剔除价格变动"的美元全球外汇储备份额的计算方法为：用美元储备年末值减去美元储备价格变动的差比上所有列举的储备币种储备年末值减去其价格变动的差。这样计算的意义在于，在给定数据可得性的条件下，"价格变动"因素已在一定的范围内被剔除；这个"一定范围"在这里就是各列举储备货币的加总数。超出这个范围，受到数据可得性的局限而无法将剔除"价格变动"的工作再推进。[②]

――――――――――

① 国际货币基金组织年报通常在统计附录表格 1.2 发布各列举币种及未列举币种合计在各国外汇储备中的份额。据测算，这种份额数字基于表格 1.3 中的数据。例如，就美元而言，表格 1.2 发布的各年份美元份额（%）即美元储备年末值比上全球外汇储备年末值与未报告币种构成的成员的外汇储备年末值的差额。显然，这些数值包含"价格变动"（price change），即属于"未剔除价格变动的序列"。上文中已指出，这些数值显然不应用于计量检验。当然，国际货币基金组织年报的统计附录表格 1.2 发布的各货币的外汇储备份额实际上还区分了"发达经济体"和"发展中经济体"。这种划分后的数字自然有其特别的意义。

② 另外，需要说明的是，对 1979 ～ 1998 年数据的处理，公式中作为分母的所有储备币种的储备年末值减去其价格变动的差还要减去欧洲货币单位（ECUs）的对应数。1979 ～ 1998 年期间，欧洲货币单位是欧共体成员国用于内部计价结算的货币单位，成员国需把 20% 的黄金储备和美元储备存放到欧洲货币共同基金（Euro-pean Monetary Cooperation Fund），才得到相应的等额欧洲货币单位。从国际货币基金组织年报公布的数据看，1979 年的全球黄金储备和美元储备明显减少，取而代之的是欧洲货币单位储备的增加。实际上，黄金储备和美元储备并没有真正减少，只是转变为新发行欧洲货币单位的准备金，即它们的报告位置发生了改变。所以，在计算美元全球外汇储备份额时，分子中应加上作为欧洲货币单位准备金的美元储备，分母中应减去作为欧洲货币单位准备金的黄金储备，即把欧洲货币单位这种储备币种剔除掉。但国际货币基金组织年报没有公布欧共体成员国的国际储备数据。受限于数据的可得性，1979 ～ 1998 年剔除价格变动的美元全球外汇储备份额的计算方法为：分子是美元储备年末值减去美元储备价格变动的差，分母是所有列举的储备币种储备年末值减去其价格变动值再减去欧洲货币单位的储备年末值与欧洲货币单位价格变动的差，分母中减去了作为欧洲货币单位准备金的黄金储备，分子和分母中都不包括作为发行欧洲货币单位准备金的美元储备。

相应地变小。因此，剔除价格变动因素后，美元在全球外汇储备中的份额比不进行这种调整时相应增大。如前所述，"剔除价格变动"的序列应是用于进行计量检验的数据。另外，如图2资料来源与图下注中所说，用于计算"剔除价格变动"美元份额数的分母（报告了其外汇币种构成的国家）小于"未剔除价格变动"序列者，这或许也是一个因素。

2. 美国与发展中国家在全球产出中的份额（分别为 GSHARE2 和 GSHARE1）

按照前一节提出的思路，美国与发展中国家在全球产出中的份额是影响各国官方外汇储备币种构成的两个重要变量。在这方面，现成数据显然可以加以使用，即使用按购买力平价方法估算的有关经济体在世界国内生产总值中的份额数据。国际货币基金组织发布有世界各国按购买力平价方法估算的自1980年以来连续年份的国内生产总值数据。使用购买力平价方法的好处在于，剔除了汇率变动和价格变动的因素，至少是在很大程度上降低了汇率和价格变动的扰动作用。

图3显示了1980年以来的两组数据。1992年据出现一个显著跳跃，这应是出于数据统计方法上的缘故。但基本趋势是相当清楚的：一方面，20世纪90年代初以来，美国的世界产出份额逐渐有所下降，21世纪第一个十年中期以后下降趋势更加明显；另一方面，发展中国家作为一个整体的世界产出份额逐渐上升，进入21世纪后甚至出现加快上升情形。

3. 美元汇率指数（NEER）

本文研究的对象是美元在全球外汇储备中份额的决定因素。很明显，美元汇率是其中一个重要影响因素。当美元汇率上升时，各国外汇储备篮子中美元资产的价值不仅会相应增加，而且还很可能促使许多国家货币当局增加对美元资产的买入和持有，从而推动美元份额的上升。

显然，在一个存在许多国家和货币的现实世界中，衡量一种货币综合对外汇率的正确途径是有效汇率指数。本文的目的仅限于检验美元汇率与美元外汇储备份额的简单关系，因此，在这里使用美元的名义有效汇率指数就应足够了。

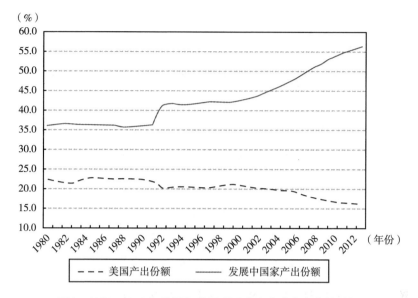

图3　1980～2013年美国与发展中国家在全球产出中的份额

注：按购买力平价计算。

资料来源：《世界经济展望》数据库（World Economic Outlook Database）。

已有多个机构定期编制和发布包括美元在内的许多货币的有效汇率指数。这里选择国际清算银行（BIS）编制的美元名义有效汇率指数（基期2010年＝100）。该指数始自1964年，并为月度数。这里将有关年份（1980～2013年）的12个月度数简单平均转化为年度数。

（二）计量检验

基于前面第二节理论讨论，尤其是关于部分国家的货币不进入别国外汇储备篮子的特殊情形，本文检验的主要目的在于考察各国（地区）相对经济规模对美元储备份额的影响，同时考虑美元指数变动的影响。计量检验公式中的因变量（被解释变量）是美元在全球外汇储备中的份额（*STATUS*），三个自变量（解释变量）分别是发展中国家在全球产出中的份额（*GSHARE*1）、美国在全球产出中的份额（*GSHARE*2）与美元汇率指数（*NEER*）。考察期为1980～2013年。

计量检验的步骤是首先对所有变量的时间序列进行单位根检验。具体检验方法是迪基—福勒检验法（Augmented Dickey - Fuller test，ADF）。这是因为如果对非平稳的时间序列直接构建回归模型，会导致所得结果不准确。迪基—福勒检验法的检验结果显示，因变量和自变量都是不平稳的序列，但其一阶差分序列都是平稳的。考虑到虽然因变量和所有自变量都是不平稳的时间序列，但也存在多个非平稳时间序列的线性组合是平稳的可能性。倘若存在这样一种平稳的线性组合，则非平稳的时间序列之间就具有协整关系，并进而可以推论各自变量是否对因变量有影响及影响程度如何。

基于此，在对所有变量进行迪基—福勒检验法检验之后，下一个步骤是利用恩戈尔和格兰杰（Engle & Granger）1987 年提出的协整检验方法，即 EG（两作者名字的首字母组合）两步法来检验因变量与自变量之间是否存在协整关系，也即看三个自变量对因变量的影响程度如何。

协整检验方法两步法的第一步是对回归方程进行普通最小二乘估计（method of ordinary least squares，OLS），用以计算各自变量对因变量的影响程度，第二步是对回归残差进行单位根检验，即检验回归方程的残差是否是一个平稳序列。如果残差是平稳序列，说明因变量与自变量之间存在稳定的均衡关系，模型的设定是正确的，反之说明因变量与自变量之间不存在稳定的均衡关系。本文计量检验结果显示回归残差是平稳的，即因变量与自变量之间存在稳定的均衡关系。

各自变量对因变量的影响程度如下：美国在全球产出中的份额对美元全球外汇储备份额正的影响最大，估计系数为 0.458；发展中国家在全球产出中的份额对美元全球外汇储备份额也有较大的正的影响，其估计系数为 0.433；美元名义有效汇率对美元全球外汇储备份额也是正的影响，估计系数为 0.331。

除了对自变量与因变量之间的关系用普通最小二乘估计法进行估计外，考虑到自变量有可能与扰动项相关，会形成"内生性"问题，导致估计的结果有偏差，需要用工具变量法来克服，而广义矩估计（generalized method of moments，GMM）是一个稳健估计量，允许随机误差项存在异方差和序列相关，因此，基于广义矩估计方法的优点，选用广义矩估计法对回归方程再次估计，作为对上述估计结果的比较和补充。对于潜在的"内生性"问题，选取自变量和因变量,以及它们的 1~3 阶滞后项作为工具变量来克服。广义矩估计法的估计结果和普通最小二乘估计法的估计结果相似,三个自变量对因变量都是正的影响,其中美国在全球产出中的份额对美元全球外汇储备份额的影响程度最大,估计系数为 0.536,其次是发展中国家在全球产出中的份额的估计系数为 0.488,美元名义有效汇率的估计系数为 0.315,三者的估计结果均非常显著。此外,工具变量经检验都是有效变量,回归残差也显著通过平稳性检验,说明该回归不存在"伪回归"问题,模型设定正确。因变量美元全球外汇储备份额和三个自变量美元名义有效汇率、发展中国家在全球产出中的份额、美国在全球产出中的份额存在长期均衡关系。

以上计量检验结果表明,美国和发展中国家在全球产出中份额均对美元在全球外汇储备中的份额具有正的影响。对比第二节理论分析,这应解读为,美国经济增长(或者说"相对经济规模")之所以对美元国际储备货币地位有正的作用,从根本上说应归因于自 20 世纪 70 年代以后美国实行浮动汇率体制,并因此切断了其经济增长与自身外汇储备增长的关联(也就是美国自身的外汇储备规模不再随其经济规模的变动而变动)。

此外,发展中国家产出份额对美元储备份额的显著正影响可理解为,发展中国家作为一个整体在其经济增长过程中形成了对美元外汇储备的强烈需求,即有明显的"美元偏好"。在这背后,一方面有美国金融市场对外开放程度较高、流动性也较高等因素;另一方面可能有来自发展中国家自身行为的缘故。

总之,上面的计量检验结果表明,支持美元在全球外汇储备中份额在所考察时期中的因素除了美元汇率之外,美国自身经济规模的相对大小和发展中国家经济增长是两个重要的具有正向作用的相关因素。

四、结论与展望

许多研究者倾向认为,决定一种货币的国际储备地位的最重要的因素是货币发行国的经济规模。按照这种看法,若一国在全球产出中的份额越高,其货币在全球外汇储备中的份额也就越高。本文提出的理论分析表明，一国货币的外汇储备份额与产出份额的关系不是这种线性关系。在一个相互依赖即各国将别国货币作为自己外汇储备候选者的世界中，每个国家随自身经济增长都会产生出对他国货币的外汇储备需求，同时，其他国家也会倾向于增加对这个国家货币的外汇储备需求。这样，随着一国经济增长，在全球外汇储备构成中，便出现两种相互对立的倾向或效应：一是"扩大效应"，即本国经济增长带动别国对本国货币外汇储备需求的相应增长，二是"自我抑制效应"，即本国经济增长带动本国对外国货币外汇储备需求的相应增长，从而限制本国货币在全球外汇储备中份额的扩大。

"自我抑制效应"的前提是本国的外汇储备需求与本国经济增长之间存在相对固定的比例关系。但是，事实上，自20世纪70年代以来，许多国家，尤其是包括美国在内的发达经济体，纷纷转向了浮动汇率体制。对这些国家而言，外汇储备与国内生产总值之间不再有相对固定的比例关系。也就是说，就美国这样的经济体而言，外汇储备份额变动中的"自我抑制效应"便消失了。同时，其经济增长与美元的全球外汇储备份额之间的关系便倾向于成为线性。

世界上有许多国家（地区）的货币未进入各国外汇储备的候选名单，即这些国家（地区）的货币不是国际储备的构成者，但它们却是外汇储备的日益重要的需求者。我们的讨论和分析显示，这些国家（地区）的外汇储备的行为（包括它们的币种选择行为）成为决定全球外汇储备币种构成的最重要因素之一。

基于以上理论分析，本文对20世纪80年代以来美元的全球外汇储备份额进行了计量检验。计量结果表明，美元全球外汇储备的时间序列同时受到三大因素的影响：美元汇率、美国在全球产出中的份额、发展中国家作为一个整体在全球产出中的份额。其中，美国在全球产出中的份额影响力最大，但另外两个因素的影响力相加则超过了前者。这个计量检验结果表明，从美元的数据来看，一国经济规模是影响本国货币在全球外汇储备中份额（或者说本国货币国际化）的一个重要因素，但并不是唯一因素。其他相关因素同样也十分重要。

结合实际数据看，在本文所考察的时间（1980~2013年）范围内，美元汇率呈现上下起伏的情形，其对美元的全球外汇储备份额的总体影响是波动性的；美国在全球产出中的份额呈现下降趋势，其对美元的全球外汇储备额的总体影响是负面的，即促使美元份额不断地相应地降低；同时，发展中国家作为一个整体在全球产出中的份额在不断上升，其对美元份额的总体作用是显著的支持态度，即促使美元份额相应地上升。而且，特别值得指出的是，美元份额得到的来自发展中国家作为一个整体的支持作用在程度上高于美国自身经济地位的下降。正是这一点，客观上促成了美元份额在20世纪80年代初以来未出现明显的趋势性下降的基本原因。

为何发展中国家作为一个整体，其经济增长会形成对美元在全球外汇储备中份额的支持？按照本文的理解，这首先是因为发展中国家的货币未进入各国外汇储备的篮子，这样，它们的外汇储备需求不得不局限于诸如美元和欧元等少数几种国际货币。其次是发展中国家作为一个整体，在其经济增长过程中表现出了极其显著的外汇储备需求不断增长的倾向。如图4所示，在1980~2013年，发展中国家作为一个整体，其外汇储备与国内生产总值的比

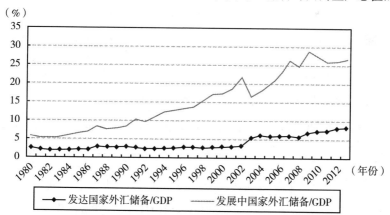

图4　1980~2013年外汇储备与国内生产总值的比例
（发达国家与发展中国家）

资料来源：原始数据来自《世界经济展望》数据库（World Economic Outlook Database）。国内生产总值为按当前价格和汇率计算的美元值；外汇储备数原为特别提款权单位，已按其与美元的历史汇率转换为美元值。

例呈现不断上升的趋势，从约5%达到超过25%的水平（期间个别年份中的下降主要是因为部分具有高外汇储备倾向的经济体从"发展中"转为"发达"类别）。与此同时，发达国家作为一个整体，其外汇储备与国内生产总值的比例显著地低于发展中国家，其间虽有所上升，但低于发展中国家的程度随时间而提高了。

不难理解，发展中国家作为一个整体，其强烈的外汇储备需求与多个因素相关：转向外向型增长模式，外债负担日益增加，汇率体制上具有明显的低弹性特点，国内货币金融市场中有较多的不稳定性，等等。其中，汇率体制的因素，即较多地实行固定汇率或盯住汇率制，或是一个突出的因素。对这些问题的探讨显然超出了本文考察的范围。

理解发展中国家作为一个整体，为何其经济增长会支持美元在全球外汇储备中份额这个问题还涉及第三个因素，即它们为何没有更多地选择别的国际货币，例如欧元？也就是说，为何它们有着明显的"美元偏好"？本文的理论分析和计量检验实际上皆未有效针对这个问题展开分析，这里或许可以简略地提及几个可能的相关因素：美国金融市场相对欧元区在开放度和规模等方面具有一定的优势；欧元是新生事物，其作为一个有着多个成员国的统一货币仍多少具有不确定性；欧元汇率的波动性与美元可能不相上下。有的研究者还认为，已经高度国际化的货币具有网络外部性（network externality），这使得它被其他国际货币所取代需要经历一个相当长的时间（Barry Eichengreen，1998）。考虑到这些因素，从长远看，在国际货币市场上，欧元仍有可能成为美元最为重要的挑战者（Menzie Chinn & Jeffrey Frankel，2005、2008）。显而易见，在现有的国际货币市场上，发展中国家作为一个"第三方"，其外汇储备的币种选择行为对决定美元或欧元的全球外汇储备份额具有至关重要的作用。

参考文献

[1] 巴里·埃森格林：《嚣张的特权：美元的兴衰和货币的未来》，陈召强译，中信出版社2011年版。

〔2〕张志超：《最优国际储备理论与测度：文献综述》（上、下），载《华东师范大学学报（哲学社会科学版）》2009 年第 2 期和第 3 期。

〔3〕Barry Eichengreen and Donald J. Mathieson, The Currency Composition of Foreign Exchange Reserves: Retrospect and Prospect. IMF Working Paper, No. 00/131, 2000.

〔4〕Barry Eichengreen, The Euro as a Reserve Currency. *Journal of the Japanese and International Economics*, Vol. 12, 1998.

〔5〕G. S. Tavlas, On the International Use of Currencies: the Case of the Deutsche Mark. *Princeton Essays in International Finance*, No. 181, March, 1991.

〔6〕Menzie Chinn and Jeffrey Frankel, The Euro May Over the Next 15 Years Surpass the Dollar as Leading International Currency. NBER Working Paper, No. 13909, 2008.

〔7〕Menzie Chinn and Jeffrey Frankel, Will the Euro Eventually Surpass the Dollar as Leading International Reserve Currency?. NBER Working Paper, No. 11510, 2005.

〔8〕Wendy Dobson and Paul R. Masson, Will the Renminbi Become a World Currency?. *China Economic Review*, Jan. 20, 2009: 124 – 135.

经济规模与货币国际地位的关系[*]

——兼论美元国际储备货币地位的决定

第二次世界大战结束时，布雷顿森林体制确定了以美元和黄金为中心的国际货币体系。在 20 世纪 50 年代初，各国外汇储备总额中英镑所占份额超过一半，大于美元。从 50 年代中期开始，美元份额超过英镑，成为各国外汇储备中主要币种。[①] 战后 20 余年里国际货币体系中美元地位超越英镑被人们普遍地认为是反映了两国相对经济规模和经济实力变化的一个结果。70 年代中，美元在国际货币市场中遭遇数次重大危机，不少人认为美元开始走下坡路，国际储备体系将出现多元化趋势。自 80 年代以来，随着许多发展中国家的快速经济增长，美国经济的相对规模（以其国内生产总值 GDP 在世界总额中的占比来衡量）的确也出现了持续性下降趋势。但是，美元在全球外汇储备中的份额却未见实质性的下降。90 年代末欧元的出现也未促使各国外汇储备的币种构成发生重大改变。

表 1 选取了 1991 年、2000 年与 2016 年主要储备货币在全球外汇储备中的份额与各自国家或地区 GDP 全球份额的数据。入选币种是国际货币基金组织所使用的特别提款权（SDR）的构成货币，其中人民币在 2016 年也被包括在内。这些货币理论上都是各国外汇储备币种选择的备选者，并在不同程度

---

  * 本文原载于《学术研究》2018 年第 8 期。合作者：赵雪燕、王佳。

  ① Catherine R. Schenk, *The Decline of Sterling: Managing the Retreat of an International Currency*, 1945 –1992. Cambridge University Press, 2010.

上是各国对外交易的媒介。如果在所考察期间国际储备体系中出现了多元化趋势，那么，这将表现为全球外汇储备中币种集中度的下降，即币种构成的分散化趋势。观察表1，首先，美元在各国外汇储备总额中的占比没有出现下降，其值在1991年为51.3%，在2016年为65.3%；同时，包括欧元在内的其他重要国际货币的份额在同时期内没有出现上升。1991年全球外汇储备币种构成的标准差为16.7，离散系数为0.84，2016年则分别为22.5和1.35，两者都呈现上升趋势，即全球外汇储备中的币种构成集中度升高了。其次，若将各币种的占比与其所代表的国家或地区的世界产出占比相关联，即检查它们的"相对分布"程度，1991年时标准差为0.55，离散系数为0.6，2016年时两者皆为0.87，也都上升了。也就是说，各国外汇储备的币种构成（无论是以绝对值还是相对值来度量）都在1991～2016年出现了一定程度上的集中化趋势而不是相反。还应注意到，人民币在2016年首次进入国际货币基金组织的SDR，但在当年并未显著影响到各国外汇储备币种构成的集中度或分散度，无论是从绝对值还是相对值来看。尤其从相对值来看，中国GDP的世界产出份额高达14.9%，人民币外汇储备份额却仅为1.1%，两者连接的结果是人民币的相对份额低至0.1，而这未能使得全球外汇储备币种构成的相对值更加分散。

表1　　　1991年、2000年和2016年储备份额与GDP份额的相对关系

项目	1991年			2000年			2016年		
	A	B	C	A	B	C	A	B	C
	储备份额（%）	GDP份额（%）	A/B	储备份额（%）	GDP份额（%）	A/B	储备份额（%）	GDP份额（%）	A/B
美国	51.3	25.4	2.02	67.6	30.4	2.22	65.3	24.7	2.6
欧元区	19.5	25.1	0.78	13.0	19.2	0.68	19.1	15.8	1.2
日本	8.5	14.6	0.58	5.2	14.4	0.36	4.0	6.5	0.6
英国	3.3	5.1	0.65	3.8	4.8	0.79	4.3	3.5	1.2
中国	—	—	—	—	—	—	1.1	14.9	0.1

项目	1991 年			2000 年			2016 年		
	A	B	C	A	B	C	A	B	C
	储备份额(%)	GDP份额(%)	A/B	储备份额(%)	GDP份额(%)	A/B	储备份额(%)	GDP份额(%)	A/B
其他	17.4	29.8	0.58	10.4	31.2	0.33	6.2	34.5	0.2
均值	20.00	20.00	0.92	20.00	20.00	0.88	16.70	19.98	0.99
标准差	16.70	10.03	0.55	24.04	11.14	0.70	22.50	11.52	0.87
离散系数	0.84	0.50	0.60	1.20	0.56	0.79	1.35	0.58	0.87

注：（1）1991 年欧元份额为德国、法国与荷兰三国货币储备份额之和，不包括其他欧元国家货币或 ECUs。（2）离散系数 = 标准差/均值，也称为变异系数（coefficient of variation），用来衡量各观测值偏离均值的程度；离散系数越大，说明各观测值偏离均值的差异越大，各观测值分布的不均衡程度越高。（3）储备份额数据来自国际货币基金组织年报及 COFER 数据库，GDP 份额数据来自国际货币基金组织 World Economic Outlook（WEO）数据库。

以上简略的概述表明，20 世纪 70 年代以来全球外汇储备的币种构成没有出现明显的多元化趋势，美元在全球外汇储备中的高占比与美国在世界经济中的相对规模不断下降之间出现了很不对称的情形。如何理解这种不对称的关系，应是一个需要从理论上加以探讨的问题。很明显的是，一国货币的国际地位与本国的经济规模并不必然存在简单的线性关系。本文首先概述国内外学术界关于经济规模与外汇储备份额之间相关关系的代表性研究成果，并依据一个高度简化的模型探讨外汇储备的币种构成与各国在世界产出中的份额之间的关系，然后进行计量检验。

一、相关研究文献综述

关于货币国际地位决定因素的文献中绝大多数都集中在对经济因素的讨论，主要的经济因素包括经济规模、贸易规模、金融市场的发达程度、对外开放度、汇率和物价的稳定性以及货币的网络外部性等方面。

关于经济规模这一因素，多数文献认为一国的经济规模与该国货币的国际地位之间是固定的正相关关系。马修雅马等（Matsuyama et al.，1993）构建了两个国家两种货币的模型，利用随机匹配博弈分析方法研究两种货币竞争成为主要媒介货币的决定因素表明，在开放经济环境下，经济规模越大、国际经济一体化程度越高的国家的货币越有可能成为主要交易媒介。弗兰克尔（Frankel，1995）认为，如果一国的实体经济、国际贸易、金融领域在全球占据重要地位，其本国货币就天然具有国际竞争力，文章通过实证检验证明，储备货币所在国的 GDP 全球份额每提高 1%，其在全球外汇储备中的份额会提高 1.33%。伯格斯滕（Bergsten，1997）以及蒙德尔和罗伯特（Mundell & Robert，1998）在分析货币国际地位的影响因素时也都强调了经济规模的重要性。巴里·艾肯格林（Barry Eichengreen，1998）在"欧元作为一种储备货币"一文中选用美国、英国、日本 1971~1995 年的相关数据实证检验了美元、日元、英镑三种主要储备币种全球外汇储备份额与本国 GDP 全球份额、贸易全球份额及滞后因变量之间的关系，检验结果为 GDP 全球份额与储备货币在全球的储备份额显著正相关，即经济规模增长对货币的储备地位具有正向作用，一国 GDP 全球份额每增长 1%，就会带来本国货币全球外汇储备额 5% 的增长，当然，一国 GDP 全球份额每下降 1%，也会带来本国货币全球外汇储备份额 5% 的下降。多布森和马森（Dobson & Masson，2009）在论述人民币是否会在未来成为国际货币时强调了经济规模的重要性，并认为经济规模有助于增加本国金融市场的广度和深度，从而有利于本国货币的国际化。巴里·埃森格林（Barry Eichengreen，2011）指出，"决定一国货币国际地位的是该国的世界强国地位。一国经济的健康状况对于该国货币能否取得并维持国际货币地位至关重要"。国内学者有关货币国际地位决定因素的研究与国外研究有类似的思路与结论，如姜晶晶和孙科（2015）运用动态面板广义矩估计（GMM-DPD）方法对 1980~2012 年的相关截面数据进行了检验，检验结果表明，经济规模是储备货币选择的显著影响因素之一。

也有学者提出经济规模与货币的国际地位之间不是简单的线性关系。陈庚辛和弗兰克尔（Chinn & Frankel，2005）在"欧元是否最终超越美元"的论文中通过计量检验证明经济规模是影响全球外汇储备币种构成的一个主要因素，并指出，二者之间可能存在非线性关系，在设定计量模型时对因变量进行了逻辑函数转换。国内学者丁剑平和楚国乐（2014）以美、欧、日、英四国 1999～2012 年的面板数据为样本，应用非线性面板平滑转换回归（PSTR）模型对国际货币地位变动的影响因子进行实证分析，检验结果认为网络外部性、经济增长和净出口这三个因子分别对各国货币的国际化程度具有非线性的影响，具体而言，"一国经济规模对该国货币国际化具有正向的非线性的影响，随着一国经济规模的扩大，其对本国货币国际化程度的影响较大，但当该国经济规模超过一定程度时，其对本国货币国际化程度的影响会减弱"。

综上分析，许多研究者都认为经济规模与货币的国际地位之间是正向的线性关系，但也有研究者实证检验得出二者之间的关系是非线性的。本文则提出一个理论分析框架，旨在说明经济规模与储备货币在全球外汇储备中的份额之间存在复杂的关系，同时，该模型特别定义了全球外汇储备币种构成中的"第三方选择"因素，即发展中国家对外汇储备币种规模和结构的选择在很大程度上影响了全球外汇储备币种的构成。

二、储备份额与产出份额的关系

本文认为，一种货币在全球外汇储备中的份额与该货币发行国的 GDP 全球份额有密切关系，但这种关系并不是一种简单的固定比例关系，具体情形还要取决于若干相关参数。

以下设想一个高度简化的情形。基本的假设要点如下。（1）各国的外汇储备规模与各自的经济规模直接相关。现实中，各国的外汇规模受到诸如贸易流量（经济开放度）、外债水平（外债率）和汇率体制选择（是实行浮动还是固定汇率体制）等因素的影响。这里，出于简化分析的目的，我们仅仅认为各国外汇储备规模的决定因素是各自的产出水平，即 $F^I = a^I GDP_t^I$（$a^I >$

0），这里 F^I 表示国家 I 的外汇储备，a^I 为其外汇储备倾向。以后放宽这个限制因素就可以看出各国外汇储备行为的差别及其影响。（2）为避免汇率因素的干扰，这里假定所有国家的产出及其外汇储备均以共同的货币单位表示，例如，可以想象各个变量的度量单位皆是特别提款权。正如本文前面以及后面都认为的那样，事实上，汇率是影响全球外汇储备币种构成大小的一个重要因素。但在这里，出于简化分析的目的，暂时地排除掉汇率因素。（3）各国外汇储备相互依赖，即本币不进入本国的外汇储备，每个国家的外汇储备中仅只能有外国货币。随着分析展开，这个假定可进一步拓展为：在全球外汇储备资产市场上，部分国家的货币成为外汇储备的候选者，另有一些国家的货币不进入别国外汇储备的篮子。

上述三个假定（定义）用符号来表示，我们可以有以下几个等式。

各国外汇储备倾向：

$$F^I = a^I GDP_t^I \quad (a^I > 0) \tag{1}$$

各国在世界产出中的份额，即各国的相对经济规模：

$$w^I = \frac{GDP_t^I}{\sum GDP_t^I} \quad (\sum w^I = 1) \tag{2}$$

各国外汇储备总和等于构成外汇储备的各币种总和：

$$\sum F^I = \sum C^I \tag{3}$$

某个货币在全球外汇储备中的份额：

$$f^I = \frac{C^I}{\sum C^I} = \frac{C^I}{\sum F^I} \tag{4}$$

很明显，分析的任务就是探讨 f^I 是如何决定的，即哪些变量和参数会并且如何影响 f^I 的大小。

下面依次按照最简单的"两国情形"和稍稍展开的"三国情形"来进行分析，其中，"三国情形"又进一步划分为"所有货币进入外汇储备篮子"和"其中一国货币不进入外汇储备篮子"两种情形。

（一）两国情形

由于只存在两个国家，所以，$C^A = F^B = a^B GDP_t^B$；$C^B = F^A = a^A GDP_t^A$。

$$f^A = \frac{C^A}{C^A + C^B} = \frac{a^B GDP_t^B}{a^A GDP_t^A + a^B GDP_t^B} = \frac{a^B w^B}{a^A w^A + a^B w^B} \tag{5}$$

$$f^B = \frac{C^B}{C^A + C^B} = \frac{a^A GDP_t^A}{a^A GDP_t^A + a^B GDP_t^B} = \frac{a^B w^A}{a^A w^A + a^B w^B} \tag{6}$$

这里，f^A 的决定可由其对 w^A 求导来判断，即：$\frac{\partial f^A}{\partial w^A} = \frac{-a^A a^B}{[a^A w^A + a^B (1-w^A)]^2} < 0$，其中，$w^B$ 已改写为（$1-w^A$）。很明显，当 w^A 上升时，f^A 下降。同理，我们也可看到，$\frac{\partial f^B}{\partial w^B} < 0$，即，当另一国的产出份额（$w^B$）上升时，其货币在全球外汇储备中的份额（$f^B$）趋向下降。由此，我们得到以下命题。

命题 1：假设世界上只存在 A、B 两个国家，A 国外汇储备只能是 B 国货币，B 国外汇储备也只能是 A 国货币，那么，当一国产出份额上升时，其货币在全球外汇储备中份额则下降。

这个命题看上去似乎颇感"意外"，其实一点也不应如此。既然本币不进入本国外汇储备，当本国在世界经济中产出份额不断扩大时，在各国外汇储备倾向不变的条件下，本国对外币的储备需求会相应增加，而外国对本币的储备需求则按比例地相对降低。换言之，在这个极端的假设情形中，本国经济增长会带来本国货币在全球外汇储备中份额的自我抑制效应。

（二）三国情形

首先，我们考察三国货币都是相互外汇储备的候选者。这样，我们有：

$F^A + F^B + F^C = C^A + C^B + C^C$　$C^A \neq 0$，$C^B \neq 0$，$C^C \neq 0$

命题 2：定义本国对某外币的币种偏好为本国外汇储备总额中该外币币种的外汇资产所占比例，则 A 国货币外汇资产储备份额取决于 B 国、C 国对 A 国货币的币种偏好；或者更一般地说，一国货币在全球外汇储备中的份额取决于别国对本国货币的外汇储备偏好。

证明：用 β_B^A、β_B^C 分别表示国 B 对 A 国货币、C 国货币的币种偏好，C_B^A、

C_B^C 分别表示 B 国外汇储备总额中的 A 国货币、C 国货币外汇资产。则：

$$\beta_B^A = \frac{C_B^A}{F^B} \tag{7}$$

$$\beta_B^C = \frac{C_B^C}{F^B} \text{且} \beta_B^A + \beta_B^C = 1 \tag{8}$$

用 β_C^A、β_C^B 表示 C 国对 A 国货币、B 国货币的币种偏好，C_C^A、C_C^B 表示 C 国外汇储备总额中的 A 国货币、B 国货币外汇资产。则：

$$\beta_C^A = \frac{C_C^A}{F^C} \tag{9}$$

$$\beta_C^B = \frac{C_C^B}{F^C} \text{且} \beta_C^A + \beta_C^B = 1 \tag{10}$$

全球外汇储备总额中 A 国货币余额是 B 国、C 国外汇储备中的 A 国货币余额之和，即：

$$C^A = C_B^A + C_C^A \tag{11}$$

将式（7）、式（9）经整理代入式（11），得：

$$C^A = \beta_B^A F^B + \beta_C^A F^C \tag{12}$$

由式（1）、式（3）、式（4）和式（12），得 A 国货币在全球外汇储备中的份额：

$$f^A = \frac{\beta_B^A a^B GDP_t^B + \beta_C^A a^C GDP_t^C}{a^A GDP_t^A + a^B GDP_t^B + a^C GDP_t^C} = \frac{\beta_B^A a^B w^B + \beta_C^A a^C w^C}{a^A w^A + a^B w^B + a^C w^C} \tag{13}$$

式（13）表明，f^A 的高低取决于 B 国、C 国外汇储备对 A 国货币的币种偏好 β_B^A、β_C^A，命题 2 得证。

推论 1：同理，B 国货币外汇资产储备份额取决于 A 国、C 国对 B 国货币的币种偏好；C 国货币外汇资产储备份额取决于 A 国、B 国对 C 国货币的币种偏好。

证明：同理，

$$f^B = \frac{\beta_A^B a^A w^A + \beta_C^B a^C w^C}{a^A w^A + a^B w^B + a^C w^C} \tag{14}$$

$$f^C = \frac{\beta_A^C a^A w^A + \beta_B^C a^B w^B}{a^A w^A + a^B w^B + a^C w^C} \tag{15}$$

可得推论成立。

命题3：如果本国对某外币的币种偏好由外国 GDP 占排除本国以外其他国家 GDP 之和的份额所决定，那么各国货币在全球外汇储备总额中的份额取决于各国 GDP 份额的组合。

证明：按假设，A 国对 B 国货币的币种偏好：

$$\beta_A^B = \frac{GDP_t^B}{GDP_t^B + GDP_t^C} = \frac{w^B}{w^B + w^C} \tag{16}$$

同样，A 国对 C 国货币的币种偏好：

$$\beta_A^C = \frac{w^C}{w^B + w^C} \tag{17}$$

B 国对 A 国货币的币种偏好：

$$\beta_B^A = \frac{w^A}{w^A + w^C} \tag{18}$$

B 国对 C 国货币的币种偏好：

$$\beta_B^C = \frac{w^C}{w^A + w^C} \tag{19}$$

C 国对 A 国货币的币种偏好：

$$\beta_C^A = \frac{w^A}{w^A + w^B} \tag{20}$$

C 国对 B 国货币的币种偏好：

$$\beta_C^B = \frac{w^B}{w^A + w^B} \tag{21}$$

且 $w^A + w^B + w^C = 1$。

出于简化分析的目的，设 $a^I = a$（即各国的外汇储备倾向完全一致：这个假定显然不符合现实情况，但不影响后面进行的推论）。将式(16)至式(21)式代入式(13)、式（14）和式（15）可得：

$$f^A = \frac{\frac{w^A}{w^A + w^C}a^B w^B + \frac{w^A}{w^A + w^B}a^C w^C}{a^A w^A + a^B w^B + a^C w^C} = \frac{w^A}{w^A + w^C}w^B + \frac{w^A}{w^A + w^B}w^C \tag{22}$$

$$f^B = \frac{\frac{w^B}{w^B + w^C}a^A w^A + \frac{w^B}{w^A + w^B}a^C w^C}{a^A w^A + a^B w^B + a^C w^C} = \frac{w^B}{w^B + w^C}w^A + \frac{w^B}{w^A + w^B}w^C \tag{23}$$

$$f^C = \frac{\dfrac{w^C}{w^B + w^C}a^A w^A + \dfrac{w^C_t}{w^A + w^C}a^B w^B}{a^A w^A + a^B w^B + a^C w^C} = \frac{w^C}{w^B + w^C}w^A + \frac{w^C}{w^A + w^C}w^B \qquad (24)$$

推论 2：与两国情形不同，在三国情形下，如果 w^A 上升，f^A 可能上升、下降、不变。特别地，当 w^A 在 0 附近时，如果 w^A 上升，f^A 上升；当 w^A 在 1 附近时，如果 w^A 上升，f^A 下降。

证明：考察 f^A 对 w^A 的导数：

$$\frac{\mathrm{d}f^A}{\mathrm{d}w^A} = \frac{w^B}{1-w^B} + \frac{w^A w^B}{(1-w^B)^2}\frac{\mathrm{d}w^B}{\mathrm{d}w^A} + \frac{w^A}{1-w^B}\frac{\mathrm{d}w^B}{\mathrm{d}w^A} + \frac{w^C}{1-w^C} + \frac{w^A w^C}{(1-w^C)^2}\frac{\mathrm{d}w^C}{\mathrm{d}w^A} + \frac{w^A}{1-w^C}\frac{\mathrm{d}w^C}{\mathrm{d}w^A}$$

记上式为 λ_1，则当 $\lambda_1 > 0$ 时，如果 w^A 上升，f^A 上升；当 $\lambda_1 = 0$ 时，如果 w^A 上升，f^A 不变；当 $\lambda_1 < 0$ 时，如果 w^A 上升，f^A 下降。

特别地，有两种代表性情况，由于 $\sum w^I = 1$，且 $0 < w^I < 1$，所以：

（1）当 $\lim w^A = 1$ 时，$\lim w^B = \lim w^C = 0$，$\dfrac{\mathrm{d}f^A}{\mathrm{d}w^A} = \dfrac{\mathrm{d}w^B}{\mathrm{d}w^A} + \dfrac{\mathrm{d}w^C}{\mathrm{d}w^A} = 1 < 0$，即当 w^A 在 1 附近时，如果 w^A 上升，f^A 下降；

（2）当 $\lim w^A = 0$ 时，$\dfrac{\mathrm{d}f^A}{\mathrm{d}w^A} = \dfrac{w^B}{1-w^B} + \dfrac{w^C}{1-w^C} > 0$，即当 w^A 在 0 附近时，如果 w^A 上升，f^A 上升。

以上通过 f^A 对 w^A 导数的考察，表明的是一个共同趋势：当一国的产出份额十分巨大的时候，其货币在全球外汇储备中的份额随本国产出份额的增加而下降；当一国产出份额十分微小的时候，其货币在全球外汇储备中的份额随本国产出份额的增加而上升。换言之，这个对"三国情形"的分析表明，一国货币在全球外汇储备中的份额与该国在全球产出中的份额之间的关系不是固定不变的。

再进一步看，外汇储备份额与产出份额之间非固定的关系其实表明了一国经济规模的双重作用：在上面所说的分析框架内，随着一国经济规模的扩大，来自他国的对本国货币的外汇储备需求会相应地增长；同时，本国对外国货币的外汇储备需求也会相应增长。我们可以将这两种作用分别称为扩大效应和自我抑制效应。扩大效应是指，若本国经济以快于其他国家的速度增长，即 w^A 上升，那么，在其他事物不变的条件下，外国会倾向于选择更多的本国货币作为它们的外汇储备，从而促使本国货币在全球外汇储备中份额升高；自我抑制效应则是，当 w^A 上升时，在本国外汇储备与本国国内生产总值的比例即外汇储备倾向（a^A）保持不变时，本国对外国货币的外汇储备需求会相应增加，从而对本国货币在全球外汇储备中的份额上升产生相应的抑制作用。这两种作用显然是相互对立的。究竟在规模上孰大孰小，至少取决于三个因素：一是本国在世界产出中的份额是大还是小（即 w^I 的大小）；二是本国的外汇储备倾向相对于别国是大还是小（即 a^I 的大小）；三是别国外汇储备的币种选择行为在有多种选择可能性时究竟会如何展开（即 β_j^I 的大小）。后面我们还将结合对美元份额的经验检验回到这些因素的分析上。

其次，再考察三国情形中的一个特例：C 国货币不是储备货币。

在现实世界中，目前世界外汇储备总额中，主要的币种为美元、欧元、日元和英镑等少数几个。几乎所有发展中国家的货币都不进入这个储备货币篮子，或者其所占比例微不足道。国际货币基金组织于 2015 年 11 月决定，人民币将从 2016 年 10 月起计入特别提款权。从长远看，这将有利于提升人民币在世界外汇储备中的份额。正是考虑到这个现实大背景，我们设想三国情形的一个特例，C 国货币不是储备货币，意指发展中国家货币尚未进入国际储备货币篮子。

按照定义，我们现在面对这样一种情形：

$$F^A + F^B + F^C = C^A + C^B + C^C，且 C^A \neq 0、C^B \neq 0，但 C^C = 0$$

命题 4：A 国或 B 国货币在全球外汇储备中的份额主要地取决于 C 国对 A 国或 B 国货币的外汇储备币种偏好；如果 C 国外汇储备特别地偏好于 A 国和 B 国货币中的一种，那么，该国货币在全球外汇储备中的份额将突出地上升。

证明：由于 C 国货币不是储备货币，所以 B 国外汇储备中只有 A 国货币外汇资产：

$$F^B = C_B^A \qquad\qquad (25)$$

A 国外汇储备中亦只有 B 国货币外汇资产：

$$F^A = C_A^B \qquad\qquad (26)$$

由公式（1）~（4）、（9）、（11）、（25）、（26）以及 $C^C = 0$，可得：

$$f^A = \frac{F^B + \beta_C^A F^C}{\sum F^I} = \frac{a^B w^B + \beta_C^A a^C w^C}{a^A w^A + a^B w^B + a^C w^C} \qquad\qquad (27)$$

$$f^B = \frac{F^A + \beta_C^B F^C}{\sum F^I} = \frac{a^A w^A + \beta_C^B a^C w^C}{a^A w^A + a^B w^B + a^C w^C} \qquad\qquad (28)$$

$$f^C = \frac{C^C}{C^A + C^B} = 0 \qquad\qquad (29)$$

比较式（13）、式（14）、式（15）与式（27）、式（28）、式（29），发现在其他条件不变时，f^A 的大小取决于 β_C^A，且与 β_C^A 同方向变化；f^B 的大小取决于 β_C^B，且与 β_C^B 同方向变化。命题 4 成立。这个命题的一个含义是，在全球外汇储备中，各个币种的份额即便与这些货币发行国的经济规模有一定对应关系，但也受到来自"第三方"（即那些其货币不进入别国外汇储备篮子的经济体）外汇储备行为的重要影响。在一定条件下，这些"第三方"经济体的外汇储备行为可能成为决定全球外汇储备币种构成的最重要的因素。

概括以上简略的抽象分析，我们可以认为，一国货币的全球外汇储备份额与其产出份额之间的关系不是固定不变的；一国货币的全球外汇储备份额同时受到本国和外国外汇储备行为的影响；那些其货币不是外国外汇储备候选者的国家随着其经济规模的扩大，它们对全球外汇储备币种构成的影响至关重要。进一步地，各国外汇储备中的币种选择倾向（即前面提到的 β_J^I）在到目前为止的分析框架中仅仅取决于本国以外各国经济规模的相对大小。如果碰巧出现这样的情形，即三国模型中的 A 与 B 两国经济规模相差无几（例如现实中的美国与欧元区经济规模十分接近），那么，还必然有影响 β_J^I 大小的其他因素。反过来说，当通过经验数据的检验发现一组国家外汇储备中某个货币所占比重之大，并且不能由此种货币国（例如美元和美国）的世界产出比重超过可比者（例如欧元和欧元区）的世界产出比重来解释时，我们便可推论说，导致美元储备比重超高的原因必然与其他一些因素有关，例如金融市场的开放度和市场流动性等。

三、数据整理与实证检验

本节对理论模型中的三国特殊情形（C 国货币不进入储备货币篮子）进行计量检验，考察美国 GDP 全球份额、发展中国家 GDP 全球份额、美元汇率变动对于美元全球外汇储备份额的影响程度，之所以只选择这三个可能的影响因素，一是呼应上面的理论模型，二是考虑把金融市场发达程度等作为发展中国家外汇储备币种选择的隐含影响因素，如果实证检验结果显示发展中国家经济规模对于美元国际储备货币地位是正向作用，则可推测出各种隐含因素事实上发挥了正面作用。

（一）数据来源和数据调整

1. 美元全球外汇储备份额（*RSHARE*）

国际货币基金组织（IMF）历年年报及 COFER 数据库官方发布各储备币种的储备份额，储备份额由成员国报告的外汇储备币种构成的数据计算得出，但不是所有成员国都报告自己的外汇储备结构，有些国家仅报告外汇储备总额而不涉及外汇储备构成。以 2016 年末为例，未报告币种构成的成员国的外汇储备总额为 22939 亿美元，占全球外汇储备总额 107157 亿美元的 21.6%。也就是说，IMF 公布的各储备币种的储备份额仅反映了报告储备币种构成的成员国的储备币种分布的总体状况。而且，IMF 发布的各储备币种储备份额的数据都是基于各个时点的现行汇率计算的。这也意味着，储备汇总数据及其份额数据包含了汇率变动的影响。如果用 IMF 公布的现成储备份额，计量检验汇率变动对美元全球外汇储备份额的影响，检验结果就会失去准确性，因此，全球外汇储备份额应剔除汇率变动的因素。事实上，IMF 年报中发布有各主要储备币种年度的"数量变化"（官方增加或减少储备货币的持有数量）及"价格变化"（汇率变化导致的外汇储备金额的变动，不涉及外汇储备资产的买卖）的数据，美元全球储备份额的计算需剔除价格变动即估值效应的因素，仅反映实际储备数量的变动。剔除价格变动的美元全球外汇储备份额基本计算公式为：（美元储备年变动值－美元储备价格变动值）／（全球外汇储备年变动值－全球外汇储备价格变动值），本文选用剔除价格变动的美元储备份额作为被解释变量。

2. 美国与发展中国家 GDP 全球份额（分别为 G1 和 G2）

美国与发展中国家 GDP 全球份额分别用来衡量美国与发展中国家的经济规模，国际货币基金组织世界经济概览（World Economic Outlook，WEO）数据库发布了按购买力平价（PPP）估算的各国 GDP 的全球份额，按此方法计算的 GDP 全球份额剔除了价格变动的扰动因素。

3. 元汇率指数（EER）

一般而言，美元汇率的变化会直接影响美元的储备份额：美元汇率上升时，一方面会使各国美元储备资产价值增加，另一方面也可能会促使一些国家货币当局增持美元资产，从而推动美元储备份额上升。国际清算银行和国际货币基金组织等都定期发布多种货币的汇率指数。其中国际清算银行（BIS）发布美元汇率指数的月度数，从 1964 年开始，跨期较长，本文选用 BIS 发布的名义有效汇率指数，把 12 个月数据取平均值转化为年度数。

剔除价格变动的美元储备份额的数据范围是 1980～2013 年（IMF 年报中外汇储备价格变动等的数据只更新到 2013 年，因此，剔除价格变动的美元储备份额只能计算到 2013 年，之后年份的数据整理工作因为相关数据不可得，无法进行），尽管其他变量的数据范围可扩展到 1980～2017 年，但为了考察时间的一致，各变量的时间范围统一为 1980～2013 年。

（二）计量检验

基于理论模型的推论，尤其是有关三国模型中 C 国货币不进入外汇储备货币篮子的特殊情形，本节的计量模型考察各国（地区）相对经济规模对美元储备份额的影响，同时考虑美元指数变动的影响，首先对各变量取对数，取对数一方面可以减弱异方差，另一方面可以消除变量数量级别相差很大的情况，因此，建议进行计量检验的基本公式为：

$$\log RSHARE_t = C + \beta_1 \log G1_t + \beta_2 \log G2_t + \beta_3 \log EER_t + u_t$$

其中，t 是时间；c 是常数项；β_1、β_2、β_3 是待估计参数；u_t 是扰动项。

考虑到回归过程中可能存在"内生性"的问题，本文选用更为稳健的广义矩估计（generalized method of moments，GMM）方法对方程进行回归，对于可能的内生性问题，选用包括常数项在内的各变量及其 1~3 阶滞后项作为工具变量来克服。

首先选用 ADF 检验法对各变量进行单位根检验，检验结果为各变量原序列不平稳，但其一阶差分序列是平稳的（见表 2）。虽然所有原变量序列都不平稳，一阶差分序列均平稳，但多个不平稳的时间序列组合在一起可能形成平稳的线性组合，这样这些非平稳的时间序列之间就存在协整关系，接下来用恩格尔－格兰杰（EG）两步法检验各变量之间是否存在协整关系。

表 2   各变量 ADF 检验结果

一阶差分	$\log RSHARE$	$\log EER$	$\log G1$	$\log G2$
Intercept	-5.474859 *** (0.0001)	-3.637289 ** (0.0104)	-4.697107 *** (0.0007)	-3.718720 *** (0.0085)
Trend and Intercept	-5.375270 *** (0.0006)	-3.513568 * (0.0548)	-4.961108 *** (0.0018)	-4.048986 ** (0.0169)
None	-5.549897 *** (0.0000)	-3.634952 *** (0.0007)	-3.778801 *** (0.0004)	-3.170548 *** (0.0025)

注：括号内是 P 值，*、** 和 *** 分别表示在 10%、5% 和 1% 的水平上拒绝原假设（单位根不平稳），即表示考察序列是平稳序列。

第一步，对回归方程进行 GMM 估计后得到：

$$\log RSHARE_t = -0.73 + 0.315\log EER_t + 0.536\log G1_t + 0.488\log G2_t + \hat{u}_t$$

$$t = (-1.444) \quad (10.721) \quad (7.361) \quad (5.100)$$

$$R^2 = 0.652 \quad D.W. = 1.307$$

第二步，对残差 $\hat{u}_t$ 进行单位根检验，即检验回归方程的残差是否是一个平稳序列。

$$\hat{u}_t = \log RSHARE_t + 0.730 - 0.315\log EER_t - 0.536\log G1_t - 0.488\log G2_t$$

检验结果说明残差为平稳序列（见表3），被解释变量美元全球外汇储备份额与解释变量美国 GDP 全球份额、发展中国家 GDP 全球份额、美元名义有效汇率之间存在稳定的均衡关系，GMM 估计结果显示，美国 GDP 全球份额对美元储备份额的影响程度最大，估计系数为 0.536，其次是发展中国家 GDP 全球份额，其估计系数为 0.488，美元名义有效汇率对美元储备份额的影响程度三者中最小，其估计系数为 0.315，三者均在 1% 统计水平上显著通过检验。回归过程中用解释变量、被解释变量与其 1~3 阶滞后项和常数项作为工具变量，而且 Sargan 检验证明工具变量是有效的，R^2 为 0.652，说明回归结果拟合度较好，回归残差也显著通过平稳性检验，说明模型设定是正确的，不存在"伪回归"问题。被解释变量美元全球外汇储备份额和三个解释变量美元名义有效汇率、美国 GDP 全球份额、发展中国家 GDP 全球份额存在长期均衡关系。

表3 残差单位根检验结果[4]

变量	水平值		
	Intercept	Trend and Intercept	None
回归残差	−3.798769 *** (0.0073)	−3.723943 *** (0.0361)	−3.868248 *** (0.0004)

注：括号内是 P 值，*** 表示在 1% 的水平上拒绝原假设（单位根不平稳），即表示考察序列是平稳序列。

以上实证检验结果表明，美国和发展中国家经济规模均对美元国际储备货币地位带来正向的影响。对比之前理论模型的讨论，这表明，美国经济增长（或者说"相对经济规模"）在计量检验中未显现出对美元储备地位的自我抑制效应。相反，扩大效应是显著的，而且程度较高。究其原因，从根本上说，这是由于 20 世纪 70 年代以后美国放弃了固定汇率制，转而实行了浮动汇率体制，并因此切断了本国经济增长与自身外汇储备需求增长的关联。也就是说，前面理论讨论式（1）有关系数 α 的假定不适合美国事例了。

此外，发展中国家 GDP 全球份额对美元全球外汇储备份额的显著正向影响的原因为，发展中国家在其经济快速、大幅增长过程中伴随着对美元外汇储备的强烈需求倾向，这一方面表明前述系数 α 的显著性甚至上升性，另一方面也可能表明发展中国家的美元偏好（即系数 β）较高，而其背后的原因多种多样。

综上分析，在考察期内，美元国际储备货币地位的影响因素除了美元汇率变动之外，美国自身经济规模大小和发展中国家经济规模增长是两个重要的正向影响因素，另外，如前所述，美国高度发达的金融市场等方面的优势是发展中国家外汇储备币种偏好美元的隐含因素，这些因素对于美元国际储备货币地位也是正向的作用。

四、结论与展望

多数研究者倾向性认为，经济规模与货币国际地位之间是正相关的线性关系，一国经济规模越大，其货币在全球外汇储备中的份额越高。本文的理论模型则说明二者之间不是这种简单的线性关系。在一个相互依赖的世界中，各国分别持有别国的货币储备，而且随着自身经济的增长，对他国货币的储备需求增加，同时，他国对本国货币的储备需求也会增加，这样，本国经济规模扩大对全球外汇储备币种结构有两方面影响，一方面带来外国对本币储备需求增加的扩大效应；另一方面带来本国对外币储备需求增加的自我抑制效应，即抑制本币全球外汇储备份额的增长。本文理论模型中自我抑制效应的一个前提约束条件是随着一国经济规模的增长，该国的外汇储备需求也会增长。但对许多发达经济体而言，进入后布雷顿森林体系时期以来，放弃固定汇率制，转为浮动汇率制，本国经济增长与外汇储备需求之间的固定联系便消失了，即我们理论模型中的自我抑制效应便消失了。对它们而言，只剩下扩大效应，即随着本国经济规模的增长，外国对本币储备的需求或会增多。

另外，发展中国家的货币不进入各国外汇储备的货币篮子（至少就 2016 年中国人民币加入 SDR 之前的情形而言），而随着它们的经济增长，它们的外汇储备需求不断增长。正是这些发展中国家的外汇储备币种选择极大地影响了全球范围内外汇储备的币种构成。

按照以上分析，本文以美元国际储备货币地位的决定因素为例，对剔除价格变动的美元全球外汇储备份额的长时间序列数据做了实证检验，检验结果表明，美国 GDP 全球份额、发展中国家 GDP 全球份额与美元汇率变动都是美元储备份额的显著影响因素，其中美国 GDP 全球份额的影响力最大，但其他两个因素的影响力叠加起来大于美国 GDP 全球份额的影响力，结合实际数据来看，美国 GDP 全球份额在考察时期内（1980～2013 年）呈下降趋势，美元储备份额也因此受到负面影响；美元汇率变化呈波动性特征，其对美元储备份额带来波动性的影响；发展中国家 GDP 全球份额呈上升趋势，对美元储备份额有显著的正面影响，也是 20 世纪 80 年代以来美元储备份额未出现明显趋势性下降的主要原因。

由此而论，发展中国家经济增长这一因素在很大程度上支持了美元的国际储备货币地位。在 1980～2017 年期间，发展中国家作为一个整体其外汇储备与 GDP 比例从约 5% 上升到 30%，而发达国家这一比例仅从约 2% 上升到10%，后者还包括若干后来被列入的外汇储备倾向较高的东亚经济体（例如新加坡、中国香港和中国台湾等）。为何发展中国家有那么多的外汇储备需求？有综述文献认为，这里面有多种因素：汇率体制、外债水平、贸易规模、跨境资金流动等（张志超，2009）。具体而言，首先，发展中国家汇率制度多为固定汇率制等低弹性汇率制度，其货币当局负有管理汇率的义务，需要拥有较多的外汇储备以便干预汇率；其次，发展中国家国内金融体系相对多不健全，金融市场欠发达，潜在不稳定因素较多，需要准备较多的外汇储备以应对突发金融风险；最后，发展中国家多选择出口导向型的经济增长模式，大量的净出口收入是外汇储备增加的一个主要原因。另外，外向型发展模式也使得一些发展中国家借入较多外债，而外汇储备是应对外债风险的一个重要手段。

发展中国家在储备币种安排上偏好美元，2/3 左右的资产都配置在了美元资产上，较少配置在欧元等其他货币上。本文计量检验中未针对发展中国家偏好美元的具体原因展开分析。这里简单谈及几个可能的原因：美国经济规模大于欧元区，而且拥有比欧元区更发达的金融市场，高度发达的金融市场增强了美元的网络外部性，其他币种与美元竞争甚至取代美元国际地位的难度很大（Kenen，2002）。

以上对经济规模与货币国际地位关系的分析对人民币国际化的发展有重要启示。随着中国经济规模的不断扩大，外国选用人民币作为储备货币的需求增加，这体现了本国经济规模扩大对本币国际地位提升带来的扩大效应；另外，随着中国经济规模的扩大，中国对外汇储备的需求也在增加，2006 年中国首次超过日本成为全球第一的外汇储备大国，2013 年和 2014 年中国外汇储备均超过 3.8 万亿美元，近几年来虽有所下降，但也都超过了 3 万亿美元。中国巨额的外汇储备中很大比例购买了美国国债和机构债券，这在事实上支持了美元的国际储备货币地位，却也可能对人民币国际化的进程产生了前面所说的自我抑制效应。陈卫东和李建军（2010）曾分析了日元国际化进程中存在的问题，认为外汇储备规模大的国家，其货币国际化的程度反而低，因其大量的外汇储备事实上支撑了美元和欧元的国际地位。白钦先和张志文（2011）也曾讨论过日本庞大的外汇储备规模对日元国际化产生了显著的负面影响。这些探讨表明，一国外汇储备规模与本国汇率体制紧密相关，增强汇率体制的弹性有助于切断外汇储备增长与经济增长之间的紧密联系，就中国而言也就有利于人民币的国际化。另外，本文计量检验证明，汇率变动对货币的国际储备地位有显著影响。所以，人民币国际化进程中还应保持人民币汇率长远稳定，虽不必担心短期的汇率波动，但要认识到一国货币持续性的贬值对其国际化的发展是不利的。

参考文献

［1］巴里·埃森格林：《嚣张的特权——美元的兴衰和货币的未来》，陈召强译，中信出版社 2011 年版。

［2］白钦先、张志文：《外汇储备规模与本币国际化：日元的经验研究》，载《经济研究》2011 年第 10 期。

［3］陈卫东、李建军：《日元国际化过程中值得关注的若干问题——兼论一国货币国际化的基本条件与模式》，载《国际金融研究》2010 年第 6 期。

［4］丁剑平、楚国乐：《货币国际化的影响因子分析——基于面板平滑转换回归（PSTR）的研究》，载《国际金融研究》2014 年第 12 期。

［5］姜晶晶、孙科：《基于动态面板数据的国际储备币种结构影响因素分析——兼论人民币成为国际储备货币的前景》，载《金融研究》2015 年第 2 期。

［6］张志超：《最优国际储备理论与测度：文献述评》（上、下），载《华东师范大学学报（哲学社会科学版）》2009 年第 2、3 期。

［7］Barry Eichengreen, The Euro as a Reserve Currency. *Journal of the Japanese and International Economics*, 1998, 12.

［8］Bergsten C. F., The Dollar and the Euro. *Foreign affairs*, 1997(4): 83 – 95.

［9］Chinn Menzie and Jeffrey Frankel, Will the Euro Eventually Surpass the Dollar as Leading International Reserve Currency?. NBER Working Paper, 2005, no. 11510.

［10］Jeffery Frankel, Dollar Darkness. *The Internationnal Economy*, 1995, 6 (9).

［11］Matsuyama, Kiyotaki and Matsui, Toward a Theory of International Currency. *Review of Economic Studies*, 1993(60): 283 – 320.

［12］Mundell, Robert A., What the Euro Means for the Dollar and the International Monetary System. *Atlantic Economic Journal*, 1998, 26 (3).

［13］Peter Kenen, The Euro versus the Dollar: Will There Be Struggle for Dominance?. *Journal of Policy Modeling*, 2002 (24): 307 – 314.

［14］Wendy Dobson and Paul R. Masson, Will the Renminbi Become a World Currency?. *China Economic Review*, 2009 (20): 124 – 135.

美元汇率与美国国际收支平衡：
变动的关系及初步解释 *

　　近来有关人民币汇率政策调整的国际讨论中，一种看法是，美国出现巨大的国际收支逆差，其国内经济的持续平稳发展要求缩小国际收支逆差；美元汇率水平是调节美国国际收支平衡最重要的直接因素，缩小美国国际收支逆差的政策焦点应放在美元汇率上；在美元对主要国际货币的关系中，人民币近年来成为一个重要货币，因此，人民币应对美元大幅度升值从而促成美元有效汇率的下降，并进而促成美国国际收支逆差的减少。

　　美国际经济研究所所长伯格斯坦 2004 年 4 月 19 日在众议院银行城市委员会听证会上发表的证词明确地表述了这个观点。他说，"……但是，美国经常账户赤字必要校正的大部分 ［因中国和其他东亚经济体的汇率政策］ 受到堵塞。尽管在 2002 年初到 2004 年初出现美元对欧元、英镑、澳大利亚元、加拿大元以及其他一些货币的汇率的显著（逐渐的和有序的）下降，但按贸易加权的美元平均汇率——这才是对贸易调整来说至关重要的——仅仅下降了 10％ 。这在很大程度上是因为东亚国家在部分地或全部地抵制参与必要的国际调整"（Bergsten，2004）。

　　美国际经济研究所组织编写的一本全面展望美国对外经济关系的文集也

---

　　* 本文原载于《金融研究》2006 年第 7 期。合作者：范言慧、范小航。感谢北京大学李庆云教授和中国人民银行金中夏先生，与他们的多次交流给予本文写作很大帮助。文中任何错误或遗漏由作者负责。

重复了这个看法。曾任国际货币基金组织研究部主任、现任美国际经济研究所研究员穆萨（2005）为这部文集撰写了题为"调整对外收支失衡，保持全球经济增长"的报告，其中指出："美元实际汇率与美国经常账户逆差之间存在大体稳定的因果关系（有两年左右的时滞）：美元的显著贬值是美国经常账户收支状况得到实质性改善过程中的重要因素；目前有许多关于美国经常账户平衡对美元汇率敏感性的评估，而我认为，美元实际有效汇率每贬值10%，美国经常账户平衡与国内生产总值的比率就会改善一个百分点。这个对反应度的估计比其他许多人的估计要大，但我认为这个结果并不离谱。按照这个估计，美国经常账户逆差与国内生产总值的比率下降3个百分点，美元有效汇率需要贬值30%。"

上面两段引文表明，伯格斯坦和穆萨都认为：（1）美国经常账户收支平衡与美元综合汇率（有效汇率）变动有着密切关系，即，美元汇率升高是导致美国对外贸易逆差或经常账户逆差扩大的一个重要原因，美元汇率走低则有利于缩小这种对外逆差；（2）美元与贸易伙伴国货币的汇率变动可引起美国与这些贸易伙伴国之间双边贸易平衡关系的相应变动；（3）在上述前提下，美元与人民币汇率的变动，例如人民币对美元升值，可使中美贸易美方逆差缩小。最后一点可视为要求人民币对美元升值的一个经济依据。本文将这些看法概括地称为"伯格斯坦—穆萨预期"，即认为美元汇率变动会导致美国国际收支平衡关系的改变。"伯格斯坦—穆萨预期"可以说是普通国际经济学教科书在汇率与国际收支平衡关系上常见公式的一个应用。但是，本文认为，在这个问题上，国际经济学教科书一般原理遇到了新挑战，实际情况在很大程度上已与教科书原理有不同，人们需要探讨新的认识。

本文分三个方面进行探讨，首先直观检查美国与主要贸易伙伴近年来双边贸易平衡变动的情形，所选择的贸易伙伴都实行浮动汇率制；其次对1980年以来美元有效汇率与美国贸易平衡的关系进行计量检验，考察是否存在"伯格斯坦—穆萨预期"引为依据的因果关系，这种关系在所考察时间内是否出现显著变化；最后，对检验结果进行一些初步理论讨论。

一、近年来围绕美国的一些双边贸易情况

2001 年初以来，美元与主要国际货币的汇率出现显著波动，总的趋势是美元汇率下降，其他货币相对美元升值。这种情况的出现，客观上为人们观察美元汇率变动与美国国际收支平衡变动之间的关系提供了一个理想的"试验场"。

按照"伯格斯坦—穆萨预期"，近年来美元国际汇率的下降应该伴随着美国对外收支平衡（商品贸易或经常账户平衡）的改善。这里分别考察美国的六个重要贸易伙伴。这些贸易伙伴都实行浮动汇率制，尽管浮动或管理的程度互有不同。另外，近年来由于各国通货膨胀率的普遍走低，在美元与这些贸易伙伴货币之间，名义汇率与实际有效汇率的差别不是十分突出。出于这个缘故，下面快速的考察仅仅关注名义汇率变动与贸易差额变动之间的关系（所有贸易数据均指商品贸易，按当前价格计算）。

美国与欧元区（见图 1）。2001 年以来，美元与欧元汇率出现显著变动，美元贬值程度在 2003 年和 2004 年两年比以前增大。但是，美国与欧元区贸易美方贸易逆差不仅在所观察时期内保持不断增加趋势，而且增加的幅度在 2004 年明显进一步升高。也就是说，在美元与欧元汇率下降的同时，美国对欧元区的贸易逆差没有减少，甚至还不断增多了。显然，美国与欧元区贸易平衡关系的变动没有出现与"伯格斯坦—穆萨预期"相吻合的情况。

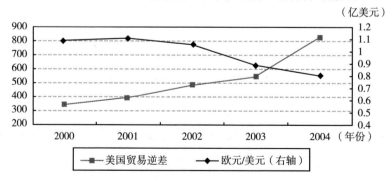

图 1 2000～2004 年双边汇率与双边商品贸易差额：美国与欧元区
资料来源：美国经济分析局（BEA）网站。

美国与英国（联合王国）（见图2）。在2000～2004年期间，美元与英镑汇率的走势与美元与欧元汇率走势基本接近，即美元呈现下降倾向。但是，在这些年份中，美英双边贸易中美方逆差却几乎一直在扩大。尤其值得注意的是在2001～2002年和2003～2004年期间，在美元对英镑贬值后，美方贸易逆差两度出现大幅度增加。可以说，美国与联合王国双边汇率变动与双边贸易平衡变动的情况与"伯格斯坦—穆萨预期"刚好相反。

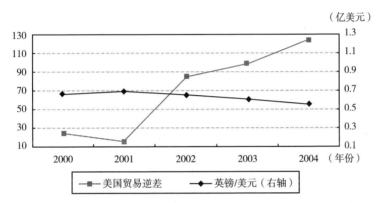

图2　2000～2004年双边汇率与双边商品贸易差额：美国与联合王国
资料来源：美国经济分析局（BEA）网站。

美国与加拿大（见图3）。在2000～2002年期间，美元与加元汇率及美国与加拿大贸易逆差的规模都没有显著变动，但在2003～2004年期间，美元对加元显著贬值，同时，美方贸易逆差却显著增多。这又是一个与"伯格斯坦—穆萨预期"相反的事例。

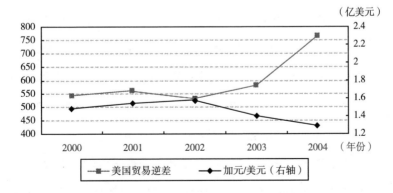

图3　2000～2004年双边汇率与双边商品贸易差额：美国与加拿大
资料来源：美国经济分析局（BEA）网站。

美国与日本（见图4）。特别注意两个突出年份：2001年，美元对日元升值，美日贸易中美方逆差减少；2004年，美元对日元贬值，美日贸易中美方逆差增多。这些情况似乎表明，贸易平衡随汇率变动而变动，但变动的关系却是"升值伴随逆差的减少，贬值伴随逆差的增加"。显然，这与"伯格斯坦—穆萨预期"完全相反。

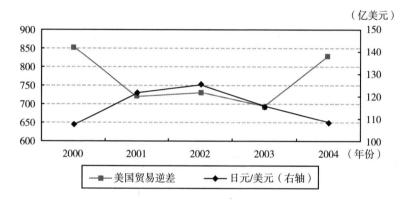

图4　2000～2004年双边汇率与双边商品贸易差额：美国与日本

资料来源：美国经济分析局（BEA）网站。

美国与澳大利亚（见图5）。与其他许多双边贸易不同的是，美国与澳大利亚贸易关系的基本格局是美方顺差，澳方逆差（图5右坐标的标示法因此与其他各图不同）。从2000～2001年，美元对澳大利亚元升值，美方贸易顺差减少。2001年以来，美元对澳大利亚元贬值，澳大利亚对美元升值；与此同时，美澳双边贸易中美方顺差增加。人们也可以注意到，2002年，美元对澳大利亚贬值较少，但美方贸易顺差较多（2004年情形与此类似）；2003年，美元对澳大利亚元贬值较多，美方贸易顺差增加较少。总的说，美国与澳大利亚双边贸易平衡与美元对澳大利亚元双边汇率变动在2000～2004年所表现出来的对应关系大体上符合"伯格斯坦—穆萨预期"。

美国与墨西哥（见图6）。在2000～2004年期间，美元对墨西哥比索有持续升值，四年中升值幅度约为20%；同时，美国与墨西哥双边贸易中美方逆差不断增加，年度规模从2000年的260亿美元增加到2004年的500亿美元，将近一倍（200%）。这个时期美国与墨西哥双边贸易平衡及双边汇率变动的对比关系可以说上述所有事例中最符合"伯格斯坦—穆萨预期"的情形。

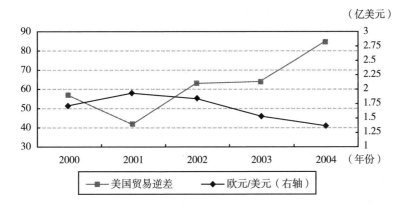

图5 2000～2004年双边汇率与双边商品贸易差额：美国与澳大利亚
资料来源：美国经济分析局（BEA）网站。

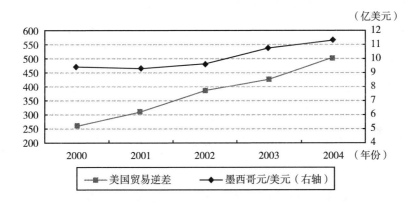

图6 2000～2004年双边汇率与双边商品贸易差额：美国与墨西哥
资料来源：美国经济分析局（BEA）网站。

概括地说，上面考察的六个双边贸易和双边汇率的事例中，有四个事例不符合"伯格斯坦—穆萨预期"，即美国分别与欧元区、联合王国、加拿大和日本；两个事例符合或接近符合"伯格斯坦—穆萨预期"，即美国分别与澳大利亚和墨西哥。前四个是美国最大的贸易伙伴，后两个是美国重要的贸易伙伴。连同美国在内，加拿大与墨西哥都是北美自由贸易区成员国，但两者在这个事情上所表现出来的情形却是不同的。同时，加拿大与澳大利亚相类似，对美出口贸易中有许多初级产品，两者也表现出不同的情形。因此，从上述若干个例的考察中，人们很难就"伯格斯坦—穆萨预期"是否成立得出一般性的结论，或者更准确地说，对立两方面的情况都存在。

二、对长期综合性数据的计量检查

上一节分别考察了近年美国与多个贸易伙伴的双边贸易平衡及汇率变动的对应情况。如前所说，这些事例有正有反，不足以反驳或证实"伯格斯坦—穆萨预期"。严格的考察应该基于长期综合性的数据，即美元有效汇率与美国对外收支总体平衡在一个相当长时期中的表现。

对这个关系的考察，需要有几个基本理论概念上的前提。首先，研究者应当使用"美元实际有效汇率"这个概念。不用说，按贸易加权的有效汇率指数相对于双边汇率或名义有效汇率而言能较为准确地反映一国商品对外价格竞争力的指标。

其次，人们说"一国对外收支平衡（或者说国际收支平衡）"常常指一国对外商品贸易平衡或经常账户平衡，两者互有区别但又有密切联系。商品贸易是经常账户的一个项目，后者还包括服务贸易、收益流动及单边转移。在所考察的美国事例中，商品贸易平衡与经常账户平衡两者都表现出相当多的共同性长期趋势，也有一些细微差别。为使考察同时适用于这两个方面，本文同时考察美国商品贸易平衡与经常账户平衡。

图7和图8分别列示了1980～2004年美元实际有效汇率指数与美国对外商品贸易平衡及经常账户平衡的对应情况。不用详细说明，两张图所显示的情况有相当多的复杂性，观察者难以从图中两条曲线的形状直观地判断它们之间可能存在的相关性。也许可以说，两条曲线之间的相关性在一个时期比较明显，在另一个时期就不那么明显。图示方法不能简单地用于判断"伯格斯坦—穆萨预期"是否成立。准确具体的结论应该得自以一定理论见解为依据的计量检验。

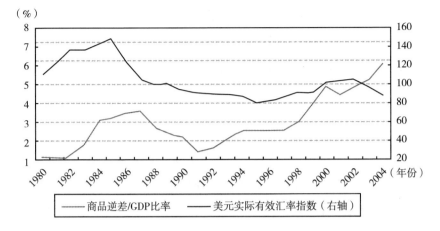

图7 1980～2004 年美元实际有效汇率指数与美国商品贸易逆差 IGDP 比率

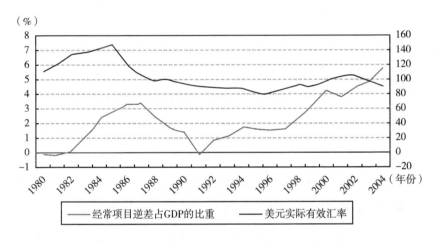

图8 1980～2004 年美元实际有效汇率指数与美国经常账户逆差 IGDP 比率

最后，在理论上，很多研究者，不管他们在汇率与国际收支平衡相互关系上持有何种见解，都同意汇率是影响国际收支平衡的重要因素之一，即除了汇率之外，还有别的因素也影响一国国际收支平衡及其变动（参见麦克勒姆，2001，第 2 章"汇率概念"；科普兰，2002，第 8.3 节"长期均衡与经常账户均衡"）。按照这个看法，一个抽象的国际收支平衡决定模式可以表达成这样的形式：

$$TB = TB(REER, Z) \qquad 或者 \ CA = CA(REER, Z) \qquad (1)$$

在这个表达式中，*TB* 和 *CA* 分别指商品贸易平衡和经常账户平衡，*REER*

指实际有效汇率指数，Z 指可代表那些也被认为是能够影响商品贸易平衡或经常账户平衡的经济因素的变量，尽管其内涵在这里尚未得到明确。

如何明确 Z 变量的内涵是许多学术探讨的对象（参见下一节提到的许多研究文献）。本文从计量检验的角度提出一个想法，用时间趋势 T 变量作为 Z 变量的一个代表。主要用意是：如果我们能够通过计量检验确认 T 变量是独立于实际有效汇率指数（REER）并在统计上显著的变量，那么，这是以一定方式证实 Z 变量的存在及其对国际收支平衡的作用。这种分析方法当然也是出于较为准确地估计 REER 对国际收支平衡的影响的目的，因为：如果在一个计量检验方程中省略掉原本应有的相关解释变量，所得到的 REER 对国际收支平衡影响的计量结果肯定会有重大缺陷。

当然，使用时间趋势 T 变量去代表 Z 变量也存在显然的缺陷。Z 变量应为某个经济变量，而 T 变量不是这样的变量。而且，即使使用某个观察样本发现了 T 变量统计上的不显著性，这个结果也不能简单地用作否认 Z 变量的存在及其作用的证据，因为 Z 变量的作用完全可以采取不同于时间趋势变量的形式，因而无法通过检验 T 变量来否认 Z 变量的存在。综合地说，T 变量统计上的显著性可当作证实 Z 变量的一个证据，但 T 变量统计上的不显著性却不一定能作为否认 Z 变量的一个反证。

基于以上考虑，本文使用以下公式作为 1980～2004 年美元汇率与美国国际收支平衡关系的计量检验基本模型：

$$TB_t = a + bREER_t + cT_t + \varepsilon_t \tag{2}$$

以及

$$CA_t = a + bREER_t + cT_t + \varepsilon_t \tag{3}$$

在这两个公式中，TB_t 和 CA_t 分别是美国对外商品贸易逆差和经常账户逆差，$REER_t$ 是美元实际有效汇率指数（年平均值，2000 年 = 100），T_t 是时间趋势变量（$t = 1$，2，…，N），a 是常数项，b 和 c 分别是两个解释变量的待估系数，ε_t 是随机误差项。样本区间为 1980～2004 年（25 个观察值）。

考虑到检验对象的关系在所考察期间可能出现的断裂问题，即一段时期中的计量结果显著不同于另一段时期中的计量结果,对上述式(2)和式(3)分别进行"邹检验"(Chow Test);为从另一个侧面证实邹检验结果,上述公式分别加入虚拟 X 变量,按年份在 0 与 1 之间设置其数值。为检验前引穆萨所说的美元汇率变动对美国国际收支平衡的滞后影响作用,将在上述式(2)和式(3)分别引入 $REER_t$ 滞后一期和滞后二期变量,并考虑引入因变量自回归的情形。本文使用"最小二乘法"(OLS)。

表 1 首先报告选择 1989 年、1990 年、1991 年和 1992 年作为断点年份的邹检验结果。就贸易逆差/GDP 而言,1989 年作为断点年份统计上最为显著,F 值超过 1% 置信度判断值,同时,1990 年和 1991 年两个断点的 F 值也分别超过 5% 置信度判断值。1992 年可被排除为断点。类似地,就经常账户逆差/GDP 而言,1989~1991 年三个年份作为断点的 F 值都超过 1% 置信度判断值。可以认为,不论就贸易逆差/GDP 还是经常账户逆差/GDP 而言,美元汇率与美国对外收支平衡的关系在 1990 年及其前后出现显著变动。

表 1　　　　　　　　　　　**邹检验结果**

断点年份	F 值	Prob(不显著性概率)
商品贸易逆差/GDP		
1989	6.4759	0.0033
1990	5.3439 *	0.0077
1991	5.1516 *	0.0089
1992	2.4013 **	0.0996
经常账户逆差/GDP		
1989	9.0606	0.0006
1990	7.3925	0.0018
1991	6.8021	0.0027
1992	1.7023 **	0.2004

注:加 * 者表示不足 1% 置信度 F(2, 21)判定值(5.78);加 ** 者为不足 5% 置信度 F 判定值(3.47)。

表 2 列示以贸易逆差/GDP 作为被解释变量的回归结果。其中,第一组数据(纵,以下同)显示全时期基本计量方程结果,第二、三组为该方程分段计量结

果；第四组为加入因变量自回归的结果，第五、六组为引入虚拟变量的结果。

表2   **以贸易逆差/GDP 作为被解释变量的回归结果**

变量	1	2	3	4	5	6
	观察期间					
	1980 ~ 2004 年	1980 ~ 1990 年	1991 ~ 2004 年	1980 ~ 2004 年	1980 ~ 2004 年	1980 ~ 2004 年
$REER_t$	0.042 * (4.407)	0.027 *** (1.888)	0.012 (0.702)	0.024 * (3.558)	0.029 * (3.603)	0.024 * (3.491)
T_t	0.213 * (8.257)	0.258 ** (3.109)	0.327 * (10.694)	0.097 * (3.670)	0.297 * (10.080)	0.136 ** (2.554)
TB_{t-1}				0.706 * (6.130)		0.603 ** (3.59)
X_t					1.800 * (3.887)	0.448 (0.847)
a	− 4.229 ** (− 3.368)	− 2.441 (− 1.189)	− 3.783 ** (− 2.691)	− 2.7890 * (− 2.375)	− 4.773 * (− 4.821)	− 3.189 * (− 3.257)
R^2	0.76	0.548	0.94	0.913	0.862	0.916
D—W	0.799	0.928	1.168	2.001	1.179	1.831
D—h				0.003		0.73

注：括号内所列数是 t 检验值；星号表示显著水平，* 表示该变量在 1% 水平下显著，** 表示在 5% 水平下显著，*** 表示在 10% 水平下显著，无星号表示不显著；虚拟变量 X_t 将 1980 ~ 1990 年设为 1，1991 ~ 2004 年设为 0。

这些结果表明，在所考察的全部时期内（1980 ~ 2004 年），美元实际有效汇率指数（REER）对贸易逆差/GDP 有一定显著作用，但是，时间趋势变量（T）的统计显著程度和作用系数高于实际有效汇率指数。分时段看，REER 在前一时期（1980 ~ 1990 年）有一定显著作用，但在后一时期（1991 ~ 2004 年）中，这种显著性程度（t 值）及系数值都明显下降了，与时间趋势变量在这两个时期中的变化方向刚好相反。使用虚拟变量（X）的计量方程也表明了类似情形。

统计上看，上述检验结果可能存在较严重的序列相关问题。因此，这里加入自变量的滞后一期（TB_{t-1}）变量作为解释变量。该结果的 D—h 值（德宾 h 检验值）显示新计量方程消除或大大弱化了序列相关性问题。简单解读这个结果（第四组数据），可以说，美元实际有效汇率每上升一个百分数点，贸易逆差/GDP 比率倾向于升高 0.024 百分点；同时，随着时间延移，每一年中贸易逆差/GDP 比率倾向于升高 0.097 百分点；按照 Koyck 转换方程，TB_{t-1} 的系数可视为原自变量短期效应与总体效应的转换因子，也就是说，美元实际有效汇率指数对贸易逆差/GDP 比率的总和效应是 0.0816（0.024 × （1/（1 − 0.706）））百分点，而时间趋势变量的总和效应是 0.313（0.097 × （1/（1 − 0.706）））百分点，后者大大高于前者。

表 3 报告以经常账户逆差/GDP（以 CD 表示）作为解释变量的计量结果。对基本计量方程进行调整的各种检验结果与表 2 所报告的情况基本相同：在所观察的时期中，美元实际有效汇率指数与时间趋势变量都对经常账户逆差/GDP 比率有一定显著影响，但是，前者的影响小于后者；而且，在前后两个时段中，美元实际有效汇率指数的作用明显出现下降甚至变得统计上不显著了；在后一个时段中（1991～2004 年），仅有时间趋势变量对经常账户逆差/GDP 比率产生显著作用。

针对前面引述的穆萨关于美元汇率对美国经常账户的时滞效应，表 4 报告对美元实际有效汇率指数取滞后变量对经常账户逆差/GDP 比率进行回归的结果。这些结果表明，滞后一期的 REER 对经常账户逆差/GDP 的影响系数在全时期（1981～2004 年）为 0.069，在先前时段（1981～1990 年）为 0.055，但在后来时段（1991～2004 年）该系数在统计上不再显著；滞后二期的 REER 对经常账户逆差/GDP 的影响系数在全时期为 0.074，在先前时段为 0.060，并也在后来时段出现统计上显著性问题（仅在 10% 水平上显著）；同时，在引入 REER 滞后变量后，时间趋势变量的统计显著性和影响系数与表 3 报告结果相比，都未出现明显变化。这可被理解为是显示了时间趋势变量作用的稳定性。总的说，滞后一期和滞后二期的美元实际有效汇率指数在所考察的整个时期中具有对经常账户逆差/GDP 比率的影响作用，但是这种影响作用主要体现在早先时段中；与当期变量一样，在第二个时段，美元有效汇率指数对经常账户逆差/GDP 比率的影响不再是统计上显著的。

表3　　1980～2004 年以经常账户逆差/GDP 作为被解释变量的回归结果

变量	1	2	3	4	5	6
	观察期间					
	1980～2004 年	1980～1990 年	1991～2004 年	1980～2004 年	1980～2004 年	1980～2004 年
$REER_t$	0.0526 * (4.0329)	0.0357 *** (1.880)	0.0159 (0.7925)	0.0318 * (3.854)	0.033 * (3.268)	0.031 * (3.66)
T_t	0.2437 * (6.9225)	0.37 * (3.3628)	0.388 * (11.1934)	0.1112 * (3.7744)	0.369 * (10.013)	0.168 ** (2.634)
CA_{t-1}				0.725 * (6.8834)		0.600 * (3.699)
X_t					2.705 * (4.666)	0.718 (1.009)
a	-6.4326 * (-3.759)	-4.8225 (-1.768)	-6.0034 * (-3.7676)	-3.9886 * (-3.6595)	-7.251 * (-5.849)	-4.672 * (-3.642)
R^2	0.69	0.5858	0.9448	0.8988	0.847	0.904
D—W	0.687	0.7810	1.1779	2.1034	0.962	1.752
D—h				0.2957		1.002

　　注：括号内所列数是 t 检验值；星号表示显著水平，* 表示该变量在 1% 水平下显著，** 表示在 5% 水平下显著，*** 表示在 10% 水平下显著，无星号表示不显著；虚拟变量 X_t 将 1980～1990 年设为 1，1991～2004 年设为 0。

表4　　　　以经常账户逆差/GDP 作为解释变量时的回归结果

变量	1	2	3	4	5	6
	汇率变量滞后一期			汇率变量滞后二期		
	1981～2004 年	1981～1990 年	1991～2004 年	1982～2004 年	1982～1990 年	1991～2004 年
$REER_{t-1}$	0.069 * (7.450)	0.055 * (4.156)	0.028 (1.452)			
$REER_{t-1}$				0.074 * (9.903)	0.060 * (13.389)	0.030 *** (1.946)
T	0.271 * (10.416)	0.363 * (4.620)	0.376 * (11.251)	0.281 * (12.598)	0.237 * (8.414)	0.385 * (13.967)
a	-8.5487 * (-6.918)	-7.228 * (-3.773)	-6.909 * (-4.512)	-9.279 * (-9.033)	-7.034 * (-10.856)	-7.243 * (-5.409)
R^2	0.838	0.792	0.951	0.890	0.971	0.957
D-W	1.32	1.445	1.632	1.421	1.911	1.380

　　注：括号内所列数是 t 检验值；星号表示显著水平，* 表示该变量在 1% 水平下显著，** 表示在 5% 水平下显著，*** 表示在 10% 水平下显著，无星号表示不显著。

同样出于检验前引穆萨关于美元汇率对美国经济账户逆差的调节作用的目的，表5报告了基于所考察时期美元实际有效汇率指数对美国经常账户/GDP比率弹性系数的估计值，这些估计值分别为当期和滞后若干期的美元实际有效汇率指数。这些结果显示，如果就所考察的全时期而言，平均弹性系数都很高，在2.747~3.381之间，即，美元实际有效汇率指数每上升1%，美国经常账户逆差/GDP比率会增加2.747%~3.381%。但是，这类估计是基于时期平均数。每个具体年份中的弹性值会受到当年经常账户逆差/GDP比率水平的影响。如图8所显示，2004年美国经常账户逆差/GDP比率达到6%，按照这个水平，当年弹性值在1.013~1.362之间，与穆萨的估计结果大体上相同。两个结果之间的高度接近也许表明在数据范围和计量方法上，本文与穆萨是相同的。但是，正如前面所指出的，本文分析同时也指出了美元实际有效汇率指数对美国经常账户逆差/GDP比率的影响作用自20世纪90年代初以来已经变得统计上不显著，因此不能不带保留地接受表5报告的结果。穆萨没有指出这种保留态度的必要性。

表5　　　对美元汇率与美国经常账户逆差/GDP比率平均弹性系数的估计

变量	样本时期	*REER* 影响系数 A	美国经常账户/GDP 平均值 B	平均弹性系数 C = A × (1/B)	美国经常账户/GDP = 6 时的弹性系数 D = A × (1/6)
$REER_t$	1980~2004 年	6.077	2.212	2.747	1.013
$REER_{t-1}$	1981~2004 年	7.722	2.308	3.346	1.287
$REER_{t-2}$	1982~2004 年	8.171	2.417	3.381	1.362
$REER_{t-3}$	1983~2004 年	7.183	2.518	2.853	1.197

注：*REER* 影响系数得自半对数方程，即 *REER* 变量取对数，但美国经常账户/GDP 保持原形式；C 列数值为时期平均数，该数随美国经常账户/GDP 变动而变动；D 列数为其中情形之一。

三、关于美元汇率对美国对外收支平衡影响作用
变动原因的初步探讨

上一节计量检验基本可以概括如下：在所考察的 1980~2004 年时期内，

美元实际有效汇率指数总体上是影响美国对外收支平衡的一个因素；但是，这个汇率因素的影响作用在程度上和统计显著性上低于时间趋势变量；时间趋势因素可以被理解为是所有非汇率经济因素的一个代表；更重要的是，汇率因素的作用在所考察的早先时段（1980～1990 年）中有着统计显著性，而在后来时段（1991～2004 年）中却缺乏统计显著性或者遇到较大的统计显著性问题；同时，时间趋势变量在后一时段的作用程度和统计显著性都高于前一时段。可以说，汇率因素与非汇率因素在影响美国经常账户逆差/GDP 比率的作用上，早先时期与近来时期有了很大不同。美元汇率对美国国际收支平衡的影响作用出现了明显的变动。

一段时间以来，许多研究者从不同角度探讨美元汇率对美国国际收支平衡的影响作用及其变动，尤其提出了一些新的、非汇率的解释因素来说明美国贸易逆差或经常账户逆差不断扩大的趋势。以下提及几个有代表性的见解。

哈佛大学经济学教授库珀（Cooper，2004）认为，导致美国贸易逆差的主要原因有国内和国际两方面。在国内方面，主要原因是美国居民储蓄率偏低和政府财政赤字偏高（但美国实际储蓄率并不低，因为耐久消费品、教育开支和研究开发费用这三项在美国国民经济中所占比重较高，它们应当被计入实际储蓄率统计中）；在国际方面，美元资产投资回报率高于世界其他地区或其他货币资产，同时存在世界各地快速增长的投资资产在寻求高回报，两者共同促使海外对美国投资的迅猛增加（增加对美国出口是赚取美元资产的一个方式或途径）。

杜利等（Dooley et al.）在他们 2004 年发表的论文中指出，近年来世界范围内出现了"布雷顿森林体制的复活"（revived bretton woods system），这主要是因为，20 世纪 90 年代以来国际金融危机的频繁爆发，国际资本流动速度的加快引起许多国家，尤其是新兴市场经济体采取新的、以增加官方外汇储备资产为重要手段的应对措施；在外汇储备资产中，以美元资产为主（这仿佛回到旧的布雷顿森林体制）；这种变动，对美国利率水平和美元汇率水平的走势都带来了新的重大影响。

美国国际经济研究所两位研究人员曼恩和皮拉克（Mann & Plück）在 2005 年发表的一篇文章中指出，过去两年内，美元对主要货币币值下降幅度超过 25%，但美国贸易赤字依然未见减少。这意味着，经济学者们过去认为美元贬值会带来的"支出转移"效应（即纠正贸易逆差的效应）尚未发生。究其根源，可能是"价格传导率"（pass-through rates）出现变化。传导率是指汇率变化引起一国进口与出口价格的变化程度。他们引述的研究成果认为，美国的传导率低于其他工业化国家。美元币值 10% 的变化率在一个季度内通常仅使美国进口价格产生 2.5% 的变化，几个季度后仅产生 4% 的价格变化。另有估计发现美元—日元汇率价格传导率接近于零的情况，即，日元对美元升值 25%，美国人购买日本产品支付的价格几乎没有任何变化。对美国低传导率原因的一些解释是，世界范围内通货膨胀率的降低使价格具有很小的可变性，出口方在不改变价格的条件下就可以经受住币值的波动。由于美国进口较多的消费品（与矿产品相比具有较低的传导率），导致进口总传导率的下降，但更可能的是，出口方不愿冒丧失美国市场份额的风险，即使降低其边际利润率也要保持在美国价格的稳定。

两位公司研究人员昆兰和钱德勒（Quinlan & Chandler）合写了题为《美国贸易赤字：危险的执迷不悟》一文，发表在《外交事务》2001 年 5/6 月号。他们认为，美国与外部世界的经济关系近年来出现了重大变化，一个重要表现是美国对外投资大量增加，尤其是跨国性生产销售综合性企业海外投资和贸易活动大量增加。这种新的全球生产方式的特征是，美国大型企业将生产基地转移国外，利用廉价劳动力和优势供应链，产品回销美国及世界各地，美国企业同时在美国加紧进行研究开发和各种服务活动。因此，美国贸易逆差的增加反映了美国对外直接投资的增长，两者相辅相成。不能认为美国逆差增多是美国国民竞争力下降的表现。

任职于国际货币基金组织的亨特和雷布奇（Hunt & Rebucci，2003）运用基金组织全球经济模型对 20 世纪 90 年代中期以来美元实际汇率升值、美国对外收支逆差增加及延长的经济周期的原因进行了探讨。论文联系到多个新的解释因素，例如贸易部门与非贸易部门的相对生产率、冲击因素的滞后性、美元资产的风险和回报等。这个分析实际上已经将国际金融市场行为包括进来，不再仅限于传统的汇率与实体经济的关系。

还有其他一些学者在其近年发表的论文中认为，美元汇率变动对美国经常账户平衡调节作用变小了（Obstfeld & Rogoff，2004）。

综合上述各种观点，可以认为，许多研究者都普遍地认为，一方面，汇率作为调节美国对外收支平衡的作用由于种种经济结构因素的变化而在近年来降低了；另一方面，美元汇率本身受到一系列国内外金融市场因素的影响而日益脱离其与经常账户平衡相互影响的传统关系。这些见解，从根本上说，与本文上节计量检验的结果是一致的。

需要指出，承认美元汇率在调节美国对外收支平衡上作用的下降，不等于说美元汇率不再是影响美国出口商品国际价格竞争力的一个重要因素，或者说美元汇率不再是外国商品在美国市场上价格竞争力的一个重要因素。本文计量检验结果以及上面所引述的一些见解应当更准确地理解为：在近年来的经济世界中出现了一些重要的新因素，它们开始发挥着抵消美元汇率影响贸易产品相对国际价格竞争力的传统作用，从而改变了汇率数据与贸易平衡数据相互间的统计关系。如果没有这些在相反方向上发挥作用的新因素，美元汇率变动对美国贸易收支平衡的影响应当恰如标准国际经济学教科书所表述的那样，或者说，恰如"伯格斯坦—穆萨预期"所表述的那样。"伯格斯坦—穆萨预期"的问题与常见教科书一样，忽视了新近形势的发展及其影响，省约了一些重要的相关变量，从而使之无法适用于分析现状和预测未来。

四、结论

美国国际经济研究所所长伯格斯坦认为，美国汇率是导致巨大美国贸易逆差的一个重要因素，而人民币与美元的固定低汇率水平是妨碍美元国际汇率水平按贸易平衡要求进行调整的一个重要因素。美国国际经济研究所另一位研究员穆萨提出，美国经常账户逆差对美元国际汇率的敏感系数估计为1。

本文首先着重考察美元汇率与美国贸易平衡或经常账户平衡对应关系。直观检查近年来美国与六个重要贸易伙伴的双边关系，发现其中四个事例（美国与欧元区、美国与联合王国、美国与加拿大、美国与日本）完全与上述"伯格斯坦—穆萨预期"相反，仅有两个事例（美国与澳大利亚、美国与墨西哥）基本一致。

其次系统检查1980~2004年美元有效汇率指数变动与美国贸易平衡及经常账户平衡的对应关系，也发现上述预期不能被完全证实。特别地，自20世纪90年代初以来，美元汇率变动几乎未伴随美国贸易平衡或经常账户平衡的相应变动。总体上，美元实际有效汇率指数对美国贸易逆差或经常账户逆差的影响程度低于时间趋势变量——这个变量可以被理解为是所有非汇率经济因素的一个代表。可以得出结论说，美元汇率与美国对外收支平衡的相互关系在20世纪90年代以来出现了重大改变，传统教科书或"伯格斯坦—穆萨预期"不能简单适用于晚近时期。

导致这种关系改变的经济因素可能是多方面．已经有许多研究者从不同角度对此进行了探讨。

本文认为，指望美元汇率下降后出现美国贸易逆差或经常账户逆差的相应减少是不现实的。即使美元汇率出现大幅度贬值，美国贸易逆差或经常账户逆差——不管是绝对额还是它们与美国GDP的比率——都很可能在未来一段时间中继续扩大。类似地，即使出现人民币对美元的大幅度升值，人们也可预料中美双边贸易中的美方逆差在未来会继续增加。

人民币与美元的汇率关系是否调整和如何调整的事情显然与美国贸易平衡或经常账户平衡调整问题无关或几乎无关。当然，这个结论也不意味着人民币汇率不可出于别的有关因素而进行调整。

参考文献

[1] 科普兰：《汇率与国际金融》，中国金融出版社2002年版。

［2］麦克勒姆：《国际货币经济学》，中国金融出版社 2001 年版。

［3］穆萨：《调节对外收支失衡，保持全球经济增长》，收录于伯格斯坦编：《美国与世界经济：未来十年美国对外经济政策》，经济科学出版社 2005 年版。

［4］Bergsten C. Fred, Testimony before ihe Committee on Banking, Housing, and UrbanAffairs United Slates Senale. Washington, DC. May 19, 2004.

［5］Cooper Richard, America's Current Account Deficit is not Only Sustainable, It Is Perfectly Logical Given the World's Hunger for Investment Returns and Dollar Reserves. *Financial Times*, 2004 (11).

［6］Dooley M., D. Folkerts – Landau and P. Garber, The Kevived Bretton Woods System: The Effects of Periphery Intervention and Reserve Management on Interest Rates & Exchange Rales in Center Countries. NBER Working Paper, 2004, No. 10332.

［7］Hunt Benjamin and Alessandro Rebucci, The U. S. Dollar and the Trade Defieit: What Account for the Late 1990s? . IMF Working Paper, WP/03/194, October, 2003.

［8］Mann Catherine L. and Katharina Plück, When the Dollar Bill Comes Due. Op – ed, Institute for International Economics, www. iie. com, 2005.

［9］Obstfeld M. and K. Rogoff, The Unsustainable Current Account Position Revisited. NBER Working Paper 10869, National Bureau of Economic Research, 2004.

［10］Quinlan Joseph and Marc Chandler, The U. S. Trade Deficit: A Dangerous Obsession. *Foreign Affairs*, May/June, 2001.

美元汇率与美国失业率的关系[*]

——兼论人民币汇率的作用

近来有关人民币汇率调整的讨论中，一些国内外人士认为，人民币与美元的汇率水平给予中国对外贸易以竞争优势，同时给予中国的贸易伙伴以竞争劣势；前一种效应给中国国内就业增长带来了巨大好处，后一种效应给贸易伙伴国的国内就业增长带来了显著的不利影响。本文认为这个看法是不正确的。人民币与美元的现行汇率水平无论是对中国国内的就业形势还是对中国贸易伙伴国的就业形势都没有这种重要作用。

美国有人提出，人民币与美元的汇率水平损害了美国人民的贸易利益和经济利益，因此，美国政府有理由要求中国货币当局调整人民币与美元的汇率水平。美国参议院和众议院的部分人士甚至在 2004 年底成立了"国会中国货币行动联盟"（Congressional China Currency Action Coalition），该联盟在 2005 年 4 月提交给美国贸易代表处的请愿书中说："……前面陈列的证据和分析给这个观点提供了客观有力的支持，即中国的汇率政策严重地损害了美国的商业活动、工作岗位和生产活动。中国低估的人民币是造成美国与中国巨大贸易逆差的中心因素，而这个贸易逆差程度已成为有史以来所有双边贸易逆差的最高者。这个贸易逆差还在以令人震惊的速度扩大，而且可以理所当然地

* 本文原载于《国际金融研究》2006 年第 6 期。合作者：范言慧、范小航。感谢北京大学李庆云教授和中国人民银行金中夏先生，与他们的多次交流给予本文写作很大帮助。文中任何错误或遗漏由作者负责。

预料，只要人民布的低估未得到调整，这种贸易逆差将继续扩大并牺牲美国的利益。这种规模的贸易逆差对美国来说肯定是难以持续的，并正在给美国经济的力量和韧性带来极端衰竭性的效应。"

这份报告及其类似报告的署名人虽然是政治家们，但背后的起草人显然是研究现代经济学的专业人士。因此，报告所提到的有关人民币汇率水平与美国国内就业的关系就应该从经济分析角度加以讨论。本文正是从这个角度出发，希望能对准确认识人民币/美元汇率带给美国就业形势的影响问题贡献一点新意。

本文一个基本出发点是，对美国而言，美国与中国的贸易关系或人民币与美元的汇率仅仅是美国所面临的多边贸易关系或汇率关系的一部分；如果人民币与美元的汇率对美国经济有任何显著影响，那么，这种影响一定应当包含在美元对外综合汇率（有效汇率）对美国经济的显著影响之中；因此，考察人民币与美元汇率对美国经济的影响，可以从考察美元有效汇率对美国经济的影响入手。

下面分四部分进行讨论。第一部分直观检查 20 世纪 80 年代初以来美国失业率、美元实际有效汇率指数及美国国际收支平衡的长期变动情况，第二部分基于基本的经济学理解计量检验这些数据指标之间的关系，第三部分对计量检验结果的经济含义进行进一步讨论，第四部分是总结。

一、直观检验美国失业率与美元汇率及美国国际收支平衡

本节主要以图示方法考察 20 世纪 80 年代初以来美国失业率数据与美元实际有效汇率指数以及国际收支平衡表数据（贸易差额和经常账户差额）之间的直观关系。这些检查所针对的观点是美国国内就业状况或失业率受到外部经济关系变动的严重影响，美国失业率高升的重要原因是美元汇率走高或贸易逆差及经常账户逆差的扩大。

这里使用"实际有效汇率"概念主要基于如下理解：一国对外贸易平衡

或经常账户平衡不仅受到该国与世界上众多贸易伙伴国双边名义货币汇率关系的影响（这些"双边名义汇率"的加总就是"名义有效汇率"），而且，更重要的是，受到实际有效汇率的影响。例如，在一定时期内，如果一国货币对外国货币的名义比价出现上升（本币升值），同时，本国通货膨胀显著高于外国通货膨胀，那么，在此情况下本国贸易平衡如何变动很可能是不确定的；如果本国通货膨胀快于外国通货膨胀的比率大于本币升值程度，那么，本国贸易平衡很可能趋于恶化而不是改善。显然，能够综合地反映内外相对通货膨胀及名义汇率变动的实际汇率指数可以较好地用来分析一国对外贸易平衡变动的原因。更准确地说，相对于名义有效汇率或任何种类的双边汇率，实际有效汇率可较好地作为代表对外经济关系的一个解释变量。

图 1 显示 1980～2004 年美国失业率与美元实际有效汇率的走势。两个指标均为年度指标。从图 1 中可以看到，在一些年份，两个指标走势有相互一致的情形，即在美元实际有效汇率指数升高的同时美国失业率也出现升高，在美元实际有效汇率指数下降的同时美国失业率也下降。这种情形通常被认为是支持"美元升值不利于国内就业增长"观点。但是，图 1 也显示，在另一些时期，两个指标的走势是背离的。例如，1989～1992 年，

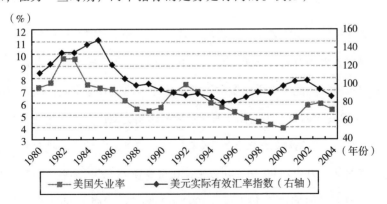

图 1　1980～2004 年美元实际有效汇率指数与美国失业率

资料来源：美元实际有效汇率指数来自国际货币基金组织的《国际金融统计》；失业率来自该组织的《世界经济展望》；实际有效汇率指数（2000 年＝100）和失业率均为年平均数。

美元实际有效指数下降，同期内失业率升高；1995～2000年，美元实际有效汇率指数上升，同期内失业率下降。全面地说，难以断定两个指标之间的确定关系。

图2概述美国失业率与美国贸易逆差额在1980～2004年的变化。显而易见，在所观察的时期内，贸易逆差额（按现价美元计算）趋于不断增多，而失业率有升有降，起伏不定。两者之间显然不存在确定关系。

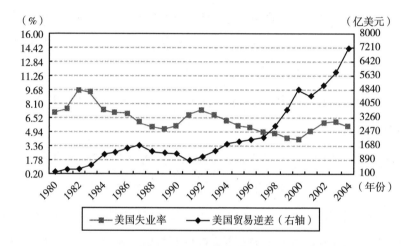

图2　1980～2004年美国失业率与贸易逆差

资料来源：失业率来自国际货币基金组织《世界经济展望》，为年平均数。贸易逆差来自世界贸易组织数据库，指商品贸易逆差，为商品贸易出口减进口。

图2使用贸易差额绝对数的作法有疑问。一国经济增长过程中完全可能出现"贸易逆差绝对规模不断增加，但相对规模变小"的情况。也许"贸易逆差相对规模"更能准确说明贸易平衡恶化的问题。有鉴于此，图3使用贸易逆差/GDP比率数据。但与图2所显示的情形相类似，在美国失业率与美国贸易逆差/GDP比率这两个指标之间没有出现走势基本一致的长期趋势。尤其值得注意的是，20世纪90年代初以来，在贸易逆差/GDP比率不断升高的同时，失业率在长时间中不断走低（1992～2000年）。两者间显然没有一致关系。

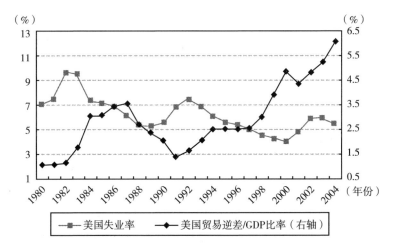

图 3　1980～2004 年美国失业率与贸易逆差/GDP 比率

资料来源：失业率来自国际货币基金组织《世界经济展望》，为年平均数。贸易逆差来自世界贸易组织数据库，指商品贸易逆差，商品贸易出口减进口。

图 4 和图 5 分别显示美国失业率与美国经常账户逆差及经常账户逆差/GDP 比率，其方法分别等同于图 2 和图 3。让我们着重看一下图 5 所显示的失业率与经常账户逆差/GDP 两个指标之间的对应关系。不难发现，图 5 与图 3 所显示的情况十分接近。经常账户逆差/GDP 比率自 20 世纪 90 年代初以来不断升高，但失业率在这段时间中的大部分时间呈现走低趋势。此外，1980～1987 年，经常账户逆差/GDP 显著升高的时候，失业率未有相应的显著升高；1987～1991 年，经常账户逆差/GDP 比率大幅度降低时，失业率仅在期初个别年份有所下降，随后又较大幅度地升高了。很明显，经常账户逆差/GDP 比率及其变化未能表现出可用以解释失业率变动的趋势。

最后，让我们直观检查一下失业率与 GDP 实际增长率之间的对应关系。图 6 显示了这两个指标。直观上似乎也不容易做出任何明确判断。1991～2000 年，GDP 增长率基本保持在一个相对高的水平上（3.5%～4%），同期内失业率出现明显降低情形。这是否意味着国内经济总和增长率是决定失业率表现的最重要的因素呢？图 6 或许提示了这一点，更有力的判断毫无疑问需要借助于计量检查。

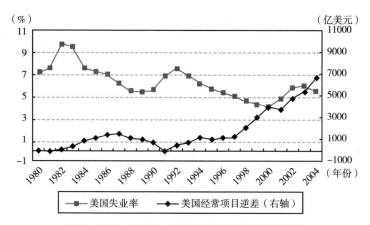

图4 1980～2004年美国失业率与经常项目逆差

资料来源：国际货币基金组织《世界经济展望》，失业率为年平均数。

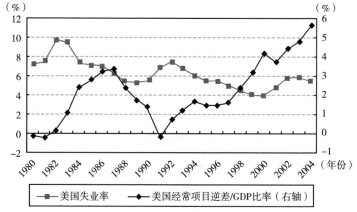

图5 1980～2004年美国失业率与经常项目逆差/GDP 比率

资料来源：国际货币基金组织《世界经济展望》，失业率为年平均数。

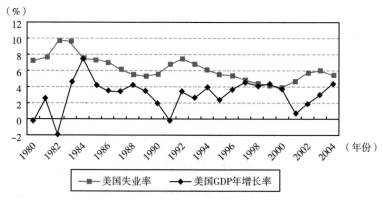

图6 1980～2004年美国失业率与 GDP 年增长率

资料来源：国际货币基金组织《世界经济展望》，失业率为年平均数。

二、计量检查美国失业率与美元汇率及美国国际收支平衡

上一节直观检查1980～2004年美国失业率与美国贸易平衡、经常账户平衡、美元实际有效汇率以及美国国内经济增长率之间的相互关系，旨在粗略地观察后一组指标是否与美国失业率在观察期内存在预料中的对应变动情形。不难认为，来自直观检查的结论或无结论都是不可靠的。分析者应该使用严谨的方法来进一步检查。

但前述直观检查给我们提供了一些线索，即，可以将贸易平衡/GDP比率、经常账户平衡/GDP比率以及美元实际有效汇率作为代表美国对外经济关系的变量，同时将GDP增长率作为美国国内经济增长综合变量。也就是说，如果我们将失业率作为一个被解释变量，那么，这个变量可由一个代表综合性国内经济变量的解释变量和一个代表综合性对外经济关系变量的解释变量来解释。如果用公式来反映，这可表示为，

$$U = f(D, F) \tag{1}$$

其中，符号 U 表示待解释的国内失业率变量，D 表示综合性国内经济变量，F 表示综合性对外经济关系变量，小写字母 f 表示等式两端之间的函数转换关系。这个公式的含义是，在一个开放经济体中，国内就业总量或失业率同时受到国内经济因素和对外经济关系的影响；国内经济因素和对外经济关系在很大程度上是可分离的。严格地说，国内经济因素与对外经济关系也有着不可分离性，即本国经济情况同时影响到对外经济关系（$F = F(D)$），同时，综合性国内经济变量也受到对外经济关系的影响（$D = D(F)$）。出于概略分析的目的，这种复杂情况在本文中不予考虑。

按照这个思路，我们可以分别建立3个计量方程：

计量方程1（国内经济变量加贸易平衡变量）：

$$U_t = a + b_1 GDP_t + b_2 (TB/GDP)_t + u_t \tag{2}$$

计量方程2（国内经济变量加经常账户平衡变量）：

$$U_t = a + b_1 GDP_t + b_2 (CA/GDP)_t + u_t \tag{3}$$

计量方程 3（国内经济变量加美元实际有效汇率变量）：

$$U_t = a + b_1 GDP_t + b_2 REER_t + u_t \qquad\qquad (4)$$

上述 3 个方程中，U 为美国失业率，在 3 个方程中都作为被解释变量；GDP 为美国国内生产总值增长率（按固定价格计算的实际国内生产总值指数变动），在 3 个方程中都作为共同的国内经济解释变量；TB 为美国贸易平衡（差额），CA 为美国经常账户平衡（差额），$REER$ 为美元实际有效汇率指数（以 2000 年 = 100），这 3 个代表对外经济关系的变量在上述 3 个计量方程中依次出现；a 为各方程中的常数项，u 为随机误差，下标 t 为年份。所有指标均为年度数据；b_1 和 b_2 为待估系数。

分别选用 3 个对外经济关系变量（贸易平衡、经常账户平衡和实际汇率指数）的用意是考察它们中有哪一个能通过计量检验。其中任何一个通过计量检验都可被理解为对外经济关系显著地影响了国内失业率。本文作者并不预先知道这 3 个对外经济关系解释变量的可能显著性。

顺便说明，在已知失业率变量可能同时受到国内经济变量和对外经济关系变量影响的情况下，没有必要对失业率进行单变量计量检验，即不必要分别去考察诸如 GDP 增长率或贸易平衡、经常账户平衡等对失业率的影响。这也是进行前述 3 个双变量计量方程考察的理由之一。

使用上述 3 个计量公式对 1980 ~ 2004 年美国数据进行计量检验的结果报告如表 1 所示。这里使用常用的最小二乘法（OLS），旨在快速获得值得注意的结果。

表 1   **3 个基本方程计量结果**

计量方程 1:						
	a	GDP_t	$(TB/GDP)_t$	调整 R^2	F	D - W
	8.1387	-0.0705	0.5675	0.25186	5.0397	0.3594
	(12.3190)	(-0.4822)	(2.7849)			

计量方程 2:						
	a	GDP_t	$(CA/GDP)_t$	调整 R^2	F	D - W
	7.4346	-0.0651	0.4422	0.2073	4.1376	0.3716
	(13.6058)	(-0.4255)	(2.4663)			

计量方程 3：

	a 1.7497 (1.4826)	GDP_t −0.2271 (1.9973)	$REER_t$ 0.0499 (4.6346)	调整 R^2 0.4879	F 12.4373	D−W 0.6841

注：括号中数字为 t 值。

可以认为，方程 1 和方程 2 的结果不通过统计显著性标准，即表 1 所报告的结果在统计上极有可能不成立。而且，硬性解读方程 1 和方程 2，甚至可以认为，例如，在所考察期间，美国贸易逆差/GDP 比率（或经常账户逆差/GDP 比率）每下降 1 个百分点（表 1 中贸易平衡/GDP 比率变量或经常账户/GDP 比率变量的正符号表示逆差减少），美国失业率会升高 0.5675 个百分点（若与经常账户联系则升高 0.4422 个百分点）。这与理论上的预期刚好相反。这些情形表明，现有数据及本文在这里使用的计量方法不支持美国对外贸易平衡或经常账户平衡显著影响美国国内失业率变动的看法。

相对而言，从调整 R^2、F、D−W 以及各个系数项的 t 值等统计显著性指标来看，表 1 报告的方程 3 计量结果有一定统计显著性，并可用于初步结论。这个结果是，在所考察的 1980~2004 年期间，美国国内生产总值增长率每增加 1 个百分点，在其他因素不变时，美国失业率下降 0.2271 个百分点；同时，美元实际有效汇率指数每上升 1 个百分数点，在其他因素不变时，美国失业率升高 0.0499 个百分点。这个结果，可以理解为显示了在美元实际有效汇率与美国失业率之间仅存在微弱关系，同时却表明（至少倾向于强烈表明）美国国内生产总值增长率对美国失业率变动有重要影响作用。

考虑到表 1 所列方程 3 计量结果在统计上仍然有缺陷，探讨更好的计量模型和方法显然是有必要的。这里进行两点改进：一是对作为解释变量的国内生产总值增长率取一个时滞，即用前一年的国内生产总值增长率来解释当年的失业率；二是考虑到失业率变量本身可能存在时滞效应，即一年前的失业率水平很可能会给当年的失业率带来影响，而不管当年经济政策或经济环境出现什么变化。经这两点考虑，现在可以有方程 4 和方程 5：

计量方程 4（滞后一期国内经济变量加当期美元实际有效汇率变量）：

$$U_t = a + b_1 GDP_{t-1} + b_2 REER_t + u_t \qquad (5)$$

计量方程 5（滞后一期国内经济变量加当期美元实际有效汇率变量并加滞后一期失业率变量）①：

$$U_t = a + b_1 GDP_t + b_2 REER_t + b_3 U_{t-1} + u_t \qquad (6)$$

计量方程 4 和计量方程 5 回归结果报告在表 2 中。

表 2   **调整方程计量结果**

计量方程 4：

	a	GDP_{t-1}	$REER_t$	调整 R^2	F	D - W
	2.1933	− 0.3944	0.0501	0.6686	24.2039	1.0073
	(2.2831)	(− 4.2091)	(5.6894)			

计量方程 5A（完整方程）：

	a	U_{t-1}	GDP_t	$REER_t$	调整 R^2	D - W
	1.0329	0.8994	− 0.4013	0.0077	0.9367	2.1514
	(2.4316)	(12.3881)	(− 8.8374)	(1.4856)		(0.3968)

计量方程 5B（不含常数项）：

		U_{t-1}	GDP_t	$REER_t$	调整 R^2	D - W
		0.9239	− 0.3784	0.0151	0.9287	1.6184
		(11.5667)	(− 7.6686)	(3.2843)		(1.016)

计量方程 5C（不含 $REER_t$）：

	a	U_{t-1}	GDP_t		调整 R^2	D - W
	1.4084	0.9711	− 0.4114		0.9331	1.9756
	(4.0113)	(17.4089)	(− 8.9099)			(0.0622)

注：括号中数字为 t 值；D - W 下括号中数字为 D - h 值。计量方程 5 不含常数项计量结果无相应 F 值统计，故完整方程不含 $REER_t$ 的方程中的也都略去。

---

① 从计量经济学角度看，计量方程 5 在加入被回归变量的滞后一期变量作为回归变量之后，该方程从结构上变为分布滞后模型的 Koyck 转换式。在这个转换式中，原解释变量的系数应解读为初始效应，而自回归变量的系数（λ）则是确定总效应的折算因子（即 $1/(1-\lambda)$）。另外，也有研究者认为，在分析长期失业率变动趋势时，应当注意到这个变量的自我历史累积效应（hysteresis），即赋予上述计量方程 5 以直接的经济学意义（Blanchard & Lawrence, 1986）。

表 2 报告的调整方程计量结果与表 1 相比，各个统计参数（包括调整 R^2、F、D－W 和系数项的 t 值等）都有改进。计量方程 4 结果可解读为：在所考察的 1980～2004 年期间，一年前美国国内生产总值实际增长率每升高 1 个百分点，在其他因素不变时，美国失业率会下降 0.3944 个百分点；同时，当年美元实际有效汇率指数升高 1 个百分点，在其他因素不变时，美国失业率会增加 0.0501 个百分点。

计量方程 5 的完整方程（即计量方程 5A）计量结果显示，美元实际有效汇率指数对失业率的影响系数在统计上不显著，有此显著作用的是前一期失业率变量和当年国内生产总值变量。该完整方程去掉美元实际有效汇率变量的计量结果（即计量方程 5C）也表明了同样的统计结论。

作为一种参考，本文也考察了计量方程 5 去掉常数项后的情形（即计量方程 5B）。在这个计量结果中，3 个解释变量在统计上都是显著的，统计可靠性参数调整 R^2 没有出现显著下降，D－W 值有所下降，D－h 显著不等于零（显示可能存在序列相关性问题）。机械地解读这个结果，可以说，在所考察期间内，当年国内生产总值实际增长率每升高 1 个百分点，在其他因素不变时，失业率会下降 0.3784 个百分点；同时，当年美元实际有效汇率指数升高 1 个百分点，在其他因素不变时，美国失业率会增加 0.0151 个百分点；一年前美国失业率每上升 1 个百分点，当年美国失业率会上升 0.9239 个百分点（这可理解为失业率自身的滞后相关自效应）。

按照前面脚注所提到的 Koyck 转换式，计量方程 5 的自回归滞后变量的系数应当理解为解释变量的初始效应与总效应的折算因子。按照 Koyck 转换式的定义，表 2 计量方程 5B 中 GDP_t 系数指当年经济增长率对当年失业率的即期影响，即当年国内生产总值增长 1 个百分点，在其他因素不变时，当年失业率会下降 0.3784 个百分点；同时，历年经济增长率会促使当年失业率总体下降 4.97 个百分点（这得自 $0.3784 \times (1/(1-0.9239))$）；类似地，当年美元实际有效汇率指数上升 1 个百分点，在其他因素不变时，当年失业率会增加 0.0151 个百分点；同时，历年美元实际有效汇率指数上升会促使当年失业率总体上升 0.1984 个百分点（这得自于 0.0151 × (1/(1 − 0.9239))）。显然，不论是看即期效应还是总和效应，国内生产总值实际增长率给予失业率的影响都显著大于美元实际有效汇率给予失业率的影响，数量上前者是后者的数十倍。

概括地说，计量方程 4 和计量方程 5 的结果与前 3 个计量方程的结果基本一致，显示在所考察期间内，美国国内经济变量对美国失业率的影响显著超过美国对外经济关系变量对美国失业率的影响。换句话说，美国对外经济关系变量——不管是贸易差额、经常账户差额还是美元实际有效汇率指数，它们相对于美国国内生产总值实际增长率来说，对美国失业率的影响作用都不确定得多，或者说，即使有一定消极作用，其程度也是十分微小的。

如果承认美国国内就业状况或失业率与美国贸易平衡、经常账户平衡或美元实际有效汇率走势之间的关系十分微弱或者不确定，那么，人民币与美元汇率水平或其变动就更不可能给美国国内就业状况或失业率带来什么显著影响了。无须强调，人民币与美元汇率只是美元有效汇率的一个因子，这个因子所占的比重由中美双边贸易额占美国对外贸易总额的比重所确定。近年来这个比重有所升高，从 20 世纪 90 年代末的 5% 上升到 2005 年的 8%。如果用这个权重去折算前面计量方程的结果（即美元实际有效汇率指数变动对美国失业率的影响系数），不难发现这些数值进一步变小，甚至变得微不足道。因此，对专业分析者来说，不应该将人民币与美元汇率和美国国内失业率简单地联系起来。

三、对若干基本关系的进一步讨论

前两节关于 20 世纪 80 年代初以来美国失业率与国内经济增长及若干对外经济关系变量之间关系的简要考察表明，影响失业率的主要因素是美国国内经济增长；同时，美国对外贸易平衡或经常账户平衡对失业率的影响很可能是不确定的，而来自美元实际有效汇率的影响即使是确定的，但也是十分微弱的。

对这个结果，似乎有必要进行若干说明。稍有国际经济学知识的人士都知道，一国出口品由本国工人生产，进口品由外国工人生产并与国内产品相竞争；因此，人们也容易推论说，在进口多于出口时，即出现贸易逆差或经常账户逆差时，国内工作岗位数目可能出现减少或相对减少。

但这个看法显然是一个"局部真理"。从根本上，国内工人是否处于充分就业状态取决于国内总需求与国内劳动供给的相对关系。在国内总需求已经满足了国内就业人口工作岗位需求的情况（即已经出现充分就业的情况）时，国内总需求仍然可以继续增加到超过国内劳动总供给的地步，而这种形势的对外表现就是对外收支逆差。换句话说，对外收支逆差并不必然意味着进口品夺走了国内工人的就业机会。类似地，对外收支逆差给本国就业带来损害效应的必要前提是，在国内劳动市场达到均衡之前，国内总需求已经出现向国外供给（即进口品需求）的转移，也就是说，出现了国内吸收（国内总需求减去国内供给）小于国内供给的情况。十分可能的实际情况是，20 世纪 80 年代初以来，美国宏观经济运行总体特征是国内需求增长超过国内供给增长，没有出现或没有显著地持续性地出现国内吸收不足的情况。前面几个计量方程的结果很可能体现了这些趋势。

顺便说，对中国这样的发展中经济体而言，国内就业增长受益于对外贸易也不必然以贸易平衡或贸易顺差为前提。如果我们认为中国出口品是劳动要素相对密集，中国进口品是非劳动要素相对密集，那么，一个价值单位的出口品与同一个价值单位的进口品相交换，意味着多个本国工人劳动量与一个外国工人劳动量在进行交换；在这种情况下，即使出现一定程度的贸易逆差，本国出口的劳动量也可能大于本国进口的劳动量。[1]

---

[1] 有作者认为当代国际贸易，尤其是工业化国家与发展中国家之间的贸易关系，可以更准确地概括为"熟练劳动"与"非熟练劳动"之间的交换，前者是资本、技术和教育投资密集型的，后者是人数密集型的；两者之间的交换是互利的，但很可能带给工业化国家中非熟练劳动者较多的冲击（Wood，1995）。这类问题现在实际上已经被标准国际经济学教科书一般化了，即抽象成为在贸易伙伴国拥有不同要素密度背景下贸易与收入分配的关系问题（克鲁格曼和奥伯斯法尔德（1998），第 4 章第 2 节）。

在讨论对外贸易及其作用时另一个常见"局部真理"是，进口或进口增长带来对国内与进口竞争部门的冲击，这种冲击作用有时会如此剧烈，威胁到这些行业的生存。因此，不时出现这种部门的制造商和工会代表团结起来的情形，要求本国政府采取一切可能的措施限制有关进口品贸易的增长，甚至对贸易伙伴国采取严厉的贸易保护主义政策。

其实，理解贸易对某些行业的冲击作用就像理解技术进步对某些行业的冲击作用一样。两者的共同作用都是会直接导致某些工作岗位的减少甚至消失，同时，它们也可能在以更快的速度创造新的工作岗位。有时，在短时间内，冲击作用可能发生得太快，给部分有关就业人口带来难以承受的困难和挫折。对这后一种情况，需要社会和政府提供必要的帮助。一些学者的研究成果已经发现，20 世纪 90 年代以来，美国社会中的劳动人口因贸易增长而出现了加快工作岗位转换的趋势，这些转换往往伴随劳动收入水平的升高（参见伯格斯坦，2005，第 17 页）。这种情况清楚说明，在看待对外经济关系对本国就业影响这个问题上，人们的目光不应当仅仅停留在某个或某些行业上。促使全社会甚至整个国际社会来关心某些直接"受害"行业的境况不能说是一个道义上没有依据的事情，但这种关心也不应被理解为是在认同对外经济关系给一国就业带来了整体危害的观点。两个事情之间有明显区别。

包括美国在内的许多工业化国家自 20 世纪 50 年代中期以来出现制造业就业人数相对减少的情况，即制造业就业人数增长慢于服务业就业人数增长。60 年代末和 70 年代初以来，一些工业化国家进一步出现了制造业就业人数绝对减少的情况。从根本上说，这些变化反映了工业化国家中制造业生产率的快速升高和社会人口在收入水平增长的背景下对服务产品需求的进一步加快。现代国际贸易很可能支持了这一结构转变进程，并可能因此而使国际贸易在工业化国家的经济发展中开始具有前所未有的新作用。先进市场经济体在国内劳动力流动、信息服务和教育培训等方面的突出优势也促进了国内产业结构调整和缓和国际贸易的部门冲击性效应。

结合这些认识，可以进一步理解前面计量方程关于贸易平衡或经常账户平衡对美国失业率在考察期内作用不显著的结果。第一，这个结果并不表明对外贸易对美国经济增长没有显著作用；第二，这个结果并不表明进口不会带来对有关部门的生产活动和就业人口带来冲击作用；第三，这个结果表明贸易逆差或经常账户逆差自身在考察期间内不足以成为导致美国失业率上升的原因；第四，这个结果很可能意味着贸易平衡或经常账户平衡与国内宏观经济均衡之间的关系在美国国内有着某些与在其他国家不同的特点。

前面的计量方程结果同时也表明，美元实际汇率指数在考察期内对美国失业率有一定消极影响，尽管这种影响的程度很小。显然，在对国内就业的影响上，本文考察结果表明了汇率相对于贸易平衡或经常账户平衡的突出作用。同样作为对外经济关系的变量，在汇率与贸易平衡或经常账户平衡之间为什么会有这种差别？作为一个猜测，本文认为这可能体现了价格变量相对于产品流变量所具有较为广泛的作用。产品流变量影响到产品流的有关生产者和使用者，这些生产者和使用者不管其数量有多么大，总是全社会人口总体的一部分。但是，作为一种价格变量的汇率，其作用除了可直接影响贸易流或产品流之外，还可通过影响国内通货膨胀而影响到全社会人口及其经济活动，从而发挥比贸易平衡或经常账户平衡更大的经济作用。

理论上，也存在贸易平衡或经常账户平衡及其变动影响汇率的可能性，从而促使贸易平衡或经常账户平衡产生与汇率相类似的经济作用。在这个问题上，人们或许可以再次猜测，在美国国际收支平衡与美元汇率之间，常见的相互影响关系在近二三十年可能出现了不同寻常的变化，例如，贸易逆差或经常账户逆差及其扩大未能按照常规预期那样促使美元汇率向下调整。对这个问题具体情形及其原因的探讨，显然超出了本文范围，故从略。

四、结论

近来有关人民币汇率调整的讨论中，一些人士认为，人民币与美元的汇率水平给予中国对外贸易以竞争优势，同时给予中国的贸易伙伴以竞争劣势；

前一种效应给中国国内就业增长带来了巨大好处，后一种效应给贸易伙伴国的国内就业增长带来了显著的不利影响。本文作者认为这个看法是不正确的。人民币与美元的现行汇率水平无论是对中国国内的就业形势还是对中国贸易伙伴国的就业形势都没有这种重要作用。

如果人民币与美元的汇率对美国经济有任何显著影响，那么，这种影响一定应当包含在美元对外综合汇率（有效汇率）对美国经济的显著影响之中；因此，考察人民币与美元汇率对美国经济的影响，可以从考察美元有效汇率对美国经济的影响入手。

考虑到在一个开放经济体中，国内就业总量或失业率同时受到国内经济因素和对外经济关系的影响，本文设置以 GDP（美国国内生产总值实际增长率）代表美国国内经济因素，并以 3 个变量替代性作为对外经济关系的代表：贸易平衡/GDP 比率、经常账户平衡/GDP 比率以及美元实际有效汇率指数。

本文使用 1980~2004 年数据进行计量检验。结果显示，在所考察期间内，美国国内经济变量对美国失业率有着显著重要作用；在 3 个替代性对外经济关系变量中，贸易平衡和经常账户平衡的作用未通过统计检验；美元实际有效汇率指数被发现对美国失业率变动有一定消极影响，但程度很小，而且大大低于国内经济变量的作用。

既然美元有效汇率对美国失业率没有显著重要作用，人民币与美元汇率更不可能对美国失业率有任何显著重要作用，即不可能是损害美国工作岗位的原因。认为"人民币/美元汇率导致美国国内失业增加"的看法在经济分析上是不成立的。

应该指出，本文结论并不表明汇率或国际收支平衡不影响一国某些行业的生产活动或就业岗位。但是，局部性事物应当有别于总量性事物。同时，本文也不涉及人民币汇率水平或汇率体制是否应该或如何进行调整的问题。人民币汇率水平或汇率体制无论出于什么理由进行调整，这种调整的经济依据都可以理解为与美国国内就业形势无关。

参考文献

[1] C. 弗雷德·伯格斯坦：《美国与世界经济：未来十年美国的对外经济政策》，朱民译，经济科学出版社 2005 年版。

[2] 克鲁格曼和奥伯斯法尔德：《国际经济学》，海闻等译. 中国人民大学出版社 1998 年版。

[3] Blanchard Olivier and Lawrence Summers, Hysteresis and European Unemployment, NBER Macroeconomics Annual, 1986: 14 - 89.

[4] United States Congressional China Currency Action Coalition (2005) Section 301 Petition (chinacurrencycoalition. org/petition. html).

[5] Wood Adrian, *North - South Trade, Employment, and Inequality: Changing Fortunes in a Skill - Driven World.* Oxford University Press, 1995.

美元汇率周期与人民币[*]

美元贬值与人民币升值现已成了人们热门话题。企业关心进出口业务收付款项的外汇风险，有外汇存款或外汇需求的居民也会关心自己的资产价值及其可能的变动。一些境内外机构和个人可能在进行外汇投机，押赌人民币升值。香港一位经济分析人士说了一句话，"拥有一万亿美元资产的对冲基金正在关注亚洲货币市场"，此话很快就被误传为"一万亿美元资金正在豪赌人民币升值"，并在中文媒体中肆意流行。讲前一句话的人士很快出面澄清意思，但一些媒体已不理睬了。国内一位学者在一次学术讨论会上就中国宏观经济形势和汇率体制发言，其中一些言语又被媒体误解为表明中国政府将针对美元贬值情况大幅调整官方外汇储备的币种构成。此消息先在中文媒体报道后很快又被英文媒体扩散，成了随后国际金融市场行情显著波动的一个因素。这两件事情及其类似事情都表明，有关美元或人民币及其货币当局的动作成了现在人们普遍高度关注的对象，而且，关注的高度甚至达到了令人紧张的地步，而有着紧张情绪的人们往往不注意辨别消息的准确含义就开始"跟风而行"。

一、美元汇率变动的原因及长周期

汇率是一个有多种含义和不同测量指标的概念。世界上任何一种货币都

---

* 本文原载于《外交学院学报》2005 年第 1 期。

有与其他所有货币之间的交换比率，即双边汇率。通常，双边汇率形成于各国外汇市场的现货交易中，所以有时也被称为名义汇率。当人们说某国汇率水平及其变动时，心目中首先想到的是该国货币对主要国际货币的名义双边汇率水平及其变动。按照这个习惯，了解美元汇率，需要首先看一看美元与其他主要国际货币之间的名义双边汇率及其变动。

图1显示了1971年1月~2004年10月美元对欧元、英镑和日元的月平均名义双边汇率。[①] 有几点技术说明。第一，众所周知，1999年1月1日前欧元未出生，此前美元与欧元的汇率系根据欧元与德国马克、法国法郎等现在欧元区构成货币的确定汇率及美元与这些货币历史上的汇率间接套算出来。第二，由于美元与日元兑换比率涉及数字较大，该汇率标示尺度在图1右端，相对于左端尺度所标示的美元与欧元及与英镑的汇率，两个尺度的相对幅度已被标准化从而对各条汇率变动曲线进行直观比较。第三，这里选用了月度数据而不是日数据或年数据。日数据通常用于汇率的短期分析，年度数据相对于较高频率的月数据或日数据来说可能显得太"平滑"。图1取两者之间的频率，出于兼顾的考虑。第四，图1数据从1971年开始是因为正是从那个时候开始这些货币以及几乎世界各国的货币的汇率都开始浮动起来。此前，这些货币之间的汇率也出现过变动，但次数并不多，因为从第二次世界大战结束到20世纪70年代初，工业化国家的货币关系处于所谓的"布雷顿森林体系"，即简单地说就是，国际货币基金组级（IMF）成员国的货币与美元挂钩，美元与黄金挂钩。个别时候个别货币与美元汇率进行调整通常通过这个国际机构来进行。这种情形也被叫作"全球固定汇率制度"。在尼克松总统任期内，这个"布雷顿森林体系"开始瓦解。[②] 换句话说，本文所说的美元汇

---

① 图1及以下几张图的原始数据来自几个常用网站，即"经济史"（www. eh. net），"世界黄金协会"（www. gold. org），"国际货币基金组织"（www. imf. org）以及专门刊载时间序列数据的 www. economagic. com；人民币与美元数据来自《中国统计摘要》。

② "布雷顿森林体系"瓦解的原因是多方面的。简单地说，在各国资本账户交易对外开放和外汇市场高度发达的背景下，固定汇率全球体系难以满足各国国际收支长期性失衡所提出的调整需要。允许汇率浮动也就是让市场汇率变动信号来指导各国国际收支的适应性调整。

率波动主要开始于 70 年代初，即图 1 中各条曲线的起点。

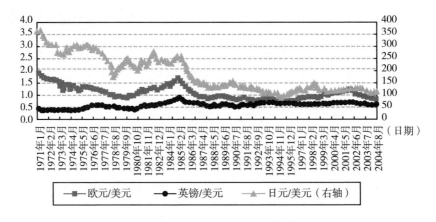

图 1　1971～2004 年美元对主要国际货币汇率（月平均）

观察图 1，立即可以看到，美元与欧元、英镑和日元之间的双边汇率有很多不同的波动情形。从两个端点看，美元换日元数额有明显降低趋势，但这种下降趋势在美元与欧元之间仅有些微表现，而在美元与英镑之间几乎没有。如果观察一个较短的时间段，则美元与这些货币的双边汇率更是可能呈现不同的走势。在图 1 显示的多个时段中，美元对一种货币的双边汇率出现下降而对另一种货币的双边汇率上升或几乎不变。显然，出现这样的情况，很难综合性判断美元对外汇率是上升还是下降。

当代学者们和观察家们常用"有效汇率"这个概念来解决上述问题。"有效汇率"是一种货币与所有其他货币或与主要国际货币之间双边汇率变动的加权汇总指数，它可用以反映一种货币对外汇率水平变动的综合程度。不同研究者可以使用不同的加权计算方法，常用方法是将各伙伴国在本国对外贸易总额中所占份额作为权重，并以此计算本国货币对这些贸易伙伴国双边汇率在一定时期内变动的加权平均数。有效汇率指数与双边汇率变动之间可有多种不同对应情形。例如，在一段时期内美元对日元贬值 20%、对英镑升值 10%、同时与其他所有货币汇率不变，若美国与日本及英国（联合王国）的贸易权重分别为 20%，则美元有效汇率指数在此段时期中上升 2%。

图 2A 显示了 1973 年 1 月～2004 年 10 月按贸易加权美元有效汇率指数。

与图 1 一样，这也是基于月度数据。可以看出，美元有效汇率指数自 20 世纪 70 年代初以来呈现不断的反复波动的情形。后面将具体探讨一下这些波动的趋势。这里想先述说引起这些波动的主要经济因素。

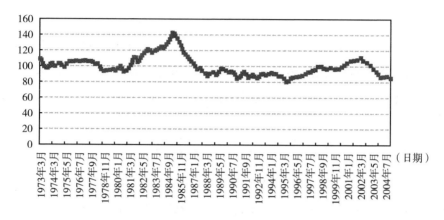

图 2A　1973～2004 年按贸易加权美元综合（有效）汇率指数

解释汇率波动或变化的因素可分为三类：经常账户因素、资本账户因素和市场预期。

首先看经常账户。经常账户记载本国与外国交往中经常发生的国际经济交易活动，即商品服务的交换和资源转移。经常账户是国际收支平衡表中最基本最重要的类别，影响和制约国际收支平衡表中其他类别的情况。经常账户中最重要的构成部分是商品贸易。国际经济学中的一个一般原理是：在其他条件不变的情况下，一国出口大于进口时，外汇供给增加，对本国货币需求增加，因此，本国货币趋于升值，外国货币趋于贬值；一国进口大于出口时，外汇需求增加，对本国货币需求减少，因此，本国货币趋于贬值，外国货币趋于升值。也就是说，在其他条件不变的情况下，贸易平衡是影响汇率的重要因素。就美国而言，可以看到，其对外商品贸易自 20 世纪 70 年代后半期开始出现显著不平衡情况，即贸易赤字或说贸易逆差不断增多。到 90 年代这几乎形成了一种"固定格局"。美国全部对外商品贸易逆差在 2003 年达到 5000 亿美元左右，约占其国内生产总值（GDP）的 4.5%。2004 年估计会进一步增加到 6000 亿美元左右，约占其 GDP 的 5%。

大量的持续性经常项目逆差是引起美元汇率波动和贬值的一个基本经济因素。美元贬值实际上是纠正美国经常项目逆差的一个市场信号。

经常项目下的巨额赤字属于美国经济的对外不平衡，但实际上反映了美国国内经济的不平衡。宏观经济学中的一个一般原理是，经常项目差额等于国内投资与国内储蓄的差额。美国经济体内部的一个突出情况是，国内投资水平较高而国内储蓄水平较低。这并不是说美国国内投资太多。美国国内投资占 GDP 的比重一般在 15%～18% 之间（在中国这一比率通常不低于 30%，一些年份甚至可高达 40%）。美国国民经济的主要内部问题是储蓄率太低。国内储蓄有三部分：政府储蓄、企业储蓄、居民储蓄。美国联邦政府及许多州和地方政府现在都有巨额财政赤字，没有净储蓄。企业部门现在有相当多储蓄来自它们的营业盈余，但整体上看，企业储蓄在全部国民收入中所占比例不大。居民储蓄应在国民储蓄中占最大块。但是，美国居民倾向自 20 世纪 90 年代以来出现重要变化，即储蓄不断地下降。90 年代初，其居民储蓄率在 10% 左右；克林顿第一任期内这一比率为 5% 左右；到克林顿第二个任期，这一比率已经下降到 2%～3%。轮到小布什上台时，这一比率接近零甚至出现过负数。

低储蓄倾向怎么可能伴随着高投资呢？投资多是因为市场消费需求前景好。也就是说，低储蓄倾向未妨碍那里的人们有高消费需求。如何可能出现高消费倾向呢？很多分析者已经指出，美国消费者的高消费倾向与他们的高借贷行为有密切关系。那么，如何可能出现高借贷倾向呢？人们对待消费信贷的态度受许多因素的影响。除了文化和收入预期的原因外，从经济角度看，利率水平是决定人们借贷行为的最重要或者最基本的因素。利率是时间价值的贴现率或者说贴现因子。影响一国利率水平高低的因素有许多，其中一个重要因素是财政状况。通常讲，财政收支处于赤字状态，政府部门要与民间争资金，利率水平往往上升，从而会抑制人们的消费支出。在今日美国，现实的情况却是高消费、财政赤字、低利率。怎样解释这一反常现象？我想至少有两个因素柔和了这一矛盾。第一，格林斯潘领导下的联邦储备委员会（合众国的中央银行）在 90 年代以来的一系列货币操作，促使利率水平处于低位。2001 年连续数次的降息，使美国很快走出衰退阴影，并在很大程度上抵消了财政赤字增加对利率水平拉升的影响。第二，国际官方资金市场对美国政府债券的需求，这也促使其利率水平下降或保持基本不变。2004 年 6 月以来，美联储多次提升利率，但在债券市场上，长期联邦债券的市场收益率（反映市场利率水平和利率期限结构的一个重要指标）不仅未出现升高趋势，一些时候还有下降。总之，利率水平总体处于低位或不显著上升，消费信心就会得到支持。居民部门因此会不害怕储蓄减少给未来情况可能带来的不利影响。进而，他们乐于高消费。有了高消费，也就有了高投资乃至高的进口倾向及贸易逆差。

再看资本账户平衡。资本账户记载跨国境资本流动或者说各种国际投资与信贷活动，主要由两部分构成：直接投资与证券投资（也许可以说各种银行信贷及国际贸易信贷构成了资本账户的第三个重要组成部分）。20 世纪 80 年代中期以前，美国对外直接投资超过美国吸收的直接投资。80 年代后期开始，美国吸收的外国直接投资超过其对外投资。最近几年，尤其是 2001 年 "9·11" 事件以来，外国对美直接投资出现明显减少或减速增长情况。在证券投资（或者说间接投资）方面，对美国私人证券投资在 90 年代是非常活跃的，尤其在 90 年代后半期。那时，纳斯达克股票指数和纽约道琼斯股票指数都在快速跳跃性地上涨。2000 年 4 月以后，股市暴涨宴席似乎终结了（至少是在一段时间中）。出于分享上涨红利目的的外国证券资金流入很可能减少了许多。

另外，还有官方证券投资。在这方面，可以说，美国继续处于十分有利的地位。官方证券投资主要是国外政府部门（货币当局）将自己所拥有的外汇储备资产投放于美国金融市场，尤其是联邦债券市场。按照国际货币基金组织的统计，世界各国全部官方外汇储备中，美元资产构成超过一半。这些美元资产，大部分是美国联邦政府债券。对各国货币当局而言，官方外汇储备主要用来维护本国货币体系的稳定或一定汇率目标，要求将外汇资产安全性和流动性放在首要位置并考虑收益率。以美元标价的美联邦债券市场在目前国际金融市场中能较好地满足这些要求，从而使美国继续成为吸引国外官方证券资金的重要场所。

总的来看，巨额经常项目赤字、外国对美直接投资减速增长、私人证券投资的巨大波动性等都不支持美元汇率。国际收支平衡项目活动中现在似乎只有官方证券投资能显著地支持美元汇率。也可以说，官方证券投资成了今后影响美元汇率的主要因素。

从上面经常账户和资本账户的分析来看，所提到的各种因素实际上不是现在才出现的，至少不是最近一年的新现象。但为什么在 2004 年最后几个月中美元贬值得这么猛烈？我想这是一个市场预期变动的问题。一般地说，市场类型有完全垄断市场、垄断竞争市场、寡头垄断市场和完全竞争市场。全球外汇市场可以说是一个接近于完全竞争的市场，是一个高度分散的无形市场，不存在垄断交易者。这个市场受有关政府当局及其政策姿态的影响，尽管并不完全受政府行为左右。因此，需要分析促使或导致市场多数参与者预期改变的因素。虽然这样的因素纷繁复杂，但有两个因素不能不说到。第一，美国政府财政部长的变化：克林顿政府财政部长鲁宾来自华尔街金融界，在任时经常发表支持强势美元的言论；布什政府两位财政部长（奥尼尔和斯诺）来自实业界，很少发表支持强势美元政策，而且斯诺不止一次发表赞成美元"有序下调"的言论。第二，欧盟的因素。在当代国际货币体系中，欧元毫无疑问是美元的一个强有力竞争者，尽管现在还难以取代美元的国际地位。欧盟内部一直就有人批评美国的经济政策，认为美官方在利用国际上有利因素（对美元资产的国际需求）来推行赤字财政政策，也就是不正当使用国际资源为己服务。最近一年来，这种批评声音很高。"美元应当贬值""美元贬值不可避免"等说法越来越成为市场共识。情绪传播开来。一个完全竞争或接近于完全竞争的外汇市场再次在"无形之手"指引下出现调整。

以上从三个方面简略分析影响美元贬值的三类因素。现在的一个问题是：美元汇率还会继续下降吗？想请大家看图 2B（图 2A 的放大）。不难看到，自图中所示 1973 年以来，美元有效汇率指数大体上经历了 6 个变动区间（观察焦点放在围绕 100 指数位的上下摆动)。

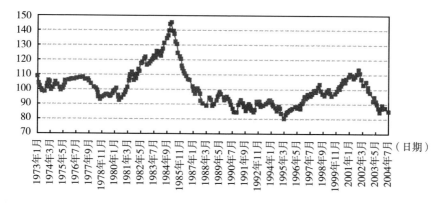

图 2B　1973～2004 年按贸易加权美元综合(有效)汇率指数

第一个长周期(1973～1989 年):

(1) 1973～1981 年,美元有效汇率频繁波动,波动幅度在 10% 以内;

(2) 1981～1986 年,美元有效汇率爬升时期,综合升值幅度达 50%;

(3) 1986～1989 年,美元有效汇率滑落时期,综合贬值幅度达 40%。

第二个长周期(1989 年至今):

(1) 1989～1995 年,美元有效汇率频繁波动,波动幅度在 10% 以内;

(2) 1995～2002 年,美元有效汇率爬升时期,综合升值幅度为 35%;

(3) 2002 年至今,美元汇率进入"波动"还是"滑落"时期?

笔者倾向于认为,美元处在第二个长周期中的滑落时期。美国国内的财政赤字和投资—储蓄缺口都很严重,美元汇率贬值的趋势很难逆转。目前没有看到各国政府对经济政策进行显著调整的信号。美联储虽然还可能继续加息,但利率水平仍然不算高,尤其长期利率水平。至于美元汇率会继续下滑多长时间,下滑多大幅度,这很难做出准确预测。

上面关于"美元汇率长周期"的说法,是一个初步性的判断,主要根据美元有效汇率指数在 1973～2004 年长期变动情况。这里没有具体说明为何这条曲线呈现出周期性变动格局的原因。总的说,可以认为,汇率与国内宏观经济平衡和国际收支平衡是相互影响的,当后两者的变化引起汇率变动时,变动了的汇率反过来也会引起国内宏观经济平衡和国际收支平衡的调整。在这些变动中,有些因素长期存在或者只有经过相当长的时间才出现显著变动。这样,在汇率指数上就会出现显著的持久性上升或下降趋势,并仅当持续相当一段时间后才转向另一个方向的调整。

值得提到的一个因素是,面对美元不断贬值形势,美政府会入市干预吗?笔者认为现在不会。在美负责汇率事务的官方机构是财政部。从已经看到的各种表态信号,看不出这方面的暗示。当然,人们也不能仅相信官方人物的言论及其暗示。关键是考虑目前局势下干预行动成功的必要性和可能性。干预有单边干预和联合干预。目前外汇市场上日交易额达万亿美元。单边干预力量不够,很难成功。联合干预效果一般要好于单边干预。但联合干预需要国际合作与协调。如果美方与欧洲中央银行联合入市干预,一定意义上可说是外汇市场上供求两个方向的"大人物"在协调行动,效果无疑会较好。但联合干预不多见。主要原因是有关各方需要协调政策立场,而目前欧美双方在宏观经济政策上尚有不少分歧意见,联合干预所需要的共识似乎还不足。尽管有不少呼吁和猜测,近期内就看见联合干预恐怕会是一个意外。

二、人民币汇率

美元汇率现在是一个重要世界经济问题,人民币汇率同样是一个重要世界经济问题。20世纪90年代或80年代以来中国经济持续高增长使中国国民经济总规模不仅超过了许多发展中国家,也超过许多发达国家。按照购买力平价,中国现在或许是仅次于美国的世界第二大经济体。即使按照市场汇率计算,中国经济总规模也会在世界前五或前七的行列中。而且,近年来中国对外贸易发展非常迅猛,中国现在也成了世界第三或第四大贸易经济体。因此,人民币汇率水平及其可能的变动理所当然会对全球贸易和资本流动带来巨大影响,对中国及有关国家的经济增长带来显著影响。

报刊中，"人民币汇率"往往被说成是人民币与美元汇率问题。实际上，与美元的汇率只是人民币汇率问题的一个方面。当然，这是很重要的一个方面，甚至可以说是一个具有中心意义的侧面。除了汇率水平的高低之外，人民币汇率问题还涉及人民币汇率体制问题。

图3列示1978～2004年人民币与美元汇率（100美元兑换人民币元）。显而易见，1994年以前人民币与美元汇率有变动，有时变动幅度还很大。但1994年后这个双边汇率变动的程度就显著减少了，甚至几乎不变。一个背景是1994年初中国实行汇率和外汇管理体制重大调整，事实上形成人民币盯住美元的汇率形成机制。很多人关注的一个问题是，100美元可兑换827元左右人民币元的汇率是否表明人民币价值被低估了。

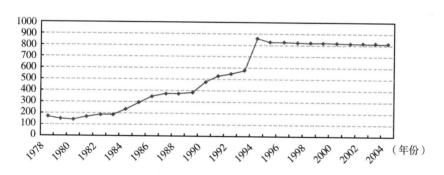

图3　1978～2004年人民币与美元汇率（年平均）

国内外的研究者们对这个问题进行了很多研究，得出了不尽相同的结论，很多看法应该说还是初步的。简单地说，目前人民币与美元汇率水平有利于中国对外贸易增长，并基本满足中国国际收支平衡目的的要求。当然，另外，也必须看到，促进中国对外贸易发展和有利国际收支平衡的因素除人民币汇率之外还有很多。分析人民币汇率是高估还是低估的另一个角度是观察人民币有效汇率指数的变动趋势。计算人民币有效汇率的方法也很多。目前由于数据原因还不可能得到像图2A、图2B所展示美元有效汇率长期序列那样的曲线。这里想引用一下人民币与特别提款权单位（SDR）的比价，用以表示人民币有效汇率（见图4）。特别提款权是IMF所采用的虚拟国际货币单位，其价格由"一篮子货币"的相互汇率所决定。"篮子"中的货币原来有美元、德国马克、日元、英镑和法国法郎 5 种。后来马克与法郎合并进欧元中。人民币与 SDR 的比价等于人民币与美元、欧元、日元和英镑这 4 种主要国际货币的综合汇率，也就近似地等于人民币有效汇率。

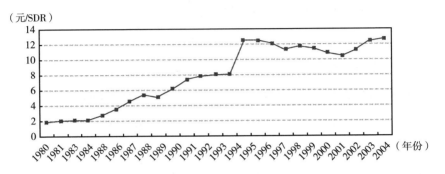

（元/SDR）

图 4   1980～2004 年人民币与特别提款权单位（SDR）比价

从图 4 可以看出，1980～1994 年，人民币与 SDR 比价呈现下降趋势，其变动情形与图 3 所展示的人民币/美元汇率曲线大致接近。但是，1994 年以后，图 4 与图 3 的曲线走势就有一些很不相同的情形了。人民币与美元双边汇率在 1994～2004 年基本不变，但人民币/SDR 比价却有不少变动。尤其是自 2001 年以来，在人民币/美元汇价基本不变的同时，人民币/SDR 比价却下降 25% 左右。这相当于说，人民币有效汇率贬值了这个幅度。在 2001 年前的多年间，中国已连续出现经常账户顺差和资本账户顺差（双顺差）。不用说，在这个背景下，人民币对外综合汇率不需要贬值。但由于人民币与美元挂钩，事实上出现人民币随美元而贬值的情况。人民币综合汇率的这种变动的确会带来一些好处，例如出口快速增长、大量外资进入等。但它也带来一些问题，尤其是很可能不利于中国国民经济内部平衡的发展。换句话说，人民币汇率问题主要不一定是人民币对美元定价过高或过低，而是人民币综合汇率随美元的综合汇率走势被动地走高或走低（因为人民币"挂钩"于美元）。

人民币"挂钩"于美元的汇率体制在实践中也有不少好处。其中最重要一个意义是有利于维护公众和市场对中国宏观经济稳定的信心，尽管不可避免地伴随一些代价。从经济学角度看，没有任何事情是绝对好的或绝对坏的。

在这种体制背景下形成的大量官方外汇储备一方面有利于增强人们对人民币目标汇率保持稳定、中国金融体系保持稳定的信心，另一方面也伴随一些成本。例如，有人说，"中国一方面大量吸引外国直接投资，另一方面又将国际收支顺差以官方外汇储备形式存积起来，用这些资金去购买收益率并不一定很高的国外政府债券，好像是'资金循环怪圈'"。这个事情容易让人想起 20 世纪 80 年代世界经济出现的"石油美元回流"（当时的许多石油输出国在油价一夜之间几乎翻番上涨的形势下得到巨额外汇收入，而这些新增外汇收入中不少以证券投资或银行存款等形式返回到石油进口国，尤其是欧美金融市场。油价上涨给石油输出国带来了经济利益，但其程度似乎没有应该达到的那么大）。就中国事例而言，性质似乎有很大不同。我们的官方外汇储备主要来自工业制成品出口以及与之相关的外国直接投资流入。而我们之所以能促成工业制成品的大量出口，主要得益于劳动成本的低下和企业对劳动成本稳定的预期。后两点正与汇率体制和水平有关了。90 年代中期以前之所以未能很好地做到这一点（当时各种政策实际上也是朝着这个方向努力的），主要还在于人们对国内宏观经济缺乏稳定的预期，包括对物价和工资水平以及人民币汇率缺乏稳定预期。为使宏观经济预期稳定下来，决策者明智地从汇率入手，大刀阔斧地对外汇管理体制和汇率形成机制进行改革，并形成一个有利于推动对外贸易增长和维持国际收支平衡的人民币美元汇率水平。

如前所述，任何事情都不只是有有利一面。将汇率稳定当作宏观经济稳定中的一个关键因素，通常出现在经济发展的早中期阶段。随着中国经济发展和改革，人民币美元汇率这种稳定的极端重要性应当是逐日下降的。货币当局当然会对任何一种汇率体制的收益与代价进行权衡比较，根据新形势和新的研究得出新结论，对汇率体制进行必要调整。

现在美元贬值就等于我们官方外汇储备的重大损失？不一定。在美元贬值时，你把美元资产卖出去，那肯定遭受损失。但如果继续持有，则就不一定遭受这些损失了。未来美元汇率回升说不定还会带来盈利。当然，继续持有美元资产也有一定风险。对这种事情需要仔细分析琢磨，不可以贸然判断。

现在有关人民币汇率体制的调整，人们有多种意见。各种意见应该说都有一定道理。其实这些政策讨论背后涉及的深层次问题都是如何确保政府承诺的可信度和政策连贯性。任何一种调整或任何一种方式的调整如果能得到有效实现并不会在可见的未来引起宏观经济预期的重大变动，那么，调整就是可行的并能带来较多的经济好处。否则，调整就是有风险的，甚至是很大风险。思考人民币汇率对策可以参考这个思路。

略论美元汇率变动及其对策[*]

20 世纪 70 年代初，美元汇率长期处于疲软趋势，从 80 年初又开始上升，中间虽有过几次短暂的、受干预造成的波动，但上升势头一直持续到 1985 年第一季度。美元有效汇率指数若以 1973 年为 100，在 1980～1985 年提高了约 63 个百分点，达到 150%。在这期间，英镑等多种西方国家货币对美元比价下跌幅度更大，只有日元等少数货币呈现出低于美元速度的上升趋势。美元汇率的攀高早已引起美国经济界及国际金融界的强烈关注，并业已对美国经济和国际经济的某些方面产生副作用。美国政府开始采取了一些反高汇率的措施，加上其他一些因素，美元汇率在 1985 年第二季度开始出现波动，对这场波动前景的预测已成了当前经济界的瞩目问题。

日本野村研究所金融专家认为美元汇价主要是由以下五个因素决定的：（1）美国货币政策；（2）美国财政政策或预算赤字；（3）美国经济的实际增长率；（4）美国通货膨胀；（5）美国经常项目的收支平衡。国际上其他一些研究机构和学者也持有类似看法。我们认为，这一归纳主要依据于传统国际经济学，有较大缺陷，美元汇率的直接决定因素应当是这样三个方面：（1）美元作为美国进出口贸易的货币反映，其汇价决定于美国经常项目平衡状况；（2）美元作为一种可转让、可投资的货币资产，其汇价决定于美国资本项目平衡状况；（3）美元作为目前世界上最重要的外汇储备单位，

---

[*] 本文原载于《金融研究》1986 年第 8 期。

其汇价决定于其他国家对美元的储备需求。传统国际经济学很少考虑到后两点，因而不能对美元汇率的这次上涨作出完满解释。

传统国际经济学的第二点缺陷是把"贸易差额决定汇率"的关系简单化，认为这种决定关系就像是商品供求关系决定价格一样，没有中间环节：出现贸易逆差时，汇率就下跌；出现顺差时，汇率就上升。实际上，至少对美元来说，贸易差额已不能直接决定汇率。一个简单而有力的证据就是：1982~1984年，美国经常项目连续出现逆差（分别为112亿美元、416亿美元、1027亿美元），而这三年恰是美元汇率上涨最凶的时候。原因在于这三年中美国资本项目一直保持着巨额顺差（分别为132亿美元、374亿美元、1190亿美元）。如果说贸易差额对汇率还有决定作用，那么，这是一种间接决定作用，即必须通过一些必要的、以滞后效应为特点的中间环节才能表现出来。对美国来说，这种关系可以表述为：贸易差额→严重经济困难→政府干预→汇率调整。事实上，上年第四季度美国企业开工率的下降（从前个季度的82.5%降至81.7%）在很大程度上就是因为进口冲击造成的。倘能贸易差额由于其他因素作用的抵消，没有或者很少引起经济困难，那么美国政府是不会采取针对性的调整措施的，也就是说，贸易差额对汇率的决定关系有可能中断。

传统国际经济学的第三个缺陷是没有预见到贸易流动与资本流动关系的变化。传统的贸易引致资本的模式是：贸易平衡首先随着商业周期而波动，接着是资本流动来填补贸易平衡中的差距。但是在近几年的美元汇率经历中，资本的强劲运动，贸易运动只是起着适应性的作用，即巨额资本流入引起汇率上升，上升的汇率使出口萎缩，进口膨胀，带来巨额贸易逆差。这种新的关系叫作"资本引致贸易"模式，是传统国际经济学所没有的内容。

美国这几年的高汇率是由一列内外因素促成的。外部的因素首先是积蓄多年的、一直在寻求出路的境外美元市场，一旦美国经济中出现吸引力，它便会冲向美国资本—货币市场；其次是近几年来外国美元储备需求的增长（1972~1980年，国际货币储蓄中黄金增长不到1%，特别提款权仅增长33%多一点，而外汇储备却增长3倍多，其中绝大部分是美元）。美国内部因素的作用主要在于境外美元提供吸引力（即使美国资本流入的"拉力"和"推力"汇合起来）。这些内部因素是：美国经济处于周期的上升时期，里根政府同时推行膨胀性的财政政策和收缩性的货币政策（其效应是在利率上升的同时通货膨胀率下降或稳定），另外，通过减税、放松管制改善了美国的投资气候，美国市场变得对外国资本更为"有利可图"。

对近期美元汇率变动的预期主要取决于对下列因素的考虑。从支持性方面的因素来看，主要有：在美国境外仍有大量美元游资，只要条件合适，这笔游资的冲击对象仍将主要是各种美国债券、股票；西欧国家的生产要素成本已高于美国，这些国家对美国的直接投资浪潮将持续下去；国际债务危机使不少发展中国家资本向发达国家（尤其是美国）流动；里根任期内庞大财政赤字不会显著下降，高额预算赤字在很大程度上要依靠较高的利息率（在美国，预期实际利率的计算是十年期政府债券收益减去通货膨胀）以及吸引外国资金来解决；目前利率（大商业银行的优惠利率）已下降到六年来的最低水平（10%），进一步下降将会引起资本供给的困难；如果里根当局继续放松银根（例如降低再贴现率或保证金比率），那就可能引起新的一轮通货膨胀，目前尚无迹象表明美国政府将会转向采取以货币膨胀为主的政策来对付当前经济困难。从阻止性方面的因素看，主要有：美元汇率已上升到大大超过其购买力平价的水平，巨额贸易赤字已是美国经济的一个沉重负担和严重威胁；目前美国金融形势中潜伏着许多不稳定的因素（例如农业银行的破产风，商业银行受国际债务危机的影响等），金融体系一旦动摇，资本外逃倾向严重；随着其他一些储备货币地位的恢复和加强（例如瑞士法郎、西德马克）、日元的国际化，外国对美元储备的需求强度将降低。在所有阻止性因素中，最重要的是美国的商业周期趋势。在近一二年内，美元汇率是趋跌还是趋升，在很大程度上取决于美国经济状况。目前已有迹象显示，在近期内美国经济有可能出现衰退的趋势。1985 年第一季度增长率最初估计为 3%，后又修正为 1.3%，实际上仅为 0.7%。高汇率的美元很有可能成为一场衰退的诱发因素，从而也破坏维持自身的基础。首先，进口冲击造成开工率下降、失业上升、存货增加，进而引起国内消费衰减，储蓄不足；其次，如果政府扩大货币供应量，在总需求已出现滞症的情况下，多半只会引起通货膨胀，这种通货膨胀的作用，主要还在阻止外国资本的进一步流入，而不是刺激总需求的增加。这样，总需求和总供给都可能停滞，美元汇率的下降也就势不可免。

概括地说，我们对美元汇率的预期是：在衰退发生前、美元汇率将缓慢地、小幅度地下降；衰退到来时，美元汇率可能出现较大幅度的下跌，当然，恢复到 1980 年前水平的可能性不大。

在当今国际储备货币形势多变的形势下，我国的外汇政策应考虑作以下三个方面的调整。

（1）汇率依据政策。可以考虑将过去的"盯住（一篮子外汇）浮动"改变为"自主浮动"。从我国的实情和特定需要出发，"盯住浮动"是不合适的，它片面受制于外部因素。我们今后需要的是一种可根据自身利益加以调理的、灵活反应的汇率决定机制。

（2）汇率调整政策。目前人民币对美元汇率偏低，既不符合购买力平价，又对我国出口无大的促进作用，反而造成我国出口商品换汇成本高，进口商品价值昂贵。对后一点，有人认为起到了保护国内市场的作用。实际上不尽如此。我国进口消费品数量有限，绝大多数是设备、零部件和工业原料，低汇率的作用主要还是在于使这类制造加工产业的成本加重上面。应当适度提高人民币对美元的汇率，其幅度掌握在我国出口商品需求弹性系数允许的范围内以及我国资金市场保持对外吸引力的范围内。

（3）储备货币管理政策。一方面考虑到美元地位的下降，另一方面考虑到其他一些货币的升值（例如日元、瑞士法郎等），我国外汇储备货币构成必须做出相应的、先行的调整，避免或至少减少储备货币贬值损失，尽可能盈利。要满足外汇储备资产安全性、盈利性和流动性这三项基本要求，对现有外汇储备币种就有个合理搭配问题。目前有相当一些国家的货币当局和研究机构正在积极开展这方面的研究和规划工作，我们也应当高度重视起来。

第四篇
人民币国际化及其他

人民币国际化的前景[*]

近几年来，人民币国际化进程在多方面取得了显著成就。人民币在中国跨境贸易结算中使用范围不断扩大。外商对国内企业的出口支付可直接使用人民币，国内企业进口也可向外商直接支付人民币，国内贸易企业所面临的汇率风险开始向外商转移。同时，人民币境外流通和留存规模在逐渐升高，仅在中国香港一地人民币存款数额就高达数千亿元。香港、伦敦等地的金融机构也出现了人民币"离岸市场"，人民币在这些地方的流通量和交易额都在加快增长。而且，越来越多的外国官方机构持有人民币资产，并将人民币资产作为其外汇储备的构成部分之一。这些外国官方机构，不仅有俄罗斯、巴西和南非等新兴市场经济体，也有一些发达经济体和发展中经济体。中国货币当局与日益增多的外国官方机构签署了双边货币互换协议，与以往使用美元的货币互换协议相比，越来越多的新协议约定了人民币与协议对方国的货币相互交换和持有。

但是，人民币国际化所取得的这些成就是否就意味着人民币国际化的成功呢？一项事业的初始成就显然不等于最终的成功。相对于人民币国际化的远大目标而言，人民币国际化仅仅算是迈出了步伐，在国际货币舞台上崭露头角，尚不能说取得了实质性的成果。

什么是人民币国际化的"远大目标"呢？对此人们或许有不同看法。一

---

* 本文原载于《经济经纬》2013 年第 4 期。

个可行的做法是看看历史经验，看看其他货币的情形。

毫无疑问，不能简单地将货币的境外流通当作是这个货币国际化的成功。19 世纪墨西哥鹰洋在亚洲广泛流通，20 世纪 80 年代港币在中国内地南方地区也十分活跃，这些都不是货币国际化的典型事例。一种货币有很繁荣的离岸交易市场也不能算是货币国际化的有效标志。90 年代前期泰铢也有过发达的离岸市场，瑞士法郎自 70 年代以后一直在欧洲的离岸金融市场十分活跃。这些也都不能看成是货币国际化的成功案例。

许多人倾向于这样的看法，货币国际化高度成功的范例历史上并不多见，或许就只有 19 世纪的英镑和 20 世纪的美元。那么，英镑在 19 世纪和美元在 20 世纪有什么特征呢？主要是两点：一是成为国际贸易的计价单位；二是成为各国的主要储备货币。

一国货币如何能够成为国际贸易的计价单位呢？这主要取决于该国在世界贸易中的地位和大宗商品国际市场的交易制度。按货物进出口额计算，中国现在已是世界上第一大贸易国，但在世界贸易总额中所占比重远远不及当年英国或美国所占的比重。中国在世界贸易总额中所占比重目前为 10%，当年英国或美国在世界贸易总额中所占比重均在 20% 以上。若中国贸易能在某些领域中开发出世界主导性的交易市场及其制度，人民币作为国际贸易计价单位的作用才有可能出现。

一国货币如何能够成为各国主要储备货币？究其根本，主要取决于国际流动性的提供能力和流动性市场的开放度。各国持有储备的基本目的在于为本国对外支付提供流动性保障。当年的英镑和美元之所以能成为各国储备货币的首选，原因在于它们能充当国际支付的"流动性保障"。

历史上，有若干货币也曾试图努力提升自身的国际货币地位，并在一定范围内取得了局部性的成功。法郎、联邦德国马克和日元等都属于这种类型。

20 世纪 30 年代世界经济危机期间，许多欧美列强纷纷实行贸易保护主义。英国（联合王国）首先推出了"特惠贸易制"，即在（联合王国）本土及其附属殖民地范围内（即"英联邦"区域内）推行贸易促进的特别措施，并辅之以"英镑区"的做法,试图从货币角度巩固贸易区的发展。针对这种情况,法国也推出了"法郎区"的做法,将法郎与许多法属殖民地的货币相挂钩,并企图以此来推进法国本土与殖民地的经济贸易关系。"法郎区"的实践在第二次世界大战结束后继续存在。一些法属殖民地在取得独立以后,仍然继续留在"法郎区"内。但是,法国经济在战后的复苏和增长逊于同在欧洲大陆的联邦德国,法郎并未成为那时已成为世界主导性国际货币美元的强有力竞争者。

向美元国际货币主导地位挑战的货币是联邦德国马克和日元。早在20世纪70年代初,联邦德国马克在世界各国储备货币总额中所占份额就超过了英镑,成为当时仅次于美元的第二大储备货币。根据国际货币基金组织对各国可识别储备货币的统计,联邦德国马克在世界储备货币总额中所占份额在1989年占到了17.8%,达到高峰。当年美元的份额下降到其历史低点,在世界储备货币总额中所占份额为51.3%。这个时期也是联邦德国与法国等欧洲大陆国家一起积极追求欧洲经济货币联盟即统一货币欧元的时期。十年之后,联邦德国马克与法郎等一些欧洲货币退出历史舞台,让位于欧元。

在亚洲,日本经济增长在20世纪80年代达到一个巅峰。日本官方机构也在当时提出了"日元国际化"的意向,并在其对外贸易结算、对外投资和对外经济援助和合作等领域中大力推进日元使用。日元在世界各国可识别外汇储备总额中的比重自70年代后半期后逐步上升,并在1991年达到最高点,占到了8.7%,成为仅次于美元和联邦德国马克的世界第三大储备货币。

图1显示了联邦德国马克和日元在长达24年里在世界各国外汇储备总额中所占比重的情形。两者都有一定的上下起伏,联邦德国马克在20世纪70年代后半期快速上升,此后出现波动的走势,即围绕着15%的水平上下波动,最高时比重接近18%(1989年)。日元比重自70年代中期后持续上升,上升趋势一直延续到80年代中期,90年代初之后日元比重基本上表现为持续性的下降,到2007年,日元比重下降到2.9%。近年来,日元比重重新被英镑超过。

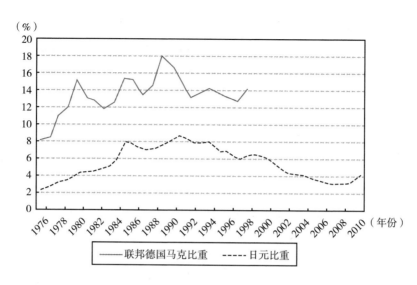

图 1   1976～2010 年联邦德国马克与日元在世界外汇储备总额中的比重

资料来源: 国际货币基金组织年报附表和 COFER (官方外汇储备币种构成) 数据库; 联邦德国马克数据为 1976～1998 年 (1999 年后马克为欧元取代)。各年度年报数据相互之间及与 COFER 数据之间略有差别 (这主要是因为外汇储备的加总数据常常受到汇率因子及其调整的影响)。本文以下各图资料来源与本图相同, 不再说明。

21 世纪初以来, 日本国内外许多人士都在谈论 "日元国际化" 的不成功及其经验教训, 其中许多见解值得重视。但其中有一个问题似乎被忽略了, 即日本自身的外汇储备行为与日元在世界外汇储备中的比重的相互关系。日本外汇储备从 20 世纪 90 年代开始快速增长并成为当时世界上第一大外汇储备国, 并将此 "称号" 一直保持到 21 世纪初的几年中。既然一国外汇储备不包含本币, 本国外汇储备的较快增长当然意味着世界范围内非本币外汇储备的相对减少, 即本币在世界外汇储备总额的比重下降。考虑到这一点, 笔者现在可以说, 导致 "日元国际化" 不成功的因素有多种, 其中, 日本追求外汇储备快速增长的行为是加速 "日元国际化" 不成功的重要因素之一。

类似的道理也可以运用到欧元上。图 2 体现了欧元诞生以来世界两大货币作为储备货币的地位。在欧元诞生之初的 1999 年, 欧元的比重达到 17.9%。到 2001 年, 欧元在各成员国零售市场上正式流通, 欧元的比重升为 19.2%。此后, 欧元比重逐年有所上升, 最高时在 2009 年达到 27.6%。与此同时，美元比重在 1999～2001 年期间基本不变，占 71% 左右，这大大超过了其在 20 世纪 80 年代和 90 年代前半期的水平。此后不断下降，2007 年达到其最低点 61%，但仍然占到世界各国外汇储备的近 2/3。

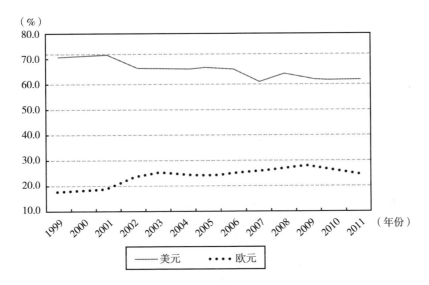

图 2 1999～2011 年美元和欧元在世界各国外汇储备总额中的比重

看到图 2，人们或许会问：欧元诞生带给美元国际货币地位变动的作用难道就表现为后者在 1999 年之后十多年时间里有 10 个百分点的下降吗？为什么没有下降得更多？

回答这个问题又将笔者的思路带回到前面提到的有关国家外汇储备行为的事情上。欧元区作为一个集体是世界上第一大经济体。欧洲中央银行体系的外汇储备显然不能包含欧元资产在内。当欧元区外汇储备增加时，这种增加不一定意味着欧洲中央银行决定购买新的外汇资产，而是由于新成员国的加入而带来了新的外汇资产，这在很大程度上就意味着美元作为储备资产而增多了。而在美元方面，美联储很少增加其外汇储备，从而也就很少促使欧元作为储备外汇而增加了。

为了更清楚地说明这种关系，笔者给出图 3 和图 4。图 3 是 1999～2011 年美元和欧元在所有发达经济体外汇储备中的比重；图 4 是 1999～2011 年美元和欧元在所有发展中经济体外汇储备中的比重。图 3 两条曲线各自上下移动，两者之间没有明显的固定关系。图 4 两条曲线在 1999～2003 年呈现出非常明显的替代关系，即一条曲线的上升伴随另一条曲线的下降，反之亦然。

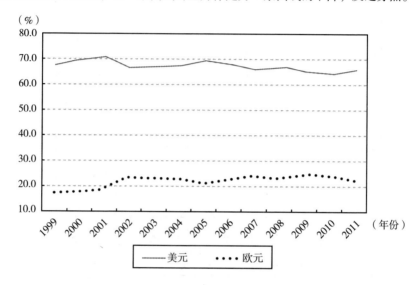

图 3　1999～2011 年美元和欧元在所有发达经济体外汇储备中的比重

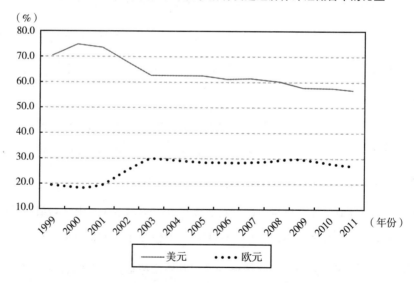

图 4　1999～2011 年美元和欧元在所有发展中经济体外汇储备中的比重

如果说欧元区与美国是发达经济体中两个"大块头"，它们之间的彼此储备货币持有在很大程度上就影响了图 3 中两条曲线的走势。这两大经济体的中央银行很少甚至几乎不调整其储备货币的基本构成，从而使得美元比重和欧元比重两条曲线的走势一方面变动不大，另一方面也不表现出相互替代关系。

对美元或欧元来说，所有发展中经济体事实上就是"第三方"。各个发展中经济体基本上不持有其他发展中经济体的货币作为外汇储备。它们的外汇储备选择主要在美元与欧元之间进行，有时在很小的程度上也会涉及其他一些发达经济体的货币（如日元、英镑、瑞士法郎等）。这样，发展中经济体的外汇储备理论上就很可能出现这样的情况：当它们减持美元储备时，欧元储备就增加；当它们减持欧元储备时，美元储备就增加。因此，两者之间就出现了相互替代的关系，即此消彼长。

当然，这种关系也不是任何时候都必然如此。在一些时候，发展中经济体作为一个整体对所持有的外汇储备的币种构成不进行调整或这种调整的规模很小，图 4 中两条曲线的走势就会基本不变。图 4 中两条曲线在 2004 ~ 2011 年的走势反映了这种情形。

上述分析对人民币国际化进程及其前景来说意味着什么？就人民币成为国际储备货币之一的前景而言，笔者给出三点推论。

第一，人民币势必将进入世界上越来越多国家外汇储备的可选币种。各国外汇储备的可选币种取决于各国对外贸易和对外金融关系发展的趋势和需要。中国已经成为世界上最大贸易国，涉及人民币的国内金融交易和国际金融交易与日俱增。在这样的大背景下，各国官方机构自然会逐渐形成并增加人民币作为其外汇储备。归根到底，人民币作为国际储备货币之一是国际贸易和国际金融市场发展的一个结果。各国官方机构的政策调整只不过是对市场客观变化趋势做出的一个反应。

第二，从长远观点看，人民币作为国际储备货币之一的发展前景与中国自身的外汇储备行为之间存在一定的关系。如前指出，当一种货币成为国际储备货币的选项时，其地位将取决于各国外汇储备的选择行为。近年来中国是外汇储备增长最快的国家，而且也是外汇储备最多的国家。中国外汇储备已占全球外汇储备总额的 1/3。中国外汇储备的币种构成及其调整在很大程度上影响了世界外汇储备中各个币种的地位。但是，人民币不能成为中国外汇储备之一。也就是说，中国外汇储备增长越快，客观上就形成了对人民币以外其他国际储备货币越来越大的支持，进而也就在客观上牵制了人民币作为国际储备货币地位的上升。

这种"牵制效应"，在人民币刚刚进入国际储备货币市场时可能还不显著。但当人民币在世界各国外汇储备总额中所占比重达到一定程度时，来自中国外汇储备行为的"牵制效应"就会开始凸显出来。设想未来年份中国外汇储备继续按照高于世界平均的速度递增，在这个背景下，外国持有人民币外汇储备若在世界外汇储备总额中的比重保持不下降甚至还要上升，这就需要外国对其储备货币构成进行调整。近年来许多国家已经减少了或相对减少了诸如日元、英镑等的外汇储备。这些国家如若进一步对外汇储备的币种构成调整，势必就需要针对美元、欧元来进行。而美元和欧元正是中国外汇储备的主要构成。因此，在中国外汇储备快速增长的条件下难以指望人民币作为国际储备货币地位的进一步上升。

第三，人民币作为国际储备货币之一的地位的上升，必然会提出中国金融市场开放和发展的新要求。前面已经提到，国际储备货币的主要功能在于为国际社会提供流动性支持和保障，而这需要有一个高度发达和开放的国内金融市场。历史上英镑和美元都有过这样的基础。美元在 20 世纪 70 年代初布雷顿森林体制瓦解之后、在美元已经失去黄金所提供的支撑基础之后，之所以能够继续发挥着主要国际储备货币的作用，主要归功于其国内金融市场的发达和开放。

目前，世界各国外汇储备总额为 9 万亿～10 万亿美元。其中若有 3%～4% 的比重（目前英镑和日元的情形）为人民币所占有，这就意味着有 3500 亿美元或 2 万亿元左右人民币元的规模。外国官方机构持有这么多的人民币资产，势必会投放在中国国内证券市场上。如果人民币在世界外汇储备总额中的比重上升到 10% 左右，那将意味着有至少 1 万亿美元或 6 万多亿元的人民币资产为外国官方机构所持有。很明显，如果国内金融市场没有相应的量和质的发展，就难以满足未来人民币国际化向这种高级阶段前进的需要。

而且，还必须指出的是，上述第二点和第三点事实上有关联。从一个特定角度看，过去多年来中国外汇储备的持续快速增长的重要原因是国内金融市场的不发展和不健全。若要庞大外汇储备停止增长和分流，客观上要求国内金融市场健康成长和不断提升开放度。从这个角度看，人民币国际化的长远发展与外汇储备改革、人民币汇率体制改革、人民币实现可兑换、国内金融体制改革等都是紧密相关的，缺一不可。

人民币、美元与 SDR：国际货币体系的未来 [*]

我非常高兴有机会参加中国经济 50 人论坛举办的许多学术活动，能有机会今天来到长安讲坛与大家交流。

围绕着中国国际经济地位的上升，围绕着国际货币体系的改革与发展，围绕着全球经济关系的调整，人民币和美元和 SDR（特别提款权构成货币）的问题就提出来了。最近一段时间，国内外都有许多的讨论，形势进展可以说是分分秒秒都在不断变化。最近习近平主席在伦敦进行访问，其中好多活动都跟我们今天要讨论的主题相关，后面我也会介绍一下有关背景情况。

我首先介绍一下几个方面的材料。核心问题围绕着人民币和美元，人民币和 SDR 的关系，以及通过 SDR 即将进行的调整，借此可观察一下国际货币体系未来的发展方向。这是一个大话题，不仅会影响到我国经济的未来发展，也会影响到世界经济尤其是新兴市场经济体和传统发达经济体的关系。我分五个方面给大家做一些介绍。

一、中国在国际经济中的新地位

1. 中国经济规模的国际排名

关心中国经济的人，对这个话题并不陌生。我们需要从国际的角度来看

---

　　[*] 本文原载于吴敬琏、刘鹤、樊纲等主编的《走向十三五：中国经济新开局》（中信出版集团 2016 年出版）。

看中国经济的发展。

按照现值国内生产总值，把世界各国的国内生产总值按照当时汇率折算成美元，中国在2010年就超过了日本，成为世界第二大经济体。

如果按照购买力平价的方法，根据国际货币基金组织（IMF）的统计，2014年中国的国内生产总值超过了美国。但还没有公开报告说中国已是世界第一大经济体。毕竟在衡量各国经济规模的时候，按照购买力平价的方法只是其中的一个测度。按刚才提到的现值（即当前价格和汇率）方法，我们现在与美国还有相当的差距。美国国内生产总值现在是17万亿美元，中国去年（2014年）是12万亿美元，与美国还有5万亿美元左右的差距。所以，现在还很少听说中国是世界第一大经济体。但是不管怎么样，按购买力平价，已经有人开始怀疑美国不再是世界第一大经济体了。这是从总的经济规模来看。

2. 中国现在是世界第三大贸易区

这个贸易区概念与国内常见报道或说法稍有些区别。国内有报道说，中国现在是世界第一大贸易体，该说法用的统计概念是货物贸易。货物贸易即为货物出口加进口，中国现在大概是一年23000亿美元左右。以此指标，2014年中国货物进出口贸易额超过美国。但是，若按国际货币基金组织的测算方法，即使用3~5年的平均数，而且是货物贸易加上服务贸易的数额。目前世界上第一大贸易区是欧元区，它在2005~2009年期间全球占比为19.8%；第二大贸易区是美国，全球占比为14.2%；第三大贸易区是中国，全球占比为8.1%。最近几年，2010~2014年，欧元区的比重下降到18.2%，美国的比重下降到13.6%，中国上升到11%，虽然中国还是第三，但是差距缩小了。同时，按照国际货币基金组织所说的"出口标准"，中国是世界第三，超过了现在SDR另外两个成员国，日本和英国，它们分别占5%和4.9%。中国已达到IMF关于SDR构成货币国的出口标准要求。而且，不用说，中国在该指标上的规模大大高于韩国和加拿大，尽管这两国以及其他一些国家也在努力成为SDR的候选者。

简而言之，中国货物加服务贸易总额尚少于欧元区和美国。但在这方面，三者相差不多，约在两千亿美元上下。如果中国贸易继续稳定增长，与美国和欧元区并驾齐驱指日可待。总之，在贸易上来看，中国是世界最重要的地区之一。

3. 中国已经成为世界上最重要的对外投资和对外援助国之一

对外投资是双向的。我国每年吸收外商投资总额超过两千亿美元。同时，我国每年对外投资规模也很大，官方统计有八百亿美元之多。美国是一千亿美元。我国与它的差距已很小。我国对外援助也有很多，双边和多边形式皆有。

从上述经济、贸易、投资三方面看，很明显中国已经成为世界最重要的经济体之一。如果不是排行第一，那也排在第二或第三，不会排在第四位。即使许多欧洲国家加在一块，我们与它的规模也相差不多。

4. 从 2005 年 7 月以来的十年中，人民币对外汇率总体上是上升的

2005 年 7 月之前，1 美元换 8.2 元，7 月 19 日之后立刻变为 1∶8.11 元，到现在是 1∶6.35 或者 1∶6.40 左右，升值幅度很高。按照名义有效汇率，即不扣除物价影响的按贸易加权的人民币汇率指数，从 2005 年 7 月到 2014 年 12 月，人民币升值了 40.5%。按实际有效汇率，即扣除掉物价水平变动的影响后，人民币升值 50%。在过去十年当中，人民币是世界上唯一对美元有这么大幅度升值的货币，而这在当代世界经济中是十分少见。

5. 国内金融市场不断扩大

谈货币问题一定要联系到金融市场。在过去十年中，中国国内金融市场的规模在不断扩大。金融市场范围广阔，不仅包括股票市场，也包括很多债券市场。五年前，国内债券市场是国债为主，现在却已有很多企业债、公司债以及各种票据，它们都发展起来了。中国金融市场的总体规模（体量）已经非常大了。

欧洲一家智库 2015 年 4 月发表的一项估算表明，金融资产与国内生产总值（GDP）的比率，美国为 450%，欧盟为 520%，中国为 360%，日本为 470%。在绝对量上，欧盟和美国为世界前茅，中国和日本紧随其后。

就世界五大经济体中央银行的资产规模而言，中国人民银行年报数字近年来在 20 万亿~30 万亿元，按 2014 年底汇率换算，约为 54000 亿美元，在五大经济体中排名第一。美联储资产总额是 45000 亿美元，欧洲中央银行资产总额折算成美元不到 30000 亿美元。中央银行（货币当局）进行政策调整的时候，如果通过资产调整来实施的话，那么，谁的资产规模大，谁的调整所产生的影响就较大。

2014 年末，各大中央银行所发行的通货，即现钞流通量的规模，依次是美元、欧元和人民币。流通中美元现钞是 13000 亿美元，欧元是 12000 亿美元，人民币折合成美元大概是 11000 亿美元，这对应于 60000 多亿元的人民币现钞在流通中。大家可能会提一个问题，就中央银行资产而言，中国人民银行超过美联储或欧央行，但就现钞流通规模而言，人民币少于美元和欧元，为什么呢？

在中央银行的资产负债表中，现钞在负债方。就美元或欧元而言，当地人们使用现钞的比例应不高于中国，但美元或欧元的现钞流通规模要大大多于人民币。这实际上意味着，美元和欧元的境外流通量很大，两者也是目前国际化程度最高的货币。美元或欧元钞票的许多持有者不是境内居民，而是在境外。有人以前就统计过，美国居民持有美元现钞仅占全部流通当中美钞的 1/3，换言之，美钞的大部分持有者在境外。欧洲中央银行在设计欧元现钞时，决定发行 500 欧元大钞，一个用意就是要满足境外使用者的需要。欧元在东欧以及中东北非地区十分流行。

人民币现在也在境外流通了，主要随着出境游的旅行者带出去一些现钞，还有更多是以存款和债券等形式外流在个别离岸市场。人民币现钞的主体使用者还是境内居民。不排除在未来的发展中，人民币现钞境外使用者也会增加。

6. 在国内金融市场规模不断扩大的同时，中国金融市场对外开放的程度也在不断提高

一方面是有一些国际资金和国际投资机构进入中国市场，另一方面是中

国的金融机构也在海外有大规模的业务拓展，包括在海外开展大量并购。中国金融机构的对外并购和投资，不限于发展中国家，也包括欧美发达经济体。

2001 年中国正式加入 WTO 的时候已经做出了规定，三大金融部门银行、债券、保险都要对外开放。从那以后，允许合格外资机构投资者（QFIIs）进入，现在总规模已经超过 1000 亿美元。接着有合格的境内机构投资者法规的出台。2015 年 8 月份开始，国外官方机构只需备案就可进入境内人民币金融市场，包括债券和股票等投资。这里的外国官方机构指外国的中央银行、财政部等。这件事情与人民币的国际化密切相关。

值得一提的是，中国企业在全球五百大的数目近年来不断增多，反映了中国经济强势增长的趋势。2014 年，全球五百大企业排名表中，美资企业有130 个，中资企业有 90 多个，日资企业有 60 个，中国的排名已经上升到第二位，而且在连年上升。相比 1999 年中国企业"入围者"才有 10 个，这个变化非常显著。

以上六个方面的概括，表明中国的国际经济地位有了前所未有的提高。现在，国际社会对中国发展状况非常看重。19 世纪前半期，英国最早进行工业革命，掌握了铁路和蒸汽机技术，英国占到当时国际贸易 25% 的份额，工业生产占全球 30% 以上，从而确立了它在世界经济中"领头羊"的地位。19世纪下半期，出现了来自德国和法国等新兴国的挑战。到 19 世纪末，美国的经济规模超过了不列颠。这也很容易理解，因为不列颠毕竟是一个岛国，19世纪末英国人口才 4000 万，而美国人口已经超过 7000 万了。

20 世纪前半期，世界处在战争和冲突时期。到 20 世纪后半期，德国和日本经济兴起，两国属于西方工业文明内部的变化和挑战。进入 21 世纪以来，在最初的 15 年，世界上最大的变化很明显是中国经济的兴起。中国经济的兴起，跟战后布雷顿森林体系下的情况似有很多不同之处。这是一个全新的事物。甚至可以说，在某种意义上，人类社会在过去 200 年当中没有遇到过。

一方面，我们为自己经济的快速发展感到很大的欣慰并有巨大成就感；另一方面，我们需要以自己的角度和需要从国际社会的角度，来研究这种发展将对国际经济关系调整带来什么样的影响，下一步我们应该如何把握。这非常值得思考，而且目前还没有现成的答案。

二、人民币国际化的巨大新成就

货币国际化离不开货币的可兑换性。人民币可兑换的程度近年来在提升，但现在还没有实现充分可兑换。人民币可兑换的程度近年来逐渐升高，尤其相对于过去和其他一些新兴市场经济体而言。人民币可兑换性不足之处主要是境内投资机构尚不能自由对外进行证券投资。

人民币国际化实际上也取得了很大成就。第一，市场层面。人民币境外的使用和流通事实上从 20 世纪 90 年代末就开始了。90 年代末，中国周边的经济体几乎无一例外遭受了东亚金融危机的冲击。在那场危机中，没有对美元贬值的货币事实上只有两个：一是人民币，二是港币。港币没有陷入危机，很大程度上归功于内地的支持。从那时开始，市场层面上，境外机构和居民开始提出对人民币的持有需求。

第二，政策层面。政策层面的人民币国际化始于 2009 年。在这之前，官方说法是推进人民币在跨境贸易结算中的使用，没有使用"国际化"这个字眼。为什么官方层面从 2009 年开始？大的背景就是 2008 年爆发国际金融危机，这次金融危机爆发地在美国。美国作为一个国际金融中心，爆发这种金融危机，引起了人们对美元国际货币地位长远前景的不确定性担忧。

政策层面的人民币国际化出现在相对短的时间中。从 2009 年起始到 2015 年才 5～6 年时间，人民币国际化已取得明显成就。我认为主要有三大推动因素：一是前面说的中国经济规模贸易规模不断地扩大，这是经济增长所带来的效益；二是人民币的汇率保持了稳定，而且在稳定当中还有升值；三是中国经济总体上保持了一个开放的姿态，这三大因素共同推进了人民币国际化。

人民币国际化取得了哪些重要成就呢？中国人民银行 2015 年六月份发布了一份人民币国际化的报告，向国际货币基金组织做了一个正式陈述。几个指标显示人民币国际化的成就。一是按照环球银行金融电信协会（SWIFT）的统计，2014 年末，人民币是全球第 2 大贸易融资货币，第 5 大支付货币，第 6 大外汇交易货币。二是人民币的跨境收支占本外币的跨境收支的比重达到 23.6%。也就是说现在中国所发生的对外货物贸易、服务贸易以及金融交易，人民币使用已经接近 25%。这个比例相当高，因为在这之前几乎是零。三是中国内地境内银行体系中，非居民的人民币存款余额有 20000 亿元。人民币国际债券的未偿余额有 5000 多亿元。境外中央银行货币当中持有人民币资产有 6000 亿元，折合美元就是 1000 亿元。也就是说相当于 6000 亿元已经进入这些国家和地区货币当局的外汇储备中，这在过去也没有过。包含香港在内，中国内地已与十五个国家和地区建立了人民币清算结算安排。如果没有这一套结算安排的话，现有的国际结算和支付机构不接受人民币的跨境支付结算，国际上也无法扩展人民币的使用。人民币跨境结算安排十分重要。

美元、欧元以及英镑、日元等都有自己的一套结算体系，这套体系为本地货币交易服务。中国早就有人民币资金的结算体系，即支持大规模的企业间和金融机构间的人民币资金支付和结算。但这个平台过去完全面向国内，没有对外开放，也不涉及跨境支付。现在需要有一个平台来支持人民币的跨境结算，目前这个体系还在建设当中，可能还需要一两年的时间才能显著推进。

2015 年是人民币国际化大踏步前进的一年，这其中有若干重要的有利因素。一是官方机构大力鼓励；二是实施"一带一路"倡议，推动了基于友好关系的贸易发展；三是组建亚投行和新发展银行（"金砖银行"）等新机构，客观上有利于扩大中国经济的国际影响，新国际金融机构在以后的业务中，会大量涉及中资企业和中资金融机构，并在有关国家和地区的业务中开展符合当地需要的人民币交易；四是前面提到的人民币跨境结算体系（CIPS）的组建；五是境外人民币证券的发行和交易市场的扩大，即人民币离岸金融市场的发展。以前，人民币离岸市场主要在香港，2014 年底以来在伦敦也有很大发展。英国政府（联合王国财政部）2014 年 11 月发行了人民币计价的债券。2015 年 10 月，配合习近平主席访问英国，中国人民银行在伦敦金融市场上发行了一笔人民币债券。这些是过去没有过的事情。以前，境外市场上的人民币资金主要为存款形式，交易相对不活跃。近来增长较快的是人民币计价的债券发行和交易，它们可以很大地调动投资者的积极性，其收益明显高于单纯的同业存款。以上五点都是人民币国际化近来加快发展的催化剂。

英国《经济学家》周刊 2015 年 8 月 1 日发表文章谈论人民币和美元关系，相对比较客观。它说，中国五年前开始推进人民币国际化，所取得的成就可圈可点。人民币在跨境贸易中的使用在 2009 年几乎为零，2014 年却达到了 22%。人民币现在已是国际支付中第五大货币。国际货币基金组织正在讨论是否将人民币纳入作为储备货币组合的特别提款权（SDR）。尽管如此，人民币与美元相比，远非势均力敌。约有 50 个中央银行已有人民币储备，但数额微小。外国人持有等值于 2000 亿美元的中国股票和债券，它们所持有美国证券却有 80 倍之多（16 万亿美元）。眼下，人民币是全球舞台上的一个小角色。但在 20 世纪初，美元也是如此。

我们前面提到，19 世纪末，美国的经济规模已经超过英国，当时世界经济舞台上英镑是全球的主要货币，美元还不是。如果只看某一个时点，对比关系可能悬殊，但这并不必然代表未来。如果一切正常一切顺利，未来人民币和美元的关系有可能发生翻天覆地的变化。这是《经济学家》周刊这篇文章所隐含的意思。

三、SDR 有多么重要

人民币的国际化自然涉及人民币是不是可以加入 SDR。国际货币基金组织 2015 年 8 月发布关于人民币加入 SDR 的中期评估报告。其中提到四大指标：一是世界各国外汇储备的币种构成；二是跨境国际信贷的货币使用；三是国际债券的币种发行；四是外汇交易的币种构成，由国际清算银行发布的外汇交易额。

目前世界上的四大货币是美元、欧元、日元和英镑。第一，在全球外汇储备构成中，四大货币占比93%，其中美元大概是64%。第二，在国际借贷中，美元占比刚好过50%，欧元是第二，大概是30%。第三，国际债券发行中，美元占比为43%，与此相当的是欧元。第四，全球的外汇交易中，最多的是美元，其次是欧元和日元，人民币在这个指标上排第五，即将超过英镑。概括地说，目前全球的金融交易和货币使用，四大货币所占的地位是不平均的。美元第一大，其次是欧元，其他的货币占比非常小。

就外汇交易额而言，人民币现在在世界很多国家和地区都有交易，包括伦敦、东京、香港。但在纽约还比较少，尚未有数值报告。伦敦是全球最大的外汇交易市场，有等值于两万多亿美元日交易额。2014年人民币占比是0.7%，还比较低。人民币未来要进一步拓展国际化，像纽约这样重要的金融中心应该说是主攻方向之一。

我们现在要回答一个重要问题，SDR究竟有多重要？我想对SDR稍微做一点背景说明。SDR是国际货币基金组织1969年创建的一个补充性的国际储备资产。该年是国际货币危机（美元危机及布雷顿森林体制危机）爆发前两年。创建SDR的用意是增加成员国的国际流动性，并作为各国在已经有的黄金储备、外汇储备和IMF份额之外的第四种储备手段。20世纪70年代初后，布雷顿森林体制瓦解，黄金储备变得不再那么重要。现在各国的国际储备主要是外汇储备、IMF份额和SDR。

创建之初，SDR确定有一个含金量，参照当时美元的含金量来定价，即1SDR等于1美元。1973年布雷顿森林体制瓦解后，SDR改为按照"一篮子货币"的价值来定价。当时SDR篮子里面有16个国家的货币。因为当时中国内地还没有恢复在联合国的地位，所以人民币不在其中。这16个国家很多后来看是比较小的经济体。而且，其中一些货币不可兑换。于是，后来进行了调整，把SDR构成货币的数目减少到了5个，即美元、日元、德国马克（联邦德国马克）、法国法郎和英镑。据说IMF当时也问加拿大元、澳大利亚元要不要进来，这些国家的官方说没有这个必要。1999年德国马克和法国法郎转换进欧元，之后 SDR 便由四大货币（美元、欧元、日元和英镑）构成。这就是我们现在看到的 SDR。

SDR 的初始规模并不大。20 世纪 70 年代为 93 亿美元（当时 1 美元等于 1 SDR），后来增加到 121 SDR（1979～1981 年）。这个情况一直持续 20 多年，一直到 2009 年。2008 年发生国际金融危机，爆发地在美国，但却未用国际货币基金组织来进行救援。为什么呢？一个重要原因是，美元市场出现危机时，美联储自己可以实施资产负债表的扩张，自己来实施救助，不必然需要外部救援。但是，其他许多国家遭受金融危机时，难以动用本地资源，必须到国际上寻找，求助于 IMF。这就引出 IMF 的资金够不够的问题。IMF 用什么方式来增加自己的可用资金呢？2009 年在伦敦召开第二次 G20 首脑会议（第一次于 2008 年底在华盛顿召开），会议的重要成果之一就是要扩大 IMF 的作用。资金上的保证就是把 SDR 的规模扩大，一次性地扩大到 2000 亿 SDR。当时 SDR 兑美元的汇率已经变成了 1SDR 等于 1.45 美元。SDR 的价值高于美元，2000 亿 SDR 相当于 3000 亿美元。

目前 SDR 用途主要有三个。一是计价。所有涉及国际货币基金组织交易的统计报告都按 SDR 来计价。SDR 由四种货币构成，其汇率要比四大构成货币中的每个单体的汇率更加稳定。若美元对欧元升值 50%，SDR 的价值会变动多少呢？最多不超过 25%。以一个组合货币的计量单位，它的价格天然地具有一种稳定性。二是借贷渠道。通过 SDR 可以进行国际借贷，成员国官方相互之间进行借贷。比如说，中国的 SDR 比较多，另一个国家比如说泰国缺少 SDR，就可以把我们的 SDR 借给泰国。这属于双边渠道的 SDR 借贷。还有多边渠道的借贷，即通过 IMF 来进行借贷。例如，IMF 对遭受债务危机的希腊提供 SDR 救援。IMF 给希腊 SDR 救助金，希腊政府如果只用欧元，就可以将此全部换成欧元；如果要用英镑，也可以换成英镑。因为 SDR 和这些货币之间的汇率每天都实时发布，世界上所有主要的其他的国际货币都可以享用。提供援助的时候可以通过 SDR 进行计算，偿还时也是一样。总的看，SDR 的多边使用多于双边使用。三是私人部门使用。这个问题从 20 世纪 80 年代、

90 年代开始提出来，但是目前为止还没有有效地开展。为什么说 1969 年 SDR 就创立了，而经过这么长的时间，为什么它的使用范围还没有得到进一步扩大呢？这就与我们所说的国际货币体系有关系。

SDR 有什么意义？首先，它是一个价格相对稳定的国际储备资产。虽然美元、欧元都是国际储备资产，但是 SDR 是一个多少算"超主权"的国际储备资产。需要说明的是，SDR 目前不是国际货币，也不是组合货币，但它在理论上可以成为组合货币。SDR 第一个用途是作为价值尺度，可以度量各个货币的价值。第二个用途是作为储备资产，但是还没有支付工具的功能，所以不能说 SDR 现在就是国际货币或者说就是货币。区分这一点，在实践中很重要。

人民币加入 SDR，就牵扯到人民币与美元的关系。美国目前是 IMF 第一大股东，所占份额有 16.825%。美国行政当局和国会双方之间有制约，行政当局早就同意 IMF 要进行份额调整，中国份额由 3% 增加到 6%，可是它的国会不批准，不批准等于还没有实现。

现在又到了一个节点，就是人民币加入 SDR。美国的一些国会议员炒作说，SDR 是国际货币，人民币还有很多缺陷，不能让人民币进入 SDR，一知半解地就把这个事情上纲上线。反对声音非常强烈。所以，区分这个概念很重要。一是 SDR 目前不是国际货币，虽然它有一定的价值尺度和储藏功能，但是没有支付手段的功能，所以它不是充分意义上的国际货币。当然如果发展很好，还是可以朝着国际货币的方向发展。二是如果 SDR 的用途扩大，它可以缓解由于金融市场的波动所带来的不利影响。刚才我们提到 SDR 定价的结构，天然具有比国别货币在汇率上的稳定性，如果这个作用得到发挥的话，就有助于降低单个国家金融市场的波动给别国和世界市场所带来的不利影响。进而也可以缓解跨境资金流动的剧烈性。

理解这个关系需要一些抽象推理。我们来设想一个极端的情况。比如某国居民很关心持有的本币和美元的汇率变动。如果本币对美元贬值 10%，他们会觉得自己的金融资产价值就减少了 10%；如果有 30% 贬值可能性，就会产生一定程度的恐慌。这是一个很容易出现的情况。这里的一个关键点是，一种货币对美元很有可能出现大幅度的波动。但如果说使用 SDR 这样的计量单位，即使该货币对美元有出现 10% 贬值的可能性，但是它对 SDR 贬值幅度肯定会小于 10%，或许是 5% 或 4%。这样，汇率波动的程度实际上降低了，因而，也可以减少人们的恐惧程度，进而也就减少了跨境资金流动的程度。显然，这有利于金融市场稳定。但这种作用的前提条件是人们要使用 SDR。

SDR 现在作为一个组合的储备资产，潜在地具有超主权货币的一些性质，理论上可以发展到高级阶段，切断与具体国别货币的关系，从而成为超主权货币。这不是天方夜谭。在欧元出台之前，欧元区的成员国都有自己的货币。欧元推出以后，德国马克、法国法郎等都退出了历史舞台，你说欧元是属于哪个国家的？它是属于这些成员国共同拥有的。欧元就是一种超主权的货币。

在一定地区已经可以实行或者是实现的事物，理论上在全球的范围也是可以实行或者实现的，这个途径很明显是可以经过 SDR 这样的阶段。回过头来看，SDR 可能成为一个向国际货币、向全球超主权货币迈进过程中的一个中间阶段。当然，未来将决定这件事会不会出现，以及什么时候出现。

概括地说，SDR 的用途和意义关系到国际货币体系的改革。

前面提及，国际货币基金组织《世界经济展望》数据显示，中国在 2010 年就成为全球第二大经济体，2014 年按照购买力平价法中国 GDP 规模超过美国。这些都是统计数字的说法。如果要让国际社会正式承认你是重要的经济体，人民币加入 SDR 即可视为这么一种方式的表达。当然，这是一种象征性的事情。即使没有这个表达，中国事实上也是世界上数一数二的大型经济体。好比一场大型体育比赛，你在众目睽睽下已经跑了第一名，发一个奖章和证书虽然没有那么重要，但还是值得一做的事情。

我个人的理解，人民币加入 SDR 有五大意义。

第一，如果人民币加入 SDR，会使 SDR 本身具有较多的全球代表性。虽然也不是绝对的全球代表性，但是因为有了人民币，有了中国的加入，那么它的全球代表性会发生一个实质性的扩大，SDR 本身就会产生一个质变。

第二，SDR 增加了第五个货币，这个增加单纯地从算术来说也会使得 SDR 的价值多一点稳定性。

第三，增加了 IMF 成员国储备资产的选择性和多样化。

第四，会增加 SDR 的吸引力。比如 IMF 给希腊提供贷款，希腊政府可以根据自己的需要选择币种及其组合。SDR 里面有了人民币，希腊政府至少可将部分 SDR 资金换成人民币。

第五，未来有利于扩大 SDR 的用途。前面提到 SDR 可能的用途是私人部门使用。但在实际上，这种用途近年来没有扩大。重要缘故是 SDR 本身的吸引力不够。如果它今后的吸引力加大了，人们就会增加对它的使用。在现有的格局之下想让它发生这种转变，过去的二十年已经证明了不太可能，可能发生的事情一直也没有发生。

IMF 本身作为一个国际机构，对人民币加入 SDR 本身的态度是积极的，是正面的，是趋于肯定的。但它本身不是一个决策机构，主要靠成员国同意才能决策。人民币加入 SDR 有这种可能，因为多数成员会同意。人民币加入 SDR，它的重要意义不在于我们去要一个证书，要一个奖状，而在于是借此去促进国际货币体系的改革。国际货币体系的改革就涉及美元的问题。

四、人民币与美元的关系

美元在当前世界各国外汇储备当中所占的份额超过 60%，而且在过去二十年当中没有低过 60%。这是现在国际货币体系中的一件大事情。谈论国际货币的改革，需要联系或转换成一些具体数据来说明，它涉及三个问题。

一是美元的国际储备份额究竟会不会下降？

二是国际储备货币的币种会不会不断地增加？我们过去经常谈国际储备多样化，多样化的重要表示是欧元的出现。但是欧元出现以后，仔细一想，国际储备货币的币种构成却减少了，因为以前还有那么多欧洲国家的货币是国际储备构成，例如德国马克和法国法郎等，欧元诞生后取代了这些国别货币，其结果反而降低了国际储备的多样化程度。欧元初创时取代了 11 个国家的货币，随着它的扩大，现在有 18 个成员国。换言之，18 种国别货币消失了。

三是 SDR 有没有可能成为国际储备货币？美元的份额，很大的因素就是由于过去三十多年来，发展中国家外汇储备的快速增长。近几十年来，发展中国家的外汇储备与它们 GDP 的比例是上升的，而发达国家的此比率保持相对稳定。后者在 2003 年有上升，主要因为当年有一些外汇储备很多的发展中国家或地区被划归于发达经济体，例如新加坡和中国香港等。

许多发展中国家近年来增加了那么多的外汇储备，而且主要增加了对美元外汇储备的需求。这个格局与发展中国家的汇率体制有关，与它们的外债水平有关，也与金融危机及其预防政策有关，当然在一定程度上也与前面所提到的国际储备货币的可选择性有关。

在现有的国际货币格局中，可选货币事实上很少，仅主要为美元和欧元，此外还有一些货币诸如日元和英镑。近年来，英国和日本等国的经济规模在国际上已偏小，它们在全球贸易中的比重也在下降。其他一些国家的金融市场规模不够大，有的还存在开放度不够高的问题。总之，在币种选择上，发展中国家的选择并不多。

国际储备币种的多样化，近年来进展非常缓慢，技术上讲还有一定倒退。如果人民币能够进入各国外汇储备的篮子，应该是推动储备货币多样化的一个有利因素。如果没有这一点，外汇储备的币种多样化从国际的角度来看几乎是不变的。

超主权货币的概念，除了欧元之外，全球范围来说还停留在学术范围。最根本的原因是，超主权货币需要国际条约来支持，不完全由市场来决定。超主权货币涉及国际关系的调整。国际关系的调整，一是国家间要有协商，要有合作，要有讨价还价，还要有妥协；二是会是一个渐进的过程，尤其在和平的环境中更会是一个渐进的过程。

五、国际货币体系的未来

我认为，人民币国际化总体上会促进国际货币体系的改革和演进，是推动这种变化的一个重要的积极因素。如果没有人民币的国际化，没有人民币加入 SDR 这样事情的发生，目前和未来国际货币关系的基本格局还是会跟二十年或三十年前一样，不会发生变化。如果有人民币加入 SDR 这个事情发生，我们就可以对它抱有一些希望。当然我也不是说这个希望会很大，不是说 2015 年底人民币加入 SDR，明年国际货币关系就不一样了，显然不会出现这样的事情。即使人民币加入 SDR，即使国际货币多了一个选择，美元的份额在未来相当一段时间，比如五到十年当中它还会占突出的地位。它现在是 63%，这个数字在未来的十年中可能下降，就算下降 10 个百分点，美元的份额仍然是一半以上。美元现在全球外汇储备的份额，三倍于美国在全球 GDP 中的份额。这个格局会发生一些变化，但是会非常缓慢。

总之，我今天给大家报告的内容，就是人民币加入 SDR 这样的事情。它是促进国际货币体系改革，推动国际储备货币多样化很重要的一个因素，是促进国际货币关系进行调整的一个有利的因素，也是我们说的未来国际货币关系发生变化的一个希望点。

通过人民币国际化，一定程度上也有利于减少中国过去形成的对美元比较高的依赖关系。但是，中国要减少对美元的依赖关系，下一步的国际货币关系的调整，两者都是一个渐进的过程，很难指望在短时间之内发生显著的改变。需要有耐心，不能急于求成。

估值效应和货币错配再定义：
兼论汇率风险概念的一个宏观经济新应用[*]

20 世纪 90 年代末东南亚金融危机爆发以来，许多学术研究运用了"货币错配"概念并认为这是导致新兴市场经济体外债危机的一个重要原因。一些论著运用货币错配概念探讨包括中国在内的新兴经济体所面临的对外经济和货币关系的挑战（戈登斯坦和特纳，2005；朱超，2009；羌建新，2014）。进入 21 世纪以来，在探讨世界上若干重要经济体经常账户差额与其对外投资净头寸之间的关系时，多篇学术文献联系到了"估值效应"并对此进行了测算和分析（例如，Lane & Milesi-Ferretti，2007；Devereux & Sutherland，2010）。货币错配和估值效应现在已是国际金融分析中的常用概念。

但是，在具体应用这些概念时，不时出现如何加以准确定义的问题。而且，更重要的是，估值效应与货币错配往往被至少是隐含地认为是两个互不相同且并不相关的概念。事实上，这两个概念都是早已成为学术界普遍认可的汇率风险概念的延伸。具体而言，估值效应或货币错配究竟会如何派生出值得重视的宏观经济效应，取决于一国在一定时期中对外资产和负债、对外收入和支付流的币种构成以及可能对这些资产负债及收入支付总额产生影响

* 本文原载于《国际金融研究》2015 年第 9 期。作者感谢林娟和王佳提供的帮助，但所有错误或遗漏由作者负责。基金项目：本文是国家自然科学基金重点项目"国家外汇储备的多元化和国际资产配置模型"（No. 70831001）的一个后续成果。该文获中国国际金融学会《国际金融研究》2015 年优秀论文一等奖。

的种种外在因素。

一个关于货币错配（currency mismatch）的简要定义是："当主要资产的货币有别于主要负债的货币时，这些货币之间的汇率变动就会对净财富带来大的正或负的效应。"（Deardorff，2014）。后面我们将要指出，这个定义更加接近于由汇率变动引致的"估值效应"（valuation effect）。同时，在另一个有关货币错配的说明中，这个概念被认为是资产负债表或收益对汇率变动的敏感性，其含义显然较为宽泛（戈登斯坦和特纳，2005）。

这里货币错配的概念可同时运用于存量变量和流量变量的分析中，而且，既然货币错配的重要含义是指资产负债净值或净收益对汇率变动的敏感性，那么它也可以同时运用于过去状况的评估和对未来的预测。但是，估值效应往往用于过去和现在时刻的分析。基于此，两个概念之间又存在明显区别。

本文第一部分从作为存量变量的资产负债表币种构成角度来定义估值效应和货币错配，并将此方法运用到作为流量变量的损益表分析中。第二部分进一步联系普遍认可的汇率风险的三个种类（交易风险、换算风险和经营风险），说明估值效应和货币错配概念的适用性或相关性。第三部分运用经过清晰定义的估值效应和货币错配概念来概略考察当前国际货币金融关系中一个具有代表性的事例，即希腊若退出欧元区可能发生的宏观经济风险。第四部分为结论和一些延伸讨论。

一、估值效应和货币错配再定义

本文认为，国际金融分析中常用的估值效应指汇率变动所引起的对外资产负债表净值或对外收入净值的变动，同时此种效应与由其他因素（例如资产或负债的价格）变动所产生的效应相区分。而且，按照这个思路，货币错配仅仅是估值效应的一个特殊表现（但从另外的角度看，货币错配概念可被"动态地"加以应用，因而比估值效应的运用范围较宽，参见后面的说明）。估值效应或货币错配分别可以从存量变量（资产负债表）和流量变量（收入支付流）角度来加以解析。

（一）估值效应的一般表达式

由汇率变动所引起的对外资产负债表净值或对外收入支付流净值的变动，即估值效应，通常出现在一定时期一个实体对外投资活动中。我们可以设想一个最为简化的事例，即一个实体在仅涉及两种货币（本币和一种外币）的环境中对外资产配置。在期初，该实体拥有按本币计价的金融资产（B_0），并按当时汇率（s_0）换为外币并购买到外币计价的生息证券资产，即债券（B_0^*），用公式表示为：

$$B_0 = s_0 B_0^* \tag{1}$$

经过一段时间，该外币计价金融资产的市场价格（p^*）显然会发生变动，记为 Δp^*（以百分比表示），即：

$$B_t^* = (1 + \Delta p^*) B_0^* \tag{2}$$

这样，期末将这笔外币计价金融资产换算回本币计价时，有如下公式：

$$B_t = s_t B_t^* \tag{3}$$

如果我们关心的是本币计价的资产从期初到期末的价值变动，那么，按照上述转换过程，我们可得到这样的度量公式，即：

$$B_t / B_0 = (s_t / s_0)(1 + \Delta p^*) \tag{4}$$

其中，B_t / B_0 就是文献中常用的"估值效应"的一个表达式，大于 1 时，估值效应为正；小于 1 时，估值效应为负；等于 1 时，估值效应为零。这里，估值效应由汇率变动（s_t / s_0）和价格变动（Δp^*）两部分组成。实践中，除了价格变动和汇率变动外，其他因素（例如，证券发行人破产等）也可能引起 B_t / B_0 变动。很明显，国际金融分析中常用的估值效应仅仅是指式（4）中的 s_t / s_0 对 B_t / B_0 的影响，即：

$$B_t / B_0 = s_t / s_0 \tag{5}$$

这里，抽象掉了 Δp^* 以及其他的非价格、非汇率的因素（其中重要的因素包括违约风险和债权溢价等）。

下面，我们从式（5）所表示的经过简化的估值效应角度来解析对外资产负债表和收入支付流净值，同时注意到从式（1）到式（5）都可以按多种外币的情形来展开。

（二）估值效应、货币错配与资产负债表净值

首先，考察仅有本币和一种外币的情景。表1显示了一个实体在一定时点上的资产负债情况。

表1 　　　　　　　　　包含本外币构成的资产负债表简化格式

资产（A）		负债（L）	
本币资产	$A_1 = a_1 A$	本币负债	$L_1 = l_1 L$
外币资产	$A_2 = a_2 A = sA^*$	外币负债	$L_2 = l_2 L = sL^*$
资产总额	$A = A_1 + A_2$	负债总额	$L = L_1 + L_2$

注：带 * 上标者表示外币计价；小写字母 a 和 l 表示构成比率系数（$a_1 + a_2 = 1$，$l_1 + l_2 = 1$）；s 表示汇率（直接标价法），数字下标表示构成项目。

表1是一张简化的资产负债表。主体可以是一家企业或整个企业部门，一家金融机构或整个金融部门，中央政府乃至整个经济体。与通常的资产负债表不一样的是，这张表特别列出了资产方和负债方下的本币和外币构成（这里暂定为一种外币）。这符合有关开放经济的理解，也有助于考察汇率变动的影响。

显然，外币资产和外币负债都通过汇率（表1中的 s，使用直接标价法，即1单位外币所对应的本币数）转换为本币价值并分别与本币资产或本币负债加总，从而形成资产总额和负债总额。

为简化分析，这里不考虑各个构成部分的收益和价格变动［参见式（5）］，并认为在考察时期之初资产总额等于负债总额，同时假定本币资产和本币负债的价值在考察期内保持不变。这里使用符号 Δ 来表示变动（即 $\Delta x = x_t - x_0$），并定义为：

$$\Delta A = \Delta s A^* = A_t - A_0$$

$$\Delta L = \Delta s L^* = L_t - L_0$$

这样，我们可陆续经过几个步骤的推理得到：

$$\Delta A - \Delta L = \Delta s A^* - \Delta s L^*$$

$$= \Delta s \ (A^* - L^*)$$

$$= \Delta s \left(\frac{a_2 A}{s} - \frac{l_2 L}{s} \right)$$

$$= \frac{\Delta s}{s} \ (a_2 - l_2) \ A \tag{6}$$

上述最后一个结果利用了 $A = L$ 的设定（即期初时资产总额等于负债总额），并也可将其中的 A 改写为 L。

$\Delta A - \Delta L$ 的含义是考察期内资产负债净值的变动，即前面已经提到的估值效应的另一个表达方式。按照我们简化的分析，这个净值变动实际上仅仅由三个变量（或者说参数）来决定，即汇率变动幅度或变动率（$\frac{\Delta s}{s}$）、外币资产比重（a_2）以及外币负债比重（l_2）。

设想汇率出现贬值，即 $\frac{\Delta s}{s}$ 上升，当外币资产比重小于外币负债比重时，即 $a_2 < l_2$，$\Delta A - \Delta L$ 将为负数，即出现资产负债净值的亏损。这就是说，汇率贬值引起外币负债的本币价值的增加超过了外币资产的本币价值的增加，从而在其他不变时引起整个资产负债净值的减少。

相反，若设想汇率升值，即 $\frac{\Delta s}{s}$ 为一负数，在外币资产比重大于外币负债比重时，即 $a_2 > l_2$，$\Delta A - \Delta L$ 也将为一负数，即同样出现资产负债净值的亏损。这就是说，汇率升值引起外币负债本币价值的减少要少于外币资产本币价值的减少，从而在其他因素不变时引起整个资产负债净值的减少。

概括地说，从式（6）中可以得出几个结论。（1）在既定条件下，仅仅是汇率变动就可以引起资产负债表净值的变动。这可以理解为估值效应在一定条件下是显著的。（2）估值效应的正负方向取决于期初资产负债各自的外币构成及其对比以及汇率变动的方向。（3）当资产负债双方的外币构成完全一致（即 $a_2 = l_2$）时，估值效应为零。

进一步推论，货币错配可以是估值效应的一个特殊情形，即当负债方外币比重高于资产方的外币比重（$a_2 < l_2$）时，并出现了汇率贬值，此时显然会发生资产负债净值的减少。在极端情况下，当一个实体仅有外币负债（$l_2 = 1$）而无外币资产（$a_2 = 0$）时，本币贬值的直接后果是负债总额超过资产总额，其超过程度由汇率贬值幅度所决定。这种情况，可以说是前引戈登斯坦和特纳（2005）关于"货币错配"意指资产负债净值对汇率变动高敏感性的含义所在。

以上分析可以扩展到存在两种外币的情形如表 2 所示。

表 2 　　　　　　包含本外币构成的资产负债表简化格式：两种外币

资产		负债	
本币资产	$A_1 = a_1 A$	本币负债	$L_1 = l_1 L$
外币资产 1	$A_2 = a_2 A = s_1 A_1^*$	外币负债 1	$L_2 = l_2 L = s_1 L_1^*$
外币资产 2	$A_3 = a_3 A = s_2 A_2^*$	外币负债 2	$L_3 = l_3 L = s_2 L_2^*$
资产总额	$A = A_1 + A_2 + A_3$	负债总额	$L = L_1 + L_2 + L_3$

注：带 * 上标者表示外币计价；小写字母 a 和 l 表示构成比率系数（$a_1 + a_2 + a_3 = 1$，$l_1 + l_2 + l_3 = 1$）；s_1 和 s_2 分别表示本币对两种外币的汇率（直接标价法）。

继续假设本币资产、本币负债在考察期内价格不变，同时，外币资产、外币负债的外币价格也保持不变，仅考虑汇率变动的影响，这样，我们可得到：

$$\Delta A - \Delta L = (\Delta A_2 - \Delta L_2) + (\Delta A_3 - \Delta L_3)$$

$$= (\Delta s_1 A_1^* - \Delta s_1 L_1^*) + (\Delta s_2 A_2^* - \Delta s_2 L_2^*) \qquad (7)$$

$$= \frac{\Delta s_1}{s_1}(a_2 - l_2)A + \frac{\Delta s_2}{s_2}(a_3 - l_3)A$$

如果联系实际情况，定义 $s_1 = RMB/USD$，$s_2 = RMB/EUR$，那么有，$s_{21} = \frac{s_2}{s_1} = USD/EUR$。这里，$s_{21}$ 是两种外币之间的汇率，它相对于本币（例如这里所说的 RMB）来说，可以认为是外生的汇率，也是外汇市场上日常用语中的"交叉汇率"。再定义，$\Delta s_{21} = \frac{\Delta s_2}{\Delta s_1}$，这样，式（7）可改写为：

$$\Delta A - \Delta L = \frac{\Delta s_1}{s_1}\Big[\,(a_2 - l_2) + \frac{\Delta s_{21}}{s_{21}}(a_3 - l_3)\,\Big]A \tag{8}$$

其中，$\dfrac{\Delta s_{21}}{s_{21}}(a_3 - l_3)$ 可以近似地看作是外生的国际汇率变动对资产负债净值的影响。如果一国货币当局可以对本币与某一外币的汇率进行一定的干预或施加某种影响，但由于这个外币在国际金融市场对所有其他国际货币的汇率是浮动的，那么，上述"交叉汇率"就可以视为完全的外生变量。例如，上面提到的 s_{21}（即美元与欧元的汇率）对人民币汇率而言就是外生的，不管人民币对美元的汇率如何确定的。

一般的，令 $s_{n1} = \dfrac{s_n}{s_1}$，$\Delta s_{n1} = \dfrac{\Delta s_n}{\Delta s_1}$，那么，式（8）还可以扩展到包括 n 种外币的多货币情形中，即：

$$\Delta A - \Delta L = \frac{\Delta s_1}{s_1}\Big[\,(a_2 - l_2) + \frac{\Delta s_{21}}{s_{21}}(a_3 - l_3) + \frac{\Delta s_{31}}{s_{31}}(a_4 - l_4) + \cdots$$

$$+ \frac{\Delta s_{n1}}{s_{n1}}(a_{n+1} - l_{n+1})\,\Big]A \quad \Big(\sum_{i=1}^{n+1} a_i = 1,\ \sum_{i=1}^{n+1} l_i = 1\Big) \tag{9}$$

如前所述，符号 Σ 中的 a_i 及 l_i 指包括本币资产或负债在内的各币种资产或负债在总资产或总负债中的比重。这里，我们将 s_i 视为"基准汇率"，即本币对某种重要外币的汇率，本国货币当局对此汇率有一定的影响力；同时，将所有其他汇率 s_{ni} 视为"交叉汇率"，即那个出现在基准汇率中的外币在国际金融市场上对所有其他国际货币的汇率。很明显，在既定条件下，随着对外资产和负债中的币种越多（对外资产配置采取币种多元化的策略），这种交叉汇率的变动对资产负债净值的影响就越大，或者至少可以说就会愈加频繁。也可以说资产负债净值对交叉汇率变动的敏感性随着币种多元化策略而提高。可以将此种情况视为"交叉汇率风险"①。

---

　① 一些学者指出，东亚若干经济体在 1997 年爆发金融危机前曾受到此前日元与美元汇率波动的不利影响，而这些经济体大都采取盯住美元汇率的政策［参见罗纳德·麦金农（2005）第二章；Kumakura（2004）］。日元—美元汇率波动影响到了盯住美元者的宏观经济情况，显然符合这里所说的"交叉汇率风险"。

（三）流量变量中的估值效应和货币错配

上文对资产负债净值的讨论可以认为是对存量变量的分析。同样的分析也可运用于流量变量，即对收入支付流的相互关系进行探讨。

设想一个经济体在期初借入一笔外债，记为 L_0^*，按当时汇率（s_0）转换为国内资产，记为 A_0，两者之间的关系为：

$$A_0 = S_0 L_0^* \tag{10}$$

按照约定或预期，这笔外债在 t 时期内需要该经济体支付利率（r^*），同时，由所转换的国内资产在 t 时期内也会形成一个产出或收入流并用于外债利息支付（r）。这里不涉及交易费用以及其他成本等。

很明显，若一切正常，那么，到 t 时期结束时，下面的等式一定会被满足：

$$rA_0/s_t = r^* L_0^* \tag{11}$$

将式（10）中的 L_0^* 代入式（11），消掉 A_0，我们得到下述等式：

$$r/r^* = s_t/s_0 \tag{12}$$

这个公式是大家所熟悉的"无抛补利率平价"（uncovered interest rate parity，UIRP）的数学表达式。所不同的是，这里所说的"利率"，对外是指外债付息率，对内是指借入资产的收益率，两者都不同于"无抛补利率平价"中通常所说的货币市场收益率或无风险资产收益率。

显然，如果式（12）在 t 时期末不能被满足，那么将出现估值效应。如果出现 $r/r^* = s_t/s_0$，那么将有 $rA_0/s_t < r^* L_0^*$，即国内收入流在变化了的汇率（本币贬值）条件下不足以按期全额支付外债利息。这显然属于"货币错配"的一种情形。

与存量变量的情形一样，上述分析也可扩展到有两种外币的情形。设想在期初时一个实体或一国借入了两种以外币计价的外债（L_0^*），并同时形成国内资产（A_0），并可由式（13）来表示（其中，l_1 和 l_2 分别表示两种外币计价债务在外债总额中所占比重）：

$$A_0 = s_{10}l_1L_0^* + s_{20}l_2L_0^* \qquad (13)$$

经过一段时间 t，国内资产获得收益 r；按照期初的约定，两种外币借款的利率是相同的，记为 r^*；但是，在 t 时期内，当由国内资产形成的收益用于对外利息支付时，需要分别以该时期结束时新的汇率来计算。这样，对两种外币利息的支付将受到汇率变动的影响。我们先认为下述公式仍然成立，即国内资产收益可足额支付按照新汇率计算的外债利息支付。

$$rA_0 = s_{1t}l_1r^*L_0^* + s_{2t}l_2r^*L_0^* \qquad (14)$$

从式（13）可知，$A_0/L_0^* = s_{10}l_1 + s_{20}l_2$；同时，从式（14）知道，$rA_0/r^*L_0^* = s_{1t}l_1 + s_{2t}l_2$；这样，将前一等式代入后一等式中并移项，得到：

$$r/r^* = \frac{s_{1t}l_1 + s_{2t}l_2}{s_{10}l_1 + s_{20}l_2} \qquad (15)$$

这个新公式的含义是，汇率变动将影响到 r/r^* 是否等于 1。若 r/r^* 等于 1，则不存在任何估值效应；r/r^* 大于 1 表示正的估值效应，r/r^* 小于 1 表示负的估值效应。而且，不难看出，除了本币与一种外币的汇率（"基准汇率"）的变动会影响到 r/r^* 比值，在扩展了的至少包含两种外币的情形中，交叉汇率（即两种外币之间的汇率）的变动也会影响到 r/r^* 比值。

二、估值效应与货币错配的性质：估值效应与汇率风险的关系

第一部分讨论定义由汇率变动所引致的估值效应和货币错配，分别说明了汇率变动对资产负债净值或收入支付流净值所带来的影响，以及在一个不对称的币种构成条件下负的估值效应。[①] 但是，仅就这些定义而言，我们还无法知道估值效应或货币错配是否对有关经济实体的经济利益带来什

---

① 现有研究者认为，货币错配还可与期限错配相关（Bussière et al.，2004），但这里的讨论未涉及此问题。

么样的具体影响。也就是说，即使我们已经知道在一定时期中，由于汇率变动，一个经济实体的资产负债净值或收入支付流净值发生了某种改变，但我们仍需要知道这种改变是否仅仅是账面上的变动或是涉及了经济利益的转移。

因此，我们应将估值效应和货币错配这两个概念进一步联系到现有文献中有关汇率风险进行探究。[①]

上文提到汇率风险的概念。这里再根据流行的教科书表述如下，汇率风险（exchange rate risk），有时又称为汇率敞口（exchange rate exposure）或外汇风险（currency risk），指一国或一个经济实体的资产负债表在一定时期中由于本币与外币汇率之间或若干外币之间汇率变动而出现资产负债净值、当期以及未来时期中收入支付流的变动。汇率风险可以进一步分解为三种类型，分别为交易风险、换算风险和经营风险。

交易风险（transaction risk/exposure）指一个经济实体的对外资产负债、损益和现金流在一定时点上或一定时期中的市场价值由于之前的汇率变动而出现预料之外的变动。例如，一笔在 $t-1$ 时点签订的合同约定好在 t 时刻完成交易，但汇率变动发生在 t 时刻，而合同的执行必须按照时刻形成的新汇率来完成。该实体很可能由于汇率的不利变动而发生了损失。这种损失可以是收入流的减少或支付流的增加等。很明显，交易风险涉及购买力转让或经济利益的转让。历史和现实生活中有许多事例表明交易风险存在并显著。[②] 前文所说的估值效应和货币错配都与交易风险高度相关。

换算风险（translation risk/exposure），有时又称为会计风险，指在一个实体编制合并资产负债、损益和现金流报表时将涉及多种外汇负债资产、损益和现金流，并且由于其中部分子项按变化了的汇率进行换算（或称折算）时而出现预料之外的结果。面对一个起伏变化的外汇市场，一家大型跨国企业

[①]　以下关于三种汇率风险的概述参考了科特·巴特勒（2008）第 11 章至第 13 章和莫菲特等（2012）第 9 章至第 11 章的论述。

[②]　中国近代经济史中的"镑亏"事例显然属于交易风险。

或一个开放型经济体在编制自身的资产负债表、损益表和现金流财务汇总报表时，参照 $t-1$ 时刻的汇率计算结果与参照 t 时刻的汇率计算结果显然有差别。这个差别就是换算风险或换算敞口。

就直接意义而言，换算风险显然属于前面提到的"账面价值"变动，并不涉及购买力转移或经济利益转移。上一部分所讨论存量变量中的估值效应和货币错配显然也属于这个范畴。但是，在现实世界中，若一个企业或一个经济体的资产负债表发生了由换算风险、估值效应或货币错配所引起的变化，而且这个企业或经济体已在证券市场上，尤其是国际证券市场上，发行了显著规模的证券（债券），那么，存在这样的可能性，即国际投资者对该企业或经济体的证券风险评价因此发生一定程度的改变，并进而影响到该企业或经济体所发行证券的市场价格。在这样的情形中，不能不认为换算风险是一种实实在在的风险，因为它会影响到证券发行主体后续融资的成本。后面我们将联系希腊可能退出欧元区的事例对此展开分析。

经营风险（operating risk/exposure），有时又称经济风险、竞争风险，偶尔也称为战略风险，指由于未预料到的汇率变动而在未来时期发生资产负债、损益和现金流价值的变动。对这个概念最容易理解的情形是，当汇率发生某种未被预料到的变动时，一个企业或一个经济体在某个外部市场上的竞争力会出现变化，来自当地市场或来自第三方的竞争对手的优势或许会得到增强。也就是说，当汇率在 t 时刻发生变动时，一个企业或经济体的现金流或竞争优势可能在 $t-1$ 时刻发生变化。显然，经营风险是一个具有实质性经济意义的概念，涉及竞争力和经济利益的变动或转移。

现在，我们可以将上述三种汇率风险在时间顺序上的关系及其与估值效应和货币错配的关系描绘如图 1 所示。t 为汇率发生变动之时刻，交易风险发生在 $t-1$ 到 t 时刻之间，换算风险发生 t 时刻即汇率变动之际，经营风险出现到 t 时刻汇率变动之后，即可设想为发生在 t 到 $t+1$ 的时期中。对应于这三个时期或时点，分别会出现估值效应和货币错配。

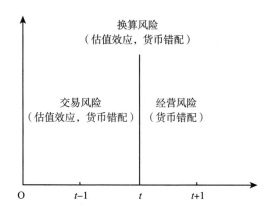

图1 三大汇率风险的发生时间顺序及与估值效应和货币错配的关系

注：本图参阅了迈克尔·莫菲特等（2012）第222页Exhibit 9.1中论述，但这里增加了横轴上时间尺度划分，并联系到了估值效应和货币错配的对应关系。

三、希腊退出欧元区的估值效应与货币错配：
汇率风险概念的一个宏观经济新运用

近年来，已有许多学术成果从多个角度运用估值效应和货币错配的概念来分析国际货币金融关系，包括一些新兴市场经济体所面临的外债危机、实行对冲型货币政策的可持续性以及一些发达经济体国际投资头寸变动的趋势等。这种探讨热情反映了当前世界经济的一个重要新情况，即各国对外贸易和货币金融交往都在不断快速增长，资金来源和收入来源都呈现出日益跨国、跨境的趋势。同时，在国际货币市场上，汇率变动频繁，有时变动幅度很大。不难预料，未来的研究中会更多地运用估值效应和货币错配概念。

这里，我们联系估值效应和货币错配概念来分析一个假设情景，即希腊退出欧元区的问题。希腊自2010年爆发主权债务危机以来，出现了持续的宏观经济波动，并与欧元区当局和其他一些外部救援者反复地发生政策冲突。2014年末以来，希腊与欧元区当局的矛盾再次激化，希腊退出欧元区（Grexit）的问题也被提出来。当下，希腊退出欧元区似乎已成为一个具有现实可能性的假设性问题。

一些评论者认为，希腊继续留在欧元区意味着其放弃了让本币贬值，从而促进出口增长和国内经济复苏的政策选项，只能在现行的统一货币框架内进行缓慢且痛苦的改革与调整。与其这样，还不如立刻退出欧元区，让本币大幅度贬值，以此换来国内经济快速复苏。[①]

从我们在前面的分析来看，希腊退出欧元区的问题并非仅仅是否有可能让本币贬值或者本币贬值后本国出口增长乃至经济复苏进程是否可得到加速。问题的另一个重要方面是希腊退出欧元区后，其主权债会发生怎样的变动并进而影响到其实际债务负担或者说经济利益的得失。希腊若不退出欧元区，其主权债务虽然大部分为外债，但不是外币债。按国际货币基金组织 2015 年 4 月发布的《财政监测》(Fiscal Monitor)，2013 年、2014 年和 2015 年，希腊政府部门总和债务 (general government gross debt) 与国内生产总值比率均超过 170%。这么多的债务绝大部分是欧元计价，与国内生产总值或国民收入的计价货币相同。因此不存在货币错配或估值效应问题。但是，一旦希腊选择退出欧元区，其主权债的大部分 (至少 80%) 会立刻成为外币债，而且其中大部分 (90% 左右) 又会是欧元债。同时，希腊的国内生产总值或国民总收入立刻转为本币计价。这样，伴随着希腊退出欧元区，货币错配和估值效应就会发生。

让我们沿着前面的思路对此问题进行简要讨论。

在高度简化的条件下 (不考虑国内财政平衡和各种违约可能性等情况)，希腊若继续留在欧元区，其主权债会遵循这个路径：

$$D_t = (1 + i)^t D_0 \tag{16}$$

即 t 时点上的债务水平等于初始时点的债务按复利原则增长。这里，利率被设定为一个常数，其含义是，即使像希腊这样的经济体爆发了主权债务危

---

① 2011 年初以来，许多评论者 (包括一些颇有国际影响力的学者) 就希腊和欧元区其他成员国债务风险和主权债务危机发表了看法，并认为解决欧元区主权债务危机的根本出路就是让高债务国退出欧元区或让欧元区解体。这方面很有代表性的两篇文章是 Krugman (2011) 和 Feldstein (2012)。

机，由于得到了外部援助，其主权债务所需要支付的利率也可被确定在一个可接受的固定水平上。

但是，倘若希腊退出欧元区，其主权债会立刻换算为外币标价债务，即必须考虑新货币的汇率及其变动（s_t）。同时，包括欧元区当局在内的外部援助者会至少在一段时间停止提供新救援资金。这也意味着，希腊外债的利率水平将会成为一个时间变量（i_t'）。这样，我们可以改写上面的债务累积公式为：

$$D_t' = s_t(1 + i_t')D_{t-1}^* \qquad (17)$$

其中，D_{t-1}^* 已经给定，而且可以认为这就是希腊退出欧元区以前已经累积起来的并以欧元计价的外债。但从退出欧元区那一刻开始，这些外债就得按照新汇率（s_t）换算为以希腊新本币计价的外债了。汇率 s_t 及其变动也容易设想，即相对于以前水平的贬值（该数字本身是上升的，即可以是持续性的，也可以是一次性的）；新利率水平（i_t'）作为一个时间变量在这里暂不确定，出于简化目的我们可认为它主要取决于债务率，即 D_t/Y_t，其中 Y_t 指名义国内收入或产出。这个比率越高，市场参与者便会认为债务风险就越高，从而会要求较高的风险补偿即较高的利率。这也是估值效应的一个表现，或更准确地说，就是汇率变动的换算风险成为一种具有实际经济影响的体现。

毫无疑问，影响 Y_t 的因素有许多，难以一一列举。这里，同样出于简化的目的，设想仅有个两个影响因子，即 s_t 和 z_t，后者可泛指除 s_t 以外的所有因素。可以认为 z_t 对 Y_t 的综合作用是正面的。这样，我们用以下两个公式来刻画希腊不退出和退出欧元区的经济增长：

$$Y_t = Y(z_t) \qquad (18)$$

$$Y_t' = Y'(s_t, z_t) \qquad (19)$$

这两个公式都包含一个共同因子 z_t，即希腊是否退出欧元区都不会改变自身已有的促使经济复苏的因素。两个公式中唯一的差别在于退出欧元区后出现了一个新的汇率因子 s_t，而且我们可以认为，s_t 的出现会促使 Y_t' 增长率高于 Y_t。

现在十分清楚的是，若希腊选择退出欧元区，Y'_t增长率将会比Y_t有一个提升；同时，其新债务水平D'_t也会比不退出欧元区时有一个显著增加，这个显著增加不仅由汇率贬值直接引致，而且由短期内D_t/Y_t的上升所引起的利率水平（i'_t）上升所引致。因此，可以认为，至少在一段时间内，D'_t的上升速度将高于Y'_t。只有经过一段时间后，D'_t增长速度才会由于s_t的稳定化和利率水平（i'_t）的回落而与Y'_t的增速接近，并在未来最终降低到Y'_t增速以下。我们可用图2（a）和图2（b）来描述希腊退出与不退出的债务和经济增长情景，并进行对比。

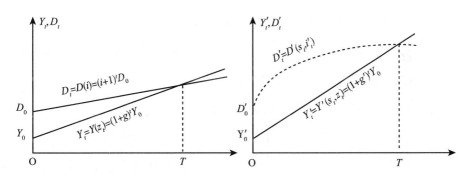

图2（a）　希腊不退出欧元区的债务　　图2（b）　希腊退出欧元区后的债务
**　　　　　 与收入变动　　　　　　　　　　　 与收入变动**

两图中，初始债务水平（D_0、D'_0）都设定在显著高于初始收入水平（Y_t）的位置上（但两者在纵坐标上的距离在两图中都相等）。图2（a）中，Y_t的增长率g被认为高于债务利率（i），因此，经过一段时间，Y_t最终将超过D_t。图2（b）中，D'_t的演进将受变动的利率（i'_t）的影响，同时，当将D'_t换算为希腊新本币时，也将受到汇率变动（Δs_t）的影响。利率上升和本币贬值都会促使换算为本币计价的外债在一段时间内较快增长，即以快于图2（a）中D_t增长速度而增长。同时，国内收入的增长率（g'）相比不退出欧元区时的原有增长率（g）较高，这反映了本币贬值的积极作用，也表现为图2（b）中Y'_t曲线的斜率大于图2（a）中的Y_t曲线的斜率。综合来看，只有在经过一段较长时间，即在外债利率开始下降以及汇率趋于稳定之后，图2（b）中D'_t的曲线才会变得平缓并最终被收入曲线 Y_t' 超过。

概括地说，上述分析表明，一旦希腊选择退出欧元区，其货币（新本币）很可能立刻发生对欧元的大幅度贬值。在随后很短的时间内，希腊的外债率（即 D_t/Y_t 或 D_t'/Y_t'）将快速上升（这体现了估值效应或换算风险）；进而，希腊外债的信用评级很可能下降（这体现了换算风险演化为实际经济效应），从而推升希腊外债的利率水平，导致其外债加快增长（因为到期的历史债务需要按当前利率进行置换）。这样，很可能出现新一轮的外债率（D_t'/Y_t'）上升。终结这个看上去有些像恶性循环的过程，要么求助于紧急的外部援助，要么经过一段痛苦的时间后让市场投资者看到国内产出/收入（Y_t'）快速回升的希望从而促使利率（i_t'）转为下降。在不考虑国内通货膨胀的情况下，只有当外债利率水平（i_t'）回落到经济增长率（g'）之下，外债率才会出现收敛或稳定化的趋势，从而结束主权债务危机。

这也就是说，对希腊政策决策者来说，在权衡退出欧元区的政策选项时，不仅需要考虑到退出和本币贬值会带给经济复苏的积极作用，也需要考虑到退出和本币贬值会产生的估值效应和货币错配及其不利影响。两者孰轻孰重并没有一个确切的答案。

还应该指出的是，即使按照乐观的估计，希腊退出欧元区后由于实行了本币贬值的政策并最终迎来了国内经济的强劲复苏，但在退出之时一直到步出外债危机之际，这个时间区间内所支付的外债利息将大大高于不退出时所支付的外债利息。从前面的分析来看，可以推断出希腊可能为此多支付的利息总额为 $\sum_{t=1}^{T}(\Delta s_t)(i_t' - i_0)D_0$，其中，$D_0$ 为退出时刻希腊的欧元计价外债总额，i_0 为退出之前这些欧元计价外债的正常利率水平，i_t' 为希腊退出欧元区后其欧元计价外债在国际金融市场上的利率，Δs_t 为希腊新货币对欧元的贬值率，T 指退出欧元区后希腊外债危机结束的时刻（其标志之一就是 i_t' 回落到至少 i_0 的水平上）。而且，只要认为希腊退出欧元区后其国内通货膨胀率低于名义汇率贬值率，那么，这个公式所表明的额外利息支付就是实际国民收入或国民购买力的转移，是经济利益的再分配。显然，希腊退出欧元区的做法伴随着显著的交易风险，其中也包含了由换算风险所带来的不利经济效应。

本部分的分析并非认为希腊会倾向于选择退出欧元区。相反，本节的讨论旨在说明倘若希腊真的选择了退出欧元区，那么，这客观上变成了运用估值效应和货币错配概念或者说运用汇率风险概念而展开宏观经济分析的一个绝好案例。

四、结论及一些延伸讨论

以上分析说明，估值效应和货币错配出现在一个经济体或一国在一定时期内对外资产债务的不对称配置情形中，同时还可发生在具有币种构成不对称的对外收入支付流中。特别地，当一个经济实体的资产负债币种构成具有资产以本币为主、负债以外币为主，并且本币汇率倾向于贬值时，货币错配问题就出现了。①

前面的分析还指出，本币与某种重要国际货币之间的汇率（基准汇率）变动可引起估值效应和货币错配。同样，在多样化的高度波动的国际货币环境中，只要本国的对外资产负债或对外收入支付流也涉及多种货币，那么"交叉汇率"变动也会引起估值效应和货币错配。

估值效应和货币错配是否会引起有关经济实体或一国经济利益的变动，包括对外购买力、竞争力以及实际支付和收入价值的变动或转移，取决于是否涉及交易风险、换算风险和经济风险。其中，换算风险表面上看起来仅仅是"账面价值"问题。但是，在特定情况下，换算风险可影响到为国际金融

---

① 在学术渊源上，货币错配这个概念较早出现于一些学者使用过的"原罪"（original sin）。该词的含义是，一些发展中经济体在有融资需要时难以通过发行国内债来解决，不得不在国外金融市场上发行外币债。这样，外币债权与本币债务之间形成了不对称关系。国内债市的不发达由此被认为是这些经济体的"原罪"（Hausmann & Panizza，2003；Eichengreen et al.，2003）。

市场对有关经济体债务风险的评价。在这个时候，换算风险也可具有实质性经济意义。

我们通过希腊案例的分析说明，在一个经济体退出此前的统一货币区时，估值效应和货币错配问题立即发生。而且，由于这种退出是在债务危机（外债危机）的阴影下出现的，估值效应和货币错配的问题还可能十分严重。其中，仅仅是换算风险就可能导致外债利率水平在一段时间内上升。

本文以上讨论并未直接涉及估值效应和货币错配的政策意义。但是，不难发现，当一个经济体面临估值效应和货币错配可能产生的不利经济影响时，积极的并具有长远眼光的应对之策至少应当包括这些要点：首先，一个内向型的经济体应努力减少外债；其次，所有类型的经济体，不管是外向型还是内向型都应该积极发展国内资本市场，包括长期债券市场和股票市场，用以克服对外资产负债和对外收入支付流中不对称的币种构成问题以及缓解本国融资困难问题；再次，当外债积累已成规模时，若有可能，本国出口收入的市场应侧重偏向外债来源地；最后，努力保持国内宏观经济政策的稳健性，避免政策调整及其对国际金融市场的震动效应。

还应该指出，随着国际经济和货币金融市场环境的多样化发展，估值效应和货币错配概念的运用范围似有越来越扩大的趋势。除了上文提到的新兴市场经济体对外负债风险的"经典"问题，估值效应和货币错配概念还可运用在面临持续性跨境资金流入时一国实行对冲型货币政策的可持续性问题（Frenkel，2007；贺力平和林娟，2011）。欧洲一些独立于欧元区的经济体（例如瑞士等）也面临大量国际资金流入，中央银行外汇资产急剧膨胀的新情况，并开始感受到维持资产负债表净值以及避免损益表亏损的显著压力（The Economist，2015）。此外，随着人民币国际化的发展，不难想象未来国际货币市场上又新增了一种或多或少具有储备功能和交易功能的货币，而这种货币与现有的其他国际货币之间的汇率波动显然也会给有关经济体的资产负债表净值和收入支付流净值带来一定影响。总之，估值效应和货币错配将会不断以新的面貌和形式出现在各国经济和金融发展进程中。

参考文献

[1] 戈登斯坦、特纳:《货币错配——新兴市场国家的困境与对策》,李扬、曾刚译,社会科学文献出版社 2005 年版。

[2] 贺力平、林娟:《论外汇投资中的估值效应及其经济影响》,载《金融评论》2011 年第 6 期。

[3] 科特·巴特勒:《国际金融 (Multinational Finance)》(第三版),张成思译注,东北财经大学出版社 2008 年版。

[4] 罗纳德·麦金农:《美元本位系的汇率:东亚高储蓄两难》,王信、何为译,中国金融出版社 2005 年版。

[5] 迈克尔·莫菲特、阿瑟·斯通西尔、大卫·艾特曼:《国际金融 (精要版)(Fundamentals of Multinational Finance)》,刘园译注,机械工业出版社 2012 年版。

[6] 羌建新:《货币错配与汇率制度选择:新兴市场国家汇率制度选择的一个视角》,中国发展出版社 2014 年版。

[7] 朱超:《汇率冲击下的货币错配:理论模型、实证测度与政策选择》,首都经济贸易大学出版社 2009 年版。

[8] Alan Deardorff, *Terms of Trade*, *Glossary of International Economics* (2nd Edition). Singapore: World Scientific Publishing Co. Pte. Ltd, 2014.

[9] Barry Eichengreen, Ricardo Hausmann, Ugo Panizza, Currency Mismatches, Debt Intolerance and Original Sin: Why They are not the Same and Why It Matters. NBER Working Paper No. 10036, 2003.

[10] Martin Feldstein, The Failure of the Euro. *The Foreign Affairs*, Vol. 1/2, 2012.

[11] Masanaga Kumakura, Fluctuations in the Yen/Dollar Exchange Rate, East Asian Business Cycles, and Asian Financial Crisis. Memo, 2004.

[12] Michael B. Devereux, Alan Sutherland, Valuation Effects and the Dynamics of Net External Assets. *Journal of International Economics*, 2010, 80: 129 – 143.

[13] M. Bussière, M. Fratzscher and W. Koeniger, Currency Mismatch, Uncertainty and Debt Maturity Structure. ECB Working Paper Series, No. 409, 2004.

[14] Paul Krugman, Killing the Euro. The New York Times, 2011 – 12 – 02.

[15] Philip R. Lane and Gian Maria Milesi – Ferretti, The External Wealth of Nations Mark II: Revised and Extended Estimates of Foreign Assets and Liabilities, 1970 – 2004. *Journal of International Economics*, 2007, 73: 223 – 250.

[16] Ricardo Hausmann, Ugo Panizza, On the Determinants of Original Sin: An Empirical Investigation. *Journal of International Money and Finance*, 2003, 22 (7): 957 – 990.

[17] Roberto Frenkel, The Sustainability of Monetary Sterilization Policies. CEPAL Review, No. 93, December, 2007.

[18] The Economist, Free Exchange: Why Central Banks Should Shrug off Losses. *The Economist*, 2015, 1: 69.

论外汇投资中的估值效应及其经济影响[*]

　　估值效应（valuation effect）是指一项会计账簿中的资产或债务的市场价格变动及其所引起的该会计账簿合计项的变动。一国在一定时期中的国际收支平衡表和对外投资头寸可以视为一项宏观会计账簿。在一国对外贸易和金融交往的总量统计中，难免会发生估值效应。而且，随着一国对外经济活动的扩大，尤其是国际金融交易的快速增长，估值效应在越来越大的程度上成为影响国际收支平衡表、对外投资头寸和对外投资收益的一个重要因素。在当前世界经济和国际金融中，引起估值效应出现的因素包括金融市场上证券资产市场价格的波动、某些证券资产的退市和替换等。本文特别关注汇率变动引致的估值效应。

　　汇率变动引致的估值效应涉及对外投资的资产及其收益。任何一项显著规模的对外投资通常都涉及由多种国际货币标价的组合资产。假设其中任一资产都在考察时期中产生一定收益，即不会出现由前述资产市场价格变动引起任何估值效应。但是，在时期结束时，各种货币标价的资产及其收益都必须按最近时点市场汇率换算为一个统一货币标价——不管是使用本币标价还是流行的国际计价货币美元。只要最近时点的市场汇率不同于期初时点的市场汇率，单纯由汇率变动引致的估值效应就必然出现，即对外投资的资产价

　　* 本文原载于《金融评论》2011 年第 6 期。合作者：林娟。基金项目：本文是国家自然科学基金重点项目"国家外汇储备的多元化和国际资产配置模型"（No. 70831001）子课题的成果之一。

值和收益都将因汇率变动而发生相应变动。各国官方外汇储备是一种对外投资。对中国而言，巨大规模的官方外汇储备积累在一定意义上更加凸显了估值效应问题。如何准确理解估值效应对外汇储备价值和收益的影响以及对相关经济问题（包括对冲型货币政策的可持续性）是国内外学术界广泛关注的话题。

本文通过以下方面探讨外汇投资中的估值效应及其影响。第一部分说明观察估值效应的三种方法或角度即间接推导法、直接推算法和解析法。第二部分联系近年来中国数据并运用解析法说明估值效应的适用范围和变动特点。第三部分概述估值效应对拥有大量外汇资产的货币当局收益率的影响、对货币当局外汇市场干预能力的影响、对对冲型货币政策可持续性的影响，以及估值效应与货币错配概念的联系。第四部分为结论。

一、估值效应的三种测量方法

通过运用相关国际金融数据，可从三重角度观察到估值效应的存在或对估值效应的程度进行估算，即间接推导法、直接推算法和解析法。

（一）间接推导法：净国际投资头寸变动与经常账户平衡的差别

一般而言，任何具有连续变动性的事物在其存量变量与流量变量之间存在固定关系：

$$Q_t - Q_{t-1} = F_t \tag{1}$$

其中，Q 指存量变量，F 指流量变量；作为下标的小写字母 t 表示时间刻度。设想 Q_t 和 Q_{t-1} 分别表示一国在时期期末和期初的人口数，那么 F_t 就指该时期中的人口变动（人口增长）。也可设想 Q_t 和 Q_{t-1} 分别表示一国在时期期末和期初的外汇资产余额，那么 F_t 就指该国在这个时期的外汇资产变动。

使用迭代法，不难推论：

$$Q_t = \sum F_t \tag{2}$$

式（2）的含义是，一定时点上的存量是此前各个时期中流量变量的累积。

在国际金融文献中，存在存量—流量关系等式：

$$NIIP_t - NIIP_{t-1} = CA_t \qquad (3)$$

其中，$NIIP_t$ 和 $NIIP_{t-1}$ 表示 t 期和 $t-1$ 期末净国际投资头寸（存量变量），CA_t 表示第 t 期的经常账户余额（流量变量）。所有变量都使用相同货币单位标价，无论是本币还是国际流行计价单位美元。

从式（1）和式（2）可以同理推出：

$$NIIP_t = \sum CA_t \qquad (4)$$

但是，人们运用式（3）和式（4）时发现，两端不相等。最典型的情况是美国。雷恩和米莱西·费雷蒂（Lane & Milesi-Ferretti, 2009）指出，1983~2006 年，美国经常账户逆差累计达到 5 万亿美元，同期内美国对外投资净头寸减少仅为 3 万亿美元。而且，他们发现，美国经常账户逆差累计与对外投资净头寸减少的差别难以仅仅由此前学者们常说的"资本利得"（capital gains）来解释[1]。

国际货币基金组织（IMF, 2005）指出，净国际投资头寸符合如下的会计恒等式：

$$NIIP_t - NIIP_{t-1} = CA_t + KA_t + EO_t + VA_t \qquad (5)$$

其中，KA_t 表示资本与金融账户余额（可简称为"资本账户"或"金融账户"），EO_t 表示净误差与遗漏，VA_t 表示广义估值效应。

对式（5）进行简单变换，可以得出估值效应的计算恒等式：

$$VA_t = NIIP_t - NIIP_{t-1} - CA_t - KA_t - EO_t \qquad (6)$$

美国经济分析局公布的净国际投资头寸变化构成表（components of changes in the net international investment position）利用式（5）和式（6）进行编制[2]。

---

[1] 有关资本利得概念的运用可参见古兰沙（Gourinchas, 2008）。

[2] 在净国际投资头寸变化构成表中使用了金融流动（FF_t）的概念，其中 $FF_t = CA_t + KA_t + EO_t$。因此，估值效应等于净国际投资头寸变动与金融流动的差额，即 $VA_t = NIIP_t - NIIP_{t-1} - FF_t$。

由于资本账户余额数值一般很小①，净误差与遗漏中包括大量官方无法准确统计的信息，因而在分析过程中常常忽略这两项，即认为净国际投资头寸变动主要是由于经常账户渠道和估值效应渠道所引起的。

$$VA_t \approx NIIP_t - NIIP_{t-1} - CA_t \tag{7}$$

显然，从式（7）看，在一定时期内估值效应可正可负。正的估值效应表示国际投资净头寸增加大于经常账户顺差，或者国际投资净头寸减少小于经常账户逆差；负的估值效应表示国际投资净头寸增加小于经常账户顺差，或者国际投资净头寸减少多于经常账户逆差。

图 1 显示了 1981 年以来美国、日本、英国以及欧元区近年来经常项目余额与净国际投资头寸变动之间的差异（其中欧元区为 2000 年以来）。图 1（a）是以本币标价，图 1（b）~图 1（d）以外币（美元）标价。从图形上看，这里四个经济体的经常账户余额与净国际投资头寸变动都存在一定的差异，同时，净国际投资头寸变动的波动幅度明显大于经常账户余额，这主要是由于净国际投资头寸综合考虑了特定时期内的国际收支交易、价格变化、汇率变化等因素。

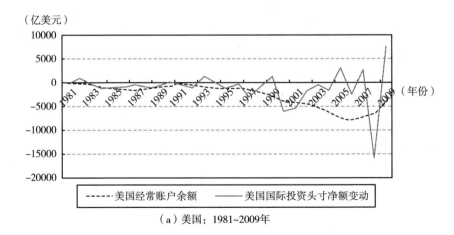

（a）美国：1981~2009年

---

① 这里有必要注意到，KA_t 指包括私人部门与官方部门在内的所有跨境资金流动，在正常情况下存在 $CA_t = -KA_t$，即 $CA_t + KA_t = 0$；或者说两者之和很小，可以忽略不计。

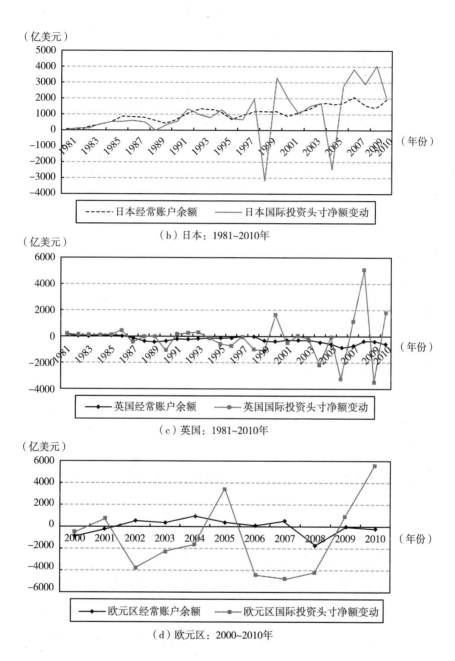

（b）日本：1981~2010年

（c）英国：1981~2010年

（d）欧元区：2000~2010年

图1　经常项目余额与净国际投资头寸变动

资料来源：IFS 数据库。

图1（a）中显示了美国经常账户余额与净国际投资头寸变动之间的差异。

2002~2007 年尽管美国经常项目逆差不断扩大，其净国际投资头寸却趋于平稳且略有改善，这主要是由于 2002～2007 年美国存在正的估值效应。2008 年，受全球金融危机的影响，美国的经常账户逆差有所缓解，但净对外债务却创历史最高水平。原因主要有两个：（1）外国股票价格的下跌幅度超过美国股价的下跌幅度；（2）美元相对于其他主要货币升值，降低了美国对外资产的美元价值。

图 1（b）中日本的经常账户顺差持续扩大，然而在 1999 年和 2005 年日本的净国际投资头寸变动却出现大幅下降，净国际投资头寸分别减少 3245 亿美元和 2527 亿美元。

图 1（c）中英国的经常账户逆差持续扩大，然而在 2000 年、2007 年、2008 年和 2010 年英国的净国际投资头寸变动出现大幅上升，净国际投资头寸分别增加 1607 亿美元、1100 亿美元、4994 亿美元和 1756 亿美元。

图 1（d）中欧元区的经常账户余额与净国际投资头寸的变动差异最大。2000～2010 年，欧元区的经常账户余额基本保持平衡，而净国际投资头寸却出现了"W"型的明显变化。

由上所述，经常账户余额与净国际投资头寸变动两者之间并不一致，而估值效应是两者差异的重要组成部分。

（二）直接推算法：外汇储备常规变动与外汇储备交易变动的差别

外汇储备如同其他所有外汇组合资产一样，在不同时点上的价值会受到诸如汇率变动和各项外汇资产的市场价格变动等因素的影响，常规统计中的外汇储备价值额及其变动包含了这些因素的影响。

国家外汇管理局从 2010 年开始公布季度官方外汇储备的交易变动数据。按照已知的中国官方外汇储备累积余额及其变动数据，可以从两组数据序列的差别推算因非交易因素（即汇率变动等因素）引起的外汇储备变动。

图 2 显示了 2010 年第一季度至 2011 年第三季度两组数据及其差别。可以看到，在 2010 年前两个季度和 2011 年第三季度，非交易因素为负数，在 2010 年后两个季度和 2011 年前两个季度，非交易因素为正数。

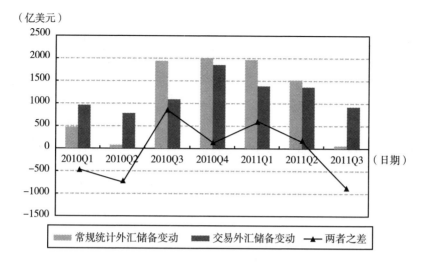

（亿美元）

图2　中国分季度外汇储备变动、两种统计口径及其差别

资料来源：中国国家外汇管理局《中国国际收支季度简报》。

若使用公式来表示上述两者的差别，即有：

$$VA_t^{\Delta FA} = \Delta FA_t^{cur} - \Delta FA_t^{basis} \qquad (8)$$

其中，ΔFA_t^{cur} 表示按照当前汇率和资产价格计算的外汇储备（或外汇资产）的价值变动，即常规外汇储备（或外汇资产）价值变动，ΔFA_t^{basis} 表示剔除非交易因素的外汇储备（或外汇资产）的价值变动。两者之差（$VA_t^{\Delta FA}$）主要指因汇率和外汇资产市场价格等因素的变动而引起的外汇资产价值变动，显然非常接近于前面公式中所说的估值效应。

使用直接推算法要求货币当局定期公布有关外汇储备或有关当局定期公布有关外汇资产的累积余额和交易数据。在实践中，各国对这些数据的统计和发布方法有很大差别。[①] 有研究者对20世纪70~90年代若干工业化国家的有关数据进行了检验，并认为根据常规性的各国外汇储备变动来推测有关货币当局对外汇市场是否进行了干预以及干预程度的高低可能会出错，因为常

―――――――

　　① 这里值得指出的是，中国人民银行按月定期公布的"金融机构人民币信贷收支表"中的"外汇占款"在现行汇率体制下实际上可作为"交易外汇储备"的一个间接反映指标，只不过前者以人民币表示，后者以外币（美元）表示，两者之间的转换需通过当期平均汇率。

规性外汇储备变动包含了许多非干预性因素（Nealy，2000）。该文没有直接使用"估值效应"概念，但实质上已经指出了类似因素在分析研究中的重要作用。

（三）解析法

解析法主要用于计算因汇率引起的外汇资产价值变动。解析法的优点是，在缺少有关必要数据的时候，研究者可依据从外部市场获得的信息近似地估算外汇资产余额仅仅因为汇率因素而出现的变动。当然，研究者在运用解析法时难免依赖一些带有主观性的假设。

为了表述上的方便，本文使用 S 代表非基准外币兑基准外币的汇率，用 1 单位非基准外币折合的基准外币数量来表示；E 表示外币兑本币的汇率，用 1 单位外币折合的本币数量来表示。

假定某一外汇投资组合中包括 n 种外币资产。不失一般性，假定 n 种外币资产的标价货币均不同，且第 1 种资产是以基准外币（如美元）计价的，则该投资组合在 $t-1$ 时点上以基准外币计价的价值总和（FAP）为：

$$FAP_{t-1} = F_{1,t-1} + \sum_{i=2}^{n} S_{i,t-1} F_{i,t-1} \qquad (9)$$

其中，F_i 表示第 i 种外币资产以 i 币种货币计价的价值。S_i 表示第 i 种非基准外币兑基准外币的汇率，$i=2$，$\cdots$，n。

相应地，则该投资组合在时点上以基准外币计价的价值总和为：

$$FAP_t = F_{1,t} + \sum_{i=2}^{n} S_{i,t} F_{i,t} \qquad (10)$$

假定第 i 种外币资产以 i 币种货币计价的价值不变，即 $F_{i,t-1} = F_{i,t}$，$i = 1$，$\cdots$，n，则第 t 期因汇率引起的以基准外币计价的投资组合价值变动为：

$$\Delta FAP_t = \sum_{i=2}^{n} (S_{i,t} - S_{i,t-1}) F_{i,t-1} = \sum_{i=2}^{n} \Delta S_{i,t} F_{i,t-1} \qquad (11)$$

其中，$\Delta S_{i,t} = S_{i,t} - S_{i,t-1}$，$i = 2$，$\cdots$，$n$。$\Delta S_{i,t}$ 表示第 i 种非基准外币在第 t 期相对于基准外币的汇率变动幅度。

该投资组合在 $t-1$ 时点上以本币计价的价值总和（DAP）为：

$$DAP_{t-1} = \sum_{i=1}^{n} E_{i,t-1} F_{i,t-1} \qquad (12)$$

其中，E_i表示第i种外币兑本币的汇率，$i=1$，…，n。

假定$F_{i,t-1}=F_{i,t}$，$i=1$，…，n，则第t期因汇率引起的以本币计价的投资组合价值变动为：

$$\Delta DAP_t = \sum_{i=1}^{n}(E_{i,t}-E_{i,t-1})F_{i,t-1} = \sum_{i=2}^{n}\Delta E_{i,t}F_{i,t-1} \tag{13}$$

其中，$\Delta E_{i,t}=E_{i,t}-E_{i,t-1}$，$i=1$，…，$n$。$\Delta E_{i,t}$表示第$i$种外币在第$t$期相对于本币的汇率变动幅度。

显而易见，对比前面提到的间接推导法和直接推算法，解析法能够更加精确地估算由汇率变动所引起的估值效应，只要相关参数和信息大体上可靠或者有关假设合情合理。而且，解析法还可利用相关公式进行快速计算和预测。我们可以将这三种方法的基本含义、数据条件和应用范围概述在表1中。

表1   **估值效应三种方法比较**

方法	基本含义	数据条件	应用范围
间接推导法	通过经常账户平衡与对外投资净头寸变动之差确定宽口径估值效应	国际收支平衡表和对外投资头寸	适用于长期分析并可用于跨国比较
直接推算法	通过外汇储备（外汇资产）常规统计与交易统计之差确定宽口径估值效应	外汇储备（外汇资产）的常规统计与交易统计	可用于长期或短期分析，主要取决于交易数据的可得性
解析法	在已知或假定外汇储备（资产）币种构成条件下，引入汇率数据精确计算窄口径估值效应	外汇储备（外汇资产）的常规统计、币种构成与汇率数据	可主要应用于短期分析；长期应用则可能受到币种构成不规则变动的影响

二、解析法测算国内估值效应

在使用解析法估算近年来中国外汇储备余额变动中可能包含的估值效应之前，首先讨论估值效应概念的适用范围和变动特点。

（一）估值效应的适用范围

估值效应的概念既可以用于分析由于汇率变动引起一国对外资产（债权）

或对外负债（债务）价值发生变化，进而引起一国的净对外资产发生相应的变动；又可以用于分析由于汇率变动引起一国对外收入或对外支付发生变化，进而引起一国的净对外收益发生相应的变动。

（二）估值效应的变动特点：理论分析

估值效应在不同国家的变动特点不同。以美国和中国为例，美国近 2/3 的对外资产用外国货币计价，95% 的对外负债用美元计价。当美元贬值时，美国投资者持有的以外国货币标价的资产的美元价值上升，美国海外投资者获得大量"资本利得"。同时，美国对外负债的美元价值几乎保持不变。这样，美元贬值很可能给美国带来了正的估值收益。与此不同的是，中国几乎所有的对外资产都是以外国货币（主要是美元）计价，约有 70% 的对外负债是用人民币计价（主要是因为中国吸引了大量的外商直接投资）。有分析者认为，给定 2008 年中国的对外负债头寸相当于当年 GDP 的 43%，在其他条件不变的情况下，人民币相对于美元升值 10% 所造成的净国际投资头寸价值减少（负的估值损失）相当于当年 GDP 的 3%（Ma & Zhou，2009）。

构建简化的国际投资头寸模型分析估值效应的变动特点。假定一国的对外资产中包括三种资产：本币资产、以非基准外币标价的资产和以基准外币标价的资产，比重分别是 α_1、α_2 和 $1 - \alpha_1 - \alpha_2$；一国的对外负债中也仅包括三种负债：本币负债、以非基准外币标价的负债和以基准外币标价的负债，比重分别是 β_1、β_2 和 $1 - \beta_1 - \beta_2$。假定 α_1、α_2、β_1 和 β_2 均不随时间变化而变化，则因汇率变动引起的以基准外币标价的该国总体净国际投资头寸变动（ΔFP，即估值效应）为：

$$\Delta FP_t = (\alpha_1 FAP_{t-1} - \beta_1 FLP_{t-1}) \times \left(\frac{E_{t-1} - E_t}{E_t} \right) +$$

$$(\alpha_2 FAP_{t-1} - \beta_2 FLP_{t-1}) \times \left(\frac{S_t - S_{t-1}}{S_{t-1}} \right)$$

$$= (\alpha_2 FAP_{t-1} - \beta_2 FLP_{t-1}) \times \Delta S_t - (\alpha_1 FAP_{t-1} - \beta_1 FLP_{t-1}) \times \Delta E_t \quad (14)$$

其中，$\Delta S_t = \frac{S_t - S_{t-1}}{S_{t-1}}$，$\Delta E_t = \frac{E_t - E_{t-1}}{E_t}$。$FAP$ 表示以基准外币标价的对外资产

总额，FLP 表示以基准外币标价的对外负债总额，S 表示非基准外币兑基准外币的汇率，E 表示基准外币兑本币的汇率。

分析公式可以得出两个结论。（1）估值效应的变动规模主要取决于对外资产和对外债务的币种构成是否具有对称性。币种构成对称性的资产负债平衡关系（即 $\alpha_1 FAP = \beta_1 FLP$ 且 $\alpha_2 FAP = \beta_2 FLP$）不受汇率变动影响，这时估值效应为零（$\Delta FP = 0$）。币种构成非对称性的资产负债平衡关系（即 $\alpha_1 FAP \neq \beta_1 FLP$ 或 $\alpha_2 FAP \neq \beta_2 FLP$）是否受汇率变动影响，取决于因非基准外币兑基准外币汇率变动引起的以非基准外币标价的净头寸变动 $[(\alpha_2 FAP_{t-1} - \beta_2 FLP_{t-1}) \times \Delta S_t]$ 是否等同于因基准外币兑本币汇率变动引起的以本币标价的净头寸变动 $[(\alpha_1 FAP_{t-1} - \beta_1 FLP_{t-1}) \times \Delta E_t]$。若两者相等，则平衡关系仍旧成立，这时估值效应为零；若两者不相等，则平衡关系不再成立，这时估值效应不为零（$\Delta FP \neq 0$）。（2）估值效应的变动方向取决于因非基准外币兑基准外币汇率变动引起的以非基准外币标价的净头寸变动 $[(\alpha_2 FAP_{t-1} - \beta_2 FLP_{t-1}) \times \Delta S_t]$ 与因基准外币兑本币汇率变动引起的以本币标价的净头寸变动 $[(\alpha_1 FAP_{t-1} - \beta_1 FLP_{t-1}) \times \Delta E_t]$ 两者的大小关系。

进一步，为了分析上的简单，分别考虑两个假设条件。

假设 1：$\alpha_2 FAP = \beta_2 FLP$，即假定非基准外币兑基准外币汇率的变动不会引起估值效应的变化。在该假定条件下，若一国对外资产中拥有的本币资产大于对外负债中拥有的本币负债（$\alpha_1 FAP > \beta_1 FLP$），当基准外币相对于本币升值时（$\Delta E_t > 0$），估值效应为负；相应地，若一国对外资产中拥有的本币资产小于对外负债中拥有的本币负债（$\alpha_1 FAP < \beta_1 FLP$），当基准外币相对于本币升值时（$\Delta E_t > 0$），估值效应为正。

假设 2：$\alpha_1 FAP = \beta_1 FLP$，即假定基准外币兑本币汇率的变动不会引起估值效应的变化。在该假定条件下，若一国以非基准外币标价的对外资产大于以非基准外币标价的对外负债（$\alpha_2 FAP > \beta_2 FLP$），当非基准外币相对于基准外币升值时（$\Delta S_t > 0$），估值效应为正；相应地，若一国以非基准外币标价的对外资产小于以非基准外币标价的对外负债（$\alpha_2 FAP < \beta_2 FLP$），非基准外币相对于基准外币升值时（$\Delta S_t > 0$），估值效应为负。

对式（14）进行简单扩展以用于分析估值效应的跨期变动与趋势。沿用假设 2，i 时期内估值效应（$\Delta FP_{t,i}$，$i \geqslant 1$）的计算公式为：

$$\Delta FP_{t,i} = (\alpha_2 FAP_{t-i} - \beta_2 FLP_{t-i}) \times \left(\frac{S_t - S_{t-i}}{S_{t-i}} \right) \tag{15}$$

从式（15）可以看出，i 时期内估值效应的规模取决于第 $t-i$ 期末以非基准外币标价的对外净头寸规模和 i 时期内非基准外币兑基准外币汇率的波动率。

一般而言，汇率波动具有短期表现显著于长期平均值（即汇率超调）的特点。若假定对于所有的 i，第 $t-i$ 期末以非基准外币标价的对外净头寸规模均不变，即 $\forall i$，$\alpha_2 FAP_{t-i} - \beta_2 FLP_{t-i} = c$。其中，$c$ 为常数。则可以推断，长期估值效应的规模一般小于短期估值效应的规模，即从长期来看，估值效应具有相互抵消的特点。

（三） 解析法测算中国外汇储备资产的估值效应

近年来，我国外汇储备资产规模增长较快且国际市场美元汇率波动较大，因汇率变动引起的外汇储备资产变动规模和投资收益变动规模日益扩大。在这里，汇率变动可以进一步细分为基准外币（美元）与非基准外币（例如欧元、日元、英镑等）之间的价值变动以及本币与外币（包括基准外币与非基准外币）之间的价值变动。前者反映外汇储备资产在不同国际货币之间的配置及相关汇率变动的问题，后者反映外汇储备资产价值与本币汇率变动之间的关系。

可以分两步计算中国外汇储备资产变动和投资收益变动中的估值效应（林娟，2011）：首先，计算各币种资产（或资产收益）按照第 t 期末汇率折成美元（或人民币）后的价值与按照第 $t-1$ 期末汇率折成美元（或人民币）后的价值之间的差异；其次，求各项差异的加权平均和，其中权重使用各币种资产（或资产收益）在我国外汇储备资产（或资产收益）中的构成比重。

1. 估算我国外汇储备的币种结构

尽管缺少有关中国外汇储备币种结构的官方信息，在估算汇率因素对我国外汇储备资产价值变动的影响前，可先尝试通过国际机构及其他国家公布的相关数据推测中国外汇储备的大致构成。

（1）IMF官方外汇储备币种构成数据库（COFER数据库）。COFER数据库中公布了全球、发达经济体以及新兴市场和发展中经济体已报告储备额[①]（allocated reserves）的货币构成。虽然中国并未向IMF报告外汇储备币种结构，但可以根据COFER数据库中新兴市场和发展中经济体已报告储备的币种结构推断中国外汇储备的币种结构。COFER数据库显示，1999~2009年，美元、欧元、日元和英镑四种储备货币在已报告储备总额中的占比达98%，其中美元和欧元占90%。从趋势上看，美元和日元在全球外汇储备构成中比重下降，欧元和英镑比重上升（见表2）。

表2　　　　　1999~2009年新兴市场和发展中经济体外汇储备构成　　单位：%

货币	1999年	2000年	2001年	2002年	2003年	2004年	2005年	2006年	2007年	2008年	2009年
美元	74.2	74.8	73.8	68.6	63.1	63.0	62.7	61.5	62.0	60.7	58.5
欧元	17.5	18.1	19.7	25.3	30.2	29.2	29.2	29.5	28.6	30.0	30.2
日元	3.9	2.7	2.4	1.7	1.1	1.3	1.5	1.3	1.8	1.9	1.8
英镑	2.6	2.6	2.8	2.8	3.8	4.9	5.1	6.0	5.9	5.4	5.9

注：表中的比例依据已报告储备总额计算。
资料来源：COFER数据库。

（2）投资东道国披露的相关数据。利用投资东道国披露的相关数据是推测我国外汇储备币种结构的另一个途径。美国财政部国际资本（treasury international capital，TIC）系统公布了1974~2009年中国对美国证券投资的数据。例如，根据TIC最新发布的报告（*Preliminary Report on Foreign Holdings of U. S. Securities at end-June2010*），截至2010年6月底，中国对美国证券投资合计

[①]　目前有33个发达经济体以及106个新兴市场和发展中经济体向IMF报告了官方外汇储备货币构成。

1.61 万亿美元。同时期，中国持有总的外汇储备规模是 2.54 万亿美元。如果将 TIC 公布的中国对美国证券投资数据视为中国实际持有的美元资产，则通过简单计算可以得出，2010 年 6 月底，美元资产占中国总外汇储备的 63.4%。表 3 列出了使用美国财政部 TIC 系统公布的"中国对美国证券投资"和中国外汇管理局公布的"外汇储备总额"计算出的 2000 ~ 2009 年美元资产占中国总外汇储备的比重。

表 3   **2000 ~ 2009 年中国持有的美元资产占外汇储备比重**

指标	2000 年	2002 年	2003 年	2004 年	2005 年	2006 年	2007 年	2008 年	2009 年
中国对美国证券投资（亿美元）	922	1815	2555	3410	5273	6989	9220	12051	14640
外汇储备总额（亿美元）	1568	2427	3464	4706	7109	9411	13326	18088	21316
美元资产占中国总外汇储备的比重（%）	58.8	74.8	73.8	72.5	74.2	74.3	69.2	66.6	68.6

注：TIC 系统公布了 2000 年 3 月底和 2002 ~ 2009 年各年度 6 月底中国在美国证券投资的数据。
    中国外汇储备总额使用的也是 2000 年 3 月底和 2002 ~ 2009 年 6 月底的数据。
资料来源：美国财政部 TIC 系统、中国外汇管理局。

借鉴张斌等（2010）的思路，在两个假定条件的基础上结合 COFER 数据库和 TIC 系统的数据，估算中国外汇储备的币种结构。

假定 1：中国外汇储备中只持有美元、欧元、英镑和日元资产。

假定 2：将 TIC 系统公布的中国持有的美元资产数视为中国外汇储备中实际持有的美元资产数。①

具体的估算方法如下。第一，使用 TIC 系统提供的中国对美国证券投资数据，计算美元资产在外汇储备的比重；第二，非美元货币比重按照 COFER 数据库中提供的新兴市场和发展中经济体欧元、英镑和日元的比例推算（见

---

① TIC 系统统计的中国对美国证券投资数据可能无法真实反映中国外汇储备中的美元资产。然而，在没有更好的数据来源的情况下，做此假定是合理的。

表1）。例如，2009年，基于TIC系统数据，美元资产占68.6%，也就意味着非美元资产占比为31.4%，COFER数据中新兴市场和发展中经济体当年的欧元、英镑和日元资产比例为30.2∶1.8∶5.9，则当年中国外汇储备中的美元、欧元、英镑和日元资产占比分别为68.6%、25%、1.5%和4.9%。第三，由于TIC未提供2001年中国对美国证券投资数据，将使用COFER数据库中提供的新兴市场和发展中经济体美元资产在外汇储备的比重作为中国外汇储备中美元资产在外汇储备的比重（见表1）。欧元、英镑和日元资产的比重参照表2的方法计算得出。估算结果如表4所示。

表4 　　　　　　　　2000～2009年中国外汇储备货币构成 　　　　　单位：%

货币	2000年	2001年	2002年	2003年	2004年	2005年	2006年	2007年	2008年	2009年
美元	58.8	73.8	74.8	73.8	72.5	74.2	74.3	69.2	66.6	68.6
欧元	31.9	20.7	21.4	22.5	22.7	21.0	20.6	24.3	26.9	25.0
日元	4.8	2.5	1.4	0.8	1.0	1.1	0.9	1.5	1.7	1.5
英镑	4.6	2.9	2.4	2.8	3.8	3.7	4.2	5.0	4.8	4.9

资料来源：作者依据COFER数据库和美国财政部网站TIC系统计算得出。

2. 基准外币与非基准外币汇率变动引起的外汇资产价值变动

美元相对外汇储备中非基准外币币值发生变动会引起以美元计价的外汇储备资产价值发生相应变动。例如，如果美元相对欧元贬值，外汇储备资产中的美元资产价值不变，欧元资产的美元价值因为欧元兑美元升值而上升，结果以美元计价的外汇储备资产价值上升。相反，如果美元相对欧元升值，以美元计价的外汇储备资产价值下降。

普拉萨德和魏（Prasad & Wei, 2005）对2000～2004年中国外汇储备的币种结构做出三个假定，并分别模拟在三种不同的假定条件下由汇率引起的外汇储备价值变动：（1）中国外汇储备中持有80%的美元资产和20%的欧元资产；（2）中国外汇储备中持有90%的美元资产和10%的欧元资产；（3）中国外汇储备中持有70%的美元资产、20%的欧元资产和10%的日元资产。

近年来中国货币当局不断地调整外汇储备的币种结构。普拉萨德和魏
（2005）假定货币构成比例不变显然不合理。本文使用表 3 中的外汇储备货币
构成估算以美元计价的外汇储备资产价值变动，计算公式如下：

$$\Delta FAP_t = FAP_{t-1} \times \sum_{i=1}^{3} \left(w_{t-1}^i \times \frac{S_t^i - S_{t-1}^i}{S_{t-1}^i} \right) \qquad (16)$$

其中，ΔFAP_t 表示第 t 期由汇率引起的以美元计价的外汇储备资产价值变动，
FAP_t 表示第 t 期末以美元标价的外汇储备资产总额，$\sum_{i=1}^{3} [w_{t-1}^i \times (S_t^i -$
$S_{t-1}^i)/S_{t-1}^i]$ 表示美元与非基准外币的综合汇率变动指数，其中，w_t^i 表示第 t 期
末 i 币种资产在总外汇储备资产中的比重，S_t^i 代表第 t 期末第 i 种非基准外币
兑美元的汇率，用 1 单位第 i 种非基准外币兑换的美元数来表示，$i = 1$，2，
3，分别代表欧元、日元和英镑。汇率数据来自美国联邦储备委员会，其中，
第 t 期的期末汇率是美联储公布的第 t 期最后一个营业日的汇率，第 t 期的期
初汇率是第 $t-1$ 期的期末汇率。

从式（16）可以看出，以美元计价的外汇资产价值变动方向是由外汇储
备中各非基准外币的汇率波动幅度以及各非基准外币在外汇储备中的比重决
定的。估算结果如图 3 所示。

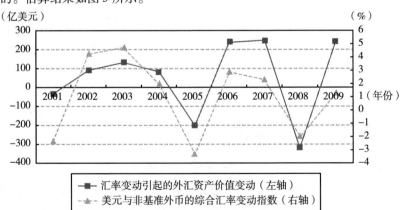

图3　2001～2009 年基准外币与非基准外币汇率变动引起的
外汇资产价值变动

资料来源：美国联邦储备委员会和作者自行计算。

图 3 表明，2005 年以来，由于基准外币与非基准外币汇率变动引致的估值效应波动幅度明显增加。截至 2009 年，以美元计价的中国外汇储备账面价值所包含的年度估值效应近年来由于国际汇率波动加剧的因素而出现了绝对值上的增加。然而，各年度估值效应之间互相抵消，估值效应的累积值大幅下降。

3. 本币与外币汇率变动引起的外汇资产价值变动

外汇储备构成了中国人民银行国外资产的主要部分。2010 年底，国外资产占央行总资产的 83%，其中，外汇资产占国外资产的 95%。外汇储备中构成货币对人民币币值的变化会引起央行资产负债表中外汇资产项价值出现相应的变化，进而导致央行损益表中出现账面的亏损或收益，称为估值损益。范志勇和沈俊杰（2009）测算以外汇储备资产的币种构成为权重的名义和实际汇率指数，并利用这两个指数计算外汇储备的现值与购买外汇资产所支付成本之间的比例。测算结果表明，2005 年以来人民币对美元升值导致外汇储备资产盈利水平快速下降，并在 2007 年之后出现亏损。2005～2007 年由汇率变化所导致的外汇储备损失规模相当可观。张明（2009）简单计算了 2007 年央行因为汇率变动而承受的资本损失。本文在张明（2009）的基础上详细地计算了 2001～2009 年因人民币与外币汇率变动而引起的外汇资产价值变动，使用的计算公式是：

$$\Delta DAP_t = DAP_{t-1} \times \sum_{j=1}^{4} \left(w_{t-1}^i \times \frac{E_t^j - E_{t-1}^j}{E_{t-1}^j} \right) \tag{17}$$

其中，ΔDAP_t 表示第 t 期由汇率引起的以人民币计价的外汇资产价值变动，DAP_t 表示第 t 期末央行资产负债表中以人民币计价的外汇资产，$\sum_{j=1}^{4} [w_{t-1}^j \times (E_t^j - E_{t-1}^j)/E_{t-1}^i]$ 表示人民币兑外币的综合汇率变动指数，其中，w_{t-1}^i 的定义与式（16）相同，数据来自表 3。E_t^j 表示第 t 期末第 j 种外币兑人民币的汇率，用 1 单位第 j 种外币兑换的人民币数来表示，$j = 1, \cdots, 4$，分别代表美元、欧元、日元和英镑。汇率数据来自国家外汇管理局，其中，第 t 期的期末汇率是外管局公布的第 j 期最后一个营业日的汇率，第 t 期的期初汇率是第 $t-1$ 期的期末汇率。

从式（17）可以看出，以人民币计价的外汇资产价值变动方向是由外汇储备中各主要构成外币的汇率波动幅度以及各主要构成外币在外汇储备中的比重决定的。估算结果如图 4 所示。

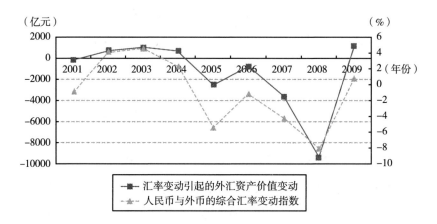

图 4　2001～2009 年人民币与外币汇率变动引起的外汇资产价值变动
资料来源：国家外汇管理局和作者的计算。

图 4 的结果表明，2005～2008 年，由于人民币与外币汇率变动引致的估值效应为负，这主要是由于 2005 年汇率体制改革以后，人民币兑美元汇率一直保持了单边升值的趋势。2009 年出现正估值效应的原因主要是当年人民币兑美元汇率保持基本稳定，人民币兑日元汇率升值 2.5%，而人民币兑欧元和英镑汇率分别贬值 1.4% 和 11.1%。从图 4 可以看出，跨年度的估值效应之间相互抵消，长期估值效应远远小于短期估值效应。

前文估算表明，近年来，由于国际汇率波动的加剧，不论是基准外币与非基准外币汇率变动还是本币与外币汇率变动引起的外汇资产价值变动都出现了绝对值上的增加。然而，各时点的估值损益之间可能相互抵消，长期估值效应明显小于短期估值效应。因此，各时点的估值损益并不等同于我国外汇储备的实际亏损。

三、估值效应的经济影响

估值效应会直接影响中央银行的收益、中央银行外汇市场干预能力、中央银行对冲性货币政策可持续性以及货币错配问题。本部分将从四个角度分别进行分析：估值效应对货币当局收益的影响；估值效应对货币当局外汇市场干预能力的影响；估值效应与对冲型货币政策可持续性的关系；估值效应与货币错配概念的联系。

（一）货币当局的收益

一般情况下，估值效应主要体现在会计账簿合计项及其调整上，是一定时期中"未实现的价值变动"。在实践中，如果相关交易在对应于估值效应的时期内发生，那么，估值效应就不再是未实现的价值变动。历史上，中国曾遇到过由汇率变动而引起的对外债务实际支付数额发生变化的问题，即所谓的"镑亏"和"金法郎"案①。

在封闭经济条件下，货币当局的收益主要取决于其国内业务及相关的国内经济状况。现在，世界上凡是重要的货币当局都有大量外汇资产并从事外汇投资。在这样的背景下，汇率变动及估值效应就成为影响货币当局收益的一个重要因素。以下通过欧洲中央银行和中国人民银行两个案例来说明。

（二）欧洲中央银行案例

欧洲中央银行（ECB）在其年报中事实上提供了两个有关利润的公式。按照简化的表述，一个在资产负债表中，即，利润 = 资产总额 − （负债总额加资本与储备 ± 重估账户）；另一个在损益表中，即，利润 = 净利息收入 + 其他收入 − 支出 ± 估值计提。

"重估账户"（revaluation accounts）依欧洲中央银行管理委员会 2005 年决定而设立。该项目针对欧元区外汇市场上汇率的巨大波动，主要是欧元与美

---

① 有关 20 世纪 10 年代和 20 年代"镑亏"和"金法郎"问题的出现及背后复杂的历史因素，可参见汪敬虞（2000）、马士（2000）、顾维钧（1983）。

元以及其他国际货币之间的汇率波动，在资产负债表中的负债方设置。该账户主要反映因汇率变动而引起的外汇资产和负债的价值变动，其数字可正可负。图 5 显示了 2001～2010 年欧洲中央银行资产总额与重估账户。

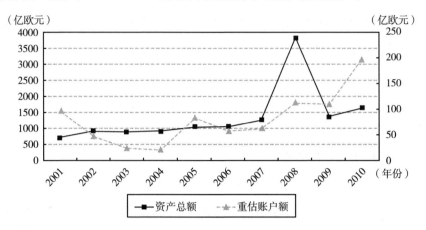

图 5　2001～2010 年欧洲中央银行的资产总额（total assets）和重估账户额
资料来源：欧洲中央银行年报 2001～2010 年各期资产负债表。

在欧洲中央银行定期发布的损益表中，估值计提指包含"与汇率、利率、信贷和金价风险相关的转移计提"（transfer to/from provisions）。自欧元投入运行以来，这个项目的数字十分巨大并有跨年的剧烈波动。给定欧洲中央银行相对稳定的"净利息收益"（net interest income），这个项目就成了最终利润（profit）的重要因素。图 6 显示了 2001～2010 年欧洲中央银行的净利息收入、估值计提和利润。

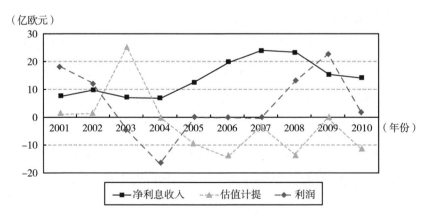

图 6　2001～2010 年欧洲中央银行的净利息收入、估值计提和利润
资料来源：欧洲中央银行年报 2001～2010 年各期损益表。

（三）中国人民银行案例

以中国人民银行为例。汇率的变动引起央行外汇投资收益发生相应变动。在这里，投资收益是指毛收益，等于资产价值与资产名义收益率的乘积。按照标价货币的不同，外汇投资收益可以区分为外币（主要是美元）标价收益和人民币标价收益。在这一部分，我们仅仅考虑由汇率引起的美元标价收益的变化。使用的计算公式如下：

$$\Delta FI_t = FAP_{t-1} \times \sum_{i=1}^{3} \left(w_{t-1}^i R_t^i \times \frac{S_t^i - S_{t-1}^i}{S_{t-1}^i} \right) \tag{18}$$

其中，ΔFI_t 表示第 t 期由汇率引起的以美元计价的外汇投资收益变动，R_t^i 表示 i 币种资产在第 t 期未折成美元的资产收益率，FAP_t、w_t^i 和 S_t^i 的定义与式（16）相同，$i=1$，2，3 分别代表欧元、日元和英镑。

我国外汇储备分散投资于不同期限和不同投资品种的各币种资产上。外汇储备中的美元资产的投资期限和投资品种可以根据美国财政部 TIC 系统中公布的数据来推断。而非美元资产的构成更加复杂，难以借助现有可获取的资源进行推断。

借鉴张斌等（2010）的研究，在计算 R_t^i 时，需要做出如下简化假设。

假设1：忽略外汇储备投资中的股权投资。假定外汇储备投资仅由长期债券投资和短期债券投资两部分构成。其中，长期投资和短期投资又分别包括了国债、机构债和公司债。使用 10 年期国债、机构债和公司债的加权收益率计算长期投资收益率，1 年期国债、机构债和公司债的加权收益率计算短期投资收益率。权重的选取依据国债、机构债和公司债在长期债券投资和短期债券投资中的比重。

假设2：非美元投资在资产结构和期限结构与样本期内美元资产的投资工具权重和期限结构权重的均值相同。而美元资产的权重依据调整后（长期债券投资和短期债券投资权重的加总等于1）的 TIC 数据确定。各币种资产未折成美元的资产收益率数据来自 Bloomberg。

比较图 7 与图 3，可以得出结论，因汇率引起的以美元计价的外汇投资收益变动趋势与以美元计价的外汇资产价值变动趋势是一致的。这是因为两者都是由外汇储备中各非基准外币在外汇储备中的比重以及各非基准外币的汇率波动幅度决定的。

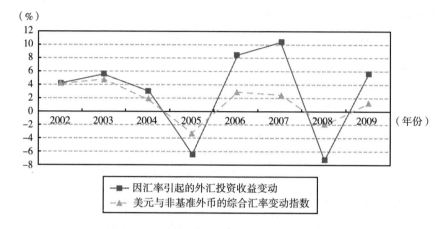

图7 2002~2009 年因汇率引起的以美元计价外汇投资收益变动

资料来源：Bloomberg 数据库，美国联邦储备委员会和作者的计算。

（四）中央银行外汇市场干预能力

外汇干预（foreign exchange intervention）指中央银行在外汇市场上买卖外汇以影响本国货币汇率的行为。如果不考虑其他因素，例如诸如利率调整等间接工具，中央银行的外汇市场干预能力在一定意义上直接取决于其所持有的外汇储备规模。

"外汇储备规模"可用直接标价法和间接标价法两种方法。显然，将中央银行的外汇市场能力与其所持有的外汇储备规模联系起来，需要了解中央银行进行这种外汇市场干预的方向。如果中央银行进行旨在预防本币贬值的外汇市场干预，那么，直接标价法的汇率越高（间接标价法的汇率越低），意味着既定外汇储备所能购买到的本币价值越多，干预能力越大；如果中央银行进行旨在预防本币升值的外汇市场干预，那么，直接标价法的汇率越高（间接标价法的汇率越低），意味着使用一定数额的本币资金就能购买到较多数额的外汇储备，中央银行的干预能力相对增加（干预成本相对减少）。

在一定时点上，中央银行持有的以本币（例如人民币）标价的外汇储备的价值（F_t^{RMB}）是：

$$F_t^{RMB} = E_t F_t^{USD} \tag{19}$$

其中，F_t^{USD} 是中央银行持有的美元标价的外汇储备的价值，E_t 是美元与人民币之间的兑换比例，用 1 单位美元折合的人民币数量（即直接标价法）来表示。

使用全微分方程展开公式，可以得到：

$$\mathrm{d}F_t^{RMB} = F_t^{USD} \mathrm{d}E_t + E_t \mathrm{d}F_t^{USD} \tag{20}$$

其中，$E_t \mathrm{d}F_t^{USD}$ 表示因外汇储备的交易变动而引起的外汇储备价值变动；$F_t^{USD} \mathrm{d}E_t$ 表示因汇率变动引起的外汇储备价值变动，即估值效应在一定时期内对中央银行"干预能力"的影响。

（五）中央银行对冲型货币政策可持续性

估值效应是探讨中央银行对冲型货币政策可持续性的一个重要相关因素。近十多年来，中国货币当局面对持续性的经常账户顺差和大量外汇储备增长，实行了显著程度的对冲型货币政策操作。弗伦克尔（Frenkel，2007）分别从中央银行的损益平衡和资产负债平衡两个角度探讨了对冲型货币政策的可持续性。从中央银行损益平衡的角度探讨时，对冲型货币政策可持续性的条件是中央银行不出现亏损，即：

$$r \leqslant (r^* + e)/I_R \tag{21}$$

其中，r 是国内利率水平，也是中央银行发行债券的付息率（即成本指标）；r^* 是国际利率水平，也是中央银行外汇资产的收息率（即外汇收益指标）；e 是直接标价法汇率的变动率，即外汇资产在一定时期内用本币标价发生的变动额；I_R 是均为本币标价的中央银行付息债券与外汇资产的比率。

从中央银行资产负债平衡的角度探讨时，对冲型货币政策可持续性的条件是中央银行总负债的增加不得超过其外汇储备余额的增加，即：

$$\mathrm{d}P \leqslant \mathrm{d}(R \cdot E) \tag{22}$$

其中，$\mathrm{d}P$ 表示中央银行总负债的变动规模，R 是中央银行的外汇储备余额，

E 是直接标价法汇率（$R \cdot E$ 即为本币标价的外汇储备余额）。

式（21）表明，即使 r、r^* 或者 I_R 本身不发生任何变动，不等式仍然会受到汇率变动率 e 的影响。式（22）表明，即使 P 或 R 本身不发生任何变动，不等式仍然会受到汇率 E 的影响。汇率因子变动对资产负债平衡及损益平衡的这种影响即为"估值效应"。具体而言，从损益平衡的角度来看，本币升值会缩小国内利率调整空间，从而使中央银行损益平衡面临不利局面；从资产负债平衡的角度来看，本币汇率升值，使得实施对冲型货币政策的中央银行的资产的本币账面价值减少，从而在中央银行的本币账面债务不变的情况下减少中央银行的净资产或净价值。尽管汇率变动的这种影响仅仅是一种"估值效应"，但却会在一定时点上给正在实施对冲型货币政策操作的中央银行带来影响。这种影响的特点或许可以这样来表达：中央银行可以不惧怕暂时的负面估值效应，但必须顾及持久性的负面估值效应。

（六）货币错配问题再探讨

"货币错配"是指由于权益主体（包括主权国家、银行、非金融企业和家庭）的收支活动使用了不同的货币计值，其资产和负债的币种结构不同，导致其权益的净值或（和）净收入对汇率的变动非常敏感的现象（戈登斯坦和特纳，2005）。净值或（和）净收入对汇率变动的敏感性越高，货币错配的程度也就越严重。从存量的角度看，货币错配指的是资产负债表和对外投资净头寸对汇率变动的敏感性；从流量的角度看，货币错配是指损益表（即净收入）对汇率变动的敏感性。估值效应正是用于估算因汇率变动引起的权益净值变动或净收入变动规模。

负估值效应会进一步恶化一国货币错配的程度，从而可能对该国经济产生不利的影响。货币错配可以区分为债务型货币错配和债权型货币错配两种。当一国拥有的外币资产小于需要偿付的外币负债，或者说拥有以外币计值的净债务时，该国属于债务型货币错配，如东南亚金融危机爆发前夕和爆发时的泰国、马来西亚等国。这些国家银行系统普遍借入了大量以外币计价的短期外债，而在国内又以本币发放中长期贷款，即存在"短期借入，长期投资"

和"贷外汇，投资本国货币"的"双重错配"（double mismatch）问题。这一类型的货币错配面临本币贬值的风险。本币一旦贬值，外币债务折成本币后价值上升，而本币资产价值不变，负估值效应会恶化这些国家的净外币债务。程度严重的甚至有可能会引发货币危机和金融危机。许多研究表明，20世纪90年代以来的金融危机如1994~1995年的墨西哥比索危机、1997~1998年的东南亚金融危机等都与危机发生国严重的货币错配有关。

相反，当一国拥有的外币资产大于需要偿付的外币负债，或者说拥有以外币计值的净债权时，该国属于债权型货币错配，如2000年后拥有大量外汇储备的东亚各经济体。这些国家的货币当局普遍拥有高额的外汇储备，而负债以本币计价。这一类型的货币错配将面临本币升值的风险。本币一旦升值，外币资产折成本币后价值下降，而本币负债价值不变，负估值效应会使得净外币资产出现较大规模的缩水，甚至会出现严重程度的经济衰退。

已有学者指出（Bussière et al., 2004；Goldstein & Turner, 2004），货币错配在运用中不仅应当联系本币资产与外币负债的对应问题（相当于本文使用的汇率概念 E），而且还应当联系到外汇资产或外汇负债中的币种构成及相关汇率变动的影响问题（相当于本文前面联系非基准外汇兑换基准外汇的汇率 S 进行探讨的问题）。也就是说，即使一国没有面临本币与外币汇率变动问题，不同外币之间汇率变动也可能对本国对外资产负债表带来显著影响。这相当于将一国一定时期中的国际收支平衡表或对外投资头寸视为一个外汇组合资产及其价值变动组合。联系与两种不同概念的汇率相关的估值效应，可使对货币错配及其对一国对外资产负债表影响的探讨具有较宽阔并更接近现实的视角。

四、结论

在金融全球化背景下，估值效应日益成为影响一国一定时期中对外经济平衡和失衡的度量及其变化的重要因素。本文详细剖析了估值效应的三种估算方法，认为在官方公布的统计数据不足的情况下，解析法具有一定的优势，可用于进行推断估算。用解析法详细测算了 2001~2009 年因汇率变动引起的中国外汇资产价值变动和外汇投资收益变动，得出以下结论。第一，近年来，由于国际市场上美元汇率波动加剧，因美元相对于外汇储备中非基准外币币值变动引起的中国外汇资产价值变动以及外汇投资收益变动出现了绝对值上的增加。但是，各时点（年末）的估值效应有正有负，相互抵消。长期估值效应远远小于短期估值效应。第二，2005 年以来，由于人民币对外汇储备中主要构成货币的升值，估值效应出现负数。但本文计算的估值损失仅仅是潜在的账面损失，不等同于实际交易所产生的亏损。事实上，外汇储备主要以外币资产的形式存放。

估值效应具有广泛的经济影响。在大量持有外汇资产的条件下，估值效应的方向和程度会影响到中央银行的收益和中央银行外汇市场干预能力。更为重要的是，若中央银行坚持实行对冲型货币政策，那么，估值效应将是影响对冲型货币政策可持续性的一个重要因素。此外，联系估值效应，货币错配概念可从传统的对外投资头寸视角扩展到组合资产视角。

参考文献

［1］范志勇、沈俊杰：《估值效应与中国外汇储备损益评估》，载《学习与探索》2009 年第 4 期。

［2］戈登斯坦、特纳：《货币错配——新兴市场国家的困境与对策》，社会科学文献出版社 2005 年版。

［3］顾维钧：《顾维钧回忆录》，中华书局 1983 年版。

［4］林娟：《中国估值效应和外汇储备损益分析》，北京师范大学经济与工商管理学院博士学位论文，2011 年。

［5］马士：《中华帝国对外关系史》，上海书店出版社 2000 年版。

［6］汪敬虞：《中国近代经济史（1895~1927 年）》，人民出版社 2000 年版。

［7］张斌、王勋、华秀萍：《中国外汇储备的名义收益率和真实收益率》，载

《经济研究》2010 年第 10 期。

[8] 张明：《全球金融危机背景下的国际货币体系改革》，中国社会科学院世界经济与政治研究所工作论文，No. 0919，2009 年。

[9] Bussière M., M. Fratzscher and W. Koeniger, Currency Mismatch, Uncertainty and Debt Maturity Structure. ECB Working Paper Series, No. 409, November, 2004.

[10] Frenkel R., The Sustainability of Monetary Sterilization Policies. *CEPAL Review*, 2007, 93.

[11] Goldstein M. and P. Turner, Controlling Currency Mismatches in Emerging Markets, Chapter 3: Measuring Currency Mismatch: Beyond Original Sin. Washington: Institute for International Economics, 2004.

[12] Gourinchas P., Valuation Effects and External Adjustment: A Review, in *Current Account and External Financing*, Kevin Cowan, Sebastian Edwards and Rodrigo Valdes (eds.), Series on Central Banking, Analysis and Economic Policy, Banco Central de Chile, 2008, XII: 195 – 236.

[13] IMF, Globalization and External Imbalances. IMF World Economic Outlook, April, 2005.

[14] Lane P. and G. Milesi – Ferretti, Where Did All the Borrowing Go? A Forensic Analysis of the U. S. External Position. *Journal of the Japanese and International Economies*, 2009, 23: 177 – 199.

[15] Ma G. and H. Zhou, China's Evolving External Wealth and Rising Creditor Position. BIS Working Paper, No. 286, 2009.

[16] Neely C., Are Changes in Foreign Exchange Reserves well Correlated with Official Intervention?. Federal Reserve Bank of St. Louis, September/October, 2000.

[17] Prasad E. and S. Wei, The Chinese Approach to Capital Inflows: Patterns and Possible Explanations. NBER Working Paper, No. 11306, 2005.

论发展中国家的通货膨胀、汇率变动
与贸易增长 *

　　自 20 世纪 80 年代初以来，世界经济中出现发展中国家作为一个整体其经济增长明显快于发达经济体的趋势。同时，在发展中国家的经济增长进程中，其贸易部门扩张速度更快，外向化程度显著上升。而且，相对于发达经济体，发展中国家普遍经历了持续性的和较高水平的通货膨胀。如何理解发展中国家在持续性和较高通货膨胀背景下的较快贸易部门扩张和经济增长，似已成为一个需要结合相关理论和事实进行研究的问题。

　　流行见解是，贸易扩大有利于经济增长。但是，即使承认这一点，仍然存在一个问题：发展中国家持续性的和较高的通货膨胀如何能与较快的贸易部门扩张共存？如果一些发展中经济体曾力图实行固定汇率或盯住汇率的政策，那么，持续性和较高水平的国内通货膨胀必然引起实际汇率升值，从而妨碍贸易增长。如果另有一些发展中国家未对汇率政策给予特别的定义，那么，在出现持续性和较高水平的国内通货膨胀背景下，实际汇率会有怎样的表现，显然也是一个需要经验概括和理论说明的问题。

　　本文第一部分概述 20 世纪 80 年代初以来发展中国家相对于发达经济体的三个基本事实，并由此提出通货膨胀与实际汇率的动态关系问题。第二部分扩展现有的货币替代模型，指出在持续性通货膨胀背景下，对外汇资产的相应需求将引起名义汇率的持续性贬值，从而促使购买力平价难以维持或恢复。

---

* 本文原载于《金融评论》2016 年第 6 期。合作者：马伟。

第三部分选取亚非拉以及东欧若干有代表性的经济体的长期数据，检验实际汇率变动与国内通货膨胀的关系以及贸易增长与实际汇率变动的关系。计量检验在很大程度上证明了模型的预期结果，即国内通货膨胀引致实际汇率贬值以及实际汇率贬值引致贸易部门扩张。

一、发展中国家长期经济增长基本事实与相关理论说明

观察 20 世纪 80 年代初以来的世界经济，立即可以看到以下三个基本事实：发展中国家作为一个整体其经济增长率显著快于发达国家；贸易部门扩张的规模在发展中国家显著快于和大于发达国家；同时，发展中国家的通货膨胀普遍地高于发达国家。

图 1 显示了 1980～2015 年发展中国家和发达国家分别作为一个整体的人均国内生产总值（GDP）按购买力平价法的变动。在这 36 年期间，前者从1532 美元增加到 10600 美元，年均增长 5.7%；后者从 10114 美元增加到45692 美元，年均增长 4.3%。

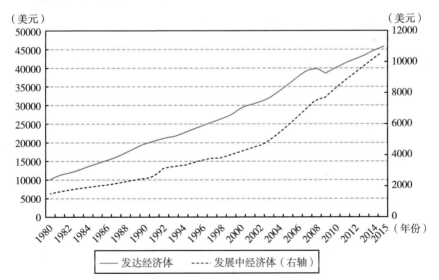

图 1　1980～2015 年发展中国家与发达国家人均国内生产总值（GDP）

注：GDP 按购买力平价法计算、现价国际美元。

资料来源：国际货币基金组织《世界经济展望》数据库，2016 年 4 月。

图 2（a）和图 2（b）显示了发展中国家和发达国家分别作为一个整体，其国内生产总值、货物与服务进出口指数在 1979～2015 年的表现。两图的共同情形是，货物与服务出口量或进口量增长都快于 GDP。两图有差别的情形是，不仅发展中国家 GDP 指数增长快于发达国家，而且货物与服务进出口量指数增长也快于发达国家；20 世纪 90 年代中期以后，发展中国家较快的贸易增长情形更加突出。

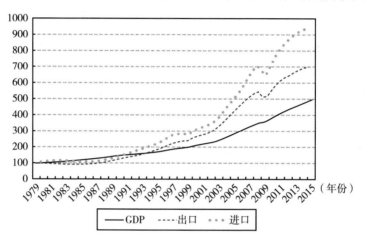

图 2（a）　1979～2015 年发展中国家国内生产总值（GDP）、货物与服务进出口量指数

注：根据原年度数据换算为固定基期序列（1979 = 100）。

资料来源：国际货币基金组织《世界经济展望》数据库，2016 年 4 月。

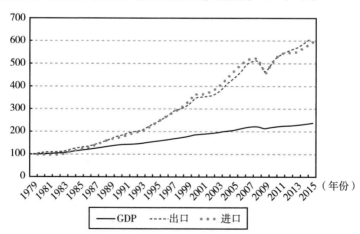

图 2（b）　1979～2015 年发达国家国内生产总值（GDP）、货物与服务进出口量指数

注：根据原年度数据换算为固定基期序列（1979 = 100）。

资料来源：国际货币基金组织《世界经济展望》数据库，2016 年 4 月。

图 3 显示了 1996 ~ 2015 年发展中国家与发达国家分别作为一个整体其货物和服务进出口与 GDP 比率。前者的水平直到 21 世纪初以前一直高于后者，而且在此期间快速上升，从 1997 年的 44% 升高到 2006 ~ 2007 年的 64%。国际金融危机期间（2008 ~ 2009 年），发展中国家与发达国家该指标都有下降。2011 年后，发展中国家的水平低于发达国家，但仍高于它们在 1990 年后半期到 2000 年中期前的水平。

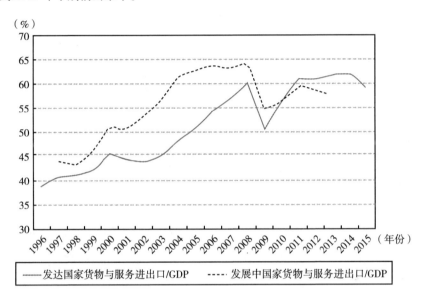

图 3　1996 ~ 2015 年货物与服务进出口与 GDP 比率

注：原数据仅有 1996 年以来发达国家数以及 1997 年以来发展中国家数。
资料来源：国际货币基金组织《世界经济展望》数据库，2016 年 4 月。

图 4 显示了 1979 ~ 2015 年发展中国家和发达国家分别作为一个整体国内消费者物价指数（其中，发展中国家的指数始于 1989 年）。显而易见，发展中国家的指标上升幅度显著大于发达国家：1989 ~ 2015 年，发展中国家指数从 100 上升到 250，年均上涨 20.5%；同期内，发达国家指数从 187 上升到 334，年均上涨 2.2%。发展中国家通货膨胀程度大大高于发达国家。

从以上概述中可以提出一个问题：为何发展中国家作为一个整体在其经历较高通货膨胀的长时间中会伴随有较快经济增长？如果承认贸易的较快增长有利于经济增长——两者已在前述 20 世纪 80 年代初以来的发展中国家经历

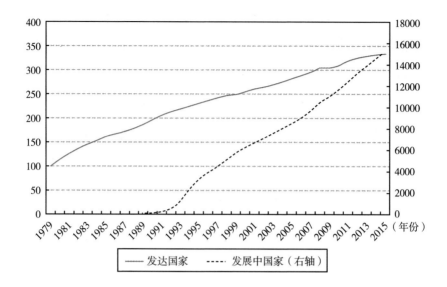

图 4　1979～2015 年发展中国家与发达国家消费者物价年度平均指数

注：根据原年度数据换算为固定基期序列，发达国家为 1979 = 100，发展中国家为 1989 = 100。

资料来源：国际货币基金组织《世界经济展望》数据库，2016 年 4 月。

中所观察到——那么，较高的通货膨胀与贸易增长之间又存在什么样的关系？本文试图提供一个分析框架并运用若干有代表性发展中经济体数据对之进行检验。

　　在这之前，有必要对现有文献中一些相关成果进行简略回顾和评述。购买力平价是学术界长期以来有共识的一个基本理论。该理论的基本观点是，在开放经济条件下，国内通货膨胀可引起汇率的短暂失衡，在长期，汇率变动终将恢复到由购买力平价所决定的水平。20 世纪 70 年代所出现的汇率超调模型特别强调了购买力平价在短期中的不适用性。多恩布什（Dornbusch，1976）最早提出的这个模型指出，资产市场（由利率和汇率变量所代表）具有快于商品市场（由一般物价水平变量所代表）的调整速度，这样，购买力平价在短期内不能成立。因此，货币扩张（由货币当局的政策调整所引致）便会引起汇率的调整超过其长期均衡值（购买力平价），即出现汇率超调。这个模型的一个重要特征是，长期内购买力平价仍然得到遵从，汇率超调是一个短期现象。

学术界后来关于汇率超调的延伸讨论有很多。在另一个有所关联而不同的模型—资产组合模型（portfolio – balance model）中，卡尔沃和罗德里格斯（Calvo & Rodriguez, 1977）放松了有关价格黏性的限制性假设条件。他们指出，在一个小型开放经济体中，即使价格水平具有充分变动性，公众的资产组合选择行为也会对汇率变动的超调带来影响。他们认为，公众的资产组合涉及本国货币和外国货币，以及可将贸易品或非贸易品作为对冲国内通货膨胀的选择。出现货币扩张时，若公众选择可贸易品作为对冲通胀物品时，汇率超调（实际汇率贬值或低于购买力平价所要求的水平）；当选择非贸易品作为对冲通胀品时，汇率调整不足（实际汇率升值或高于购买力平价所要求的水平）。

关于货币政策冲击的实证研究，艾琴鲍姆和埃文斯（Eichenbaum & Evans, 1995）利用1974~1990年的数据，通过三个模型用三种不同的货币政策冲击变量来分析美国的货币政策对美元与主要发达国家货币汇率的影响，结果都存在着显著的汇率超调现象。肖拉和乌利格（Scholl & Uhlig, 2008）利用 G7 国家1975~2002年的数据来验证货币政策对汇率的冲击效应，结果很好地验证了超调的结论；不过各国的超调程度不同，持续的时间也有差别，至少在短期内汇率超调现象是存在的。克拉里达和加利（Clarida & Gali, 1994）以及凯姆和鲁比尼（Kim & Roubini, 2000）都对这一问题做了实证研究，尽管对不同国家以及不同货币政策识别策略做出的结果不同，但都支持短期内汇率超调的观点。

发展中国家作为一个整体，其通货膨胀率长期高于发达国家。后者在很大程度上也可视为前者最重要的贸易伙伴。这个事实是否与发展中国家的汇率变动有关系？如果有关系，具体情形如何？如果说发展中国家的国内价格和汇率变动在长时间中未能遵从购买力平价，原因何在？

在这个方面，最为相关的现成理论解释是货币替代模型。货币替代这个概念最早由美国经济学家切蒂（Chetty, 1969）提出。人们现在对货币替代的看法尚不完全一致。本文使用其狭窄层面的含义：货币替代指在国内通货膨胀过程中公众对外汇资产的需求以超过其对国内资产需求的速度而增长的倾向。这个定义不涉及外汇或外币在国内交易中的媒介作用，即货币替代是一种不完全的替代。

货币替代的理论模型主要有预付现金流模型（Boyer & Kingston，1987）和资产组合模型（Calvo & Rodriguez，1977；Miles，1978；Girton & Roper，1981；Cuddington，1983）。布瓦耶和金斯顿（Boyer & Kingston，1987）把带完全预期（perfect - foresight）的连续时间预付现金流模型推广到两种货币来研究货币替代问题；资产组合模型把本国货币和外国货币作为可供选择的资产，假定居民可以在各种资产之间进行风险收益的选择，本外币之间收益率的差别引起了货币替代。关于资产组合模型，需要特别指出的一类是货币模型。货币替代的货币模型主要强调外币的积累只能通过经常账户的顺差来获得，本国实际持有的财富包括本币和外币，财富水平和两国相对通胀水平决定了居民对两种货币的持有，货币替代通过经常账户的顺差或者逆差实现。因为货币替代的存在，汇率的波动性增大；价格变化引起的汇率变化会偏离购买力平价水平，持续性通货膨胀可引起一国持续性实际汇率贬值。本文是基于上述理论，建立了一个开放的两国模型，通过两国货币收益率的差异引入货币需求函数来对货币替代进行研究；本文的研究重点放在持续性通货膨胀上，并引入了价格水平的持续性预期。

本文通过扩展的货币替代模型，得到的一个结论是，持续性通货膨胀可引起一国汇率水平长久地低于购买力平价所要求的程度，即出现持续性实际汇率贬值。本文后面将联系若干发展中国家的数据对此进行检验。一个相关问题是，如果发生这样的情形，会对有关经济体的贸易增长带来何种影响？在这方面，国际经济学界进行过大量经验考察，但大多数研究都集中在关于汇率水平对进出口贸易的影响方面。具体来说，许多研究主要关注马歇尔—勒纳条件是否得到满足的问题，其中很多结果都支持贬值对于出口具有促进作用的看法。例如，克鲁格曼和鲍德温（Krugman & Baldwin，1987）发现实际汇率贬值可以改善美国贸易收支，但存在时滞效应，即美元汇率对美国贸易收支的影响存在"J曲线效应"。布瓦耶等（Boyd et al. , 2001）使用美国、日本、英国、法国、德国、意大利、荷兰、加拿大8个OECD国家1975～1996年季度数据，检验了汇率和贸易收支的关系，发现其中5个国家满足马歇尔—勒纳条件。奥纳福沃拉（Onafowora，2003）分析了东南亚四个经济体的汇率与贸易收支，发现这四个经济体分别与日本和美国的贸易收支关系都符合马歇尔—勒纳条件。根据伊藤隆敏（1997）的研究，在亚太经合组织内部，实际汇率对国际贸易和投资起到了至关重要的作用。

　　本文认为，对货币替代模型进行检验应关注汇率变动与贸易部门相对重要性（即进出口贸易总额与GDP比率）的关系。从货币替代模型的角度看，汇率变动不仅仅影响进口或出口量的变化，而且会影响到并反映在贸易部门的相对大小及其变化上。如果实际汇率贬值促进了出口的增长，那么，从货币替代模型的角度看，这也体现了国内公众（居民和企业）追求外汇资产的行为及其结果。因此，本文第三部分包含了对此进行检验的计量方程。

　　至于贸易与经济增长的关系，本文不再赘述。这方面的文献极其丰富，而且也有广泛共识，即认为贸易扩大有利于经济增长。世界银行（World Bank，1998、2000）强调了贸易提升知识积累的作用，以及贸易促进技术进步和能力建设的作用。如果通货膨胀的一个"不经意的效果"是促使国内公众追求外汇资产从而促使汇率持续性贬值，这样一来反过来就有可能给予贸易扩大以额外的增长动力，加上贸易活动的那些"外在效应"，进而客观上促进一国经济增长。

　　本文的基本思路是：持续性的国内通货膨胀及其预期导致公众对外汇资产的需求相应地增长，其增长速度可超过国内通货膨胀，即出现实际汇率贬值或者说购买力平价在长时间中得不到满足；在实际汇率贬值的条件下，贸易部门相对国内非贸易部门较快增长，并伴随贸易顺差（对外净资产增加）；在这个过程中，公众事实上选择了贸易品作为国内通货膨胀的对冲物品，外汇资产替代了国内资产。下一节将依据货币替代基本模型及其扩展说明通货膨胀对实际汇率和贸易部门的影响，并随后在第三节进行经验检验。

二、货币替代基本模型及其扩展

货币替代基本模型已在若干文献中有详细刻画（Calvo & Rodriguez，1977；Miles，1978；Girton & Roper，1981；Cuddington，1983）。本部分描述了该模型的框架，并引入了价格的适应性预期及其对实际汇率的影响，进一步说明汇率变动与可贸易部门的相对重要性、贸易平衡（顺差）和外汇资产增加的关系。

按照常规做法，货币替代基本模型考察一个小型开放经济体，即本国是可贸易品国际价格的接受者，该价格水平由国际市场决定，不受国内通货膨胀或其他因素的影响；本国经济分为可贸易品部门与非贸易品部门；非贸易品价格受国内通货膨胀的影响，不存在价格黏性。同时，出于简化处理原则，设定本国居民的流动性财富 W 只能以两种方式持有，即本国货币 M 以及外国货币 F，债券不出现在财富组合中，而且外国居民也不持有本国货币。货币替代的基本含义是国内居民财富组合中外币持有（外汇资产）对本币资产（国内流动性财富）的替代关系，不涉及货币的交易媒介功能。此外，尽管作为一种资产，这里的货币不产生利息收益。

（一）基本模型设定

1. 实际汇率

定义 p_T 为可贸易品的本币价格，p_N 是非贸易品的本币价格，p_T^* 和 p_N^* 为相应的外币价格；E 为直接标价法下的名义汇率。

根据一价定律，对于可贸易品，

$$p_T = Ep_T^* \tag{1}$$

但是对于非贸易品，这个并不成立，

$$p_N \neq Ep_N^* \tag{2}$$

假定外国的物价水平保持不变，即 p_N^*/p_T^* 不变。为了简化，我们把实际汇率（real exchangerate）定义为：

$$e = \frac{p_T}{p_N} \tag{3}$$

即把实际汇率表示为可贸易品与非贸易品价格之比。

可贸易品的价格是由国际市场决定的，且标准化为 1（外币价格），不考虑国际市场的通货膨胀，则可贸易品的本国价格为 E，实际汇率定义为：

$$e = \frac{E}{p_N} \tag{4}$$

2. 生产

假定经济体生产两种产品，可贸易品和非贸易品，劳动是唯一的生产要素。生产函数有如下形式：

$$Q_T = F_T(L_T) = L_T^k \tag{5}$$

$$Q_N = F_N(L_N) = L_N^k \tag{6}$$

其中，$0 < k < 1$。

劳动供给的总量是给定的，为 L，L 是常数：

$$L_T + L_N = L \tag{7}$$

工人在两部门之间可以自由流动，工资在可贸易品部门和非贸易品部门是相同的，设为 w，则厂商的利润为：

$$\pi_T = p_T F_T(L_T) - wL_T \tag{8}$$

$$\pi_N = p_N F_N(L_N) - wL_N \tag{9}$$

生产厂商遵循利润最大化的原则，假定经济是充分就业的，由式（7）、式（8）和式（9），可以求解劳动在两个部门之间的分配为：

$$L_T = \frac{1}{1 + e^{\frac{1}{k-1}}} L \tag{10}$$

$$L_N = \frac{e^{\frac{1}{k-1}}}{1 + e^{\frac{1}{k-1}}} L \tag{11}$$

进一步推出两部门的产出分别为：

$$Q_T = \frac{1}{\left(1 + e^{\frac{1}{k-1}}\right)^k} L^k \tag{12}$$

$$Q_N = \left(\frac{e^{\frac{1}{k-1}}}{1 + e^{\frac{1}{k-1}}}\right)^k L^k \tag{13}$$

3. 消费

消费者对可贸易品、非贸易品两类商品的消费为 C_T 和 C_N。代表性消费者对两类商品的消费偏好为柯布—道格拉斯形式：

$$u(C_T, C_N) = C_T^\alpha C_N^{1-\alpha} \tag{14}$$

其中，$0 < \alpha < 1$。

消费者的财富设为 W，根据之前的假定，W 由两部分构成，本国货币以及外国货币。由贸易品来度量的财富为：

$$W = \frac{M}{E} + F = m + F \tag{15}$$

其中，$m = \frac{M}{E}$。

消费者的预算约束为：

$$C_T + C_N / e = W \tag{16}$$

消费者遵循效用最大化的原则，根据上述假定，以及式（14）、式（16），利用拉格朗日函数，可以求解对于两种商品的消费为：

$$C_T = \alpha W \tag{17}$$

$$C_N = (1 - \alpha) e W \tag{18}$$

假定国内非贸易品的价格自由调整，非贸易品市场总是出清的：

$$C_N = Q_N \tag{19}$$

对于可贸易品：

$$TB = Q_T - C_T \tag{20}$$

其中，TB 代表贸易平衡（trade balance）。可贸易品市场并不总是出清的，可贸易品产出和消费的差额，构成了贸易平衡。在本模型中，这也是本国居民积累外国货币的过程。

4. 货币替代

P 为国内综合价格水平，本国居民持有国内货币的实际回报率为 $-\dot{P}$，本国居民持有外国货币的实际收益率为 $\dot{E}-\dot{P}$[①]。根据资产组合理论，把本币和外币看成是两种资产，持有本币对外币的比率取决于持有本、外币的实际回报率的差[②]。那么，对于本外币的持有比例，可以写成如下的函数形式：

$$\frac{m}{F} = G(\dot{E}) \tag{21}$$

其中，$\dot{G}<0$。

把式（21）写成它的反函数的形式，有：

$$\dot{E} = g(\frac{m}{F}) \tag{22}$$

其中，$\dot{g}<0$。

为了使计算简便，我们假设式（22）具有线性函数的形式：

$$\dot{E} = \beta \frac{m}{F} \tag{23}$$

其中，$\beta<0$。

（二）模型扩展

以下，在上述一般性假设及模型的基础上，本文引入对于价格水平的适应性预期假设来对模型进行进一步分析。根据购买力平价理论，我们有式（1），将式（1）取对数，有：

$$\log p_T = \log E + \log p_T^* \tag{24}$$

如果对对数进行微分，将得到均衡的变动率，即 $d(\log x) = dx/x$。对式

---

① 对于变量 X，定义 $\dot{X} = dX/dt$，表示 X 在极短时间内的变动；后文的变量也用类似的表示方式。

② 这里实际上是由于通货膨胀导致负的收益，以及由于本币名义汇率变动带来的收益（或损失）。

（24）进行微分有：

$$\mathrm{dlog}p_T = \mathrm{dlog}E + \mathrm{dlog}p_T^* \tag{25}$$

假设国外的物价水平不变：

$$\mathrm{dlog}P_T = \mathrm{dlog}E \tag{26}$$

即，

$$\dot{E} = \dot{p}_T \tag{27}$$

如果考虑到非贸易品，以及对未来的预期，则构成了对购买力平价的违背，进一步对汇率贬值率的预期有如下形式：

$$\dot{E}_t = \dot{P}_t + P_{t+1}^{\dot{e}} \tag{28}$$

其中，P_t 为 t 时期国内的综合价格水平。

如果预期采用适应性预期的形式，即，

$$\dot{E}_t = \dot{P}_t + \theta(P_t - P_{t-1}) = (1 + \theta)\dot{P}_t \tag{29}$$

其中，$0 < \theta < 1$。

式（29）也可以看作是考虑了两部门经济的带有适应性预期的相对购买力平价形式。

假设 F 为正，即本国居民持有一定数量的外国货币，这也是一个符合现实的合理假设。当预期物价水平上涨，汇率贬值的时候，E 的上升使得国内居民持有的以贸易品衡量的本币价值下降，从而使得以贸易品衡量的财富 W 下降。由式（15）结合式（23）、式（29）：

$$W_t = m_t + F_t = \frac{F_t(1+\theta)}{\beta}\dot{P}_t + F_t \tag{30}$$

$$\frac{\mathrm{d}W_t}{\mathrm{d}\dot{P}_t} = \frac{F_t(1+\theta)}{\beta} < 0 \tag{31}$$

非贸易品市场总是出清的。由式（13）、式（8），结合式（19）、式（30）有：

$$(1-\alpha)\left[\frac{F_t(1+\theta)}{\beta}\dot{P}_t + F_t\right]e_t = \left(\frac{e_t^{\frac{1}{k-1}}}{1+e_t^{\frac{1}{k-1}}}\right)^k L_t^k \tag{32}$$

把式（32）改写成 $\dot{P}_t$ 作为 e_t 的函数形式，进一步可推出：

$$\dot{P}_t = \frac{\beta}{F_t(1+\theta)(1-\alpha)}\frac{\left(\frac{e_t^{\frac{1}{k-1}}}{1+e_t^{\frac{1}{k-1}}}\right)^k L_t^k}{e_t} - \frac{\beta}{1+\theta} \tag{33}$$

可以证明：

$$\frac{\mathrm{d}\dot{P}_t}{\mathrm{d}e_t}>0 \tag{34}[1]$$

所以，上述理论分析显示国内价格水平的上涨，带来了实际汇率 e 升高（贬值）。名义汇率（E）贬值幅度大于国内价格（p_N）的上涨幅度，汇率超调。随着国内物价水平的持续上涨，在适应性预期下，汇率超调将持续，汇率持续低于长期均衡水平，实际汇率贬值。

（三）模型分析

前面从生产方面，消费方面以及货币市场的资产（货币）组合方面完成了模型的构建。下面对模型进行分析，来讨论当一国采取货币扩张政策时，对于经济体以及货币持有行为的影响。为了方便模型计算，同时不失一般性，假定 $k=1/2$，$a=1/2$，劳动总供给 L 单位化为 1。

1. 对于生产

由式（10）和式（11）：

$$L_T = \frac{1}{1+e^{-2}} \tag{35}$$

$$L_N = \frac{e^{-2}}{1+e^{-2}} \tag{36}$$

进一步可推出：

---

① 具体证明过程见附录。

$$\frac{\mathrm{d}L_T}{\mathrm{d}e} = \frac{2e^{-3}}{(1+e^{-2})^2} > 0 \tag{37}$$

$$\frac{\mathrm{d}L_N}{\mathrm{d}e} = \frac{-2e^{-3}}{(1+e^{-2})^2} < 0 \tag{38}$$

由式（12）和式（13）：

$$Q_T = \frac{1}{(1+e^{-2})^{1/2}} \tag{39}$$

$$Q_N = \left(\frac{e^{-2}}{1+e^{-2}}\right)^{1/2} \tag{40}$$

进一步可推出：

$$\frac{\mathrm{d}Q_T}{\mathrm{d}e} = \frac{e^{-3}}{(1+e^{-2})^{3/2}} > 0 \tag{41}$$

$$\frac{\mathrm{d}Q_N}{\mathrm{d}e} = \frac{-e^{-1}}{(1+e^{-2})^{3/2}} < 0 \tag{42}$$

实际汇率 e 升高（贬值），会使得生产部门的劳动投入发生变化，生产资源向贸易部门倾斜，贸易部门获得更大的竞争优势，贸易部门的供给增加。

2. 对于消费

对于非贸易品，市场总是出清的，即有式（19），结合式（40），可知：

$$C_N = Q_N = \left(\frac{e^{-2}}{1+e^{-2}}\right)^{1/2} \tag{43}$$

结合式（42），进一步可得：

$$\frac{\mathrm{d}C_N}{\mathrm{d}e} = \frac{\mathrm{d}Q_N}{\mathrm{d}e} < 0 \tag{44}$$

对于可贸易品，由式（39）和式（43）：

$$C_T = \frac{1}{e}\left(\frac{e^{-2}}{1+e^{-2}}\right)^{1/2} \tag{45}$$

进一步可得：

$$\frac{\mathrm{d}C_T}{\mathrm{d}e} = -e^{-2}\left[\left(\frac{e^{-2}}{1+e^{-2}}\right)^{\frac{1}{2}} + \frac{1}{(1+e^{-2})^{\frac{3}{2}}}\right] < 0 \tag{46}$$

实际汇率 e 升高（贬值），使得居民的持有的以贸易品衡量的财富 W 下降，从而使居民的需求发生变化。对于可贸易品和非贸易品的需求都下降。

3. 对于贸易平衡

在本文的模型中，基于本国为"小国"的假定，在国际市场上，本国是贸易品价格的接受者，贸易品的顺差完全被世界市场"消化"。贸易品为"正常品"，即价格越高，对于贸易品的需求越少。

由式（20）、式（39）和式（45）：

$$TB = Q_T - C_T = \frac{1}{(1 + e^{-2})^{1/2}} - \frac{1}{e}\left(\frac{e^{-2}}{1 + e^{-2}}\right)^{1/2} \tag{47}$$

进一步，

$$\frac{\mathrm{d}TB}{\mathrm{d}e} = \frac{e^{-3}}{(1 + e^{-2})^{3/2}} + e^{-2}\left[\left(\frac{e^{-2}}{1 + e^{-2}}\right)^{1/2} + \frac{1}{(1 + e^{-2})^{3/2}}\right]$$

$$= \frac{e^{-3}}{(1 + e^{-2})^{3/2}} + e^{-2}\left[\left(\frac{e^{-2}}{1 + e^{-2}}\right)^{1/2} + \frac{1}{(1 + e^{-2})^{3/2}}\right] > 0 \tag{48}$$

即，

$$\frac{\mathrm{d}TB}{\mathrm{d}e} > 0 \tag{49}$$

即相对较高的贸易品价格和相对较低的财富带来了经常账户盈余。

同时贸易盈余带来了外汇资产的积累，即居民用部分外国货币替代了部分本国货币。外汇资产（外国货币）的变化等于贸易盈余，即有：

$$\mathrm{d}F = TB \tag{50}$$

经过上面的分析我们发现，随着国内物价水平的持续上涨，经济将具有以下特征。

（1）物价水平的持续上涨带来汇率的持续超调，低于均衡汇率水平，汇率持续贬值，且贬值幅度超过国内物价上涨幅度，即实际汇率持续贬值。

（2）实际汇率贬值意味着可贸易品部门和非贸易品部门相对价格变动，贸易部门收益率相对升高，生产资源向贸易部门倾斜；这样，贸易部门与GDP 比率倾向于上升。

（3）贸易部门供给增长快于需求增长，故有贸易顺差，即 $TB > 0$。

（4）贸易盈余带来外汇余额上升，即出现货币替代，本币贬值（E 增大）使得以贸易品衡量的本币价值下降，居民用部分外国货币替代了部分本国货币。

这里需要特别强调的是，在多恩布什模型中，一般来说，通货膨胀（货币扩张）所引起的汇率超调是一个短期的过程：当发生货币扩张时，资产市场调整速度更快，商品市场调整速度较慢。根据购买力平价，货币先发生贬值，且贬值幅度超过长期均衡值；随后，国内商品市场逐步调整，本国物价水平上升，汇率也逐渐回调到均衡水平。这一过程在一年之内或者更短的时间就会完成。但是本文讨论的是一个持续的过程：当通货膨胀（货币扩张）持续发生的时候，居民对于物价水平有适应性预期（正如前文假定的一样），外汇市场就会持续对此作出反应，汇率的超调持续性存在，实际汇率持续贬值，偏离购买力平价水平。

三、经验检验：对若干发展中国家长期年度数据的计量结果

为了研究上述模型与现实经济的符合情况，本文使用简单的计量模型来对上述理论进行实证检验。根据上述理论模型，当一国出现了货币扩张即发生国内通货膨胀的时候，会带来汇率的超调，即实际汇率贬值；汇率贬值可伴随国内通货膨胀而长时间存在；进而，贸易部门的就业和产出增加，贸易部门获得较大的竞争优势，带来贸易部门收益率相对升高，从而带来贸易部门的较快扩张，贸易部门在国民经济中的地位（比重）升高。以下的检验集中在两个层面：实际汇率贬值是否随国内通货膨胀而出现并持续？贸易部门比重是否与实际汇率贬值相关联？

（一）相关指标与数据的选取

1. 指标选取

关于货币政策的识别，学者们进行过大量研究。为了简便起见，本文选取通货膨胀来代表货币政策扩张；进一步地，本文选取消费者价格指数

（CPI）来代表通货膨胀。对于汇率超调，本文把名义汇率对于购买力平价（作为均衡汇率的一个尺度）的偏离程度作为汇率超调的程度；进一步地，本文选取各国货币名义汇率与隐含的购买力平价汇率（implied conversion rate）之比来衡量对于均衡汇率的偏离①。关于对外贸易相对重要性的衡量，本文尝试采用如下三个指标，出口与 GDP 比率；贸易平衡（trade balance）——即"出口减去进口之差额"与 GDP 比率；贸易总额即"出口与进口之和"与 GDP 比率。上述三个指标可以较全面准确地反映贸易部门的规模及其在国民经济中的地位。汇率和 CPI 的数据来自国际货币基金组织（IMF）的国际金融统计（IFS）数据库，其中 CPI 选取的是年度平均的同比值；贸易数据来自世界银行（WB）的世界发展指标（WDI）数据库。

2. 数据选取

本文选取全球 24 个主要的发展中国家，其中亚洲 9 个，包括中国、印度、印度尼西亚、马来西亚、巴基斯坦、菲律宾、韩国、泰国、越南；欧洲 5 个，包括匈牙利、波兰、俄罗斯、土耳其、乌克兰；拉丁美洲 7 个，包括阿根廷、巴西、智利、哥伦比亚、墨西哥、秘鲁、委内瑞拉；非洲 3 个，包括埃及、尼日利亚以及南非。它们可代表全球主要发展中经济体。数据的时间范围，大部分国家的数据覆盖了 1980 ~ 2014 年共 35 年的数据。由于数据的可得性原因，部分国家的部分数据未覆盖整个数据区间（如俄罗斯等），具体情况在后面的附录中有说明。数据年限的选择主要是首先考虑到要选择布雷顿森林体系解体之后，即 20 世纪 70 年代中期以来，大多数经济体都开始实行浮动汇率制度。一些实行固定或盯住汇率体制的经济体多少也出现了不定期的汇率调整。在数据的可得性方面，IMF 所发布的很多连续性数据都从 1980 年开始。另外，所有数据均为年度数据。

（二）计量方程

为了对前面的理论推导结论进行检验，本文的计量检验方程分为两类。

---

① 比值与 1 的偏离越大，代表对于均衡汇率的偏离越大。

一是检验通货膨胀对实际汇率的影响,主要模型是方程1。二是检验实际汇率变化对贸易的影响,主要采用了三个贸易指标:货物与服务出口与 GDP 比率、贸易平衡与 GDP 比率、货物与贸易进出口总额与 GDP 比率,主要模型是方程2(1)、方程2(2)和方程2(3)。考虑到序列相关性,以及相关影响可能的滞后作用,对于通货膨胀和汇率,本文都取了一期的滞后项,并对所有变量做了对数处理。

方程1:

$$E/P = \alpha + \beta_1 iflation_t + \beta_2 iflation_{t-1} + \varepsilon_t$$

方程2(1):

$$Export = \alpha + \beta_1 E/P_t + \beta_2 E/P_{t-1} + \varepsilon_t$$

其中,*Export* 用的是 WB 的 WDI 中"Exports of goods and services(% of GDP)"。

方程2(2):

$$TB/GDP_t = \alpha + \beta_1 E/P_t + \beta_2 E/P_{t-1} + \varepsilon_t$$

其中,*TB/GDP_t* 用的是 IMF 的 WEO 中"Exports of goods and services(% of GDP)"减去"Imports of goods and services(% of GDP)"。

方程2(3):

$$Trade/GDP_t = \alpha + \beta_1 E/P_t + \beta_2 E/P_{t-1} + \varepsilon_t$$

其中,*Trade/GDP_t* 用的是 IMF 的 WEO 中"Exports of goods and services(% of GDP)"加上"Imports of goods and services(% of GDP)"。

表1汇总了各计量检验方程的显著性结果,有关各变量的系数以及系数显著性的具体信息则列在附录中的附表1和附表2。

表1 回归结果汇总

地区	编号	样本国家	方程1	方程2(1)	方程2(2)	方程2(3)	显著性数目
亚洲	1	中国		√	√	√	3
	2	印度	√	√	√	√	4
	3	印度尼西亚	√	√	√	√	4
	4	马来西亚	√	√		√	3
	5	巴基斯坦	√		√		2

地区	编号	样本国家	方程1	方程2（1）	方程2（2）	方程2（3）	显著性数目
亚洲	6	菲律宾			√		1
	7	韩国	√				1
	8	泰国	√		√	√	3
	9	越南	√	√		√	3
欧洲	10	匈牙利		√		√	2
	11	波兰	√				1
	12	俄罗斯		√		√	2
	13	土耳其	√		√		2
	14	乌克兰	√	√	√		3
南美	15	阿根廷	√	√	√	√	4
	16	巴西			√		1
	17	智利	√	√	√	√	4
	18	哥伦比亚	√	√		√	3
	19	墨西哥	√		√	√	3
	20	秘鲁				√	1
	21	委内瑞拉	√				1
非洲	22	埃及	√		√		2
	23	尼日利亚		√	√		2
	24	南非			√		1
显著性数目			16	11	16	13	

注："√"表示在该模型中，回归参数在10%的显著性水平上显著。

（三）计量结果分析

对于方程1，在选取的24个国家中，有16个是显著的，较好地支持了第二部分理论模型的预测，即在发展中国家中，通货膨胀率较高的时候，实际汇率会贬值，出现了汇率超调。换言之，当通货膨胀持续出现的时候，会出现实际汇率持续贬值。对于方程2，计量检验则表明，方程2（1）用货物和服务出口与GDP比率来衡量贸易的相对重要性，11个国家的结果是显著的。方程2（2）用货物和服务的贸易平衡（出口减进口）与GDP比率来衡量贸易的相对重要性，有16个国家的结果是显著的。方程2（3）用货物和服务的贸易总量（出口加进口）与GDP比率来衡量贸易的相对重要性，有13个国家的结果是显著的。概括地说，这三个模型的结果都在一定程度上证实了理论部分的结论，即实际汇率的持续贬值带来了贸易部门的较快发展。

计量结果中有一些不理想的情况。对此，我们的理解是，有两类因素带来了"干扰"。第一类是数据方面的缘故。例如，本文有关汇率偏离的指标，使用了名义汇率对 PPP 汇率的偏离。有关 PPP 汇率能在多大程度上代表均衡汇率，人们或有不同的看法。另外，PPP 汇率通常每过若干年份（5 年）进行一次样本调整，而在两次调整期间内能在多大程度上准确反映购买力平价及其变动，也可能出现一定疑问。有关名义汇率或"市场汇率"，本文采用的换算方法（以美元值国内生产总值除以本币值的国内生产总值）也不必然在每个经济体中或每个年份中都成立。

第二类"干扰"因素来自政策性或制度性层面。例如，当经历一段时间的扩张性货币政策和通货膨胀之后，对名义汇率的控制或实施国内反通货膨胀政策可影响到市场汇率与购买力平价汇率的偏离程度。而且，即使一国在一段时间出现实际汇率贬值，由于国内经济中的结构性因素的妨碍，贸易部门不一定出现显著增长趋势。贸易增长不仅需要发生在相对价格条件有利的背景下，而且也需要国内经济环境和相关经济政策的改善。如果后者没有发生，或者仅仅有微不足道的改善，那么，显著的实际汇率贬值也不会带来贸易部门的相应增长。

考虑到以上诸多"干扰性"因素，表 1 所汇总的计量结果应视为总体上支持本文理论模型的推导，即 20 世纪 80 年代以来，就许多发展中国家而言，持续性国内通货膨胀带来了实际汇率在长时间中的贬值，而后者成为一个在同时期内支持本国贸易部门扩张的有利因素。

四、结论及展望

自 20 世纪 80 年代以来，世界经济增长中一个显著局面是发展中国家作为一个整体，其经济增长率大大高于发达国家。直到 2008 年国际金融危机爆发之际，发展中国家作为一个整体，其贸易部门扩张速度一直高于国内经济增长，而且也快于发达国家贸易部门扩张速度。与此同时，发展中国家作为一个整体一直面临显著的国内通货膨胀，其物价增长速度大大高于发达国家的一般水平。

这样的大背景带来一个理论上的问题：贸易较快的增长如何能够出现在相对严重的通货膨胀的条件下？本文以货币替代基本模型为出发点，试图从理论上回答这个问题。我们的主要看法是，与强调短期调整的多恩布什汇率超调模型不同的是，货币替代模型关注经济变量的长期关系，同时不以购买力平价为前提，可以运用于本文所讨论的对象中。基于扩展的货币替代模型，我们的推导表明，当出现货币政策扩张（由通货膨胀上升来表示）时，国内居民部门对外汇的资产偏好会因此而加强，并由此推动本币持续贬值，其贬值程度不再受到购买力平价的限制；进而，实际汇率贬值改善贸易部门的相对价格条件，促使贸易部门获得"额外"的增长动力。也就是说，理论上，发展中国家可在持续性的国内通货膨胀背景下目睹贸易部门相对快速的增长。

使用24个重要发展中经济体1980～2015年的年度数据进行计量检验，结果表明，多数国家的实际汇率贬值程度（以市场汇率与购买力平价的偏离程度来表示）与国内通货膨胀之间存在显著相关性；而且，几个贸易指标的变动与实际汇率贬值程度之间也存在显著的相关性。经验检验大体上支持上述理论推导结论。

我们并不认为，发展中国家在过去三十多年中所出现的持续性实际汇率贬值就是其较快贸易增长乃至经济增长的必要和充分条件。本文的分析仅仅是指出，过去三十多年中发展中国家普遍出现的国内膨胀客观上是持续性实际贬值的一个因素，而且，持续性实际贬值客观上改善了贸易部门相对快速增长的相对价格条件。无须赘言，过去三十多年正是世界经济全球化快速发展的一个时期。在这个时期中，许多发展中经济体都在国内制度和政策层面进行了大力改革，贸易增长和经济增长的国内环境和外部环境都有许多改善。这些因素毫无疑问也有力地促进了它们的贸易增长和经济增长。

需要说明的是，本文并不一般地认为通货膨胀必然导致实际汇率贬值。在多恩布什模型中，扩张性货币政策首先引起名义汇率跳跃性贬值，并在随后的国内通货膨胀进程中出现实际汇率向均衡汇率（购买力平价所决定的汇率水平）回归。在我们的模型中，扩张性货币政策在引起国内通货膨胀的同时，名义汇率由于国内通货膨胀预期而出现贬值，而且由于这种预期的持续性，名义汇率贬值幅度将超过购买力所要求的程度。也就是说，持续性通货膨胀预期的存在以及国内居民将外汇作为对冲国内通货膨胀的手段这两个条件决定了在可见的时间范围内汇率变动无法恢复到原有的均衡水平上。从根本上说，通货膨胀是否导致实际汇率贬值，取决于通货膨胀预期的持续性和严重性。

另外，本文的理论推导和计量检验虽然表明了实际汇率贬值是有利于贸易部门增长的一个因素，但这并不意味着发展中国家在经济增长进程中应当刻意追求实际汇率贬值甚至刻意制造持续性的通货膨胀。恰恰相反，我们的看法是，如果贸易部门相对快速的增长获益于实际汇率贬值，那么，从更加长远的角度看，这也意味着贸易增长乃至经济增长在一定程度上具有不平衡性和不可持续性。不平衡性指贸易部门相对于国内其他经济部门的较快增长。不可持续性指当汇率变动在后续的经济过程中逐渐向均衡汇率回归——至少是市场汇率与购买力平价汇率的偏差在不断缩小的过程中，贸易增长曾有过的"额外"动力势必递减。如果来自其他方面的增长动力出现不足，那么，贸易增长乃至经济增长的显著减速将在所难免。

展望未来，发展中国家作为一个整体在追求持续经济增长的进程中，需要更加重视非汇率非货币政策的领域。客观地说，随着经济增长，发展中国家在宏观经济政策环境方面将越来越多地具备与发达经济体类似的特点和因素。这样，持续性的实际汇率贬值越来越将成为不可能。在这个意义上，本文研究的结论应有助于发展中国家作为一个整体根据经济环境的新变化确立更加适用的经济政策的新重点。

参考文献

[1] 伊藤隆敏：《汇率变化及其对亚太经合组织地区贸易和投资的影响》，中国金融出版社 1997 年版。

[2] Boyd D, Caporale G, Smith R, Real Exchange Rate Effects on the Balance of Trade: Cointegration and the Marshall – Lerner Condition. *International Journal of Finance and Economics*, 2001, 6: 187 – 200.

[3] Boyer R, Kingston G, Currency Substitution under Finance Constraints. *Journal of International Money and Finance*, 1987, 6: 235 – 250.

[4] Calvo G, Rodriguez C, A Model of Exchange Rate Determination under Currency Substitution and Rational Expectations. *Journal of Political Economy*, 1977, 85: 617 – 624.

[5] Clarida R, Gali J, Sources of Real Exchange – rate Fluctuations: How Important are Nominal Shocks, Carnegie – Rochester Conference Series on Public Policy. *North – Holland*, 1994, 41: 1 – 56.

[6] Cuddington J, Currency Substitution, Capital Mobility and Money Demand. *Journal of International Money and Finance*, 1983, 2: 111 – 133.

[7] Dornbusch R, Expectations and Exchange Rate Dynamics. *Journal of Political Economy*, 1976, 84: 1161 – 1176.

[8] Eichanbaum E, Evans C, Some Empirical Evidence on the Effects of Shocks to Monetary Policy on Exchange Rate. NBER Working Paper, No. 4271, 1995.

[9] Girton L, Roper D, Theory and Implications of Currency Substitution. *Journal of Money, Credit and Banking*, 1981, 13: 12 – 30.

[10] Kim S, Roubini N, Exchange Rate Anomalies in the Industrial Countries: A Solution with a Structural VAR Approach. *Journal of Monetary Economics*, 2000, 45: 561 – 586.

[11] Krugman P, Baldwin R, Bosworth B, The Persistence of the US Trade Deficit. *Brookings Papers on Economic Activity*, 1987, 1: 1 – 55.

[12] Miles M, Currency Substitution, Flexible Exchange Rates, and Monetary Independence. *American Economic Review*, 1978, 68: 428 – 436.

[13] Onafowora O, Exchange Rate and Trade Balance in East Asia: Is There a J – Curve. *Economics Bulletin*, 2003, 5: 1 – 13.

[14] Scholla A, Uhlig H, New Evidence on the Puzzles: Results from Agnostic Identification on Monetary Policy and Exchange Rates. *Journal of International Economics*,

2008，76：1-13.

[15] Chetty V, On Measuring the Nearness of Near Moneys. *American Economic Review*, 1969, 59：171-181.

[16] World Bank, *World Development Report 1998：Knowledge for Development*. New York：Oxford University Press，1998.

[17] World Bank, *Engendering Development*. New York：Oxford University Press，2000.

附　录

我们把式（34）写为：

$$f_1 = \frac{\beta}{F_t(1+\theta)(1-\alpha)} \frac{\left(\dfrac{e_t^{\frac{1}{k-1}}}{1+e_t^{\frac{1}{k-1}}}\right)^k L_t^k}{e_t} - \frac{\beta}{1+\theta}$$

需要证明的是 f_1 是 e_t 的增函数。

$$f_2 = \left(\frac{e_t^{\frac{1}{k-1}}}{1+e_t^{\frac{1}{k-1}}}\right)^k e_t^{-1} = \left(\frac{e_t^{\frac{1}{k(k-1)}}}{1+e_t^{\frac{1}{k-1}}}\right)^k$$

因为 $\beta<0$，$L>0$，且是常数，所以等价于需要证明因需要证明 f_2 是 e_t 的减函数。

$$f_3 = \frac{e_t^{\frac{1}{k(k-1)}}}{1+e_t^{\frac{1}{k-1}}} = e_t^{\frac{1}{k(k-1)}} \times (1+e_t^{\frac{1}{k-1}})^{-1}$$

因为 $0<k<1$，所以等价于需要证明 f_3 是 e_t 的减函数。

下面证明 f_3 是 e_t 的减函数。

$$\dot{f}_3 = \frac{1}{k(k-1)} e_t^{\frac{1}{k(k-1)}-1}(1+e_t^{\frac{1}{k-1}})^{-1} + e_t^{\frac{1}{k(k-1)}}\left[-\frac{1}{k-1}e_t^{\frac{1}{k-1}-1}(1+e_t^{\frac{1}{k-1}})^{-2}\right]$$

$$= \frac{1}{k-1} e_t^{\frac{1}{k(k-1)}-1}(1+e_t^{\frac{1}{k-1}})^{-1}\left(\frac{1}{k} - \frac{e_t^{\frac{1}{k-1}}}{1+e_t^{\frac{1}{k-1}}}\right)$$

$$= \frac{1}{k-1} e_t^{\frac{1}{k(k-1)}-1}(1+e_t^{\frac{1}{k-1}})^{-1}\frac{1+(1-k)e_t^{\frac{1}{k-1}}}{k(1+e_t^{\frac{1}{k-1}})}$$

因为 $0 < k < 1$，所以

$$\dot{f}_3 < 0$$

所以，f_3 是 e_t 的减函数，证明完毕。

附表 1　　　　　　　　　**方程 1 的回归结果**

样本国家	$iflation_t$	$iflation_{t-1}$	adj $- R^2$
中国	-0.7548 (-0.9832)	0.4280 (0.6106)	0.1545
印度	-1.8550^{*} (-1.9922)	2.0116^{**} (2.1772)	0.4405
印度尼西亚	2.0841^{***} (3.4639)	-2.0383^{***} (-3.4091)	0.2398
马来西亚	-2.6793^{*} (-1.8372)	2.6779^{*} (1.8759)	0.0527
巴基斯坦	-1.1936^{*} (-1.6091)	1.3382^{*} (1.7857)	0.3578
菲律宾	0.0300 (0.0689)	-0.0704 (-0.1705)	-0.0069
韩国	-1.5568^{*} (-1.8055)	1.4400^{*} (1.7373)	0.0625
泰国	-2.2458^{*} (-1.9538)	2.2964^{**} (2.0449)	0.1112
越南	-0.9822^{***} (-3.7472)	0.4421 (1.5989)	0.9516
匈牙利	0.0549 (0.1502)	-0.2900 (-0.8088)	0.7996
波兰	0.3527^{***} (4.1850)	-0.3908^{***} (-4.8861)	0.6052
俄罗斯	-0.5379 (-1.2184)	0.2125 (0.6538)	0.4827
土耳其	0.8884^{***} (4.0114)	-0.8464^{***} (-4.0667)	0.3756
乌克兰	-0.8923^{***} (-3.5803)	0.4408^{**} (2.8472)	0.6375

样本国家	$iflation_t$	$iflation_{t-1}$	$adj - R^2$
阿根廷	0. 2302 * (1. 7703)	− 0. 1413 (− 1. 4803)	0. 0704
巴西	0. 0395 (0. 2359)	− 0. 0612 (− 0. 5327)	− 0. 0144
智利	1. 6698 * (1. 9410)	− 1. 6166 * (− 2. 0099)	0. 1118
哥伦比亚	2. 1047 *** (2. 8604)	− 2. 0260 *** (− 2. 8855)	0. 1715
墨西哥	1. 0400 *** (8. 4809)	− 1. 0166 *** (− 9. 0048)	0. 7965
秘鲁	− 0. 0266 (− 0. 3209)	− 0. 0033 (− 0. 0644)	0. 0635
委内瑞拉	1. 0158 ** (2. 6877)	− 1. 0850 *** (− 2. 8535)	0. 3247
埃及	− 2. 0385 ** (− 2. 0797)	2. 0751 ** (2. 1761)	0. 1738
尼日利亚	0. 8830 (1. 3844)	− 0. 8368 (− 1. 3365)	0. 0105
南非	0. 9332 (0. 6900)	− 0. 9615 (− 0. 7388)	0. 0509

注：（1）括号内的数字是参数的 t 统计量；*、** 与 *** 分别表示在 10% 、5% 和 1% 的水平上显著。

（2）除特殊说明外，数据取自 1980 ~ 2014 年。但是中国是 1988 ~ 2014 年，越南是 1997 ~ 2014 年，俄罗斯是 1993 ~ 2014 年，土耳其是 1987 ~ 2014 年，乌克兰是 1993 ~ 2014 年，阿根廷是 1987 ~ 2014 年，巴西是 1991 ~ 2014 年，秘鲁是 1988 ~ 2014 年。

附表 2　　　　方程 2（1）与方程 2（2）和方程 2（3）的回归结果

样本国家	方程 2（1）		方程 2（2）		方程 2（3）	
	E/P_t	E/P_{t-1}	E/P_t	E/P_{t-1}	E/P_t	E/P_{t-1}
中国	− 11. 2534 ** (2. 0320)	16. 5251 *** (3. 1985)	− 3. 6312 * (− 1. 7040)	4. 4720 ** (2. 2496)	− 18. 8757 * (− 1. 9708)	28. 5781 *** (3. 1985)
印度	− 6. 0186 (− 1. 1157)	9. 5829 * (1. 8811)	2. 5304 * (1. 7547)	− 1. 8915 (− 1. 3890)	− 14. 5677 (− 1. 2086)	21. 0574 * (1. 8500)

样本国家	方程2（1）		方程2（2）		方程2（3）	
	E/P_t	E/P_{t-1}	E/P_t	E/P_{t-1}	E/P_t	E/P_{t-1}
印度尼西亚	5.3908 *** (6.4620)	-0.9724 (-1.2006)	1.4378 *** (2.9014)	0.8395 * (1.7450)	9.3438 *** (6.6822)	-2.7842 ** (-2.0510)
马来西亚	5.4073 (0.3960)	35.7008 *** (2.7512)	3.5508 (0.4778)	11.6844 (1.6548)	7.2638 (0.3066)	59.7173 ** (2.6531)
巴基斯坦	-0.1124 (-0.0806)	1.6604 (1.2824)	0.4196 (0.2104)	3.8797 ** (2.0964)	-0.6444 (-0.3304)	-0.5589 (-0.3088)
菲律宾	2.5575 (0.3693)	3.8310 (0.5492)	-2.8822 (-1.1247)	4.3728 * (1.6938)	7.9972 (0.5230)	3.2892 (0.2135)
韩国	13.0002 (0.9886)	-0.8977 (-0.0682)	5.2315 (1.2353)	3.7613 (0.8871)	20.7690 (0.8406)	-5.5567 (-0.2246)
泰国	-6.7183 (-0.4352)	25.0430 (1.6627)	8.1885 * (1.8798)	-0.5495 (-0.1293)	-21.6250 (-0.7681)	50.6355 * (1.8434)
越南	-6.0416 * (-1.9098)	2.1071 (0.6825)	-0.5948 (-0.7963)	0.2585 (0.3546)	-11.4884 * (-1.9011)	3.9557 (0.6708)
匈牙利	-0.2553 (-0.0157)	-28.7462 * (-1.8924)	1.9342 (0.8442)	-2.9775 (-1.2759)	-1.3533 (-0.0437)	-52.6195 ** (-1.8201)
波兰	-5.4992 (-1.1235)	-4.8457 (-1.1209)	1.8843 (0.7747)	0.3410 (0.1587)	-12.8828 (-1.4419)	-10.0325 (-1.2714)
俄罗斯	1.8171 *** (3.6286)	0.0870 (0.1852)	0.6361 (1.1654)	0.4197 (0.8195)	2.9981 *** (6.2235)	-0.2457 (-0.5435)
土耳其	0.1843 (0.0655)	-0.9259 (-0.3451)	5.6249 *** (4.0439)	-0.5705 (-0.4302)	-5.2562 (-0.9354)	-1.2813 (-0.2392)
乌克兰	5.0707 ** (2.2623)	-3.1155 (-1.6043)	4.2930 *** (3.9189)	-1.5364 (-1.6187)	5.8484 (1.5303)	-4.6946 (-1.4178)
阿根廷	7.6062 *** (7.2892)	2.2841 ** (2.2660)	6.3002 *** (7.9688)	0.5345 (0.6999)	8.9121 *** (4.1258)	4.0337 * (1.9331)
巴西	0.0877 (0.0619)	1.9716 (1.3637)	-0.3866 (-0.4373)	2.2709 ** (2.5156)	0.5620 (0.2418)	1.6723 (0.7047)
智利	-14.6841 *** (-3.0285)	14.6295 *** (3.0859)	-7.6760 ** (-2.1882)	9.7268 *** (2.8359)	-21.6922 *** (-3.0091)	19.5322 *** (2.7711)
哥伦比亚	0.7103 (0.3712)	1.2268 (0.6390)	7.7812 *** (2.9457)	-4.7289 * (-1.7845)	-6.3606 * (-1.9594)	7.1826 ** (2.2055)

样本国家	方程2（1）		方程2（2）		方程2（3）	
	E/P_t	E/P_{t-1}	E/P_t	E/P_{t-1}	E/P_t	E/P_{t-1}
墨西哥	-3.2049 (-0.9791)	-1.7711 (-0.5418)	6.0380*** (4.7955)	-1.6868 (-1.3416)	-12.4478* (-1.9037)	-1.8554 (-0.2841)
秘鲁	-14.9417 (-1.6955)	7.0041 (0.7848)	-8.5102 (-1.4264)	9.1853 (1.5203)	-21.373* (-1.7469)	4.8230 (0.3893)
委内瑞拉	1.5623 (0.6581)	0.3534 (0.1495)	0.5241 (0.1738)	0.2271 (0.0756)	2.6005 (0.9966)	0.4798 (0.1846)
埃及	1.0807 (0.8834)	1.9597 (1.5886)	1.0446 (1.5953)	2.1879*** (3.3138)	1.1169 (0.3930)	1.7314 (0.6042)
尼日利亚	1.7531 (1.0633)	3.1272* (1.9446)	1.2300 (0.8521)	2.3869* (1.6952)	2.2762 (0.7717)	3.8676 (1.3442)
南非	3.1136 (1.5208)	-0.9592 (-0.4774)	1.5539 (1.0656)	3.7979** (2.6537)	4.6733 (0.9746)	-5.7164 (-1.2146)

注：（1）括号内的数字是参数的 t 统计量；*、** 与 *** 分别表示在 10%、5% 和 1% 的水平上显著。

（2）除特殊说明外，数据取自 1980～2014 年。但是中国是 1988～2014 年，越南是 1997～2014 年，俄罗斯是 1993～2014 年，土耳其是 1987～2014 年，乌克兰是 1993～2014 年，阿根廷是 1987～2014 年，巴西是 1991～2014 年，秘鲁是 1988～2014 年。

国际货币基金组织改革与国际汇率关系调整[*]

由国际社会组建的国际货币基金组织（IMF）与世界银行（World Bank）等机构一起出现在第二次世界大战结束时，它们被称为"布雷顿森林机构"（Bretton Woods Institutions）。以国际货币基金组织为中心机构的普遍性固定汇率体制相应地被称为"布雷顿森林体系"。这套国际货币体系从战后初期一直运行到 20 世纪 70 年代初。70 年代初以来，国际货币体系经历了两次大的挑战，国际货币基金组织在应对挑战的过程中也不断进行了若干重要的自我调整。今天，基金组织正在进行一些新的重要调整，包括形成多边汇率政策磋商机制。

一、国际货币基金组织的宗旨

国际社会在第二次世界大战结束前夕探讨建立战后国际经济金融新秩序时，一个主要顾虑是如何避免 20 世纪 30 年代世界范围内出现的"国际贸易货币战"，即各国纷纷采取以邻为壑的贸易限制措施和货币贬值政策，并因此而导致国际贸易和国际资本正常流动的全面崩溃，在经济上加深国际矛盾，直接或间接促成了世界大战的爆发和国际安全局面的根本逆转。

1944 年国际社会在布雷顿森林召开会议并达成协议建立国际货币基金组

＊ 本文原载于《国际金融研究》2006 年第 10 期。合作者：修晶。

织（IMF），实质上认同了通过国际协调行为确保战后国际货币体系之基本框架的原则。按照国际货币基金组织章程的表述，其宗旨体现在如下几个方面：

（1）通过一个可以提供关于国际货币问题的咨询和合作安排的常设机构来提供国际货币协调；

（2）促进国际贸易扩展和均衡增长，有助于提升和保持高水平的就业和实际收入，并把开发全体成员资源的高生产率作为其经济政策的主要目标；

（3）提供汇率的稳定性，保持成员国之间有序的汇率安排，避免竞争性的汇率贬值；

（4）帮助建立成员国之间国际交易的多边支付体系，清除阻碍世界贸易增长的外汇限制；

（5）在有充分保障措施的前提下，向成员国临时提供"基金组织"的总体资源，以便增强其信心，使它们有机会纠正国际收支失衡，而无须采取有损本国和国际繁荣的措施；

（6）根据上述精神，缩短各成员国国际收支失衡的持续时间并减轻其程度。

用通俗语言说，基金组织的宗旨是防止个别成员国从狭隘利益出发采取有损于其他成员国利益并招致其他成员国报复行为的货币经济政策。这个宗旨背后的道理对现代人士已经不难理解，即在相互利益关联的世界中，合作行为可促使参与各方利益极大化，而不合作行为则最终会导致各方利益都受到伤害。鉴于各国的合作行为常常是不情愿的或不连续的，因此，需要建立一个有强制力的国际机构来贯彻合作原则，防止国际合作体系的瓦解。

具体到汇率事务上，国际货币基金组织早年宗旨表述可以说是维护各国"稳定汇率的体系"（a system of stable exchange rates）。20 世纪 70 年代转向浮动汇率制后，特别是在 1976 年《牙买加协定》签订后，国际货币基金组织的宗旨表述可以说是维护各国"汇率体系的稳定"（a stable system of exchange rates）。

这种调整，一方面反映了现代国际货币体系允许汇率关系的浮动性或更大浮动性；另一方面也表明国际货币基金组织及其成员国继续负有维持国际货币秩序基本稳定之使命，继续有承担防止出现竞争性贬值行为及其对国际货币秩序危害作用的责任。这后一点，作为当代国际货币体系的核心原则，可以说无论在基金组织的早期历史还是在21世纪初都没有改变。

国际货币基金组织宗旨的连贯性和有效性不变与时代环境的变化两者是相辅相成的。

二、国际货币基金组织成立以来面临的两次大挑战

如前提及，国际货币基金组织自成立以来可以说经历了两次大的挑战，并采取了一些对策来应对这些挑战。第一次挑战出现在20世纪70年代初。许多工业化经济体在经历第一次挑战后纷纷转向浮动汇率制或开始过渡到地区性货币同盟。许多发展中经济体，尤其是新兴市场经济体在经历第二次挑战后，也不同程度地转向了浮动汇率制或尝试性地探讨发展地区性经济货币联合。

前面也提到，国际货币基金组织自成立到20世纪70年代初的一段时间中，一直要求成员国采用与美元挂钩的固定汇率制，旨在避免重演竞争性贬值行为或对国际收支平衡的随意干预和无序限制。基金组织承认，各国在经济增长过程中总会面临一些暂时性甚至结构性的国际收支平衡问题，但同时也坚持认为，调整国际收支平衡应当通过有序方式并顾及其他成员国的利益。

战后初期曾是世界最大黄金储备国的美国在20世纪70年代初出现黄金储备急剧减少，并面临在可预见的将来发生枯竭的局面。美国货币当局选择了中止按照官价兑换黄金的做法，给"布雷顿森林体系"釜底抽薪。国际货币市场随之爆发危机，美元与若干其他国际主要货币兑换比价事实上浮动起来。国际货币基金组织数次抛售自己的黄金储备，试图联合主要成员国对国际汇市进行干预。这些努力后来证明都不成功。战后初期建立起来的世界经济秩序面临崩溃。大规模国际货币战的前兆重新浮现。

在这个背景下，国际货币基金组织面临重大抉择：继续坚持原有方式并

等待自己事实上的"死亡",或进行改革并使自己继续主导新环境下国际货币事务,维系国际合作。基金组织选择了第二条道路。1976 年由基金组织"二十国临时委员会"在牙买加召开的国际会议确认:各国有权自行选择汇兑安排体制;固定汇率和浮动汇率都可作为被选择的对象;黄金不再作为与成员国汇率挂钩的对象;成员国在汇率体制上的任何调整都应当及时告知基金组织;基金组织应继续对成员国汇率政策实行监督。这些政策调整的基本意义是,浮动汇率制虽然被"合法化"了,但各国汇率政策仍然不可以作为贸易竞争的手段。

这种用意特别地体现在基金组织当时提出的汇率政策监督三项指导原则上:

(1)成员国应避免为阻止有效的国际收支调整或为获得对其他成员国而言不公正的纠正优势,操纵汇率或国际货币体系;

(2)成员国应在必要时干预汇兑市场,应付秩序状况,例如对付本币汇价出现破坏性的短期波动等;

(3)成员国应在干预政策中顾及其他成员国的利益,其中应顾及本币被干预国家的利益。

按照这种精神和原则,国际货币基金组织在原有一般性汇率政策磋商机制之上新设立了"补充性磋商"(即基金组织在认为有必要时可与某一成员国当局就后者的具体汇率政策进行双边商讨并提出校正建议,这也称为"特别政策磋商")。20 世纪 80 年代,基金组织先后分别与瑞典及韩国当局就它们的汇率政策举行这种特别磋商。在两次磋商过程中,基金组织并未直接批评成员国的汇率政策,但也明确表示有关当局可寻求更好的经济对策。基金组织的这种活动,从总体上说促进了在浮动汇率制背景下国际社会在汇率事务上的相互理解和自觉遵从的基本规则。

在美国、加拿大、澳大利亚和瑞士等工业化经济体明确转向了浮动汇率制的同时,许多欧洲工业化经济体开始在早先的贸易同盟的基础上发展区域经济货币联盟。这种区域货币联盟有两个特点,对内是固定汇率,对外是浮动汇率。它可以说是"后布雷顿森林体制"的一个演变。

以 1994 年墨西哥比索危机为标志，近十多年来国际货币体系中出现的一个新问题是新兴市场经济体常常面临货币金融危机的冲击或威胁。1997 年泰国首先爆发货币危机。这场危机随后扩散到东南亚或东亚地区众多经济体，尤其是印度尼西亚和韩国。1998 年俄罗斯爆发债务危机和卢布危机，1999 年巴西爆发里亚尔危机，2001 年阿根廷爆发程度更大的货币危机，中止了阿根廷比索与美元之间实行多年并广受称赞的联系汇率制。在这前后，土耳其也出现了以国内通货膨胀和货币对外贬值为标志的货币危机。除了这些国家和地区之外，亚、非、拉还有许多经济体在 20 世纪 90 年代以来受到货币危机冲击，只不过其程度较小，或自身经济规模不大。

作为国际货币基金组织的成员国，遭受危机的经济体通常会向基金组织提出紧急贷款要求。而过去，基金组织很少面临类似性质和规模的问题；加之战后初期确立的基金组织决策程序及其特点使得基金组织的反应行为易受国际政治因素的影响。总体来说，基金组织对新兴市场经济体的货币危机及国际金融市场动荡做出了反应，推出了针对特殊个例的措施和针对普遍情况的对策。近来，虽然 20 世纪 90 年代以来遭受货币金融危机冲击的经济体大多走出了危机阴影，货币危机的国际扩散性也得到了一定程度的遏制。但正是在最近的新兴市场经济体危机频发的背景下，国际社会中越来越多的人士提出了改革国际货币体制的新要求。要准确理解改革的新要求，首先需要认识一下近年来国际汇率关系变化的基本趋势。

三、国际汇率关系变动的趋势

20 世纪 70 年代初以来各国货币的汇率关系变化的基本特点可以概括为如下方面：在 70 年代初至 80 年代，主要工业化国家货币从传统的固定汇率转向了浮动汇率，各个双边名义汇率出现剧烈波动；90 年代初以来，主要国际货币之间的名义汇率继续浮动并波动，有时也出现短暂的剧烈波动，但总体波动幅度小于此前时期；同时，大多数发展中经济体直到 90 年代中期以前基本上采取了这样或那样形式的盯住汇率体制，力图实行对一种或多种国际主要货币名义挂钩；但是，90 年代中期以后，主要由于货币危机的冲击，许多发展中经济体（尤其是新兴市场经济体）逐渐放弃了名义汇率目标制，转向了浮动汇率制或增加了名义汇率的弹性。

有研究者认为，20 世纪 70 年代初以来国际货币体系面临的重要问题是主要工业化经济体双边汇率的易变性和偏离性。汇率易变性（volatility）指名义汇率多变，波动幅度大，而且难以预测。汇率偏离性（misalignment）指名义汇率水平长久地偏离依据基本层面因素所确定的均衡汇率水平。世界主要工业化经济体的代表 G7 被认为一直受到汇率波动问题的困扰（Bergsten & Henning，1996）。

图 1 显示了 1971 年以来美元与欧元、美元与英镑以及美元与日元之间双边名义汇率的波动情形。根据波动程度，大体上可以划分出两个阶段：1971 ~ 1989 年为严重波动时期，1989 年以后为继续波动但波动程度相对减低时期。

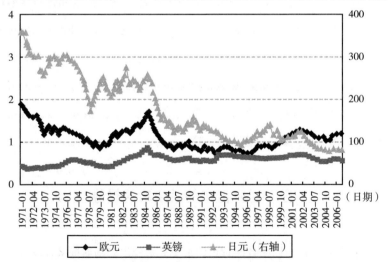

图 1 1971 年 1 月 ~ 2006 年 8 月美元对国际主要货币汇率（月平均）

注：日元/美元汇率已做单位化处理；欧元汇率为 1 欧元兑美元数，1999 年以前的数是依欧元与马克和法郎等货币的固定比值推算；英镑汇率为 1 英镑兑美元数，根据世界黄金协会（http：//www.gold.org）的原始数据进行计算得来。

对大多数发展中经济体来说，它们的汇率体制并未在 20 世纪 70 年代就随同工业化经济体转向浮动汇率。罗戈夫等（Rogoff et al.，2003）对基金组织成员国汇率体制演变的历史考察表明，布雷顿森林体系解体之后，很多发展中经济体由于惧怕浮动汇率，即使在宣布实行浮动汇率后也未必真正实行浮动汇率，仅有少数国家真正实行了独立的浮动汇率制。

表 1 从一个角度概括了 1994 年墨西哥货币危机以来若干新兴市场经济体名义有效汇率（月度数据）的波动情况。从全距（最大值与最小值之差）、标准差、变异系数等指标可以看出，这些国家都经历了汇率的浮动或较为浮动的情况。土耳其、俄罗斯、巴西的汇率波动较为剧烈，其他经济体波动相对小一些。1997 年东亚金融危机后，许多东亚新兴市场经济体对汇率制度进行了重新安排，泰国、印度尼西亚、菲律宾和韩国宣布采取独立的浮动汇率制。此外，俄罗斯卢布在经历了 1998 年贬值后转向了浮动，巴西、阿根廷和土耳其等分别于 1999 年和 2001 年由中间汇率转向浮动汇率。

表 1　　　　　**1994 年 1 月 ~ 2006 年 8 月新兴市场经济体**
名义有效汇率指数（2000 年 = 100）

指标	阿根廷	巴西	印度尼西亚	韩国	墨西哥	俄罗斯	泰国	土耳其
最大值	114.57	1116.83	324.99	123.08	282.66	1480	146.04	3148.3
最小值	31.28	53.79	60.99	65.23	79.07	83.59	77.51	31.89
平均值	67.23	125.77	157.09	102.14	113.80	263.22	108.27	332.11
标准差	26.59	114.80	99.99	12.56	46.57	277.86	16.43	501.34
中位数	71.99	96.31	95.18	99.74	100.19	102.53	100.06	101.94
众数	97.26	N/A	81.01	116.4	91.09	390.27	101.15	N/A
峰度	-1.3749	44.5563	-1.21	-0.4468	5.9776	5.2470	-0.9017	9.0983
偏度	0.0018	6.0302	0.8449	-0.2076	2.5972	2.1788	0.8409	2.6792
变异系数	0.3956	0.9128	0.6365	0.1229	0.4092	1.0556	0.1518	1.5095

资料来源：国际清算银行（BIS）（http：//www.bis.org/statistics/eer/index.htm）。

许多新兴市场经济体近十年来转向浮动汇率或弹性较高的汇率体制，原因是多方面的。外部原因方面，一个重要因素是主要国际货币之间的汇率波动。对这个问题，国际货币基金组织前任第一副总裁费希尔曾（Fischer，

2001）指出：主要货币汇率不稳定是个长期的困扰。三种主要货币，美元、欧元和日元的汇率波动使其他国家陷入困境，尤其是那些盯住其中一种货币的国家。例如，1995 年开始的美元升值对东亚国家的出口造成了不利的影响，美元的坚挺也导致了 2000 年阿根廷和土耳其的困境。

内部原因方面，可导致汇率不稳定的重要因素包括宏观经济政策的稳健性、国内金融部门的健全性、企业部门的竞争力以及政府与公众之间的相互信任程度等。

汇率波动对工业化国家与对新兴市场经济体的影响往往是不一样的。通常，汇率波动对前者的经济影响或冲击作用要小于对后者的经济影响或冲击作用。换句话说，后者对汇率波动的经济承受力要小于前者。造成这种承受力差异的原因是多方面的，概括起来讲有以下几点。

（1）工业化国家通常拥有较为健全的国内金融体系，它们防御货币市场波动及其带来的风险的能力相对高。

（2）发展中国家包括新兴市场经济体在内，出口产品的差异化程度小于工业化国家，在完全竞争与完全差异方面，前者出口产品近似于完全竞争，由于这一原因，发展中国家出口产品具有较高的价格敏感性。因此，发展中国家经常项目平衡较多地受到汇率水平及其波动的影响。工业化国家出口企业的市场多样化程度高于发展中国家；不仅如此，工业化国家金融市场也为各类贸易企业提供了较多的汇率避险工具。

（3）在许多工业化国家，国内市场相对发达，外贸在国民经济中所占比重通常普遍小于许多新兴市场经济体。

尽管如此，许多新兴市场经济体在 20 世纪 90 年代后半期开始转向了事实上的浮动汇率制或弹性程度较高的汇率体制。一些尚未转向或转向程度相对低的发展中经济体还采取了大量积累官方外汇储备的对策。可以说，不论是增加名义汇率的浮动程度或弹性，还是增加官方外汇储备，都是新兴市场经济体应对可能的货币金融危机的战略对策。最近几年新出现的一个动向是，若干新兴市场经济体在积累大量官方外汇储备的背景下增强了促使汇率体制转向浮动体制或提高弹性程度的信心。浮动汇率或较有弹性的汇率体制很可能会在未来成为更加流行的政策趋势。

但是，伴随浮动汇率的普及或汇率弹性的升高以及许多新兴市场经济体官方外汇储备的大量增加，世界经济关系中近年来出现了新的情况，这就是以美国为代表的经常账户持续性巨额逆差与若干新兴市场经济体的持续性经常账户顺差。这种情况近来往往被称为"全球经济失衡"（global imbalance）。显然，"全球经济失衡"呼唤着新的对策思路。

四、国际货币基金组织的改革与多边磋商机制的形成

前面多次指出，国际货币基金组织成立之初是作为一个敦促各国实行固定汇率制的国际机构，而到60年后的今天，基金组织多数成员国都转向了浮动汇率制。那么，国际货币基金组织在今天和可见的将来还有什么作用吗？这种作用还重要吗？

毋庸置疑，浮动汇率制具有自我调节作用，即在一国出现国际收支失衡时，理想程度的汇率调整在一定时期内并在有关条件下可促使平衡局面的恢复。同时，那些继续实行某种形式的固定汇率或采用汇率目标的经济体，也可在相当程度上通过大量积累官方外汇储备来作为应对未来货币市场意外风险的手段。换句话说，从前世界范围内普遍性固定汇率制背景下国际货币基金组织作为应对货币危机的一种应对手段和调整规则制定者的情形在今天对许多成员国来说已变得多少有些不相关了。[①]

然而，这种认为国际货币基金组织在浮动汇率制背景下已失去往日重要性的看法在若干重要方面是肤浅的。

第一，一个能够普遍地适当发挥自我调节作用的浮动汇率体制通常只出

[①] 德意志联邦银行行长阿克塞尔·A. 韦伯（Axel A. Weber）在2006年9月21日北京师范大学的讲演"变化世界中的国际货币基金组织"中引证了这一观点，但对此发表了不赞同的看法。

现在高经济增长和低通货膨胀的世界经济环境中，而这个良好局面是否在未来也得以持续难以确定。从多个角度看，世界经济稳定增长的长远风险依然存在。一旦在国际范围内出现增长减速、通货膨胀爬升的局面，指望浮动汇率制继续普遍地发挥自我调节作用而不引起相关经济体的负面反应行为，很可能是幼稚的看法。

第二，浮动汇率制发挥其教科书式的理想调节作用，还有赖于一个运行健康富有活力的国内货币金融体系。一个脆弱的国内货币金融体系经不起汇率市场波动的冲击。对这一点，人们不妨比较 1991 年秋英国货币市场动荡与 1997 年夏泰国货币市场动荡及其不同后果。正因为如此，国际货币基金组织连同其他的"布雷顿森林机构"近年来都增大了对成员国（尤其是发展中经济体及新兴市场经济体）国内金融体系改革和建设的关注。作为维护宏观经济稳定的国际机构将自己的使命范围延伸到微观经济领域，可以说正好映射了当代国际经济发展的一种逻辑线索。

第三，尽管近几十年来的世界经济发展进程被广泛认为是体现了经济全球化和金融全球化，全球经济事实上仍然由各个国民经济体组成，各个国民经济当局仍然掌管着经济政策的最后决定权。但是，各国经济当局所面对的经济环境却是高度开放性的、国际性的，甚至可以说是全球性的。显然，在新的经济全球化和金融全球化形势中，各国经济当局的决策行为受到其程度日益增大的知识和信息制约，其决策发生狭隘局限性错误的可能也在增大。也就是说，应对经济全球化和金融全球化给各国经济带来的挑战，各国更加需要从全球层面展开合作，尤其是知识和信息的交流。

在应对资本国际流动这个事情上，道理尤其如此。资本是流动的，甚至是国际性的，面对大量短期资本的快速流动，每个经济体当局所掌握的信息都是有限的，如果各个经济体仅仅依靠自己的有限知识和信息进行决策，政策效果难免降低。

第四，最重要的，维护国际货币金融秩序和国际资本的有序流动丝毫没有过时。就汇率而言，现代学者已经开始区分汇率的宏观稳定信号功能与贸易收支平衡调整功能（传统教科书仅仅关注后一点）。20世纪90年代以来许多新兴市场经济体出现的货币危机及后来向浮动汇率制的转变经历表明了前一种作用的上升，同时也说明汇率变动在较小程度上继续被作为国际收支平衡的调节手段。正是这后一点使得浮动汇率制的现实运行与基金组织坚持的防止竞争性货币贬值两者不冲突。换言之，名义汇率调整或具有更多的弹性不必然表明经济政策当局通过名义汇率变动来促成实际汇率变动并赋予后者以国际收支调节的使命（如果实际情况是这样，那么人们便会容易地联想到"竞争性货币贬值"概念）。这些情况从一个侧面说明，浮动汇率制在当代世界经济中之所以被"允许"，一个根本的深刻原因是它不再被普遍地当作是以邻为壑的贸易政策工具。这种情形的出现，一方面要归功于国际经济的发展，另一方面也要归功于"布雷顿森林体制"框架。可以说，国际货币基金组织体系不仅在昨天、今天，就是在明天也将发挥着国际货币秩序"看护人"的作用。

概括地说，在一个变化了的世界经济环境中，国际货币基金组织的基本使命不仅没有改变，其守护国际宏观经济稳定的作用还进一步增大了。但是，基金组织的工作范围和手段、内部组织结构和全球代表性等方面在新形势下都需要进行改革和调整。2006年9月在新加坡召开的国际货币基金组织/世界银行年会上许多重大改革事项都得到了讨论并做出了初步改革决定。这是基金组织朝着这个改革与转型方向迈出的重要一步。新加坡会议通过了基金组织总裁拉托先生提出的"中期战略"，其中包括正式建立基金组织与成员国在汇率和宏观经济政策上的"多边磋商机制"（multilateral consultation）。

多边磋商机制的含义是由基金组织出面召集对全球经济平衡关系有重大影响或关联的成员国进行集体商讨，商讨议题包括经济问题的原因、性质和应对措施，并在取得共识的基础上由基金组织连同有关成员国制定政策实施方案。显然，多边磋商机制超越了传统双边磋商机制的局限，并能针对当前国际经济关系的复杂性和多边性特点推动成员国经济政策的互动调整进程。

2006年4月开始，基金组织初步进行了由中国、欧洲地区、日本、沙特阿拉伯和美国同意参加的第一次多边磋商。这次多边磋商的报告预计在 2006 年底形成。按照基金组织的设想，今后每年都将举行这类多边磋商活动，其参加者将随议题的性质和关联性而确定。同一议题的多边磋商活动也可能重复进行，这主要取决于磋商进程在达成共识上的成果以及有关政策调整的效果。可以说，多边磋商机制既扩大了国际谈判的范围，又给有关参与者留下了相当的回旋余地。

多边磋商机制的建立应该被认为是国际货币基金组织框架内国际协调机制的一个重要改革和进步，是经济全球化背景下国际宏观经济政策协调和互动的一个逻辑结果。过去已经存在的两大协调机制——基金组织内部的双边磋商和基金组织之外的"七国会议"（G7 meetings）——都不可避免地有着天然的局限性。建立多边磋商机制是对这两个现有机制的很好补充，甚至在未来有可能成为主流的国际协调机制，或至少是最重要的国际协调机制之一。

参考文献

［1］国际货币基金组织：《2003 年度报告》，2003 年。

［2］Bergsten C F，Henning C R，Global Economic Leadership and the Group of Seven. Washington D. C. : Institute for International Economics，1996.

［3］Fischer S，Exchange Rate Regimes，Is the Bipolar Correct?. *Journal of Economic Perspective*，2001，15（2）：3 – 24.

［4］Rogoff K S，Husain A M，Mody A，et al. ，Evolution and Performance of Exchange Rate Regimes. IMF Working Paper，WP/03/243，2003，pp. 13 – 17.

评 IMF 主权债重组的新思路 [*]

  国际货币基金组织新上任的第一副总裁安妮·克鲁格于 2001 年 11 月发表了长篇讲演，勾画了基金组织正在探讨之中的对付主权债危机的新思路。这个新思路的特别之处在于，所有遭遇外债或主权债危机的政府在获得国际资助或进行债务重组之前首先进入一种"破产"状态；这种正式的"破产"程序启动后，危机中的主权政府的海内外资产便处于冻结状态，其解冻情况根据债务重组的进程而确定。克鲁格认为，这种新方式有助于推动债务危机的快速解决，既能避免危机恶化，促使像阿根廷一类的国家免受为世人瞩目的社会动荡和政局风波，又能避免传统解决办法中的道德风险问题，促使新兴市场国和国际投资界更加重视经济发展和债务问题的可持续性。

  克鲁格的讲演在很大程度上代表了国际货币基金组织管理层和许多工作人员的见解。新思路与基金组织过去在对付债务危机上的做法迥然不同。对这个新思路的批评意见已经见诸报端。英国《金融时报》2002 年 1 月 18 日刊载约翰迪扎德（John Dizard）题为《全球投资：主权债的破产解决方式》的文章，对克鲁格的讲演进行了猛烈抨击。文中指出，在国内范围和国际范围运用破产概念有很大不同，两者几乎不可类比；克鲁格的新建议旨在增加 IMF 官僚机构的权力并缩小国际金融界私人证券投资者的应有权利。与这个批评意见相似，国内一些新闻报道也称此新思路为"国家破产"方案，不仅意在

---

[*] 本文原载于《国际经济评论》2002 年第 3 期。

渲染它的激进色彩，而且也隐含地认为它就是国内破产法在国际上的延伸。

但是，用"破产法"或"国家破产法"来指称 IMF 的新思路是不准确的，容易引起误解。IMF 对外关系部主任托马斯·C. 道森（Thomas C. Dawson）在致《金融时报》的信（2002 年 1 月 28 日）中正式称他们的新思路为"主权债重组机制"（sovereign debt restructuring mechanism，SDRM）。本文以下也使用这个称呼或债务重组新方法。

IMF 新思路有两大背景情况：一是发展中国家债务问题的严重性；二是一些国际私人债权人最近动用了新手段，使发展中国家主权债务人面临新挑战。

一、从统计数字看发展中国家外债问题的严重性

发展中国家的外债统计始于 20 世纪 70 年代。1970 年，亚洲和南北美洲（包括中东地区）发展中国家所欠外债合计 796 亿美元。到 1980 年，世界全部发展中国家所欠外债总额达到 5257 亿美元。80 年代，拉丁美洲和亚洲一些发展中国家爆发外债危机，外债增长速度减缓，但转轨国家和非洲许多发展中国家加入举借外债的行列中。到 1990 年，世界全部发展中国家的外债总额达到 13245 亿美元，比 1980 年增多了 1.5 倍。进入 90 年代，发展中国家外债增长速度进一步下降，但外债总额继续大幅度增加。1994 年爆发的墨西哥金融危机和 1997 年爆发的亚洲金融危机都未使发展中国家的外债水平出现下降。2000 年，全部发展中国家的外债总额达到 22040 亿美元（见表 1）。按照国际货币基金组织的统计口径，2000 年发展中国家外债总额对它们国内生产总值的平均比率达到 35.5%。

表 1 　　　　　　　1970～2002 年发展中国家外债总额增长情况 　　　单位：亿美元

年份	发展中国家合计	亚洲	西半球	中东	转轨国家	非洲
1970		300	342	154		
1980	5257	693	2318	762	961	1059
1990	13245	1953	4452	2988	2032	2445
1995	18761	3360	6192	3739	2759	3039

年份	发展中国家合计	亚洲	西半球	中东	转轨国家	非洲
2000	22040	6893	7513	4862	3589	2773
2001	21948	6906	7420	4900	3646	2722
2002	22109	7030	7476	4922	3729	2681

资料来源：国际货币基金组织《世界经济展望》数据库。2001年数为估计数，2002年数为预计数。

20世纪90年代，一些中等规模以上的发展中国家和转轨国家的外债持续增加，还债负担不断加重。表2列出了各大洲有代表性的这类国家的外债/国民生产总值比率。这些国家中的绝大多数在90年代都爆发过金融危机。其中，比较突出者有1994年的墨西哥、1997年的东南亚诸国以及韩国、1998年的俄罗斯、1999年的巴西、2000年的土耳其、2001年至现在的阿根廷。波兰、乌克兰和埃及等国也出现过金融不稳的问题，只是在程度和影响范围上比其他国家小一些。

表2　　　1992年、1995年和1999年若干发展中国家外债余额现值/
国民生产总值比率

单位：%

国家	1992年	1995年	1999年
印度尼西亚	61.9	56.9	113
韩国	14.2		31
马来西亚	35.2	42.6	64
菲律宾	56.8	51.5	65
泰国	35.2	34.9	78
土耳其	47.8	44.1	52
阿根廷	30.3	33.1	56
巴西	31.2	24.0	33
墨西哥	34.1	69.9	37
波兰	55.2	36.1	33
俄罗斯		37.6	35
乌克兰	0.4	10.7	34
埃及	67.7	73.3	27

资料来源：1992年数据来自《世界发展报告1994年》世界发展指标，表23；1995年数据来自《世界发展报告1997年》世界发展指标，表17；1999年数据来自《世界发展报告（2001年）》世界发展指标，表21［该年起"国民生产总值"改称为"国民收入总值"（gross national income，GNI）］；韩国于1996年加入经合组织（OECD）后未报告1995年外债数，但在亚洲金融危机后恢复报告外债数据。

表2列示的各国相互间在经济发展水平、经济体制和对外开放程度上都有很大差别。但是，举借大量外债似乎成了它们之间具有相当共同性的问题。这些国家通常有高达30%以上的外债/国民生产总值比率。在高外债的背景下，一旦出现外国债权人从本国撤回资金，本国政府或公私机构不能如期偿还外债时，社会公众对本国货币和金融体系的信心便发生动摇，货币汇率随后出现大幅跌落。本国政府在国内外筹措资金的能力也因此而严重受损，难以通过常规手段度过危机。所以，往往不得不通过诸如外汇管制甚至冻结银行存款等激进手段来稳定国内经济局面。采取激进手段往往需要付出社会动荡和近期经济滑坡的代价，并同时影响到周围地区的经济。中等规模以上的高外债发展中国家现在成了影响国际金融稳定的一个重要因素。

虽然20世纪90年代的金融危机与80年代的债务危机都可以说是在危机国背负上高额外债的背景下发生的，但两者也有一些重要不同之处。首先，就大多数国家而言，它们的经济在90年代比在80年代更加开放，本国居民和企业对货币汇率的反应更加灵敏，汇率预期在国内经济中的影响更加突出。其次，国外债权人的来源出现了显著变化。过去，国外债权人主要是一些大型银行机构，近年来，各种类型的证券投资者已成为发展中国家外债的重要债权人。

从表3可以看出，20世纪70年代每年流入新兴市场经济体的外国私人资本净额中，证券投资占很小的量，绝大部分流入资金是银行借款（掩盖在表3"其他私人资本流入额"项下）。在80年代，外国证券投资逐渐增多，同时，包括银行贷款在内的"其他私人资本净流入"呈现减少趋势。到90年代上半期，证券投资流入净额甚至超过了直接投资流入净额，成为新兴市场经济体吸引外资的主要形式。在90年代下半期，虽然证券投资流入净额有所减少，直接投资流入净额大幅增加，但证券投资相对于银行借款的重要性进一步上升了。

表3　　　　　　　　　　　　1970～1999 年新兴市场经济体

私人资本净流入总额　　　　　　　　　单位：亿美元/年

年份	私人资本净流入	外国直接投资净流入	外国证券投资净流入	其他私人资本净流入
1970～1979	178.0	34.9	5.0	116.7
1980～1984	143.8	102.6	46.0	-5.0
1985～1989	181.2	135.4	53.8	-8.0
1990～1994	1110.6	446.8	555.8	108.2
1995～1999	1369.8	1340.2	407.0	-377.2

资料来源：国际货币基金组织《世界经济展望》数据库。

　　表3显示的是净额数据，表4则是总额数据，但同样反映了类似情形。在表4中，债券发行融资额占新兴市场经济体全部私人国际资本融资总额中的比例自1994年以来几乎持续上升，从45%上升到2001年上半年的62.7%。这些年中，银行贷款的比重一直在40%左右，但到2001年上半年下降到28.5%。20世纪90年代证券债权人分量的增加意味着80年代形成的外债解决方式可能遇到新挑战。

表4　　　　　　对新兴市场经济体的私人资本融资总额及其分类

指标	1994 年	1996 年	1998 年	2000 年	2001 年
融资总额（亿美元）	1360	2184	1485	2164	860
按筹资主体分					
主权债（%）	13.4	19.1	32.8	24.0	29.5
公共债（%）	28.1	24.6	21.5	16.6	15.8
私人债（%）	58.5	56.2	45.8	59.4	54.7
按筹资方式分					
贷款（%）	41.7	41.5	40.4	43.5	28.5
债券（%）	45.0	51.0	52.7	37.2	62.7
股票（%）	13.3	7.5	6.7	19.3	8.8

资料来源：1998年及其以前数据来自国际货币基金组织《国际资本市场》，1999年10月（表3.3）；2000年和2001年数据来自《国际资本市场》，2001年10月（表3.3）；2001年数据仅为第一和第二季度合计数。

二、埃略特合伙人案例：主权债务人的财产保护问题

在有关主权债重组的讨论中，正反两方面都提到了埃略特合作人案例。埃略特合伙人（Elliott Associates L. P.）是一对冲基金（hedge fund），该基金在 1996 年以 1100 万美元价格从二级市场买进面额为 2000 万美元的秘鲁政府担保银行借款。该笔债务为秘鲁政府在 1983 年违约债。1996 年，秘鲁政府安排发行布拉迪债券（Brady bond），对包括该笔借款在内的主权债予以重组。但埃略特合伙人买进该笔债务后，并不参加债务重组谈判（该基金持有债权额仅占全部重组债务的 0.5%），而是向纽约州地方法院提出了债权追溯的申请。纽约法官最初驳回了埃略特合伙人的申诉，指出人们不能抱着起诉的目的去购买债务。埃略特合伙人接着上诉到联邦上诉法院。1999 年 10 月，联邦上诉法院认定埃略特合伙人的申诉有理，同意其行使债权追溯的请求。在得到美国联邦上诉法院的判决后，埃略特合伙人进一步在其他国家的法院系统中采取行动，其中之一是获得比利时上诉法院的同意，对秘鲁政府通过欧洲清算中心系统向布拉迪债券持有人发出的支付款项进行拦截。

按照债务重组协议，秘鲁政府每年分两次向布拉迪债券持有人进行支付。随着事情进展，2000 年下半年的支付款项被埃略特合伙人成功地拦截，秘鲁政府面临不能在约定期限内向布拉迪债券持有人足额支付的问题。为避免出现布拉迪债券违约事件，秘鲁政府被迫在 2000 年 10 月同意了埃略特合伙人的全额偿债要求——2000 万美元本金加上利滚利后的利息 3800 万美元。埃略特合伙人从该笔债务经营中获毛利 4700 万美元。

评论者们称埃略特合伙人是"贪得无厌的对冲基金"，理由之一是它本来就可从债务重组中得到一笔利润，只不过是数额小一些罢了。按布拉迪债券重组计划，埃略特合伙人可得到 2100 万美元回报，获毛利 1100 万美元。但埃略特合伙人选择了更加曲折、成本较高但也可能获利更多的途径。埃略特合伙人案例显示出几个特别之处。

第一，单个债权人可以依据国民法院制度及其判决对国外主权债务人的财产采取拦截行动。在埃略特案例出现后，该种行为在国际上已出现扩大迹象。2001年俄罗斯参加巴黎航空展的飞机差点也遭到类似经历，表明已有更多的债权人以此种方式行使或考虑行使债权追溯权。

第二，不只是美国的联邦上诉法院对此行为表示了认可，其他一些欧美国家的法院（包括地方法院和全国性法院）都开始表示认可。埃略特合伙人案例涉及的国家除美国和比利时外，还有加拿大、卢森堡、荷兰、德国和英国。这些国家中的法院都同意了埃略特合伙人对秘鲁政府财产进行拦截的请求。如果更多国家的法院加入这个行列，国际社会中将会出现国内债法超越国际债务安排的趋势。

第三，通过国民法院制度及其判决行使国际债权的实践如果得到确立，主权债重组势必屈从"全体债权人一致同意"的原则，否则将无法推行，因为：只要任何一个不同意重组计划的单个债权人都可以采取行动并获得优先偿付，只要出现了一个不同意重组计划的债权人，其他所有债权人都会效仿这样行为的债权人，以此增加自己债权的价值或减少自己债权的损失。但是，实行全体一致同意的原则，任何主权债重组都将困难重重，债务国将陷入无休止债务重组谈判的泥潭之中。

埃略特合伙人案例对国际债务解决提出的最严重挑战莫过于促使任何债务重组的解决方案成为不可能，除非债务国全额偿还外债。但是，这种情形显然是一个两难悖论：如果债务国有能力全额偿还外债，就不会出现债务危机；一旦出现债务危机，就表明债务国无力全额偿还外债，外债就需要重组，而任何外债重组必然以非全额偿还为前提。换言之，如果埃略特合伙人案例流行开来，债务危机中的债务国在理论上不再可能有解决债务危机的希望。

国际货币基金组织建议的主权债重组新方法用意之一正在于避免出现埃略特合伙人的事例，试图为债务重组建立起一个规范的程序。按照克鲁格的表述，债务重组规范程序包含两个要点，一是有一个正式的启动程序，即作为IMF成员的债务国主权政府在一定条件下向IMF提出债务重组申请并得到审议和批准；

二是一旦启动正式程序，该债务国在全球范围内的官方资产便处于冻结状态，任何单个债权人不可对该资产或其任何部分采取法律行动。也就是说，埃略特合作人案例将失去法律依据，债务重组的国际安排将得到法律保护。

三、主权债重组新方法与 IMF 在复杂世界中的新作用

从直接层面上看，IMF 所建议的主权债重组新方法涉及的一个主要问题是各国法律调整，其中最核心的问题是发达国家国内债权追溯法的适用范围。这首先是因为目前国际债权人主要为发达国家的居民，正是这些人士或机构持有发展中国家的主权债；其次，许多发达国家的现行法律体系中有较完备的债权追溯规定，这些规定往往被运用于国际债务事例。

按照 IMF 新建议的思路，各国法律关系将进行一定范围内的调整，而这是 IMF 自 50 多年前成立以来所未涉及的一个领域。作为一个过去仅仅关注各国短期国际收支平衡和宏观经济运行的国际机构，可以说 IMF 通过这个新建议体现出了它突破其传统作用的意图。这个意图不能说仅仅是 IMF 管理层和工作人员的主观愿望或一厢情愿，应当说也反映了当代国际经济关系在深刻层面上的一些变化。例如，各国短期国际收支平衡或宏观经济运行实际上是有关国家微观经济体制和结构问题的结果，尽管在一些时候纯粹的外部冲击也可带来短期国际收支平衡或宏观经济运行问题。在各国经济关系日益密切、公私部门都大量卷入国际经济活动的背景下，各国的债权债务法律出现了需要加以协调的新情况。这种情况与关税贸易总协定（GATT）发展演变到世界贸易组织（WTO）有类似之处。关税贸易总协定主要关注各国的贸易政策，而世贸组织则进一步突出了对各国国内贸易政策和体制的关注，其主要原因是人们认识到，随着国际贸易的广泛开展，制约各国贸易关系的主要因素已经越来越在于各国的国内贸易政策和体制方面。可以说，IMF 关于主权债重组的新建议也体现了这一"微观化"和"国内化"的特征和趋势。

这个新建议是否能得到 IMF 成员国的认同，尤其是得到发达成员国的响

应，现在尚难预料。

对发展中国家来说，重要问题是如何看待 IMF 在未来债务重组中的作用。这个问题目前已有很大争议。对 IMF 的一种批评意见是，IMF 对凡遭受债务危机的国家提供资金援助的做法事实上鼓励了更多的国家大肆举借外债，并鼓励了国际投资者将资金借贷给其债务已明显不可持续的国家。从 IMF 援助资金中获利最多者实际上是那些国际投资者，他们通过从 IMF 援助资金中获得的补偿回报降低了其应有的对债务国综合风险因素的审查和重视。这种批评意见较早出现在 1995 年墨西哥金融危机事件中，在 1997 年亚洲金融危机爆发后再次凸显出来，可以将这种意见称为"道德风险论"。

对 IMF 的另一个批评意见刚好与前一个意见相反，认为 IMF 在对债务危机国的救援过程中行动迟缓，附加条件苛刻，许多政策建议从教条出发，不合当事国国情事宜。不少人士认为，有的时候，IMF 的举动不仅没有帮助危机国摆脱危机，而且甚至激化了矛盾，使债务危机进一步蔓延成一场失控的经济危机、社会危机和政治危机。在 1998 年印度尼西亚和韩国危机以及最近的阿根廷危机中，都可以大量听到这种批评意见，也许可以将这种批评意见称为 IMF 的"援助条件论"。

亚洲金融危机以来，IMF 对援助方法和程序进行了一些改革和调整，其中包括在债务重组谈判中增加私人债权机构的代表，进一步加强对债务国公私部门政策调整过程的监督。从长远看，这些改革和调整措施有助于债务国改善国内经济体制和结构，但却增加了援助计划形成过程中的摩擦和曲折。客观地看，对于上述两个方面的批评意见，IMF 在顺应"道德风险论"方面做了更多的事情而较少地顾及"援助条件论"的批评意见。

但是，在 IMF 的作为中还存在一些更深层的问题，这就是如何坚持前后一致的救援标准以及如何坚持多边解决或双边解决的原则。这个问题在最近的阿根廷和土耳其事例中突出地显现出来。

出于不尽相同的原因，阿根廷和土耳其两国分别在 2000 年前后遭遇金融动荡的威胁，都提出了获得 IMF 救援资金的申请。但 IMF 对这两个债务国的反应是很不一样的。2001 年 11 月 28 日，IMF 宣布向土耳其增拨 31 亿美元援助资金，但在一周后的 12 月 5 日宣布向阿根廷缓拨 13 亿美元援助资金（两项决定同时刊登在 IMF Survey，2001 年 12 月 10 日）。正如后来所看见的，IMF 的缓拨援助资金决定成了阿根廷危机的始点。

IMF 几乎在同一时间对阿根廷和土耳其两国作出不同决定的依据何在呢？表 5 比较了 IMF 最近官方报告中援引的两国宏观经济指标——这些指标通常是 IMF 援助决策的直接依据。基于这些指标，人们会认为阿根廷比土耳其更有资格获得 IMF 的援助，其理由比如说土耳其迄今为止一直实行宽松的货币政策（证据是利率水平低于消费物价上涨率，即实际利率为负数），而阿根廷则实行完全相反的货币政策（证据是利率水平大大高于物价上涨率，而这正是 IMF 所主张的）。合理的援助决策当然不能仅仅依赖表 5 所显示的这些数据，但这些数据的重要性却一直为 IMF 的援助决策所强调（顺便一提，IMF 最近国别报告中没有提供两国可比较的、覆盖多个连续年份的宏观经济数据，引用者只得抽取作为交叉年份的 2000 年）。

表 5　　　　　2000 年阿根廷和土耳其若干宏观经济指标比较

经济指标	国家	数值
消费物价变动（%）	阿根廷	-0.7
	土耳其	39.0
短期利率水平（%）	阿根廷	8.4
	土耳其	38.0
中央政府财政赤字占 GDP 的比重（%）	阿根廷	2.4
	土耳其	11.2
经常项目逆差占 GDP 的比重（%）	阿根廷	3.4
	土耳其	4.8
对外公共债务对 GDP 的比重（%）	阿根廷	32.0
	土耳其	18.3

资料来源：IMF 分别关于阿根廷和土耳其的国情报告［Country Report No. 01/26（2001 年 1 月），及 No. 01/137（2001 年 8 月）］；阿根廷短期利率指 30~60 天比索定期存款利率，土耳其短期利率指财政债券利率（这两个数字基本上是可比的）；阿根廷对外公共债务为毛额数（gross），土耳其该数为净额数（net），而且其分母为 GNP（阿根廷和土耳其这两个数字基本上是不可比的）。

如果说 IMF 对阿根廷提出了较为苛刻的条件，其后果实质上是将阿根廷推向了"双边解决方案"即阿根廷只得求助于美国这样的国家（而美国之所以也迟迟不采取行动，其原因之一被认为是，它希望看见阿根廷改变对南美经济共同体的积极态度）。

应当看到，国际债务危机中的双边解决方式，从根本上说与"有序和有效的债务重组"要求不相吻合，是国际货币基金组织这样的机构所应避免的。所以，IMF 如欲推行其债务重组新机制的方案，必须将之与真正发挥多边机制的作用问题联系起来，缩小双边解决方式借机抬头的余地。

改革国际金融体系的激进呼吁

——韩国大邱国际金融会议见闻 *

大邱位于朝鲜半岛南部，是韩国第三大城市，人口 250 万人，素有韩国纺织工业之都的称号。韩国金融危机爆发后，这个城市及其周围地区的经济遭受到严重冲击，有大量职工失业。不时可见一些市内公共汽车和小商店饭馆的窗户上张贴着大幅标语口号，大意是"IMF（国际货币基金组织）加重了韩国金融危机"，"IMF 应当解散"等。

"大邱回合全球论坛"（Taegu round global forum）正是一个与 IMF 有关的国际金融研讨会。这个会议由韩国庆北大学和大邱市政府主办。论坛组织者邀请了来自亚欧美等 20 多个国家和国际性机构 40 多名专家学者参加研讨，同时也有十多位来自韩国各大学的金融和经济学教授以及一些社会和宗教组织机构代表参加。1999 年 10 月 6 日下午举行了隆重的开幕式，随后两天进行专题讨论。现将这次论坛会议的一些情况简介如下。

会议开幕式上举行了一场授奖活动。该奖以 20 世纪初朝鲜一位民族斗争英雄的名字命名，分国内奖和国际奖。国内奖授予韩国日报（朝鲜日报）的一位已故主编。国际奖授予印度出生的美国经济学家、现为哥伦比亚大学经济学教授的 J. 巴格瓦蒂（J. Bhagwati）。J. 巴格瓦蒂是当今国际学术界主张自由贸易，但不主张自由资本流动的一位代表人物。他前不久在美国《外交事

---

* 本文原载于《金融科学（中国金融学院学报）》2000 年第 1 期。

务》杂志上发表了一篇广为流传的文章，对发展中国家开放资本市场再次提出警告。J.巴格瓦蒂曾在多个非公开场合中说，发达国家主张自由资本，是否也应顺理成章地主张自由劳工即自由移民呢。

大邱回合主办者希望形成限制资本自由流动的国际舆论，探索解决外债危机的有效途径。大邱市长在开幕式上的发言说，金融危机就是外债危机，而大邱在近代韩国历史上正是解除外债民间运动的发源地。会议主办者为代表们准备的一连串文娱演出节目中，有一场戏特别表演了20世纪20年代朝鲜人士反抗日本殖民统治、发动民众捐献而解除国家外债的一个故事。1998年初在韩国金融危机爆发的危急时刻，大邱等韩国城市再次出现民间自发性捐献运动，希望借此帮助国家渡过难关。

韩国总统金大中向大邱论坛会议表示了祝贺，由他的新闻主任宣读致辞。金大中总统的致辞说，国际市场上存在投机势力，大邱是韩国（朝鲜）历史上全国债务赔付运动（national debt compensation movement）的起源地，全体人民为此感到骄傲，现在需要全球努力来对付金融危机，1999年外国投资正在大量进入韩国，支持了韩国经济增长，带来了就业、资金流动性和先进的管理和技术，韩国政府将听取这次论坛的建议。

大邱会议邀请了一些国际知名人士，有的临近行期而未能成行，例如日本大藏省国际金融局前负责人、著名的"日元先生"神原英资先生，以及1981年诺贝尔经济学奖获得者詹姆士·托宾。托宾为大会传来一份书面发言，大意是，金融危机正在被克服，目前国际社会对"托宾税"有很大兴趣和争议，他认为这个主张是合理的、有必要的，尽管目前在实践中尚处于起始阶段，但已有智利等国家这样做了，国际货币基金组织对此也有肯定性意见，0.1%的外汇交易税率肯定会有作用，但也许不够，"托宾税"应在所有国家同时实行，否则会出现"避税天堂"，导致效力降低，该税的收入可用于发展国民经济（也即无须交给任何国际机构）。大邱回合事实上邀请了来自好几个发达国家、旨在推广"托宾税"的民间机构代表，他们借着在韩国大邱聚会的机会，联合组成了"托宾税全球网络"，开始制作专门网页。

韩国三边委员会（政府、工商界和劳工联合会）主席在开幕式上作了言辞激烈的发言。他说，历史是与过去的对话，看待韩国今天的金融危机必须回顾历史，从 20 世纪初到 60 年代，韩国（朝鲜）经历了封闭、殖民化、独裁统治、政变等阶段，1996 年韩国加入经合组织（OECD），全国上下欢呼，但危机紧接着就降临了，危机的根本原因是缺乏领导（leadership），缺乏未来目光，政府主导的体制毛病百出，即使领导人聪明一些，危机也迟早要发生，现在的韩国经济依然矛盾重重，劣势弱点到处可见，必须摆脱意识形态束缚，向知识社会迈进，用乒乓外交代替竹幕，向 WTO 靠拢，采用全球标准，只有这样，韩国才能提高竞争力。

不过，会议内外更多的声音是谴责现行的国际金融体制，指责国际投机家们带给韩国和国际社会的金融危机。在会场外边，张贴着许多五彩缤纷的大幅标语，醒目的口号诸如"不要 IMF 和七国的经济殖民化"（no economic colonization of IMF and G7），"从以权力为中心的布雷顿森林机构转移到以人民为中心的社会"（from power-centered brentwoods institutions to people-centered society）。

来自菲律宾国民大学的一位知名教授在开幕式上指名道姓地谴责美国新任财政部长萨默斯。他说，是萨默斯扼杀了亚洲货币基金的创意，萨默斯希望资本自由流动，创造一个"全球卡西诺（轮盘赌）资本主义世界"（global casino capitalism），这样做的结果只能是摧毁各国经济稳定，现在是提出"非全球化"（de-globalization）口号的时候了，必须更多地依靠本国资源，更多地依靠发展邻国的合作关系。

马来西亚驻韩国大使是会议的特邀客人之一。他说，汇率稳定或基本平稳是正常的工商活动所需要的，全球化如果带来汇率大起大落，不利于各国经济和世界经济，马来西亚对付金融危机时的确采取了"非正统方式"（unorthodox approach），但其实也采用了一些为 IMF 所造成的措施，例如实行财政收缩等，在这个意义上，马来西亚的措施是"没有 IMF 的 IMF 措施"。

"大邱回合全球论坛"的研讨会分为五个"回合"（round）：前两个回合

并行举行，分别讨论全球债务危机现状和前景、资本账户自由化与投资性货币的现实和应对措施。第三和第四回合各用半天时间讨论国际金融新秩序（NIFO）与亚洲的可持续发展、全面评价多边金融机构——亚洲国家和全球公民社会的前景。在进行这几个回合讨论的同时，会议主办者另专门为主要来自韩国社会各界的人士安排了专场讨论会。最后一个回合是全体会议，议题为如何采取实际行动。

参加讨论的人许多来自各国大学等学术机构，他们分别介绍了本国遭受和应对金融危机的一些情况。来自韩国的一位代表说，爆发危机前韩国政府统计说韩国外债为 450 亿美元，危机爆发时承认外债数为 1500 亿美元，这么大的差别究竟是怎么一回事，至今没有得到解释。他个人估计，韩国外债其实也不止 1500 亿美元，很可能是 2500 亿美元。政府公布的统计数字太捉弄人了，缺乏透明度是金融危机的一个重要原因。另有一位韩国代表说，1996 年前政府为争取加入 OECD，鼓励企业和经济的国际化，同时又限制外国直接投资进入韩国，这样使得企业只借入外债，同时，国内经济中又缺乏盈利的部门，这样一来，韩国没法不遭受金融危机。

许多与会者尤其是来自发达国家的代表强烈批评了流行于当今世界的"新自由主义"（neo-liberalism）思潮。他们说，新自由主义实际上只照顾发达国家少数人的利益，不讲人权，尤其不管发展中国家的基本人权和利益，现在的国际货币基金组织和世界银行等国际金融机构深深受缚于新自由主义，在美国等少数国家的影响下不能公正地看待国际金融制度的改革问题，响应来自广大发展中国家的呼声，应当努力采取行动促使这些机构进行大刀阔斧地改革。有的人还提出了甚为激励的具体方案措施。

来自德国特里尔（马克思出生地）大学的国际金融教授菲尔兹（Wolfgang Filc）对以美国或者说以华尔街为主导的现行国际金融秩序进行了猛烈抨击。他说，现代金融革命和金融工程并不提供解决现实问题的办法，现代金融学中流行的"效率市场理论"认为市场是有效率的，只要市场参与者基于有关基础层面的充分信息作出判断，但在许多有着良好基础层面的国家爆发金融危机这个事实本身就说明"效率市场理论"讲不通。改革现行国际经济和金融秩序，需要有非市场性的国际机构作为国际市场经济的补充，不能仅仅依靠市场性机构发挥作用。菲尔兹教授曾是上台后不久即辞职的德国财政部长拉方丹的政策顾问，在幕后对拉方丹的影响很大。菲尔兹教授在会下介绍说，他最近写了一部 20 万字的书籍，披露拉方丹实际上是在华尔街的压力下被迫辞去德国财长一职的内幕情况。

美国斯坦福大学经济学教授攀·A. 约托普洛斯（Pan A. Yotopoulos）在研讨会上介绍了他对国际汇率市场的最新研究成果。他认为，各国的货币市场是一个不完善市场，国际货币市场由于名声的原因而必然出现"硬货币"和"软货币"的差别，因此，"软货币"国家的货币总是面临贬值压力，而不管这些国家作出了多少努力来避免。这是现行国际金融体系有缺陷的表现。攀·A. 约托普洛斯教授是一位讲究经验实证的经济学家，早年出版的教科书《发展经济学：经验调查》（与 J. B. Nugent 教授合著）至今在学术界有影响。他近来的研究重点转向了各国购买力平价和汇率政策方面。他在论文中指出，他关于汇率管制的观点与克鲁格曼后来提出的见解完全一样，而且基于了严谨的模型和实证材料。

来自韩国、日本、菲律宾和新加坡等亚洲国家的代表在发言中都对亚洲地区内部经济和金融合作的现状表示了不满。他们的一个共同看法是，亚洲国家由于缺乏相互紧密的合作和交流，在国际经济和金融事务中往往不得不受制于以美国为主的政策导向。中国、日本、韩国等国家必须大力推进经济合作，在这方面向欧洲学习，借鉴欧元的经验。有的代表还提出了具体建议，例如，成立亚洲经济研究所（Asian Economic Institute）。来自越南的一位资深学者应当考虑建设"亚洲支付联盟"这样的机构。

韩国银行和金融工会联合会（KFBU）是大邱回合全球论坛的一个活跃角色。截至 1998 年 9 月，KFBU 在韩国拥有 110 个工会组织成员，个人成员达11 万人。韩国金融危机期间，大量金融机构倒闭半倒闭。银行职工下岗人数大增，KFBU 挺身而出组织了许多抗议解雇职员和 IMF 附加条件的活动。研讨会上，来自美国 Rutgers 大学一位法律教授发言说，对 IMF 和世界银行这样的机构提出起诉在法律上是成立的。在大邱会议结束后不久，新闻报道说 KFBU 正式向韩国法院机构提出了对 IMF 的起诉，理由是 IMF 对韩国资助方案的附加条件伤害了韩国金融职工的正当权益。

国际社会现在达成了一种共识，认为亚洲金融危机就是债务危机，而且主要是外债危机。债台高筑同时也困扰非亚洲的许多发展中国家。1999 年英美一些社会人士，包括流行乐歌星，提出发达国家对外债权全球大豁免的倡议，并将此定名为"丘比利（欢乐）2000 年运动"（Jubilee 2000 Campaign）。倡议者之一数月前专门会晤了哈佛大学著名经济学家罗伯特·巴罗，希望他能表示支持这场运动。巴罗是自由主义色彩浓厚的学者，经常反对类似的动议。午餐会后，他在《商业周刊》专栏上撰文表示了同情性理解。"丘比利（欢乐）2000 年运动"第一次世界大会定于 1999 年 11 月在南非城市约翰内斯堡举行，届时将有来自世界各地形形色色的非政府组织（NGOs）代表和各类文体明星和社会人士参加。一位来自南非大学的年轻讲师在大邱论坛上介绍了南非的情况，并说，发展中国家若得到外债减免的机会，就应当不再依赖外债，转向"自力更生"。

大邱会议期间和结束后，主办者起草了一份叫作"大邱回合宣言"的文字材料。该文件提及几个要点：IMF、世界银行和世界贸易组织（WTO）等国际机构应当对联合国各成员国负责，并使其行为与国际人权标准相吻合；支持"丘比利（欢乐）2000 年运动"；呼吁国际社会在全球、区域和国别水平上立即采取限制短期性投机资本流动的措施；IMF 应当对它的行动方案带给有关国家及其人民的不利后果承担责任；支持韩国银行和金融工会联合会对 IMF 的起诉行动；世贸组织在开始千年回合全球谈判时应充分考虑自由化对各国人民和环境的不利影响；建议成立"亚洲经济和社会研究所"。这份宣言代表了改革国际金融体制的激进声音，同时也反映了韩国民间社会团体的要求。

人民银行研究局的焦瑾璞先生和我是来自中国的两位发言者。焦瑾璞先生应邀在全体会议上讲演中国金融体制改革及其前景，给各位与会者展示了未来中国金融发展和开放的图景，并说明了可能的方式和进度。这个话题在会上十分引人注目，知名教授攀·A.约托普洛斯等在会后请焦瑾璞先生进一步介绍有关情况。我在一个回合中就近年来有关中国的资本流动问题及其研究情况做了介绍，并谈了自己的一些分析。会议评论者对此给予了积极评价，认为是一项认真的研究。韩国经济界对中国十分重视，当地一家有影响的日报就中国经济和金融发展及亚洲经济和金融合作问题专门采访了焦瑾璞先生和我两位中国访问者，他们在会议期间总共仅采访了6位国际人士。

由于组织者为每个回合安排了较多的发言者（panelist），使得一些研讨会没有多少富余时间供与会者进行问答。我参加的一场研讨会遇上一个争议性问题。当时，来自欧洲的一位学者在研讨会开始后不久就发问，亚洲许多代表今天都在这里谈论金融危机，没有人来自中国台湾，但中国台湾在应对金融危机上做得不错，请解释中国台湾有什么经验。几位发言者提到了外资在中国台湾并不多，而且多为直接投资，况且中国台湾当局货币在1997年9月先行将台币贬值一下，以抵消外部冲击效应。我抓住机会也回答了一下，解释说，中国台湾地区的经济有它的一些特点，一是它的企业结构以中小型为主，不像韩国那样以大型财团为主，而中小企业在国际市场上的融资能力自然弱许多，这可能是中国台湾没有那么多外债的一个原因；中国台湾居民储蓄率比较高，其投资缺口不像其他经济中那么大；此外，海峡两岸贸易对中国台湾也是一个很有利的因素，中国台湾近年来每年从两岸贸易中得到巨额美元的顺差，这在相当大程度上支持了中国台湾外汇储备的稳步增加，而海峡两岸贸易的增长及中国台湾顺差应在一定程度上归功于人民币在过去两年未贬值。

大邱回合全球论坛两整天的讨论结束后，组织者安排了一些与会者前往汉城参加非政府组织国际大会。在那里，经济领域中的主要话题仍然为改革现行国际金融体制以及金融危机阴影下的亚洲国家如何迈向21世纪。

欧元考察报告[*]

1998 年 10 月下旬至 11 月初，中国金融学院代表团前往法兰克福参加了德意志联邦银行（德意志联邦共和国的中央银行）举办的欧元问题国际研讨会。联邦银行国际司邀请了联邦银行各大业务司局负责人向到会代表分别介绍欧元和欧洲中央银行体制及业务的情况，并应代表们的要求陈述德国方面对有关问题的看法。到会代表主要来自苏联东欧地区的中央银行官员。会议议题还包括欧盟东扩。会上会下，我们与联邦银行的讲演者及其他与会代表进行了广泛交谈。现将我们所了解的一些情况汇报如下。

一、单一货币的目的不是单一的

按照欧洲联盟的对外宣传文件，实行单一货币可以给成员国带来巨大经济好处，这些好处包括：（1）降低交易成本，尤其是各成员国之间的外汇交易成本，对居民和公司都是节约；（2）增加价格透明度，使企业对大市场的把握更加准确，从而使它们的投资决策建立在更加可靠的基础上；（3）促进联盟内各企业之间的竞争，从长远看有利于整个欧洲企业的国际竞争力的提高。此外，欧盟人士还认为，在欧洲推行单一货币的同时建立起高度集权的

---

　　* 本文为作者 1998 年 11 月执笔撰写的一篇访问考察报告，此前未公开发表。此次中国金融学院访德代表团成员有邱兆祥教授和吴军教授等。代表团在德期间也承蒙中国银行法兰克福分行负责人的接待。

和高度独立的欧洲中央银行体制，有利于在大欧洲的范围内实现物价稳定，从而为欧洲经济的增长创造一个良好的宏观环境；对各个成员国来说，不仅相互间汇率波动的风险消除了，而且与区外国际货币（例如美元）之间汇率波动的风险也可以缩小。在他们看来，从根本上说，单一货币可以推动欧洲大市场的加速和稳定发展，创造出更多的工作岗位，提高人民的生活水平。

但是，欧盟人士也承认，在现有国际背景下推行欧元，对各个成员国来说，也具有显著的风险和不确定性。这主要表现在以下三个方面。（1）"不对称冲击效应"。由于各国经济和贸易结构的差别，欧元对外统一汇率的确定和调整对各国经济的影响是不一样的，外部市场的任何变化对各个成员国经济的影响也是不一样的，如果欧洲中央银行运用统一的货币政策调节，势必给各国经济带来有好有坏或方向一致但程度不一的冲击。（2）"无相称财政支持"。欧盟成员国已达成协议，将欧盟共同体的财政规模限制在成员国国内生产总值（GDP）总和的1.27%的水平上（而成员国财政支出已占各自GDP的30%～40%），欧盟共同财政支出必须以收入为限，不得举借内外债，这样一来，欧盟内部统一的货币政策可能缺乏相应的财政政策支持，或者说，欧洲在货币政策上的高度集中与在财政政策上高度分散之间形成鲜明对照。（3）欧洲货币政策决策和形成上由"市场跟随"变成"内部争吵"：这主要是指，在实行单一货币前，由于德国经济和金融在欧洲市场上具有举足轻重的地位，其他国家的货币政策决策（主要为利率调整）事实上是跟随德国联邦银行的步伐，即使在它们不情愿这样做的时候也往往如此；但在成立欧洲中央银行后，各成员国中央银行派遣代表参加欧洲货币政策调整决策，大家都有权利就欧洲货币政策调整发表意见并诉诸投票决定，欧洲的货币政策决策机制由此完全改变。

利弊两相比较，许多欧洲国家认为，利大于弊，因此赞成并积极参与货币一体化。但对于德国，不少人至今认为，放弃马克、推行欧元对德国来说弊大于利。因此，尽管德国政府为推行欧元在国内做了大量宣传广告工作，民意测验显示，将近60%的德国公众仍不情愿参加单一货币（德国联邦银行的高级官员曾经甚至公开发表过不赞同欧元的言论）。

一些欧洲人士认为，在这样的背景下，德国政府决定响应单一货币的计划，主要出于政治考虑。综合来说，德国政府的决策考虑包括这些因素：（1）参加欧元计划，可能换取其他欧盟国家对德国政策和主导地位的认同和支持，并借此使之成为德国重新成为世界大国的一条途径（德国目前在欧盟积极倡导共同对外政策）；（2）通过"阿姆斯特丹条约"［即《欧洲联盟条约》（又称《马斯特里赫特条约》，以下简称《马约》）之后的《稳定与增长公约》］，德国限制了其他欧盟成员国政府可以随意增加政策开支和财政赤字的自由度，从而降低了对按照德国中央银行体制模式在欧洲实施统一货币政策的压力；（3）欧洲市场在货币制度和社会经济制度（包括税则、商法、监管、会计、统计和技术标准等）进一步趋同后，德国的大公司和大银行可以大大扩大活动范围，例如，德国最大的银行德意志银行（Deutsche Bank）在短短两年中已通过兼并收购方式渗透进了意大利和西班牙的零售商业银行业务领域；（4）在全球经济范围内，欧元可能会比马克更有效地与美元相竞争：现在，德国马克已有1/3左右在境外流通；不顾一些国家反对，欧央行坚持发行500欧元大面值钞票的用意就在于方便欧元成为国际储备货币（尤其针对个人储币者而言）。

二、欧洲中央银行体系货币政策的决策是高度集中的，但执行机制是分散的

在德国的影响下，欧洲中央银行（ECB）已经按照德国联邦银行模式组建。评论界认为欧央行是"有史以来独立性最高的中央银行"之一。欧盟总部（欧洲委员会）设在比利时的布鲁塞尔，但欧洲中央银行却设在德国的法兰克福。欧洲中央银行行长和主要成员由欧盟首脑会议任命，不对欧洲委员会负责。欧洲议会可听取欧洲中央银行行长的工作汇报。欧洲中央银行行长和主要成员的任期原则上为 8 年，一经任命，不得解除，届满后也不连任（ECB 正副行长和各位执董的基本情况列在表 1 中）。理论上，欧洲中央银行是欧洲中央银行体系（European system of central banks，ESCB）的一部分。事

实上，在最高层次上 ESCB 分为两部分，一部分是由欧盟现有 15 个成员国央行行长组成的理事会（general council），另一部分是由欧元区 11 个国家央行行长组成的董事会（governing council）。在理事会和董事会中，均另加 6 位经欧盟首脑会议委任的执董成员（executive board），其中包括欧洲中央银行行长。这 17 人的委员会是欧洲中央银行货币政策的决策机构，凡遇利率调整这样重大的问题，他们将通过投票和简单多数来决定。在正反票数相等时，欧央行行长一锤定音。

表 1　　　　欧洲中央银行（ECB）执行委员会成员（执董）简介

姓名	职位	国籍	年龄	任期	前任职务	相关情况
杜森伯格（Wim Duisenberg）	行长	荷兰	63	4 年（原定 8 年）	1982～1997 年荷兰中央银行行长，1997 年接任欧洲货币院院长	职业中央银行家；对新闻事件不爱表态；不主张"积极干预行动"（policy activitism）；广受同事和职员的爱戴；周日在法兰克福办公；周末常回荷兰家乡
诺耶（Christian Noyer）	副行长	法国	48	4 年	法国经济部人事局长和巴黎俱乐部董事	分管 ECB 的行政和法律事务；具有保守主义倾向；曾信奉货币主义学说；可以与 ECB 其他成员相处融洽
埃辛博士（Otmar Issing）	首席经济学家	德国	62	8 年	大学教授和德国联邦银行执行董事	思维灵活的宏观经济学家；他说过，"欧元带来了如此巨大的不确定性，所以 ECB 的货币政策需要最大限度的灵活性"；对 ECB 的货币政策具有极大影响力
帕多亚—席欧帕（Tommaso Padoa - Schioppa）	执行董事	意大利	58	7 年	欧盟经济和金融事务部长、意大利央行副行长兼经济研究部主任、意大利证券监管主任	分管 ECB 的国际事务、支付体系和银行监管；20 世纪 70 年代末转到布鲁塞尔欧盟总部工作后，参与起草了欧洲货币联盟计划；曾为德洛尔委员会骨干成员；获得过麻省理工学院学位；被认为是"欧元的发明者之一"

姓名	职位	国籍	年龄	任期	前任职务	相关情况
索兰斯 (Eugenio Domingo Solans)	执行董事	西班牙	52	6 年	西班牙央行官员和大学教授	分管 ECB 现钞发行、统计和数据管理；被认为是对 ECB 货币政策有影响力的人物；持有自由主义思想倾向
哈马赖恩女士 (Sirkka Hamalainen)	执行董事	芬兰	59	5 年	芬兰央行行长（1992 年起）	分管 ECB 公开市场业务；如果法国否决了杜森伯格的提名，她被认为是 ECB 行长的折中人选；任芬兰央行行长期间，实行严酷的紧缩政策治理通货膨胀，甚至不惜失业增加和衰退；获得"铁娘子银行家"称号

现在，德国、法国两国中央银行各有职员约 1.5 万人，欧元 11 国各央行全部职员约有 5.5 万人，而 ECB 才有 500 人。因此，ECB 被定位为决策机构，它主要帮助形成欧洲中央银行董事会的决议并将之付诸实行。欧元各国中央银行从执行董事会那里获取货币政策指示并具体安排和操作。

有人认为，相比德国联邦银行 17 位理事会成员中有 9 位来自州银行、美国联邦储备委员会 12 位公开市场委员会成员中 5 位来自地区分行，17 位欧洲中央银行董事会成员中有 11 位来自各个成员国的中央银行，这似乎表明欧洲中央银行的集中程度不够高。但是，按照欧洲人士的解释，欧洲中央银行体系分散化倾向主要反映在它的政策执行程序上。按照现行的 ESCB 框架，各国中央银行将继续是各国银行体系的监管者和"最后贷款人"，而 ECB 却没有这样的作用。

三、欧洲中央银行货币政策的运作

按照《马约》第 105 条规定，欧洲货币联盟和欧洲中央银行货币政策的目标是"物价稳定"。没有提到"经济增长",没有提到"充分就业",也没有提到"国际收支平衡"或"对外汇率稳定"。人们认为,《马约》关于货币政策目标的提法比较美联储或德国联邦银行的定义都更加狭隘和严酷,较多地反映了德国的意见倾向。

但是,《马约》本身并没有给出"物价稳定"的具体尺度。按照德国方面的理解,"物价稳定"应当解释为正常的价格形态(price norm),即在没有重大内外经济冲击的条件下基准通货膨胀率应在 0~2% 的范围内。

一些人士认为,由于 ECB 被排除了为了适应特定的经济政策目标而操作货币政策,并坚持以保持低通货膨胀为基本任务,ECB 的货币政策运作可能不可避免地带有"通货紧缩"的倾向。在欧洲和北美,一些分析者已经指出,现行通货膨胀统计可能高估真实通货膨胀率达 0.75~1.50 个百分点,所以,以不加修正的通货膨胀率为对象更有可能加重"通货紧缩"倾向。

按照传统的德国联邦银行货币政策操作模式,货币政策操作对象主要是广义货币(M3),即控制货币总量增长。但 20 世纪 80 年代以来的国际经验已经证明,货币总量与 GDP 和通货膨胀之间的直接连接关系在现实中大大弱化了,有的甚至完全中断了。有鉴于此,ECB 准备采用两个指标:作为"参考价值"的货币总量目标和低于 2% 的通货膨胀率。此外,ECB 还将定期汇集和整理一大套经济指标指数,其中包括通货膨胀预期指数。

ECB 的货币政策操作通过 ESCB(即各成员国中央银行系统)来进行。这个运作有三大支柱:最低存款准备金(minimum reserve)、公开市场回购(repo)和隔夜拆借(standing facilities)。根据德国联邦银行模式,ECB 要求所有在欧元区经营的银行直接向 ESCB 交存相当于它们贷款余额的 2%,ESCB对交存金支付利息(按可变利率,并由此而形成 ECB 利率下限)。所有参与ESCB 货币市场业务的合格资产分为两类:第一类(Tier one assets)为合乎欧元统一货币属性、已上市并满足 ECB 认可条件的各种债务工具证书(debt certificates);第二类(Tier two assets)为各成员国中央银行机构认可并经 ECB同意的那些已上市或非上市的证券工具。

发行并交易带利息的债务工具证书是 ECB 公开市场操作的一项新业务，并可能成为其中重要的一个领域。ECB 公开市场业务中也包括外汇互换（swaps），但这被认为目前可能只是一个不突出的一个方面。

ECB 现任行长杜森伯格已经表态 ECB 的主要任务是维持欧元区内部各国货币之间的固定汇率和物价稳定，欧元与美元等货币之间的汇率不在 ECB 职责之内。但是，德国和法国新上任的财政部长已经近似于联合表态要稳定欧元与美元的汇率，并希望 ECB 能在这个方面做出贡献。据推测，杜森伯格不情愿承诺介意欧元/美元汇率，主要担忧是由此加大 ECB 货币政策在现阶段运作的难度。

今后代表性的 ECB 货币政策利率工具指标将是回购利率和隔夜拆借利率。为此，欧洲大陆的一些商业银行在欧洲银行协会（European banking federation）的支持下，已准备在 1999 年 1 月推出欧洲银行间报价利率（Euribor）。由于参加这个指数的银行较多较大，它很有可能取代已流行多年的伦敦银行间报价利率（libor）而成为国际借贷市场上的一个重要参照指标。

欧洲评论界近来也开始了对 ECB 未来的货币政策运作方式提出了一些质疑。首先，它们认为 ECB 执行董事会"对谁负责"（accountability）的问题并不十分清楚；其次，ECB 的决策及其披露似乎并不合乎"透明性"（transparency）要求。按照 ECB 的现行办法，利率讨论会议记录不予公布（杜森伯格在一个场合说过"16 年后公布"），各位成员投票的结果也不公布，以免他们受到来自外界不必要的格外压力。

四、欧元区的稳定和扩大

实行单一货币、在过渡时期内确定和维持各成员国货币之间"不可逆转的固定汇率"是欧洲货币联盟的目标。但是，欧盟现有所有条约都没有说一个成员国不能退出货币联盟。因此，事实上的默契是，货币联盟面临危机时，各成员国会竭尽全力去化解危机。在这种背景下，不排除在特定时候个别国家会以这种"默契"作为筹码去进行讨价还价的谈判。

欧元区 11 个成员国中，南欧的几个成员（包括爱尔兰和尚未加入欧元的希腊）人均收入水平相对低，那里的公众对单一货币的热爱程度较普及并较强烈。尽管它们的经济周期、经济结构和政治形势与德国、法国等国家有所不同，但由于欧元的民众基础较好，它们也许能够承受住内外冲击。相比之下，意大利和北欧国家可能是不确定性相对多的欧元成员。

意大利历史上有过与欧盟进程相脱离的经验。1992 年货币危机时，意大利里拉与英镑一起退出了欧洲汇率机制（ERM）。1996 年底里拉才恢复其 ERM 成员地位。意大利人民热爱欧洲和欧元，但行政当局和国会经常陷入危机中。所以，意大利可能是欧元区中不确定性较大的一个因素。

英国在保守党当政时就确立了对单一货币的基本立场：在欧元启动阶段不加入，以后视情况而定，在政府作出加入决定前举行全国公民投票。这个方针已为工党政府所继承。英国的特殊态度主要有两点解释：首先，由于英国经济与北美有较紧密的联系，其经济周期与欧洲大陆国家有所不同，因而利率等宏观经济政策较难与后者相协调；其次，在英国内部，中小企业和一些金融机构反对欧元的呼声一直就很强烈，它们认为欧元带来的较多是竞争而不是市场的扩大。但是，近来工党对欧元表示出了较多的亲善姿态。在欧洲大陆的经济看好、英国经济似乎又"提前"进入一个周期的下降阶段的时候，英国希望入盟欧元的要求在增长。德国和法国则可能对英国的入盟愿望提出更多的要求。

北欧的瑞典和丹麦现在也是欧盟 15 个成员（挪威一度加入、后又退出），在入盟欧元问题上表现出了与英国类似的犹疑，但具体原因有所不同。这几个北欧国家的人均收入水平与德国不相上下。它们自 20 世纪 90 年代初以来为加入欧元的准备工作似乎使国内经济增长受到了一定的伤害。例如，瑞典花大力将赤字占 GDP 的比重从 12% 降到了 1997 年的 0.4%，其经济增长率也降了下来、失业率有所上升。此外，北欧国家的财政结构也与中西欧国家似乎有显著不同。这些都是妨碍它们迅速加入欧元的因素。但是，瑞典和丹麦仍然维持了与欧洲货币（ECU及即将到来的欧元）的联系汇率，波动上下限被定在2.25%幅度内。如果这种盯住汇率制能持续一段时间，它们加入欧元迟早会提上议事日程。

欧盟和欧元的东扩已经提到议事日程上。大多数东欧国家和部分苏联共和国（尤其波罗的海沿岸国）迫切希望尽早加入，以免在欧盟前进的过程中它们与西欧的差距越来越大，使得入盟变得愈加困难。1994年4月，匈牙利和波兰首先提出了加入的申请，到1996年底申请国已达10个（不包括地中海国家）。克罗地亚等国也想申请，但心里似乎明白它们的申请近期内难以得到认真的考虑。欧盟对这些申请国提出了许多要求和"苛刻条件"，其中不少涉及社会政治经济的基本结构。但是，欧盟也不想让这些申请国感到失望，所以经常提供技术援助。在这些地区，大量流行德国马克等国际货币，欧元现钞投放市场后，肯定会有不少将流入该地区。从关心货币稳定出发，欧元当局也需要考虑这些地区的经济情况。

还有几个国家也卷入欧盟和欧元的扩大问题上。瑞士一度产生过加入欧盟的想法，但现在中止了具体行动。地中海的小岛国马耳他几次想加入欧盟，但又几次改变主意。欧盟决定不再考虑这种"反复无常"的申请者。跨亚欧大陆的土耳其积极申请加入欧盟，但欧盟认为该国还没有解决人权问题。两者之间的关系一度出现紧张。全面地看，20世纪初，欧盟会接纳几个新成员，以便表示欧盟在地域上扩大。像希腊这样的国家很可能在2001年或2002年就加入欧元区，而东欧国家中的捷克有可能率先入会欧盟。

图书在版编目（CIP）数据

人民币与美元汇率研究：贺力平文集/贺力平著.
--北京：经济科学出版社，2023.1
（京师经管文库）
ISBN 978 - 7 - 5218 - 4455 - 9

Ⅰ.①人…　Ⅱ.①贺…　Ⅲ.①人民币汇率 - 文集②美
元汇率 - 文集　Ⅳ.①F832.63 - 53②F837.126 - 53

中国国家版本馆 CIP 数据核字（2023）第 018502 号

责任编辑：初少磊　赵　芳　赵　蕾　尹雪晶
责任校对：王肖楠
责任印制：范　艳

人民币与美元汇率研究
——贺力平文集
贺力平　著
经济科学出版社出版、发行　新华书店经销
社址：北京市海淀区阜成路甲 28 号　邮编：100142
总编部电话：010 - 88191217　发行部电话：010 - 88191522
网址：www. esp. com. cn
电子邮箱：esp@ esp. com. cn
天猫网店：经济科学出版社旗舰店
网址：http://jjkxcbs. tmall. com
北京季蜂印刷有限公司印装
710 × 1000　16 开　27.75 印张　396000 字
2023 年 4 月第 1 版　2023 年 4 月第 1 次印刷
ISBN 978 - 7 - 5218 - 4455 - 9　定价：110.00 元
（图书出现印装问题，本社负责调换。电话：010 - 88191510）
（版权所有　侵权必究　打击盗版　举报热线：010 - 88191661
QQ：2242791300　营销中心电话：010 - 88191537
电子邮箱：dbts@ esp. com. cn）